Pulverfass am Hindukusch

Rob Johnson

Pulverfass
am Hindukusch

Dschihad, Erdöl und die Großmächte
in Zentralasien

Aus dem Englischen übersetzt
von Heike Schlatterer und Werner Roller

Bibliografische Information der Deutschen Nationalbibliothek
Die Deutsche Nationalbibliothek verzeichnet diese Publikation
in der Deutschen Nationalbibliografie; detaillierte bibliografische Daten sind im Internet
über *http://dnb.d-nb.de* abrufbar.

Umschlaggestaltung: Init, Bielefeld, unter Verwendung einer Abbildung von Corbis

Englische Originalausgabe:
Oil, Islam and Conflict. Central Asia since 1945
Copyright © Rob Johnson 2007
First published by Reaktion Books, London 2007

Deutschsprachige, vom Autor aktualisierte Ausgabe:
© 2008 Konrad Theiss Verlag GmbH, Stuttgart
Alle Rechte vorbehalten
Übersetzung: Heike Schlatterer und Werner Roller
Redaktion: Werner Wahls
Satz und Gestaltung: Satz & mehr, R. Günl, Besigheim
Druck und Bindung: CPI – Ebner & Spiegel, Ulm

ISBN: 978-3-8062-2214-2

Besuchen Sie uns im Internet: www.theiss.de

Inhalt

Vorwort

Im Westen kaum wahrgenommen, ist Zentralasien seit langem eine Schnittstelle der Kulturen und Weltanschauungen. Seit der Auflösung der Sowjetunion vollzieht sich hier jedoch ein dramatischer Wandel. Dieses Buch analysiert die aktuellen Probleme und deren Vergangenheit, aber auch die Zukunft der Region: Dabei geht es nicht nur um die Rohstoffvorkommen, sondern auch um die Sicherheit und Stabilität in den zentralasiatischen Republiken sowie um die Frage nach Demokratie, Unterdrückung und Widerstand.

Die Region am Hindukusch wird im 21. Jahrhundert im Mittelpunkt des internationalen Interesses stehen, nicht zuletzt wegen der reichen Öl- und Gasvorkommen, islamischer Dschihad-Gruppen, diktatorischer Regime und der Rivalitäten zwischen Russland, China, Pakistan, den USA und dem Iran. Tatsächlich könnte Zentralasien zu einer ähnlich konfliktträchtigen Region wie der Nahe Osten werden, zu einem Schlachtfeld im Kampf um knappe Ressourcen, um religiösen Fundamentalismus und um autoritäre beziehungsweise demokratische politische Modelle. Der Drogenhandel, ethnische Spannungen und verarmte Staaten, die Massenvernichtungswaffen besitzen oder deren Besitz anstreben, tragen zusätzlich zur Instabilität der Region bei.

Anstatt einzelne Staaten oder Themenbereiche getrennt voneinander zu betrachten, werden panislamistische Dschihad-Gruppen gemeinsam analysiert, etwa die Islamische Bewegung Turkestans (IMT, die ehemalige Islamische Bewegung Usbekistans, IMU), die über nationale Grenzen hinweg aktiv ist. Entsprechend werden die Partei der Islamischen Wiedergeburt, die Hizb ut-Tahrir (HT), die »arabisch-afghanischen« und tschetschenischen Kämpfer berücksichtigt, die sich an verschiedenen Konflikten von Afghanistan bis zum Irak beteiligten. Eine regionale Analyse ermöglicht eine vergleichende Bewertung der »Pipeline-Politik« der Großmächte und zentralasiatischen Regierungen. Das Buch geht vor allem auf den zeitgeschichtlichem Rahmen ein, die Öl- und Gasindustrie, wirtschaftliche Schwächen und den Aufstieg des militanten Islam, betont aber auch die Bedeutung der Politik der zentralasiatischen Regierungen – die Olivier Roy, Ahmed Rashid und andere Experten für die Region als Ursache für viele aktuelle

Probleme ausmachen. Der Leser erhält eine Darstellung des »Kriegs gegen den Terror« aus der regionalen Perspektive und unter Einbeziehung der westlichen Erfahrungen (Russland zählt in diesem Fall zu den »Westmächten«) in Afghanistan, Tschetschenien und im Irak. Das ist vor allem angesichts des iranischen Atomprogramms und Chinas wachsender Macht von Bedeutung. Und schließlich wird eine neue Perspektive auf Probleme vermittelt, die häufig in den Medien auftauchen, auf die Lage in Afghanistan, die Zunahme des religiösen Extremismus und die Angst vor Massenvernichtungswaffen.

In Anbetracht der Tatsache, dass der Begriff Islam heute mit bestimmten Bedeutungen und politischen Untertönen »aufgeladen« ist, sollen die hier verwendeten Bezeichnungen kurz erläutert werden. Ich unterscheide zwischen Islam – der etablierten Religion der muslimischen Welt – und Islamismus – einer radikalen, politisierten Ideologie. Islamisten halten ihren Glauben für überlegen und wollen seine überragende Bedeutung durchsetzen. Damit können gezielte Aktionen oder öffentliche Proteste erklärt werden, etwa die »Verteidigung« der Religion, der »Schutz« muslimischer Glaubensbrüder unabhängig von ihrer Nationalität oder der Wunsch, eine »Verunglimpfung« des Islam auszumerzen. Der Islamismus kann in Form eines friedlichen, wenn auch lautstarken Protests auftreten, er kann aber auch die Unterstützung verbotener Organisationen bedeuten, Sympathie für »Widerstandsgruppen« und terroristische Vereinigungen und sogar die aktive Beteiligung an Terrormaßnahmen. In einem Sturm des Protests gegen Karikaturen des Propheten Mohammed organisierten Islamisten auf der ganzen Welt Demonstrationen. Eine fand in London statt, wo die Karikaturen gar nicht veröffentlicht worden waren. Das hielt einige Demonstranten nicht davon ab, die Enthauptung derjenigen zu fordern, die den Islam beleidigen (was auch immer sie als Beleidigung definieren), außerdem wurden britische Soldaten getötet und Terroranschläge auf die Hauptstadt angedroht. In Pakistan brachen in mehreren Städten Unruhen aus, bei denen zwei Personen ums Leben kamen. Dennoch sollte man klarstellen, dass sich die Mehrheit der Pakistanis nicht daran beteiligte und schockiert war über das Ausmaß an Gewalt und Vandalismus. Islamisten geben den unterschiedlichsten Gruppen die Schuld an ihrem vermeintlichen Elend. Sie kritisieren säkulare Regierungen in Ländern, die mehrheitlich von Muslimen bewohnt werden; sie verweisen auf jüdische und christlich-westliche kapitalistische Verschwörungen und vor allem suchen sie die Schuld bei den USA, bei deren Außenpolitik, Spionage, militärischer und wirtschaftlicher Macht. Islamisten wollen Muslime mobilisieren, ganze Bevölkerungen zum massenhaften Widerstand bewegen, ob in passiver oder gewalttätiger Weise.

Eine weitere Unterscheidung muss zwischen Islamisten und Dschihadisten getroffen werden. Dschihadisten sind die »aktiven Einheiten« des Islamismus. Sie sind der Sache und ihrem Glauben bis in den Tod treu ergeben. Viele haben bereits in Afghanistan, Kaschmir, Tschetschenien oder im Irak gekämpft; fast alle sind Idealisten, es gibt jedoch auch ein paar, die schlicht und einfach kriminell sind. Die »Gotteskrieger« nutzen terroristische Mittel oder Guerillataktiken, Hinterhalte, Überfälle, Geiselnahmen gegen Lösegeld oder Sprengstoffe. Sie schüchtern die Menschen ein, erpressen sie, handeln mit Drogen und Menschen, schmuggeln Waffen und schrecken auch vor Mord nicht zurück. Sie rechtfertigen ihr Tun mit blumigen, romantisierten Ehrvorstellungen, mit der Erklärung, dass sie Allah und ihrem Glauben dienen und die Gläubigen beschützen. Doch in Wirklichkeit töten, verstümmeln, terrorisieren und zerstören sie. Sie haben kein Interesse an Kompromissen oder Verhandlungen und sehen ihre Lebensaufgabe im »Heiligen Krieg«. Oft handelt es sich dabei um junge Männer Anfang oder Mitte zwanzig, die wütend auf die Welt sind und nach Anerkennung streben. Diese Einstellung kam über den Nahen Osten, Pakistan und Afghanistan nach Zentralasien. Heute sind die Trennlinien zwischen Anhängern des Islam, Islamisten und Dschihad-Kämpfern aufgrund der ungleichen Einkommensverteilung, äußerer Einflüsse, Klanloyalitäten und der repressiven Sicherheitspolitik der zentralasiatischen Staaten zunehmend verwischt.

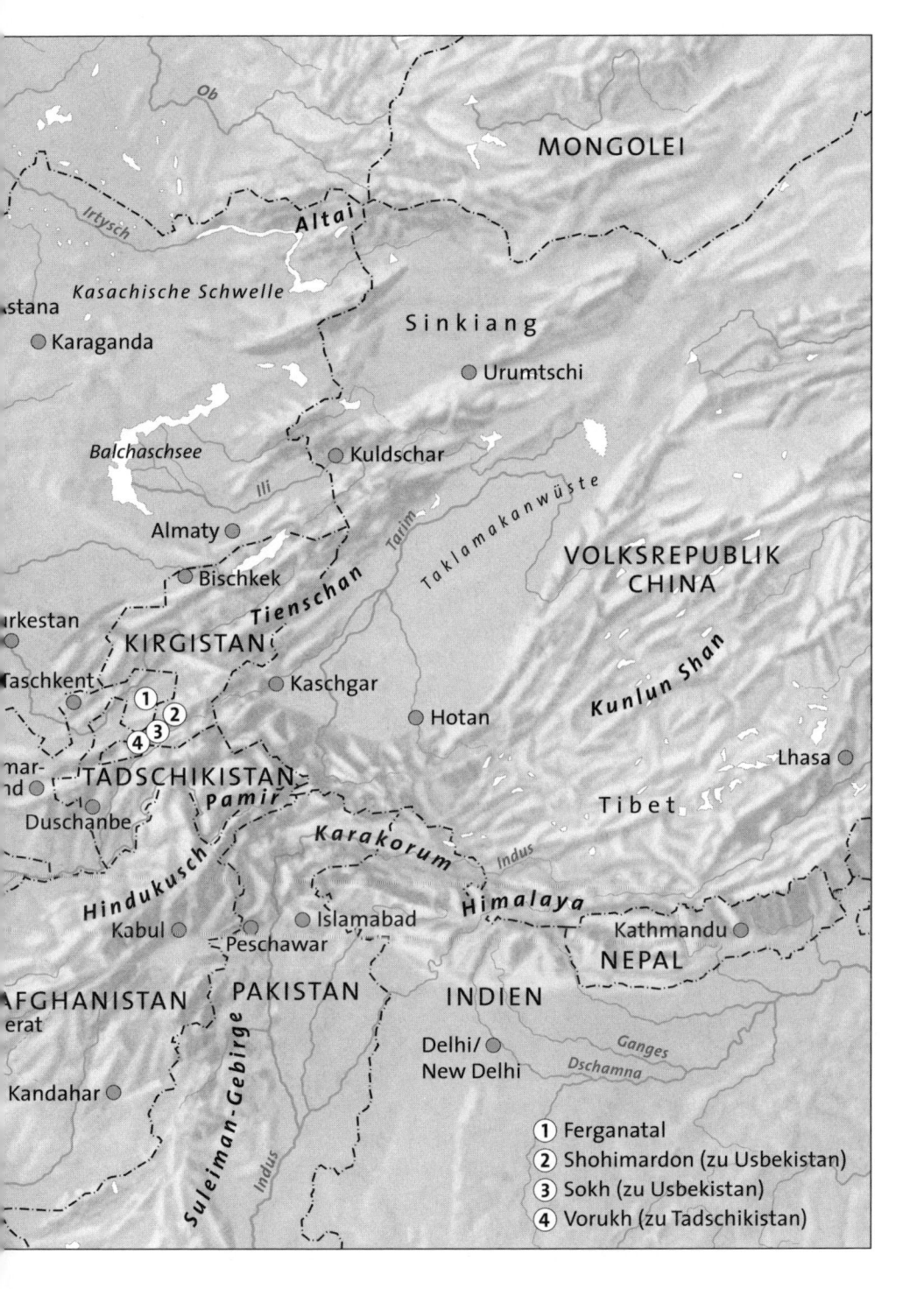

MONGOLEI

Ob

Irtysch

Altai

Kasachische Schwelle

S i n k i a n g

● Karaganda

● Urumtschi

Balchaschsee

● Kuldschar

Ili

Tarim

T a k l a m a k a n w ü s t e

VOLKSREPUBLIK
CHINA

Almaty ●

● Bischkek

Tienschan

ırkestan

●

KIRGISTAN

Kunlun Shan

aschkent

● Kaschgar

● Hotan

①

②

④ ③

Lhasa ●

nar-
1d ●

TADSCHIKISTAN

Pamir

Karakorum

Indus

T i b e t

Duschanbe

Hindukusch

Himalaya

Kabul ●

● Islamabad

Kathmandu ●

Peschawar

NEPAL

AFGHANISTAN

PAKISTAN

INDIEN

erat

Delhi/ ●
New Delhi

Ganges

Dschamna

Kandahar ●

Suleiman-Gebirge

Indus

① Ferganatal
② Shohimardon (zu Usbekistan)
③ Sokh (zu Usbekistan)
④ Vorukh (zu Tadschikistan)

KAPITEL 1

Zentralasien am Scheideweg

Am 13. Mai 2005 fand in Andischan, der östlichsten Stadt Usbekistans, eine große Demonstration statt. Tausende protestierten gegen die sich verschlechternde wirtschaftliche Lage und die Verhaftung von 23 Geschäftsleuten, denen islamischer Extremismus vorgeworfen wurde. Die usbekische Regierung behauptete, die Demonstranten hätten sich versammelt, nachdem die Angeklagten aus dem Gefängnis ausgebrochen seien und dabei mehrere Sicherheitsleute entführt oder getötet hätten.[1] Unabhängig von den näheren Umständen demonstrierten an jenem Maitag unbewaffnete Männer, Frauen und Kinder. Dennoch eröffnete die Polizei, unterstützt von Schützenpanzern sowjetischer Bauart, ohne Vorwarnung das Feuer.

Die Zahl der Toten ist umstritten. Die Regierung hat erklärt, dass fast alle 187 Opfer von islamischen Terroristen bei einem Feuergefecht erschossen worden seien. Die Organisation Human Rights Watch ist der Ansicht, dass über 500 Personen von den Sicherheitskräften getötet wurden und womöglich noch einmal 1000 bei der Niederschlagung der Unruhen ums Leben kamen. Im September 2005 standen 15 extremistische Verdächtige vor Gericht; zwei Monate später wurden sie zu Haftstrafen von 14 bis 20 Jahren verurteilt. Allison Gill, die Leiterin von Human Rights Watch in Moskau, bezeichnet das Verfahren als »Schauprozess« und glaubt, dass die Gestandnisse unter der Folter zustande kamen.[2] Im Dezember 2005 wurden weitere 58 Personen verurteilt. Von amerikanischer und europäischer Seite wurde eine unabhängige Untersuchung des Vorfalls gefordert, aber dazu war die usbekische Regierung unter Führung des Hardliners Islam Karimow nicht bereit. Die genauen Umstände des Massakers von Andischan werden wohl im Dunkeln bleiben.

Andischan liegt inmitten des Ferganatals, einer fruchtbaren Senke, die 300 Kilometer lang und 100 Kilometer breit ist und zehn Millionen Menschen beherbergt – 20 Prozent der Bevölkerung Zentralasiens. Aufgeteilt zwischen Usbekistan, Tadschikistan und Kirgistan ist das Tal zum Zentrum einer panislamistischen Renaissance in der Region und Stützpunkt des Dschihad-Terrorismus geworden. Im Dezember 1997 wurde in Namangan ein Hauptmann der usbekischen Armee entführt und enthauptet – anschließend wurde sein Kopf vor seinem Amtssitz zur Schau gestellt.[3] Im gleichen Monat wurden der Leiter einer Kolchose und seine Frau auf die gleiche Weise ermordet, und nur eine Woche später wurden drei Polizisten erschossen. Hunderte Personen wurden verhaftet, jedoch ohne Erfolg. Im Mai 1998 verabschiedete das usbekische Parlament das Gesetz zur Gewissensfreiheit und zu religiösen Organisationen, das den Besuch nicht genehmigter Moscheen untersagt und vorschreibt, dass sich die gesamte muslimische Geistlichkeit registrieren lassen muss. Karimow forderte, allen Terroristen »eine Kugel in den Kopf zu jagen«, und fügte hinzu: »Wenn es sein muss, werde ich sie eigenhändig erschießen«.[4] Als 1999 im Stadtzentrum von Taschkent bei einem Anschlag sechs Autobomben explodierten, griff die usbekische Regierung noch härter durch. Offenbar galt der Anschlag Karimow und weiteren Regierungsmitgliedern. Dennoch besuchte der Präsident mit dem für ihn typischen Starrsinn unmittelbar danach die Stadtmitte und warnte seine Gegner nachdrücklich. Innerhalb weniger Tage wurden 2000 Personen verhaftet. Im April 1999 weitete Karimow seine Drohungen aus und verkündete, dass auch die Väter militanter Söhne verhaftet werden würden. Meldungen zufolge erklärte er: »Wenn mein Kind einen solchen Weg einschlagen würde, dann würde ich ihm persönlich den Kopf abreißen.«[5]

Die militanten Islamisten behaupten, sie würden nur auf die willkürliche Gewalt des Staates reagieren. Tahir Abdulilowitsch Juldaschew, Mullah und geistlicher Führer der IMU, der Islamischen Bewegung Usbekistans, erklärte, die IMU kämpfe »in erster Linie gegen die Unterdrückung in unserem Land, gegen die Korruption, gegen Ungerechtigkeit und für die Befreiung unserer muslimischen Brüder aus dem Gefängnis. Wir bereuen nicht, dass wir der usbekischen Regierung den Dschihad erklärt haben. So Gott will, werden wir diesen Dschihad bis zum Ende führen.«[6] Als langfristige Ziele des bewaffneten Kampfes nannte Juldaschew die Errichtung eines islamischen theokratischen Staates und die Einführung der Scharia. Doch obwohl beide Seiten immer wieder den Islamismus anführen, dreht sich der Kampf in Wirklichkeit nur um die Frage der Macht nach dem Zusammenbruch der Sowjetunion.

Die Anfänge des Konflikts liegen noch vor dem Rücktritt Gorbatschows. Wirtschaftlicher Niedergang, hohe Arbeitslosigkeit, ethnische Rivalitäten und eine zunehmende antirussische Stimmung führten im Mai 1988 zu schweren Unruhen in Aschchabad in Turkmenistan. Im Sommer 1989 eskalierten Auseinandersetzungen um Land und Wohnraum zwischen Usbeken und Mescheten, und es kam zu Schießereien im Ferganatal. Ähnliche Ursachen lösten im Februar 1990 im tadschikischen Duschanbe Unruhen zwischen Tadschiken und Armeniern aus; im Sommer gab es am östlichen Rand des Ferganatals blutige Konflikte zwischen Kirgisen und Usbeken, bei denen usbekische Bauern ermordet und an Fleischerhaken im Basar von Osch aufgehängt wurden. Sowjetische Truppen stellten die Ordnung wieder her, doch 1991 erhob sich die Bevölkerung im Nordwesten des Ferganatals, in Namangan, gegen die usbekische Regierung. Und im Kaukasus führten gewaltsame Unruhen zur Abspaltung Abchasiens und Südossetiens von Georgien, während sich Armenien und Aserbaidschan hitzige Gefechte um die Region Berg-Karabach lieferten – ein Konflikt, der 30 000 Menschen das Leben kostete.

Doch nirgends war der Kampf um die Macht so blutig wie in Tadschikistan. Dort tobte von 1992 bis 1996, ein blutiger Bürgerkrieg, in dem sich islamische Rebellen und tadschikische Demokraten auf der einen Seite und das tadschikische Regime auf der anderen gegenüberstanden. Das Land war vom Wegfall der sowjetischen Unterstützung besonders schwer getroffen und stürzte in einen Kampf um Ressourcen, der heute noch anhält und bislang rund 100 000 Menschenleben gefordert hat. Im Herbst 1992 gelang es weder den tadschikischen Behörden noch den russischen Soldaten, die zur Unterstützung der Regierung eingeflogen worden waren, die Unruhen einzudämmen. Im Umfeld der Partei der Islamischen Wiedergeburt (PIW) bildete sich eine Opposition, doch die Klans in den ländlichen Gebieten hatten sich völlig vom Staat gelöst. Als die Regierung im Dezember 1992 gestürzt wurde, errichteten die Warlords in ihrem jeweiligen Herrschaftsbereich ein Terrorregime, bekriegten sich untereinander und lieferten sich Auseinandersetzungen mit der PIW. Die russischen Kontingente im Land wurden von Truppen aus den benachbarten zentralasiatischen Staaten unterstützt, die um jeden Preis verhindern wollten, dass die Kämpfe die gesamte Region erfassten. Der Sturz der tadschikischen Regierung bestärkte die Führer der anderen Republiken in ihrer Entschlossenheit, mit allen Mitteln an der Macht festzuhalten.

In Tschetschenien entwickelte sich ein ebenso dramatischer und bitterer Konflikt. In den Ruinen von Grosny kämpften Separatisten in zwei langwierigen Kriegen gegen Russland. Moskau wollte unter keinen Umständen auf eine strategisch so bedeutende Region und deren lukrative Ölvorkommen verzichten, nur weil die Sowjetunion auseinanderbrach. Beunruhigt durch die wachsende Gesetzlosigkeit, die organisierte Kriminalität und die Missachtung ihrer Anweisungen, entsandten die Russen Truppen, die für Ordnung sorgen sollten, wie sie es auch sonst im Kaukasus getan hatten, wenn ihre Interessen bedroht waren. Bei den Tschetschenen war die Erinnerung an die stalinistische Brutalität jedoch noch frisch und der Wunsch nach Unabhängigkeit groß. Kompliziert wurde die Situation dann allerdings durch die Rivalitäten der Klans und die Beteiligung ausländischer Dschihad-Kämpfer. In Russland glaubte man, gegen ein Nest von Terroristen und »Banditen« zu kämpfen, eine Ansicht, die durch die Taktik und das Vorgehen bestimmter Gruppen noch verstärkt wurde. Folglich wurde die Unterdrückung durch die Russen immer extremer. Die russischen Kommandeure wollten Grosny dem Erdboden gleichmachen und die Separatisten mit der vollen Wucht ihrer militärischen Stärke vertreiben. Doch trotz großer Fortschritte im zweiten Tschetschenienkrieg (1999/2000) gibt es immer noch vereinzelte Terroranschläge, die mittlerweile auf das ganze Land ausgedehnt wurden; besonders im Gedächtnis bleiben die Besetzung und Geiselnahme in einem Moskauer Theater und das Massaker von Beslan 2004.

Man sollte jedoch nicht vergessen, dass das Zentrum des Sturms, der so viel zur Erschütterung des sowjetischen Regimes und vielleicht auch zur Einleitung der Reformen und zum Untergang der Sowjetunion beigetragen hat, in Afghanistan liegt. Hier mussten die Menschen nicht nur zehn Jahre lang die blutigen Vergeltungsmaß- nahmen des afghanischen kommunistischen Regimes und seiner sowjetischen Ver- bündeten erdulden, sondern auch einen langwierigen Bürgerkrieg zwischen War- lords, verschiedenen Volksstämmen und deren ausländischen Geldgebern. Als sich die letzten Überbleibsel einer zentralen Autorität in den Straßenkämpfen von Kabul auflösten, ergriffen die Taliban, die Protegés der pakistanischen Paschtunen, die Macht und errichteten ein autoritäres Regime, das sogar die Brutalität Nadschibul- lahs übertraf, des letzten kommunistischen Diktators des Landes. Der Widerstand war jedoch nicht gebrochen und konzentrierte sich vor allem auf die von Schiiten besiedelte Region Hasarajat und die Nordprovinzen. Der Kampf ging weiter, bis 2001 die Nationale Islamische Vereinigte Front (im Westen besser bekannt als Nordallianz) mit Unterstützung der Amerikaner und deren Verbündeten Kabul zurückeroberte. Nach Schätzungen von Noor Ahmed Khalidi starben im sowjetischen Krieg 876 000 Afghanen, weitere 1,5 Millionen wurden zu Invaliden.[7] 10 000 kamen in der inten- sivsten Phase des Bürgerkriegs zwischen 1992 und 1995 ums Leben, doch im Gegen- satz zu den gut dokumentierten Taliban-Massakern in Hasarajat und Mazar-e Sharif ist die Gesamtzahl der Opfer unter dem Taliban-Regime nicht bekannt. Ein Großteil Afghanistans war jedenfalls zerstört, die Bevölkerung traumatisiert und verarmt.

Umkämpfte Länder im Herzen Asiens

Die jüngste Vergangenheit Zentralasiens wurde wie ein Großteil seiner Geschichte von staatlichem Terror geprägt, von autoritären Regimes und Konflikten. Die Region, die nur wenige klare Grenzen aufweist, hat viele Kulturen und Eroberer erlebt. Tatsächlich definiert sich Zentralasien über seine weiten Räume. Zwischen den Wüsten und hohen Gebirgszügen fanden Nomaden nur wenige Gebiete in den Tälern, in Oasen und an Flüssen, die sich für eine dauerhafte Besiedlung eigneten. Die verstreuten städtischen Zentren dienten als Stationen für die Karawanen der Seidenstraße, die jedoch als Handelsroute älter ist als der Handel mit Seide. Die Fürstentümer (Khanate), die in dieser Region entstanden, wurden zwar autoritär regiert, doch die Rechtshoheit, die sie beanspruchten, galt im Grunde nur in der unmittelbaren Umgebung der Städte, wo es gelang, Steuern einzutreiben. Die Nomaden zogen weiterhin über die Berge, durch die Steppen und Wüsten. In der gesamten Region haben sich die alten Klanverpflichtungen bis heute gehalten.

Die weiten Entfernungen, die Wüsten und Gebirgszüge waren schwer bezwing-
bare Barrieren und hielten viele Invasoren ab oder verzögerten ihre Ankunft.
Allerdings fungierten die Flüsse als Transportadern für Armeen, Siedler und Han-
delswaren. Die großen Flüsse Syr-Darja und Amu-Darja waren wie das Kaspische
Meer Lebensader und Grenze in einem. In der Antike war Zentralasien grob zwischen den Persern im Süden und den turkstämmigen Nomaden im Norden aufgeteilt, wobei man annimmt, dass die Nomaden aus Sibirien oder einer Region
weiter im Osten stammen.[8] Von 339 bis 327 vor Christus eroberte Alexander der
Große mit seinen Heerscharen Sogdien und Baktrien (das heutige Afghanistan,
Tadschikistan und Usbekistan), doch wie seine Nachfolger herrschte auch er mithilfe lokaler Mittelsmänner. Die Parther dominierten das westliche Zentralasien
(das heutige Turkmenistan und die Kaukasusregion), bis sie von den Persern
besiegt wurden, während der Norden an die Saken fiel, ein Nomadenvolk aus
dem Nordosten, das von den Xiongnu (Hunnen) aus der Gobi vertrieben worden
war. Die Hunnen drängten weiter nach Westen, unterwarfen die Uiguren (im
heutigen Xianjiang) und zogen dann in Richtung Europa. In ihrem Gefolge beanspruchten Turknomaden erneut den Norden Zentralasiens. Im 1. und 2. Jahrhundert nach Christus entstand das Kuschana-Reich, das sich von Indien bis zum Iran
erstreckte und dazu beitrug, den buddhistischen Glauben zu verbreiten. Doch die
Konflikte um das fruchtbare Ferganatal rissen bis zum hundertjährigen Feldzug
der Araber und ihrer Soldaten, die zum muslimischen Glauben konvertiert waren,
nicht ab. Die Chinesen wurden 751 bei der Schlacht am Talas (Kirgistan) geschlagen, allerdings siedelten sich die Araber in der Gegend nicht an; und es blieb
einheimischen islamischen Herrschern überlassen, eigene Reiche zu errichten.
Die persischen Samaniden hinterließen im Umfeld der Oasen ein dauerhaftes
sprachliches und kulturelles Erbe. In Afghanistan regierten die Ghaznaviden und
andere Herrscherdynastien, bis die Seldschuken von Norden her im 11., 12. und
13. Jahrhundert ganz Zentralasien und die Türkei eroberten.[9]

Das Reich der Seldschuken wurde wie ein Großteil Zentralasiens von den Mongolen zerstört. Bei der Eroberung Bucharas 1220 sollen 30 000 Mann getötet worden
sein, angeblich schichteten die Mongolen die abgetrennten Köpfe der Erschlagenen
zu Pyramiden auf. Doch nach dem Morden ließen die Mongolen wieder die Karawanen auf der Seidenstraße ziehen und gründeten ihren eigenen Pferdekurierdienst. Im
14. Jahrhundert startete Timur vom Turkstamm der Barlas mit Herrschaftsgebiet um
Samarkand einen neuen Eroberungsfeldzug und gelangte zu beträchtlichem Reichtum. Dank verschleppter Kunsthandwerker aus Persien und anderen eroberten
Gebieten erlebte Zentralasien eine kulturelle Blüte – was den Eifer in Usbekistan
erklärt, Timurs Brutalität herunterzuspielen und ihn als Nationalhelden des usbekischen Volkes zu feiern. In seinem Geburtsort und ehemaligen Standort seines Palas-
tes Schachr-i säbs erhebt sich heute eine mächtige Statue von »Tamerlan« – das
Gesicht passenderweise zu einer missbilligenden Grimasse verzogen.

Die Timuriden wurden im Jahr 1500 von den Schaibaniden geschlagen, die in ihrer Hauptstadt Buchara die Kultur und Sprache der Türken wiedereinführten. Doch die Bedeutung der Seidenstraße ging zurück, nicht zuletzt wegen des wachsenden Seehandels der westeuropäischen Länder. Die sinkenden Einnahmen hatten zur Folge, dass die Wege nicht mehr erhalten wurden und die stehenden Heere zum Schutz der Karawanen kaum mehr bezahlt werden konnten. Unbedeutende Herrscher versuchten, ihre Macht auf Kosten der geschwächten Khanate zu stärken, während gleichzeitig die konservativen Ulemas (islamische Religions- und Rechtsgelehrte) Fortschritte im Bereich Wissenschaft, Bildung und Kultur zu verhindern suchten. Im 17. Jahrhundert war Zentralasien nur noch ein mattes Abbild seiner einstigen Pracht, eine verarmte, rückständige Provinz in der islamischen Welt, die am Vorabend der imperialistischen Expansion Europas zutiefst zerstritten war.

Die größte politische Veränderung kam mit den Annexionen durch Russland. Nachdem die Russen im 17. Jahrhundert Teile Kasachstans eingenommen hatten, eroberten sie in jahrzehntelangen Kämpfen in den 1850er Jahren den Kaukasus. In den 1860er Jahren wurde Taschkent eingenommen und Buchara zum Protektorat erklärt, 1873 fiel Chiwa nach einem kurzen Feldzug. Die turkmenischen Nomaden wurden von 1879 bis 1881 in Kämpfen zerrieben, als die letzte Festung in Geok Tepe (Gökdepe) eingenommen wurde. In den 1880er Jahren wurden Merw (Mary) und der nördliche Pamir annektiert; im Süden einigte man sich mit den Briten in den 1890er Jahren über die Grenzziehung. Großbritannien wiederum errichtete in Afghanistan ein Protektorat und bestimmte dessen Außenpolitik, während sich China 1877 veranlasst sah, seine Herrschaft über die Provinz Sinkiang (Xinjiang) zu bekräftigen. Die Gouverneure des Zaren legten für die neuen Herrschaftsgebiete nach ihrem Gutdünken Grenzen fest – und erstickten sämtliche Unruhen.

Die Motive für die Expansion sind umstritten. Das zeitgenössische Argument, wie es etwa der russische Außenminister Alexander Gortschakow 1864 formulierte, lautete, dass die Grenzen nomadischer oder schwacher Staaten unzureichend definiert seien und für Verwirrung sorgen würden; die Schwierigkeit für eine Großmacht wie Russland bestehe nun darin, bei den Annexionen »zu erkennen, wo man innehalten soll«.[11] Die Briten, besorgt über den ungehinderten Vormarsch der zaristischen Truppen in Richtung auf ihre indische Kolonie, vermuteten dahinter einen Vorwand für weitere militärische Ambitionen. Es gibt tatsächlich Hinweise, dass die russische Armee und das zaristische Außenministerium entsprechende Großmachtpläne hegten, die Briten an der indischen Grenze zu besiegen, vielleicht steckte aber auch nicht mehr dahinter, als die Briten unter Druck zu setzen und sich so deren Zustimmung zu den russischen Ambitionen in Europa und im Nahen Osten zu sichern. Ein anderes Argument ist der »Hunger nach Baumwolle«, ausgelöst durch den amerikanischen Bürgerkrieg, der die Russen veranlasste, sich Zentralasien zuzuwenden. Die beste Erklärung ist vielleicht die, dass die Impulse in eine Zeit fielen, in der Russland militärisch im Aufstieg begriffen war und der Imperialismus schlicht derartige Unternehmungen rechtfertigte.

Die Russen veränderten die Landkarte Zentralasiens. Millionen russische Bauern wurden in Kasachstan und weiter im Süden angesiedelt. Russische Arbeiter wurden ins Land gebracht, um die neu errichtete Industrie in Gang zu bringen. Die Baumwollfelder wurden mit riesigen Anlagen bewässert, außerdem wurde unter militärischen und wirtschaftlichen Gesichtspunkten ein Eisenbahnnetz aufgebaut. Doch es kam immer wieder zu Unruhen, von denen der Aufstand von 1916 im heutigen Usbekistan zu den schwersten zählt. Die Region litt gerade unter einer Hungersnot, als Moskau beschloss, Zentralasiaten für den Ersten Weltkrieg einzuziehen. Natürlich regte sich bei den kasachischen und kirgisischen Nomaden Widerstand, und der Aufstand erfasste rasch die gesamte Region. Die Vergeltungsmaßnahmen waren brutal und umfassend. Zehntausende wurden getötet, und die zaristischen Truppen verfolgten die Fliehenden von ihren brennenden Dörfern bis an die chinesische Grenze. Man schätzt, dass bis zu einem Viertel der kirgisischen Bevölkerung vertrieben oder ermordet wurde. Beim Ausbruch der Revolution 1917 waren die Russen regelrecht verhasst.

Doch trotz der Revolution gelang es den Zentralasiaten nicht, die russische Vorherrschaft abzuschütteln. Auch die ausländischen Interventionstruppen, vor allem die Türken (Kaukasus) und die Briten (Turkmenistan), konnten ihren Einfluss aufgrund der Kosten und ihrer anderweitigen Verpflichtungen nicht aufrechterhalten. Ebenso wenig konnte eine Revolte der Basmatschi (muslimische Guerillabewegung) die bolschewistischen Truppen aufhalten, obwohl sich der Aufstand über zehn Jahre hinzog.[12] Die Basmatschi waren Zentralasiaten, die sich der Vertreibung der Kommunisten verschrieben hatten. Nach der Plünderung der Stadt Kokand im Anschluss an eine Rebellion 1918 bezweifelten viele die Behauptung der Bolschewisten, sie seien die Befreier der Region. Bis zu 20 000 Mann, die tagsüber meist als Bauern arbeiteten, verwandelten sich nachts in Aufständische. Wie die Mudschaheddin und die Taliban Ende des 20. Jahrhunderts war ihre Doppelrolle die perfekte Tarnung. Die Basmatschi hatten den Vorteil, dass sie das Gelände kannten, allerdings gab es unter ihnen immer wieder Klanstreitigkeiten, außerdem fehlte eine einheitliche Strategie. So verübten sie zwar Anschläge, hatten jedoch keine konkreten Pläne zur Machtübernahme. Die bolschewistischen Truppen, die genug mit dem Bürgerkrieg im eigenen Land zu tun hatten, konnten den Aufstand nur mühsam eindämmen. Schlimmer noch, ihre Offiziere waren unerfahren und die Soldaten durch Malaria und lokale Krankheiten geschwächt. Als sich der russische Bürgerkrieg 1920 dem Ende näherte, startete Michail Frunse eine neue Offensive gegen die »Weißen«, bei der er muslimische Truppen aus dem Kaukasus einsetzte. Buchara wurde erobert, doch damit war die Rebellion noch nicht beendet. Lenin entsandte nun den ehemaligen türkischen Kriegsminister Enver Pascha nach Zentralasien, was sich jedoch als Fehler erwies:

Gleich nach seiner Ankunft lief Enver zu den Basmatschi über und wurde zum Anführer der Revolte.

Enver träumte von einem pantürkischen Reich, das von Konstantinopel bis zur Mongolei reichte, und sah in den Basmatschi den Grundstock einer neuen islamischen Armee. Rasch gewann er die Unterstützung des im Exil lebenden Emirs von Buchara und schickte in der Hoffnung, die Fraktionen zu einen, Boten zu den verschiedenen Gruppen der Basmatschi. Dabei spielte er bewusst auf die Gründung eines neuen Kalifats an und stellte sich als Verwandten des Kalifen und Gesandten des Propheten dar, was sich äußerst positiv auf die Moral der Rebellen auswirkte. Am 14. August 1922 nahm Enver Duschanbe ein und griff danach mit etwa 7000 Mann Buchara an. Mit wachsender Truppenstärke gestaltete er sein Hauptquartier nach dem Vorbild des türkischen Generalstabs um und bezog Waffen von Emir Amanullah aus dem benachbarten Afghanistan. Zahlreiche afghanische »Freiwillige« überschritten den Amu-Darja und schlossen sich dem Aufstand an. Angesichts der sich ausbreitenden Unruhen unternahmen die Bolschewisten neue Verhandlungsversuche, entsandten jedoch nach deren Scheitern 100 000 Mann. Enver musste sich in den Pamir zurückziehen. Am 14. Juni 1922 lauerten 3000 Basmatschi einem fast dreimal so starken bolschewistischen Verband auf, erlitten jedoch schwere Verluste durch die russische Artillerie. Als die Bolschewisten nach Osten über das Gebirge vordrangen, gaben einige Rebellen auf. Die Basmatschi zerfielen erneut in einzelne Fraktionen. Bei ihrem Vormarsch nahmen die Bolschewisten ein Dorf nach dem anderen ein, machten allerdings Zugeständnisse, um die Bevölkerung für sich einzunehmen. Aus Furcht vor Vergeltungsmaßnahmen zeigte sich die Bevölkerung oft entgegenkommend. Nun zog Amanullah seine Freiwilligen und Waffen ab. Ohne Nachschub und mit schwindender Unterstützung waren die verbleibenden Basmatschi gezwungen, sich als Banditen durchzuschlagen, eine Situation, in der sich 1999/2000 auch die Islamische Bewegung Usbekistans befand. Schließlich wurde Enver am 4. August 1922 bei Baldschuan nahe der tadschikischen Hauptstadt Duschanbe in die Enge getrieben und starb im Kampf, als er einen Kavallerieangriff gegen die bolschewistischen Maschinengewehre anführte.

Zur Festigung ihrer Herrschaft bildeten die Kommunisten einen Parteiapparat, der den Einfluss der lokalen ethnischen Gruppen möglichst gering halten sollte. Stalin veränderte die Grenzen der zentralasiatischen Staaten so, dass Volksstämme geteilt und zu Rivalen wurden. In der Tat erforderten ausgerechnet die supranationale Natur der Sowjetunion und die Illusion eines freien Staatenverbunds die künstliche Bildung »nationaler« Identitäten in den zentralasiatischen Republiken. Beim Zusammenbruch der Sowjetunion war anfangs nicht klar, ob die alten Sowjetrepubliken überleben oder ob neue Staaten auf der Grundlage ethnischer Identitäten entstehen würden. Das Ergebnis fiel ähnlich aus wie in Afrika nach der Entkolonialisierung: künstliche Staaten, verarmt und ethnisch zerrissen, in denen miteinander rivalisierende Gruppen im Kampf um die verbleibenden Ressourcen nur allzu oft zu den Waffen greifen.

Islam und Politik

Die dominierende Form des Islam, die traditionell in Zentralasien praktiziert wird, ist der Sufismus, obwohl es sich bei der Mehrheit der Bevölkerung um sunnitische Muslime der hanafitischen Rechtsschule handelt. Die Sufis folgen einer mystischen Ideologie, laut der sich ein inneres Wissen von Gott durch Meditation, Rituale und Tanz offenbaren kann. Der Sufismus bildete sich Ende des 10. Jahrhunderts als eigene Sekte heraus und stellte eine ästhetische Reaktion auf den Formalismus und Legalismus des sunnitischen Islam dar. Benannt nach ihren rauen Wollumhängen, betonte die Sufi-Bruderschaft mit Anleihen beim Christentum, Buddhismus, Neoplatonismus und dem präislamischen Symbolismus die direkte Gemeinschaft mit dem Göttlichen. Dieses Fehlen von Mittelsleuten und die missionarische Arbeit der Sufi-Vertreter, der *tariqas* (Orden, Bruderschaften), trugen erheblich zur Verbreitung des Sufismus bei den Völkern Zentralasiens bei. Da manche Sunniten und Schiiten den Sufismus als häretische Sekte betrachteten (weil er Autorität, vor allem die Autorität der Mullahs, ablehnt), bildeten die Sufis geheime Gruppen, die oft ihre eigenen Gebetsformen und Rituale entwickelten. Nach dem Überfall der Mongolen, unter der Zarenherrschaft und später in Zeiten der sowjetischen Unterdrückung konnten die Sufis dank ihrer geheimen Netzwerke ihren Glauben bewahren. Die Naqschbandi beispielsweise, benannt nach ihrem Gründer Mohammed ibn Baha ad-Din Naqschband im 14. Jahrhundert, betrachteten ihre eigene Autorität als ewig und damit wichtiger als die eines weltlichen Tyrannen. Das führte 1898 zu einer Revolte gegen die Russen in Andischan. Die Tradition des geheimen Glaubens hat sich bis in die Zeit der Unabhängigkeit gehalten. Trotz der Versuche der neuen Regierungen, das Wiederaufleben des Islam zu unterdrücken, trug der ältere Ansatz der Gottesverehrung dazu bei, sowohl die Religion als auch eine religiöse Opposition populär zu machen.

Die Sufis zählen zu den tolerantesten aller islamischen Gruppierungen. In Kasachstan, dem letzten Regionalstaat, der zum Islam übertrat (im 17. Jahrhundert), erhielten sich in den Sufi-Orden Elemente der Volkskultur und des Schamanismus. Diese Toleranz, aber auch die Korruption innerhalb der machthabenden Sufi-Familien, führte im 19. Jahrhundert zur dschadidistischen Reformbewegung. Der Dschadidismus (Dschadid = Erneuerung), der von Intellektuellen wie Ismail Gasprinski vertreten wurde, versuchte im Bemühen um eine islamische Renaissance, westliche Einflüsse mit religiösen Reformen, Glauben, Bildung und Naturwissenschaften zu verbinden. Doch trotz dieser und anderer sektiererischer Auseinandersetzungen blieben die Pilgerfahrten zu den Schreinen der Sufi-Heiligen vor allem nach Buchara ein wichtiger symbolischer Akt, der die Menschen Zentralasiens in ihrer Religion und Identität bestärkte.

Abgesehen von kleinen ismailitischen Enklaven in Städten wie Samarkand und Buchara (und einem Zweig des Islam, der fälschlicherweise oft den Schiiten in Tadschikistan zugeschrieben wird), verlief die wichtigste Trennlinie in der zentralasiatischen Geschichte zwischen den orthodoxen, konservativen Sunniten und den Sufis. Der Übertritt Persiens zur Schia unter den Safawiden im 16. Jahrhundert verringerte den schiitischen Einfluss in Zentralasien, doch erst die Entscheidung der Russen, unter ihrer Besatzung einen ultrakonservativen »offiziellen« Islam zu unterstützen, sowie das aggressive Säkularisierungsprogramm in sowjetischer Zeit führten dazu, dass sich viele Zentralasiaten vom Islam entfernten, wenn nicht sogar entfremdeten. Die Dschadiden, die sich nach 1917 auf die Seite der Kommunisten gestellt hatten, weil diese für Modernisierung standen, wurden verboten und bei den stalinistischen Säuberungen allmählich ausgelöscht. Trotz der Bemühungen der Sufis im Untergrund waren die Bewohner Zentralasiens 1991 so abgeschnitten, dass sie über die Ereignisse in der muslimischen Welt bemerkenswert wenig wussten – vor allem über die von den Palästinensern als tiefe Demütigung empfundene Gründung des Staates Israel 1948, die Islamische Revolution im Iran 1979 und das Aufkommen der Selbstmordattentate in den 80er Jahren. Der einzige bekannte Konflikt war der Kampf der Afghanen gegen die Sowjetunion einschließlich der Rolle der islamischen Mudschaheddin. Dieser Konflikt sollte in der Politik der Region in den 90er Jahren noch beträchtliche Auswirkungen haben.

Das derzeitige politische System lässt sich mit der Tradition der Staats- und Regierungsführung in Zentralasien erklären. Die Khane im 19. Jahrhundert stützten ihre Autorität auf die Ulemas und regierten mit erstaunlicher Härte. Emir Nasrullah von Buchara beispielsweise herrschte wie ein autoritärer Despot und ließ jeden töten, der auch nur der Spionage oder Revolte verdächtigt wurde. Nasrullah war auch derjenige, der beschloss, 1842 zwei britische Offiziere hinzurichten, weil er glaubte, sie würden die beiden Nachbarstaaten Chiwa und Taschkent gegen ihn aufhetzen.[13] Ende des 19. Jahrhunderts kam der Kriegsherr Jakub Bek in Kaschgar an die Macht und regierte mithilfe eines allgegenwärtigen Heers von Spitzeln.[14] In Afghanistan herrschten lokale Stammesführer brutal über ihre Leute, bis das Land im 18. Jahrhundert unter der Durrani-Dynastie geeint wurde. Abdur Rahman, ein Exilafghane, der von den Briten 1880 auf den Thron gebracht wurde, übte seine Macht rückhaltlos aus. Nach Rebellionen im Grenzgebiet des Landes zwang er die Bewohner, in den abgelegenen Nordwesten umzusiedeln, ließ Kriminelle und Aufständische bei lebendigem Leib in kochendes Wasser werfen, zu Eis gefrieren, aus Kanonen abschießen und durch Baumkatapulte in der Luft zerreißen. Er unterdrückte die Bewohner der Region Kafiristan und die Schiiten in Hasarajat so rigoros, dass die Briten von einer Politik der Ausrottung sprachen.[15]

Die Anführer der Berg- und Nomadenvölker waren nicht besser. Imam Schamil, der lange als heroischer Widerstandskämpfer gegen die Russen im Kaukasus gefeiert wurde, griff bei den Tschetschenen so hart durch wie gegen seine Feinde. Die Turkmenen waren in der ganzen Region als Sklavenhändler gefürchtet, und ihre Niederlage gegen die russische Armee wurde gefeiert. Bei den Turkmenen war es Tradition, den Gefangenen, die sie nicht mitnehmen konnten, die Füße abzuhacken und sie einem qualvollen Tod in der Wüste zu überlassen. Auch die Paschtunen an der Westgrenze Afghanistans waren berüchtigt dafür, dass sie ihre Feinde mit dem Messer verstümmelten oder diejenigen köpften, die ihren Unmut erweckten. Die brutalen Folterungen zogen sich bis ins 20. Jahrhundert hin. Im sowjetisch-afghanischen Krieg hatte das Gefängnis in Kabul, das der Geheimpolizei Khad unterstand, einen furchtbaren Ruf. Folter war an der Tagesordnung, unter anderem wurden Gefangene zusammen mit abgetrennten Körperteilen und Leichen eingesperrt.[16] Man weiß nicht genau, wie viele Personen von den sowjetisch-afghanischen Behörden umgebracht wurden, doch die brutale Vorgehensweise setzte sich auch unter den Taliban fort und wurde durch Schauprozesse und öffentliche Hinrichtungen noch übertroffen. Ob durch den Krieg radikalisiert oder nicht, in Zentralasien besteht eine lange Tradition der eigenmächtigen Regimes, die ihre Macht ohne ein System der gegenseitigen Kontrolle und Gewaltenteilung ausüben. In den meisten Republiken dient die Judikative den Interessen des Staates, und die Exekutive regiert immer noch, ohne sich groß ums Parlament zu scheren, wenn es denn überhaupt eines gibt. Derartige Systeme werden schnell zum Spielball politischer Eliten.

Die Regierungen der zentralasiatischen Republiken sind schnell bei der Hand, die Aktivitäten der islamistischen Gruppen zu verurteilen, die sich gegen sie wenden. Sie argumentieren, ihre Gegner seien Anhänger des Dschihad und die Maßnahmen gegen sie erfolgten im Rahmen des »globalen Kriegs gegen den Terror« unter Führung der USA. Hier wird der der weltweite Kampf gegen den Terrorismus gern als Vorwand genommen für ein strenges Durchgreifen der Regierung gegen missliebige Gegner. Natürlich besteht kein Zweifel daran, dass sich der Islam seit den 1970er Jahren politisiert, radikalisiert und sogar militarisiert hat. In Zentralasien setzte sich die Unterdrückung des Islam aus sowjetischer Zeit mit der Unabhängigkeit der Republiken fort, und das zu einer Zeit, als die Bevölkerung nach einer Unterbrechung von 70 Jahren wieder Bekanntschaft mit den militanten Strömungen des Islam machte. Millionen entdeckten den Islam wieder für sich, und die radikalen regierungsfeindlichen Gruppen erlebten einen unglaublichen Zustrom – mit explosiven Folgen.

Die sowjetischen Methoden im Umgang mit islamischem Widerstand entwickelten sich gleich nach der Machtübernahme durch die Bolschewisten, erreichten ihre extremste Form jedoch unter Stalin. Nach den Grenzfestlegungen in den 1920er Jahren, die oft unterschiedliche ethnische Gruppen in einer Republik zusammenbrachten, und das unter einer russischen Elite als Führung (so waren beispielsweise in Turkmenistan fast alle führenden Regierungspositionen mit Russen besetzt), begann Stalin auch in dieser Region mit der Kollektivierung der Landwirtschaft, um die immer noch vorherrschende Nomadenkultur zu zerstören. Etwa 1,5 Millionen Kasachen (etwa ein Drittel der Bevölkerung) starben bei Umsiedlungsmaßnahmen, verhungerten oder wurden ermordet. Auch die Kirgisen wurden unterdrückt, nach China vertrieben und massakriert; sie verloren ein Viertel ihrer Bevölkerung. Selbst »progressive« Reformen wie Bildung für alle, die Ansiedlung neuer Industrien zur »Proletarisierung« der Bevölkerung, die Mechanisierung der Landwirtschaft und der Bau von Siedlungen zur »Sesshaftmachung« der nomadischen Bevölkerung hatten den willkommenen Nebeneffekt, die ältere Kultur zu zerstören. Aber vor allem ging es um die Ressourcen Zentralasiens: Baumwolle, Öl und Erze. Sie gingen nach Russland, gleichzeitig wurden in der ganzen Region Russen angesiedelt.

Der Islam galt als bürgerlich-dekadent, reaktionär und »rückständig«. Als Ideologie barg er außerdem, wie die Bolschewisten wussten, ein beträchtliches Mobilisierungspotenzial und war damit eine Gefahr für das Regime. 1920 hatte es den kurzfristigen Versuch gegeben, bei einer Konferenz in Baku die muslimische Welt gegen sämtliche europäische Staaten aufzubringen, doch trotz der feurigen Rhetorik und der offensichtlichen Solidarität hatten sich die teilnehmenden Muslime aus Zentralasien, die unter kommunistischer Herrschaft standen, nicht begeistern lassen. Das lässt sich unter anderem damit erklären, dass Lenins Anhänger die Mullahs als Konterrevolutionäre und Feinde des Volkes darstellten und Hinweise gestreut wurden, dass die Religionsführer Verbindungen zu europäischen Geheimdiensten unterhielten. Die Religionsausübung wurde in Zentralasien verboten. Moscheen wurden geschlossen und in Werkstätten umgewandelt. Frauen war es nicht erlaubt, den Hidschab zu tragen, Kinder durften in der Schule nicht den Koran lesen. Mitte der 30er Jahre gab es in Usbekistan nur noch 60 Moscheen, 20 in Kirgistan und gerade einmal vier in Turkmenistan.[17] Im Zweiten Weltkrieg musste Stalin die Muslime Zentralasiens gegen den Einfall der Deutschen mobilisieren und deshalb für sich gewinnen. Es wurde ein Islamisches Direktorat für Zentralasien und Kasachstan mit Sitz in Taschkent eingerichtet, außerdem weitere Direktorate in Baku, Buinaksk (Dagestan) und im russischen Ufa. Damit hatte die Sowjetunion einen »offiziellen« Islam geschaffen, allerdings wurden nur Religionsführer ausgewählt, die das Regime unterstützten. Außerdem ließ Stalin zahlreiche »Sympathisanten« des Deutschen Reichs deportieren, darunter auch eine halbe Million Tschetschenen (von denen ein Drittel auf dem Weg nach Sibirien umkam). Unter Chruschtschow kam es von 1955 bis 1958 zu einer gewissen Liberalisierung, was jedoch nichts an der grundsätzlichen Unterdrückung des Islam änderte.[18]

In den 60er Jahren, auf dem Höhepunkt des Kalten Krieges, wurde der »offizielle« Islam im Versuch, muslimische Länder für sich zu gewinnen, von der sowjetischen Führung stärker anerkannt. In Taschkent und Buchara wurden sogar zwei offizielle Koranschulen eingerichtet, allerdings zählte das Fach Sowjetwissenschaften weiter zum festen Bestandteil des Lehrplans. Immerhin konnten ausgebildete und registrierte Mullahs Moscheen eröffnen, Feiertage wurden eingehalten und einige Gläubige durften sogar an der Al-Azhar-Universität in Kairo studieren oder zu arabischen Schreinen pilgern. Doch in den letzten Jahren der Sowjetunion zeigte sich, dass diese Maßnahmen nur dem schönen Schein gedient hatten. Gorbatschow betrachtete den Islam als modernisierungsfeindlich, während die politische Führung in Zentralasien ironischerweise fürchtete, dass gerade seine Perestroika ein Wiederaufleben des Islam, Forderungen nach mehr Freiheit und damit einen Verlust der Kontrolle über die Region nach sich ziehen könnte.

Tatsächlich konnte der Islam nie völlig unterdrückt werden: Im Untergrund bestand er weiter. Und dieses Untergrundnetzwerk machte es möglich, dass die gemäßigten ebenso wie die radikalen Versionen des Islam nach der Unabhängigkeit so schnell wiederauflebten. Als die Moscheen geschlossen wurden, hatten viele zu Hause Religionsunterricht genommen und sich heimlich spät abends zu Ritualen und Gebeten getroffen. Kommunistische Feiertage wurden zum Besuch muslimischer Schreine genutzt. In Tadschikistan versammelten sich jeweils Tausende bei den 500 Schreinen, die von 700 nicht registrierten, inoffiziellen Mullahs betreut wurden. Frauen kam bei der Erhaltung der Schreine eine besonders große Rolle zu. Zusätzlich reisten Mullahs durch das Land und hielten Gottesdienste oder führten islamische Trauungen durch. Im Ferganatal fanden sich besonders viele Mullahs. Sufi-Netzwerke nutzten ihre Untergrundkontakte zur Verbreitung religiöser Texte. Selbst Mitglieder des Parteiapparats nahmen derartige Aktivitäten stillschweigend hin, manche nahmen sogar selbst an den Zeremonien teil. Vielleicht sahen sie darin eine Art Widerstand gegen das Regime in Moskau.

Die Perestroika hatte den unfreiwilligen Effekt, dass der Islam, aufbauend auf seinen Untergrundnetzwerken, wieder öffentlich in Erscheinung trat. Zusätzlich brachten Kräfte von außen Veränderungen. Militante Ideen, die ihren Ursprung im arabischen Raum hatten, dienten als Ventil für die weitverbreitete Wut über die alten Regierungssysteme. Die religiöse Identität war gleichzeitig Ausdruck der politischen Opposition. Diese Haltung ließ sich zunächst im sowjetischen Krieg gegen Afghanistan beobachten. Die Nachricht vom Widerstand der Mudschaheddin in Zentralasien veranlasste viele, ihre Meinung über die Stärke der Sowjets zu revidieren. Entsprechend der alten Tradition des Geschichtenerzählens kursierten in der Region bald zahlreiche Gerüchte und Mythen. Einige zentralasiatische Soldaten liefen zu den Mudschaheddin über, viele sympathisierten mit den Afghanen. Hunderte junge Männer aus Usbekistan und Tadschikistan überquerten heimlich die Grenze und schlossen sich den Kämpfern an. Oder aber sie reisten weiter nach Saudi-Arabien und Pakistan, um dort eine Medresse, eine Koranschule, zu besuchen. Schließlich kämpften über 40 000 Muslime aus

43 Ländern gegen die Sowjets. Dabei kamen die zentralasiatischen Muslime in Kontakt mit den radikalen Islamisten. In Pakistan trat die ultrakonservative islamische Erweckungsbewegung der Deobandi für die strikte Befolgung der Scharia und die Unterdrückung der Frau ein. Sie verachtete die Schiiten und befürwortete einen militanten Dschihad. Zentralasiaten durften kostenlos an Deobandi-Medressen studieren, wo die Vorstellung verbreitet wurde, dass Afghanistan nur der erste Schritt sei hin zu einem Sturz aller Republiken der Region. Usbekische Studenten fühlten sich zunehmend von dieser Vorstellung angezogen, vor allem als die von den Paschtunen dominierten Taliban gegen Ende des afghanischen Bürgerkriegs mit Unterstützung des pakistanischen Geheimdienstes ihren Einflussbereich auf einen Großteil Afghanistans ausdehnten. Die Tadschiken dagegen fühlten sich vom afghanischen Militärbefehlshaber Ahmed Schah Massud angesprochen, einem Tadschiken, dessen Version des islamischen Widerstands eng mit dem tadschikischen Nationalismus verbunden war. Massuds Gegenspieler im Bürgerkrieg war Gulbuddin Hekmatjar, ein Protegé Pakistans und später der Taliban. Die Spannungen zwischen Tadschiken und Usbeken wurden dadurch verschärft, dass ihre jeweiligen Verbündeten in Afghanistan auf verschiedenen Seiten standen, was die ideologisch-religiöse Dimension des tadschikischen Bürgerkriegs zumindest teilweise erklärt.

Im afghanischen Bürgerkrieg spielten noch zwei weitere Spielarten des militanten Islam eine Rolle, die ebenfalls Auswirkungen auf Zentralasien hatten. Die schiitischen Afghanen wurden vom Iran unterstützt und gerieten daher ab Mitte der 90er Jahre mit den Taliban in Konflikt. Als die Taliban an die Macht kamen, unterdrückten sie so weit wie möglich rivalisierende, »häretische« Formen des Islam zugunsten ihrer eigenen Weltanschauung. Diese Intoleranz entsprach der dritten militanten Spielart des Islam: dem Salafismus/Wahhabismus aus Saudi-Arabien und Jemen. Die Wahhabiten waren zwar seit 1912 in geringer Anzahl im Ferganatal vertreten, doch ihre Strenge war unpopulär, daher fanden sie erst Anhänger, als die Saudis die Mudschaheddin finanziell unterstützten und Kämpfer an saudischen Medressen ausgebildet und indoktriniert wurden. Im Grunde forderten die Wahhabiten die völlige Umgestaltung des Islam, sie wollten zurück zu seinen Ursprüngen im 7. Jahrhundert. Der arabische Islam, der die wörtliche Interpretation des Koran bevorzugt, selbst wenn die Wahl der Suren, Versen und Zeilen sehr subjektiv ist, besitzt eine gewisse Autorität, weil er dem ursprünglichen Glauben geografisch, linguistisch und spirituell am nächsten steht.[19] Dennoch befremdeten die arabischen Kämpfer mit ihren strikten Regeln und ihrer überheblichen Art viele Afghanen, und den meisten Zentralasiaten ist ein Glaube suspekt, der die althergebrachten regionalen Traditionen nicht respektiert. Die Wahhabiten stehen für die disziplinierte Umsetzung der Scharia, die Unterdrückung der Frau und die enthusiastische, aufopfernde Umsetzung des militärischen Dschihad.

Eigentlich ist der Dschihad nichts anderes, als der Kampf, seinen Glauben in einer unvollkommenen Welt zu leben, *dschihad a' nafs,* doch im Lauf der Geschichte wurde das Konzept zu einem heiligen Krieg gegen Ungläubige verzerrt, *dschihad bi al saif.* Aus *fard'ayn,* der religiösen Pflicht, seine Mitmuslime in der *Umma* (der Gemeinschaft aller Muslime) zu verteidigen, haben militante Muslime eine militärische Gegenoffensive gemacht. Heute vertreten die Dschihadisten eine ausschließliche Weltsicht. Sie träumen von einem vereinten Kalifat, regiert von einem frommen Führer und unterstützt von einer *shura* (Rat) von Oligarchen, die einzig die Aufgabe haben, bei der Auslegung des Islam zu helfen, damit der Kalif regieren kann. Ohne Rücksicht auf die Tatsache, dass die islamische Welt seit dem Ende der Omaijaden-Dynastie geteilt ist und dass sich der Islam ebenso mit friedlichen Mitteln wie durch das Schwert verbreitet hat, sehen die Anhänger des Dschihad nur vereinfachende und aggressive Lösungen nach dem binären Schema von Gut und Böse. Allerdings können nur wenige die von ihnen gewünschte Regierungsform oder auch nur die angestrebte Gesellschaftsform (abgesehen von der Forderung nach der Einführung der Scharia und einer gewissen sozialen Disziplin) in Worte fassen. So entsteht der Eindruck, dass der Heilige Krieg als lebenslanger Kampf gesehen wird, als Selbstzweck, der dem Leben entfremdeter junger Männer und Frauen einen Sinn gibt, ihnen Selbstachtung und eine Identität verleiht. Verfolgung und Unterdrückung verstärken nur dieses Identitätsgefühl, für das sie bereit sind, große Risiken einzugehen; die unterdrückten und ehrbaren Krieger, die sich selbst, auch im wörtlichen Sinn, für die große Sache opfern. Sie glauben, dass sie durch ihre Berufung über der normalen Gesellschaft stehen, dass ihre Gewalt dadurch legitimiert wird und sie über weltliche Kritik erhaben sind. Da gibt es keinen Raum für Reformen, für *idschtihad* (die auf gegenseitiger Zustimmung beruhende Interpretation und Anpassung an die Moderne) oder eine wissenschaftliche Erneuerung. Auch für Frauen, Ungläubige oder »gewöhnliche Muslime« ist kaum Platz. Oder wie Ahmed Rashid es formuliert: »Die neue islamische Ordnung beschränkt sich für diese Dschihad-Gruppen auf ein hartes, repressives Strafgesetz, das dem Islam seine Werte, seine Menschlichkeit und seine Spiritualität nimmt.«[20]

Seltsamerweise ist es gerade die stark repressive Natur der zentralasiatischen Regierungen, die eine Popularisierung der militanten Dschihad-Anhänger so wahrscheinlich macht. Schon sind absurde, aber sehr beliebte Mythen und Geschichten über die Kämpfer im Umlauf.[21] So erzählt man sich, dass die Vorhut der IMT, der Islamischen Bewegung Turkestans, aus hübschen Scharfschützinnen besteht, die entweder ihre Gegner aus großer Entfernung mühelos töten oder aber sie verführen. Die Tornister der Kämpfer sind angeblich mit Geldscheinen vollgestopft, die sie großzügig an sympathisierende oder hilfsbereite Bauern verteilen. Und es gibt die Geschichte von zwei Kämpfern, die ein ganzes Bataillon der usbekischen Armee in Schach gehalten haben, während andere behaupten, die Kämpfer seien von Heiligen gesegnet worden, um sie unverwundbar zu machen oder aber, damit sie nach dem Tod einen lieblichen Geruch verströmen. Folklore und eine vereinfachende Theologie sind eine gute Propaganda. Solche Geschichten verleihen den Militanten zudem eine gewisse Legitimation beim Volk. Die Militanten selbst glauben, dass sie ihren Krieg in der Tradition der Basmatschi der 1920er Jahre oder der Mudschaheddin in Afghanistan führen.

Die IMT wurde 1998 als IMU (Islamische Bewegung Usbekistans) als Reaktion auf das harte Durchgreifen der Regierung Karimow und aus Enttäuschung über den Kurs der gemäßigten islamischen Parteien gegründet und verübt ihre terroristischen Anschläge und Guerillaoperationen von Stützpunkten in Afghanistan, Tadschikistan und im Ferganatal aus. Die Ziele der IMT reichen deutlich weiter als bis zum Sturz von Karimows Regime, da sie sich der »imperialen« Agenda der Dschihadisten verschrieben hat. Angesichts der Bedrohung durch die IMT haben Tadschikistan, Usbekistan und Kirgistan ihre Verteidigungsausgaben erhöht und politische Maßnahmen ergriffen, außerdem haben sie sich die finanzielle Unterstützung Russlands, Chinas und der USA zugesichert. Die Bedrohung ist durchaus ernst zu nehmen. Die Rivalitäten der Volksstämme, Klans und Politiker, die Tadschikistan seit 1991 beherrschen, wurden durch die Präsenz der Dschihad-Gruppen militarisiert, und der Bürgerkrieg zwischen Warlords, tadschikischen Demokraten und Dschihad-Anhängern hinterließ 100 000 Tote und Millionen Flüchtlinge. Trotz der Aufnahme islamistischer Parteien in die Koalitionsregierung destabilisieren Dschihad-Kämpfer weiter das Land, das zudem eine schwere Wirtschaftskrise durchmacht. Die IMT steht dabei an vorderster Stelle und holt sich ihre Rekruten unter den arbeitslosen Männern oder ausländischen Kämpfern, die nach einem Anlass für den Dschihad suchen (etwa Tschetschenen, Uiguren und Darginer). Finanziert wird die IMT von ausländischen Sympathisanten (größtenteils Arabern) und über den Rauschgifthandel. Die IMT wurde 2001 zwar zerschlagen, formiert sich derzeit aber offenbar neu.

Ähnlich idealistisch, aber noch vager, was ihre Vorstellungen von der Zukunft betrifft, ist die Hizb ut-Tahrir (HT), die Partei der Islamischen Befreiung. Mit ihren utopischen Ideen und dem von ihr vermittelten Gefühl einer Mission erfreut sie sich besonders bei Studenten großer Popularität, allerdings befasst sie sich kaum mit den Brennpunkten der zentralasiatischen Politik, die da wären fehlende Bürgerrechte, soziale Ungerechtigkeit, wirtschaftliche Schwäche und hohe Arbeitslosigkeit. Stattdessen kümmert sie sich mehr um die Konflikte in Palästina und in anderen Regionen der Welt. Doch in gewisser Weise bezieht die Partei gerade daraus ihre Anziehungskraft. Wer sich nach einer besseren, idealisierten Zukunft sehnt, fühlt sich nicht von konkreten, sondern von vagen politischen Vorstellungen angesprochen, die Mittel zu ihrer Umsetzung sind irrelevant. Die Propaganda ist schlicht, doch die Partei ist sehr populär.

Die wachsende Militanz in der Gesellschaft wird auch dadurch gefördert, dass viele zentralasiatische Regierungen wieder auf die alten kommunistischen Zwangsmaßnahmen zurückgreifen. Usbekistan, Aserbaidschan und die Behörden im Kaukasus stehen dabei an vorderster Stelle, doch auch im chinesischen Sinkiang, in Kasachstan, Kirgistan, Tadschikistan und Turkmenistan greifen die Regierungen hart durch. Afghanistan befindet sich noch immer im Aufstand. Dazu kommen noch viele weitere Probleme in der Region. Der Drogenhandel ist eng mit dem Terrorismus verknüpft, Afghanistan ist immer noch der Hauptproduzent in der Region. Die Heroinernte des Landes fördert die Korruption vor Ort und dient Terrororganisationen als wichtige Finanzquelle. Da der Export in den Westen äußerst lukrativ ist, stieg die Produktion nach Schätzungen der UN vom Sommer 2006 seit 2001 um 59 Prozent. Armut und ein starkes Gefälle zwischen Arm und Reich sind weitere Ursachen für Unruhen, außerdem greift der Menschenhandel immer weiter um sich. Zusätzlich entstehen neue Probleme, etwa das Austrocknen des Aralsees, aber auch die Luftverschmutzung in den Städten, Wassermangel, der Missbrauch von Chemikalien und Pestiziden (die das Grundwasser vergiften), die Versalzung des fruchtbaren Ackerlandes und die radioaktive Belastung durch nukleare Testgelände.

Die Rettung für die Regierungen bietet möglicherweise die Öl- und Gasindustrie. Zentralasien besitzt große Reserven, und der Wunsch, diese zu exportieren und damit die Staatseinnahmen zu verbessern, ist groß. Allerdings liegen zwischen den dortigen Öl- und Gasfeldern und den potenziellen Märkten im Westen und im pazifischen Raum große Entfernungen, was enorme Investitionen für Pumpstationen und Pipelines bedeutet. Auch ist der Verlauf der Pipelines strittig. Bei der Route über Baku (Aserbaidschan)-Tiflis (Georgien)-Ceyhan (Türkei) und der Erweiterung bestehender kleinerer Pipelines wurden gewisse Fortschritte in Hinblick auf eine Einigung erzielt. Doch Moskau will unbedingt erreichen, dass Öl und Gas über russisches Territorium transportiert werden, weil damit lukrative Geschäfte verbunden sind, außerdem ist es von strategischem Vorteil, den Durchfluss zu kontrollieren. Der Iran ist ähnlich entschlossen, seinen wachsenden regionalen Einfluss zu wahren und seinen eigenen Rückgang bei der Ölförderung durch Pipelines über iranisches Staatsgebiet und weiter nach Pakistan oder zu den Häfen im Persischen Golf auszugleichen. China will, dass die Öl- und Gaspipelines über das Tien-Shan-Gebirge ins eigene Reich führen, um seinen großen Eigenbedarf zu decken. Die USA sind bestrebt, Russland und den Iran möglichst zu umgehen, für sie hat jedoch die Ausbeutung der Bodenschätze und ihr Verkauf auf dem Weltmarkt Vorrang. Die einzelnen Regierungen Zentralasiens und ihre Politik werden uns im folgenden Kapitel beschäftigen.

KAPITEL 2

Die zentralasiatischen Republiken und das Ende der Sowjetunion

In sowjetischer Zeit bestimmte die Mitgliedschaft in der Kommunistischen Partei über Macht, Position und Privilegien. Da es keine politische Opposition gab, brauchte man für eine Karriere weniger Talent als vielmehr gute Beziehungen. Loyalität und Fleiß wurden mehr geschätzt als Unternehmergeist und Innovationsfreude. Die Eliten legten die Ziele in Fünfjahresplänen fest, sorgten mithilfe der Propaganda dafür, dass die Bevölkerung diese auch erfüllte, und behielten stets die innere Ordnung und Sicherheit im Auge. Dieses System eignete sich in gewisser Weise gut für Zentralasien. Protektion und Verbundenheit gegenüber dem Klan waren tief verwurzelt und hatten eine lange Tradition. Wo Parteimitgliedschaft und Klanidentität zusammenkamen, entstand im Grunde wieder das Khanat der präkommunistischen Zeit. Edikte wurden erlassen, Spitzel informierten die zentrale Autorität über die Stimmung in der Bevölkerung, durch Einschüchterung wurden die Menschen bei der Stange gehalten, und die Elite lebte in mäßigem Luxus. Natürlich gab es auch Zeiten des Widerstands. Nostalgisch erinnerte man sich an die antikommunistische Revolte der Basmatschi von 1918 bis 1920, und der sowjetische Krieg in Afghanistan ließ die Abneigung gegen Russland als koloniale Besatzungsmacht wieder erwachen, selbst Parteimitglieder hegten eine gewisse Sympathie für die Mudschaheddin. Nach dem Zusammenbruch der Sowjetunion setzten die Eliten zunächst einmal alles daran, an der Macht zu bleiben und ihr System der Klans, der Korruption und des Zwangs zu bewahren.

Die Entdeckung von Erdöl und Erdgas und die Entwicklung der entsprechenden Industrien führten in einigen Fällen zu einem Wirtschaftsboom, doch viele Experten sehen aufgrund der ungleichen Verteilung des Reichtums den sozialen Frieden bedroht. Die meisten Republiken reagieren darauf mit weiteren Unterdrückungsmaßnahmen, die wiederum entschlosseneren Widerstand nach sich ziehen. Der im Zusammenhang mit der Renaissance des Islam in Zentralasien auftretende Dschihadismus bietet eine Plattform für den Widerstand gegen die Regierungen und spielte im Falle Tadschikistans und Afghanistans eine Schlüsselrolle im Bürgerkrieg. Umgekehrt liefert der globale Krieg gegen den Terror einigen Staatsführern Zentralasiens die ideologische Grundlage für weitere Unterdrückungsmaßnahmen. Zusätzlich ist die zerrissene Region Spielball der rivalisierenden Interessen der USA, Russlands und Chinas: Alle hungern nach Energie und alle spielen mit beim neuen »Great Game«, dem Kampf um die Vorherrschaft in Zentralasien, wie einst zwischen Großbritannien und Russland. Doch dieses Mal kommt den Republiken nicht nur eine Statistenrolle zu.

Kasachstan

Mit der Entdeckung neuer Vorkommen wird Kasachstan in den Kreis der zehn größten Erdöl- und Erdgasproduzenten aufsteigen und sich damit aller Wahrscheinlichkeit nach zu einem wichtigen regionalen Machtfaktor entwickeln. Seit ausländische Investitionen ins Land strömen, hat Kasachstan ein erstaunliches Wachstum erlebt. Unter Präsident Nursultan Nasarbajew erfolgte ein beeindruckender Wandel von der sowjetischen Provinz zur blühenden kapitalistischen Wirtschaft. Doch diese Veränderungen liefen nicht ohne Verluste ab. Das Vermögen ist sehr ungleich verteilt, außerdem wächst die Sorge über die finanzielle Korrumpierbarkeit der politischen Elite. Umweltschützer fürchten um die Zukunft des Kaspischen Meeres, da Schwermetalle und Rohöl die Flora und Fauna gefährden. Die meisten Kasachen sind jedoch mehr mit ihren eigenen, unmittelbaren Problemen beschäftigt: Arbeit, Lohn und Unterkunft. Nasarbajew vollführt einen politischen Drahtseilakt zwischen den Hoffnungen seiner Bürger und den Interessen anderer Mächte an den Öl- und Gasvorkommen. Viele kasachische Politiker sind heute der Ansicht, dass die ersten Verträge mit russischen und westlichen Investoren nachteilig für Kasachstan sind, und sie wollen nachverhandeln. Außerdem wächst der Wunsch, die Ressourcen in den Osten zu exportieren, nach China und Japan. Aber Kasachstan ist auf seine Abnehmer und Geldgeber angewiesen, und der Druck auf die Regierung wächst, die ursprünglichen Vereinbarungen einzuhalten. Den heutigen Kontroversen liegen historische Probleme zugrunde, und einige Entscheidungen der kasachischen Regierung wurden nicht zuletzt auch aufgrund dieser Vergangenheit getroffen.

Die Kasachen entstammen verschiedenen Stämmen, die auf der Suche nach neuen Weidegründen über die Steppen zogen. Persische und mongolische Machthaber sind auf den weiten Ebenen gekommen und gegangen; letztere errichteten das Kasachen-Khanat der Weißen Horde. Durch den Seidenhandel gelangten im Mittelalter Städte wie Aulie Ata und Turkestan zur Blüte. Im 16. Jahrhundert hatten die Kasachen eine eigene Sprache, kulturelle Identität und ein gemeinsames Wirtschaftssystem entwickelt. Doch das Khanat zerfiel in drei kleinere Gebiete, beherrscht von weitläufigen Familien und Klans. Durch Rivalitäten und Teilungen geschwächt, fiel das Gebiet im 19. Jahrhundert der russischen Expansion zum Opfer. Die Russen errichten Garnisonsstädte und führten Russisch als Unterrichts- und Verwaltungssprache ein. In Abgrenzung zu dieser Russifizierung bildete sich mit der Zeit eine nationale kasachische Identität heraus.[1] Als Reaktion auf die Ansiedlung zahlreicher russischer Kolonisten in den 1890er Jahren entstand eine kasachische Nationalbewegung mit dem Ziel, Sprache und kulturelle Identität zu bewahren. Die Zahl der russischen Siedler stieg mit der Fertigstellung der Transaral-Magistrale 1906 und aufgrund der Arbeit des Siedlungsministeriums weiter an, und schon bald konkurrierten Kasachen und Kolonisten um Wasser und Land. Die Wehrpflicht im Ersten Weltkrieg und die Schwächung des Staates während des Konfliktes schürten den Widerstand weiter, bis es schließlich 1916 zum Aufstand kam. Die Revolution von 1917 ermöglichte den Kasachen eine kurze Zeit der Unabhängigkeit, doch schon bald wurde die Region von den Bolschewisten erobert.

Die russischen Behörden sahen in Kasachstan eine Ressource im Dienste der Sowjetunion. In den 20er und 30er Jahren wurde die regionale Elite verfolgt und die Landwirtschaft kollektiviert. Wie in der Ukraine zerstörten die Kasachen bei ihren Protesten oft die eigene Ernte und töteten ihr Vieh.[2] Allein in einem Jahr schlachteten sie 24 Millionen Schafe und Ziegen, fünf Millionen Rinder und drei Millionen Pferde, damit diese nicht requiriert wurden. Vor der Ernte 1930 erweckte Stalin den Eindruck, er würde bei der Zwangskollektivierung nachgeben, doch sobald das Getreide eingebracht war, zwangen Sicherheitskräfte die Kasachen zurück in die Kolchosen. Es kam zu Hungersnöten, und der Widerstand gegen die Sowjets nahm weiter zu. Ab 1932 stand mit dem Gesetz »Zum Schutz des Eigentums von staatlichen Unternehmen, Kolchosen und Kooperativen und zur Stärkung des öffentlichen (sozialistischen) Eigentums«, dem berüchtigten »Ährengesetz«, auf den Diebstahl von Staatseigentum die Todesstrafe, und die hungernden Kasachen, die versuchten an Nahrungsmittel zu gelangen, wurden einfach erschossen. Schwer bewaffnete Requirierungstruppen zogen über die Steppe und suchten wie schon in den Hungerjahren während des russischen Bürgerkriegs nach gehorteten Lebensmitteln. Und wieder hieß es, dass eine kleine Gruppe Konterrevolutionäre, bestehend aus reichen Bauern, »Kulaken«, die »Proletarisierung« der Landbevölkerung gezielt verhindern wollte. Auf Stalins Befehl schwärmten Geheimpolizei und Parteimitglieder aus, um die Mitglieder dieser Gruppe aufzuspüren, zu verhaften und wenn nötig zu liquidieren. Schließlich machte man jeden Kasachen, der Anzeichen von Widerstand zeigte, zum »Kulaken«. Wie die Angehörigen anderer nationaler Minderheiten landeten Tausende Kasachen in den Gulags von Sibirien, wo viele aufgrund der schweren Arbeit, der Kälte und mangelnden Verpflegung umkamen.

Die Ansiedlung von Nichtkasachen in der Region setzte sich bis in die 30er Jahre fort, der stärkste Bevölkerungszuwachs erfolgte jedoch im Zweiten Weltkrieg, als nach Evakuierungen im Westen immer mehr Russen ins Land strömten. Die Kasachen waren in ihrem eigenen Land in der Minderheit. Tausende wurden zum Wehrdienst herangezogen, die Republik stellte fünf Divisionen. Gleichzeitig wurden die industrielle Produktion und der Abbau von Rohstoffen angekurbelt, um dem deutschen Vormarsch so viel wie möglich entgegenzusetzen (von 1920 bis 1940 hatte sich die Produktion bereits um das 40fache gesteigert, in den Kriegsjahren war das Wachstum jedoch noch höher). Neue Industriestädte für die Öl-, Kohle- und Stahlproduktion wurden aus dem Boden gestampft. Karaganda inmitten des Karaganda-Kohlebeckens entwickelte sich schnell zur zweitgrößten Stadt der Republik.

Im Laufe dieser dramatischen Veränderungen, begleitet von Zwangs- und Unterdrückungsmaßnahmen, grub sich der kommunistische Apparat immer tiefer in die kasachische Gesellschaft ein. In den 50er Jahren war die kollektive Landwirtschaft fester Bestandteil des Systems, und mit Nikita Chruschtschows Programm der »unberührten Felder« wurde, begleitet von der überschwänglichen sowjetischen Propaganda, der Versuch unternommen, die landwirtschaftliche Produktion zu steigern. Das Resultat waren zwei außergewöhnlich gute Ernten, gefolgt von einem Kollaps. Die dünne Humusschicht und das Klima eigneten sich nicht für Feldfrüchte, wie die Nomaden seit Jahrhunderten wussten.

Der Raubbau an der Umwelt wurde auf dem Testgelände von Semipalatinsk mit der Detonation von bis zu 15 Atombomben im Jahr und dem Bau des Weltraumbahnhofs Baikonur fortgesetzt, der als Raketentestgelände und Abschussrampe für das sowjetische Weltraumprogramm diente. Eine weitere Belastung für die Umwelt sind heute die Industriestädte. Mit einem Gestank, der an die rußigen Hüttenwerke aus der Frühzeit der Industrialisierung in England erinnert, produzieren die Bleihütten in Tschimkent und die dortige Autoreifenfabrik einen graubraunen Dunstschleier, der über Straßen, Schornsteinen und Hochöfen hängt. Die Einwohner Dschambuls leben auf elf nummerierte Distrikte verteilt in tristen Plattenbauten sowjetischen Stils. Die Chemiewerke am Stadtrand stellen Phosphate für Kunstdünger her. Aufgrund der Luftverschmutzung ist die Zahl der Lungenkrankheiten und Krebserkrankungen überdurchschnittlich hoch. Das ist allerdings in der Region nichts Ungewöhnliches. Die Entwicklung der Landwirtschaft und Industrie basierte auf Ausbeutung, Anmaßung, Inkompetenz und Umweltzerstörung.

In den 1980er Jahren war der Unmut über die sowjetische Herrschaft immer noch spürbar. Im Dezember 1986 organisierten junge Kasachen in Almaty Proteste gegen die kommunistische Unterdrückung. Soldaten wurden eingesetzt, mehrere Demonstranten wurden erschossen, viele verhaftet. Doch der Wunsch nach mehr Eigenständigkeit ließ sich nicht mehr unterdrücken. Als Michail Gorbatschow mit der Umsetzung von Glasnost begann, verkündeten die Kasachen bereits am 25. Oktober 1990 ihre Souveränität als unabhängige Republik innerhalb der Sowjet-

union. Nach dem fehlgeschlagenen Putschversuch der Hardliner in Moskau pro-
klamierte Kasachstan am 16. Dezember 1991 seine Unabhängigkeit.

Der »Khan« des neuen Kasachstan heißt Nursultan Nasarbajew.[3] Er kam 1989
als Erster Sekretär der kasachischen Kommunistischen Partei an die Macht und
wurde 1991 zum Präsidenten der Republik gewählt. Trotz seiner kommunistischen Herkunft hat Nasarbajew die alte Planwirtschaft weitreichend reformiert
und einige Schritte in Richtung Demokratie getan. Allerdings basiert ein Großteil
des spektakulären Wirtschaftswachstums Kasachstans auf großzügigen Investitionen aus dem Ausland und der Entwicklung der Öl- und Gasindustrie. Die Wahlen 1999 entsprachen immer noch nicht den internationalen demokratischen
Standards. Als Staatspräsident vereinigt Nasarbajew erhebliche Macht auf sich,
nicht zuletzt aufgrund seiner Position als Oberkommandierender der Streitkräfte
und seines Vetorechts gegenüber der Legislative. Die Wahlen für das Unterhaus
des Parlaments (Medschelis) 2004 erbrachten einen Sieg für die Otan-Partei, die
vom Präsidenten selbst geführt wird. Die verbleibenden Sitze gingen größtenteils
an zwei weitere regierungsfreundliche Parteien, eine der beiden war von Nasar-
bajews Tochter gegründet worden. Die Opposition errang nur einen Sitz. 2005
wurde Nasarbajew mit einem erdrutschartigen Sieg im Präsidentenamt bestätigt.
Laut offiziellem Wahlergebnis erhielt er 99 Prozent der Stimmen. Die Organisation für Sicherheit und Zusammenarbeit in Europa kritisierte den Ablauf der
Wahlen, doch chinesische Wahlbeobachter meldeten, die Wahlen seien »transpa-
rent und fair« verlaufen.[4] China bemüht sich offensichtlich um gute Beziehungen
zum kasachischen Präsidenten.

Die kasachische Wirtschaft ist eine der am schnellsten wachsenden weltweit.
Diese erstaunliche Entwicklung ist auf die Einnahmen aus dem Erdöl- und Erd-
gasgeschäft zurückzuführen.[5] Der Strom der ausländischen Investitionen nach
der Unabhängigkeit hätte beinahe eine massive Inflation nach sich gezogen, doch
dank einer strengen Finanzpolitik wurde sie eingedämmt. Kasachstan konnte mit
seinem neuen Reichtum die IWF-Kredite sieben Jahre vor Fälligkeit zurückzah-
len, und auch die allgemeine Staatsverschuldung ist gesunken. Bankwesen, Zoll
und Steuersystem haben sich entwickelt. Die Landwirtschaft basiert auf Getreide-
anbau und Viehhaltung, und immer noch werden weite Gebiete (über 800 000 Quadratkilometer) als Felder und Weiden genutzt. Träger des Wirtschaftsbooms sind
natürlich die Rohstoffe. Kasachstan zählt weltweit zu den Ländern mit den größten Vorkommen an Öl, Gas, Uran und Gold. Allein die Ölindustrie hat 40 Milliarden Dollar an Investitionen ausländischer Unternehmen eingebracht, die alle die
geschätzten 6,1 Milliarden Tonnen Öl (2,7 Milliarden nachgewiesene Reserven)
und 2,5 Billionen Kubikmeter Gas ausbeuten wollen.

Derartige Summen und das Gebaren einiger kasachischer Behörden ließen
Vorwürfe über Ämtermissbrauch und Korruption laut werden. 1995 soll Lucio
Noto, der CEO von Mobil, versucht haben, einen Anteil an der kasachischen Ölin-

dustrie zu kaufen, indem er Nasarbajew auf die Bahamas einlud. Nach Angabe eines Journalisten soll Nasarbajew exorbitante Forderungen gestellt haben, darunter einen Privatjet, vier mobile Fernsehübertragungswagen für das Medienunternehmen seiner Tochter, eine große Summe Bargeld und einen Tennisplatz für sein Haus. Mobil streitet zwar derartige Angebote ab, doch inzwischen hat sich herausgestellt, dass das Unternehmen Geld an Scheinfirmen gezahlt hat und Millionen Dollar nicht über die Bücher liefen. Das amerikanische Justizministerium ist diesen Anschuldigungen nachgegangen. Im Mai 1996 hatte sich Mobil für eine Milliarde Dollar in die kasachische Ölindustrie eingekauft, allerdings erschien die Hälfte der Summe nie im Staatshaushalt. Nasarbajew gab seinem Ministerpräsidenten die Schuld, der daraufhin nach London floh. Das amerikanische Justizministerium ließ einige Schweizer Bankkonten der Familie Nasarbajew einfrieren. 2002 gab Nasarbajew schließlich zu, dass er mindestens eine Milliarde Dollar auf Schweizer Konten zurückbehalten hatte, angeblich, um eine Störung der kasachischen Wirtschaft zu vermeiden. Eine derartige Summe hätte eine starke Inflation nach sich ziehen können, so seine Erklärung. Man schätzt, dass sich mittlerweile etwa ein Fünftel des Vermögens Kasachstans auf Schweizer Konten befindet. Das kasachische Parlament hat für die Legalisierung der Geldwäsche gestimmt, wodurch die politische Elite weder Rechenschaft über ihr Vermögen ablegen noch Steuern dafür zahlen muss.[6]

Kasachstans Beziehungen zum Ausland spiegeln seine Position an der Schnittstelle von Europa und Asien. Das Land kooperiert mit Europa als ein »Nato-Partner des Friedens«, ist aber auch Mitglied in der Organisation der Islamischen Konferenz (OIC). Kasachstan gehört der Gemeinschaft unabhängiger Staaten (GUS) an sowie zusammen mit Russland, China, Kirgistan und Usbekistan der Shanghai Cooperation Organisation (SCO). Außerdem ist Kasachstan Gründungsmitglied der Zentralasiatischen Wirtschaftsgemeinschaft (Central Asian Cooperation Organization, CACO), die 2004 in der Eurasischen Wirtschaftsgemeinschaft EURASEC aufgegangen ist und im Jahr 2000 gegründet wurde, um den Freihandel in der Region zu fördern und Zollschranken abzubauen. Der Versuch, mit den Nachbarstaaten zu kooperieren und im Einvernehmen mit Russland, China und den USA zu handeln, hat erste Ergebnisse in Form von Investitionen in die Industrie gebracht. Doch Kasachstan will in Hinblick auf seine Pipelines nicht völlig von Russland abhängig sein. Aus Angst vor hohen Transitgebühren, Blockaden und bürokratischen Hindernissen, die man noch aus der Sowjetzeit kennt, versucht Kasachstan, seinen Ölexport zu diversifizieren. Es existieren Pläne, Öl mit Tankern über das Kaspische Meer zu verschiffen und es dann via Baku über Pipelines zum Schwarzen Meer und von dort aus schließlich per Pipeline nach Ceyhan (Türkei) zu transportieren. Doch Sabr Jessimibekow, der Hauptplaner der Pipelines, ist der Ansicht, dass den kasachischen Interessen besser gedient wäre, wenn man das Öl nach Osten pumpen würde – also nach China und Japan. Obwohl die Kasachen festgestellt haben, dass sich die Zusammenarbeit mit den Chinesen mühsam gestaltet, und deren bürokratische Unbeweglichkeit kritisieren, wird bereits an der Erweiterung der alten Pipelines und am Bau neuer Leitungen gearbeitet. Gleichzeitig betrachten die Kasachen die Präsenz der Amerikaner in der Region, vor allem deren Truppen in Usbekistan, als nützliches Gegengewicht zu Russland und China.

Die größte Belastung für die kasachisch-amerikanischen Beziehungen ist vermutlich die unterschiedliche Haltung gegenüber dem Iran. Die kürzeste Route über Land zu den Weltmärkten, ganz zu schweigen von den Raffinerien und Hafenanlagen am Persischen Golf, führt nun einmal nach Süden durch den Iran. Das wäre auch die kostengünstigste Variante. Doch die Amerikaner halten an ihren Sanktionen gegen den Iran fest. Beim Besuch von Außenminister Colin Powell im Dezember 2001 in Kasachstan traten die unterschiedlichen Ansichten deutlich zutage. Als Powell den Wunsch der Amerikaner nach Alternative zur Iranroute wiederholte, widersprach ihm Nasarbajew sofort.[7] Beim Besuch des iranischen Staatspräsidenten Mohammed Khatami nur vier Monate später schloss sich Nasarbajew der Kritik des iranischen Präsidenten an der amerikanischen Hegemonialpolitik an und erhob auch keine Einwände, als Khatami erklärte, die Präsenz amerikanischer Truppen in der Region sei eine »Demütigung« für Zentralasien. Ein kasachischer Sprecher gab sogar zu, die Amerikaner gälten nicht als Verbündete, sondern als zweckdienliche Investoren und technische Berater. Die kasachische Regierung hat versucht, amerikanische Unternehmen mit Bußgeldern zu belegen, und drängt auf eine Erhöhung der Gebühren und Preise, doch die Amerikaner argumentieren, diese Taktik würde zukünftige Investitionen verhindern und den Abbau und Verkauf des Öls unrentabel machen – nicht zuletzt aufgrund der Kosten. Für die Kasachen geht es vor allem darum, ihre nationale Unabhängigkeit zu behaupten; für die Amerikaner ist es nur ein Geschäft. Am Ende werden sich die Kräfte des Marktes durchsetzen.

Usbekistan

Über die Ruinen von Schachr-i säbs erhebt sich auf einem neu geschaffenen Platz die riesige Statue von Timur, dem Tyrannen aus dem 14. Jahrhundert, im Westen besser als Tamerlan bekannt. Timur errichtete ein kurzlebiges, ausgedehntes Reich in Zentralasien, seine Armeen zogen im Westen bis nach Anatolien, im Süden bis nach Persien und im Osten Richtung China. Er besiegte die Mongolen, von denen er selbst abstammte, schlug die Perser in den 90er Jahren des 14. Jahrhunderts vernichtend, nahm 1398 Nordindien ein, eroberte Syrien und triumphierte 1402 über die Osmanen. Seine Expansionslust endete erst mit seinem Tod, der ihn auf dem Marsch gegen China ereilte. Daher empfinden westliche Beobachter ein gewisses Unbehagen, wenn die usbekische Regierung ausgerechnet Timur zum Nationalhelden erhebt. Sein Porträt hängt in der Universität von Taschkent, seine Statuen stehen in vielen größeren Städten, und in Schachr-i säbs ragt er triumphierend über den Platz und starrt mit finsterer Miene in Richtung Süden.

Im 19. Jahrhundert zogen russische Armeen gegen die zentralasiatischen Khanate. Aufgrund eines fatalen Zerwürfnisses zwischen Buchara, Chiwa und Taschkent eroberte das Zarenreich von 1865 bis 1873 ein Khanat nach dem anderen.[8] Die Perser, die noch bis ins 18. Jahrhundert großen Einfluss auf die Region ausgeübt hatten, wurden nach Süden vertrieben. Buchara wurde Protektorat, die anderen Khanate gingen im Zarenreich auf, doch die lokalen Sitten und Gebräuche hielten sich weiter, und es regte sich auch immer mal wieder bewaffneter Widerstand, etwa 1898 und 1916. Noch in sowjetischer Zeit bevorzugten die Usbeken ihre traditionellen farbenprächtigen Scheitelkäppchen und Seidenschärpen anstelle westlicher Anzüge. Auch die russische Küche setzte sich nicht durch, die Usbeken liebten weiterhin ihr weiches, rundes Lepeschka-Brot, aßen Schaschlik und tranken grünen Tee. Doch obwohl die meisten Usbeken sehr auf ihre Identität bedacht waren, wurde die Kommunistische Partei zum alles durchdringenden Machtfaktor im politischen und gesellschaftlichen Leben der Republik. Die Mitgliedschaft in der Partei und ihre Protektion waren notwendig, wenn man Karriere machen oder auch nur ein ungestörtes Leben führen wollte. Nach der Unabhängigkeit gelang es der Kommunistischen Partei, sich ohne große personelle Veränderungen in die Volksdemokratische Partei umzuwandeln. Die usbekische Führung erklärte ihre Unabhängigkeit am 31. August 1991 daher auch nur zögerlich und unterstützte den fehlgeschlagenen Staatsstreich der kommunistischen Hardliner in Moskau. Viele Mitglieder der politischen Elite erinnern sich eher wehmütig an die sowjetische Zeit. Die Presse wird immer noch zensiert, die Geheimpolizei ist nach wie vor allgegenwärtig, und die Demokratie erwies sich als Totgeburt.

Die Exekutive der usbekischen Regierung in Gestalt von Islam Karimow vereint fast die gesamte Macht auf sich. Es gibt keine unabhängige Judikative, der Präsident wählt die Gouverneure der Provinzen aus und lässt seine Amtszeit immer wieder durch Referenden verlängern.[9] Internationale Beobachter bewerten das Wahlsystem als völlig undemokratisch, vor allem, nachdem Oppositionsgruppen ausgeschlossen wurden. Unabhängige Parteien sind zwar erlaubt, dürfen sich jedoch nicht an den Wahlen beteiligen. Amnesty International, Human Rights Watch, die USA und die EU äußern sich regelmäßig besorgt über die Verletzung der Menschenrechte. Die Unabhängigkeit wurde von ethnischen Unruhen begleitet, rund zwei Millionen Russen verließen die Republik. Die Führung unterstützte die Flucht und verabschiedete Gesetze, die auch die Verbliebenen dazu bewegten, das Land zu verlassen. Deutlich stärker gefährdet sind jedoch religiöse

Gemeinschaften, Journalisten und politische Aktivisten. Trotzdem behauptet die Regierung, sie habe 300 Gesetze zum Schutz ihrer Bürger und deren Rechte verabschiedet. 2005 versprach Karimow, die Todesstrafe bis zum Jahr 2008 abzuschaffen. Der »Schutz« der Bürger sieht so aus, dass die Regierung resolut gegen Einzelpersonen oder Gruppen vorgehen kann, die sie als Bedrohung für das Wohlergehen oder die Sicherheit der Bevölkerung und damit des Staates betrachtet. Die Erschießung von Demonstranten 2005 in Andischan rechtfertigt die usbekische Regierung beharrlich damit, dass es sich dabei um einen Antiterroreinsatz gehandelt habe, außerdem sei »gegen Usbekistan ein Informationskrieg erklärt« worden.[10] Die Anschuldigungen seien nur ein Vorwand für die Einmischung in die inneren Angelegenheiten des Landes. Derartige Äußerungen erinnern an Leonid Breschnews Kommentare im Kalten Krieg.

Craig Murray, der ehemalige britische Botschafter in Usbekistan, war in seinen Berichten über Karimows Regime stets ausgesprochen undiplomatisch. Murray meldete London eine ganze Reihe von Verstößen und hielt sich auch gegenüber den internationalen Medien nicht zurück.[11] Für kurze Zeit war er bei Journalisten und einigen Usbeken sehr beliebt, doch das britische Außenministerium und die Amerikaner zeigten sich nur wenig beeindruckt. Die westlichen Mächte waren auf Usbekistan angewiesen, weil sie dort 2001 Stützpunkte für die Lufteinsätze gegen Afghanistan unterhielten, daher billigte man stillschweigend Karimows Versuche zur Ausrottung der Dschihad-Terroristen im Ferganatal. Die finanzielle Unterstützung der USA wurde damit gerechtfertigt, dass sich Usbekistan zu einer Demokratie entwickle und daran arbeite, die Menschenrechte einzuhalten. Für Murray benutzte Karimow den »Krieg gegen den Terror« dazu, jegliche politische Opposition unabhängig von ihrer Ideologie zu unterdrücken. Als das britische Außenministerium weiterhin untätig blieb, wandte sich Murray an die Medien. Er war überzeugt, dass der britische Geheimdienst ein Auge zudrückte, wenn es um Folter durch die usbekische Geheimpolizei ging, und einfach deren Informationen übernahm. Mit seinen klaren Worten zog er sich den Unmut des britischen Außenministeriums zu, als Konsequenz lehnte es es ab, seine Arbeit als Botschafter fortzuführen (allerdings gab es auch gesundheitliche Gründe für diese Entscheidung). Jedoch wurde Murrays Urteilskraft in Frage gestellt, als herauskam, dass er einen Nervenzusammenbruch erlitten hatte, ausgelöst durch eine Affäre, die seine Ehe ruiniert hatte. Seine Hinweise auf Folter, die Vergewaltigung von Gefangenen und eigenmächtige Hinrichtungen wurden größtenteils ignoriert.

Usbekistan war eine der ärmsten Sowjetrepubliken, doch seit 1991 ist die Wirtschaft des Landes erheblich gewachsen und stößt auch im Westen auf Beachtung. Die Regierung war bestrebt, soziale Unruhen zu vermeiden und die Macht der politischen Elite zu bewahren, daher vollzog sich der Übergang zum Kapitalismus nur ganz allmählich.[12] Zu Sowjetzeiten wurde der Großteil der landwirtschaftlichen Fläche für die Baumwollproduktion genutzt, und auch heute noch ist das Land der viertgrößte Baumwollproduzent der Welt. Fast die Hälfte der Bevölkerung ist in der Landwirtschaft oder damit verbundenen Betrieben tätig, 64 Prozent werden der »Landbevölkerung« zugerechnet. Im Herbst transportieren lange Buskolonnen Tausende Schüler und Studenten aus den Schulen und Städten auf die Baumwollfelder. Wie in vielen Ländern der Region ist der Altersdurchschnitt der Bevölkerung sehr niedrig (etwa 34 Prozent sind jünger als 14 Jahre), daher gibt es für die arbeitsintensiven Industrien theoretisch ausreichend billige Nachwuchskräfte. Die Regierung lässt bei ihrer Reformpolitik Vorsicht walten. Der Schwerpunkt liegt auf der Wahrung der staatlichen Kontrolle, der Senkung der Importe, Stärkung der Exporte und dem Vorhaben, den eigenen Energiebedarf selbst zu decken. Usbekistan verfügt über beträchtliche Vorkommen an Erdgas, Kohle und Uran. Die Regierung ist bestrebt, ihren bisherigen Reformkurs als Erfolg darzustellen, sogar als »Modell« für die Region, weil soziale und politische Unruhen vermieden wurden. Wirtschaftswissenschaftler weisen jedoch darauf hin, dass Strukturreformen verschoben wurden, die Bürokratie immer noch eine dominierende Stellung hat und es Schwierigkeiten bei der Währungskonvertierung gibt, was ausländische Investoren abschreckt. Importe werden mit hohen Steuern belegt, wobei manche Produkte besonders diskriminiert werden. Einige Aufschläge sind so hoch, dass sie den Wert des Produkts um bis zu 150 Prozent übersteigen und damit für den usbekischen Verbraucher unerschwinglich sind.

Die usbekische Führung nimmt zwar für sich in Anspruch, sie habe eine Hyperinflation, wirtschaftliche Stagnation und Verarmung der Bevölkerung verhindert, kann jedoch nicht auf einen ähnlichen wirtschaftlichen Erfolg wie Kasachstan verweisen. Die Inflationsrate ist seit 2004 kontinuierlich gestiegen. Die International Crisis Group kritisiert zudem die im ganzen Land weitverbreitete Korruption. Die Nachfrage nach Exportgütern wie Gold, Baumwolle und Erdgas zu niedrigen Preisen besteht durchaus, doch die Crisis Group befürchtet, dass die »Einnahmen aus dem Rohstoffexport auf einen sehr kleinen Kreis der herrschenden Elite verteilt werden und der Großteil der Bevölkerung nichts oder nur wenig davon spürt«.[13] Die usbekische politische Elite steht einem unabhängigen privaten Sektor, den sie nicht kontrollieren kann, ablehnend gegenüber. Wie in China ist man bereit, die Bedingungen für ein Wirtschaftswachstum zu schaffen, jedoch nicht auf Kosten des politischen Status quo.

Außenpolitisch strebt Usbekistan eine Führungsrolle in der Region an. Zur Untermauerung dieser Ambitionen unterhält das Land die größte Armee in Zentralasien. Die 650 000 Mann starke Truppe wird derzeit umstrukturiert, vom sowjetischen Aufbau hin zu leichteren Formationen. Die Ausrüstung ist veraltet, und den Soldaten fehlt es an Spezialausbildungen, doch die Regierung setzt auf eine verstärkte Mobilität der Truppen und den Ausbau der Sondereinsatzkräfte. Angesichts der Bedrohung durch Aufstände und Terroristen ist eine Umstrukturierung des Militärs dringend erforderlich. Die Unterstützung durch das Ausland hat seit

1998 zugenommen und erfolgt seit 2001, vor allem durch die USA, in Form von Beratern und Finanzhilfen. Man schätzt, dass Washington Usbekistan im Jahr 2004 Finanzhilfen in Höhe von 500 Millionen Dollar zukommen ließ, wovon ein Viertel für Militärausgaben gedacht war. Karimow genehmigte den Bau eines amerikanischen Luftwaffenstützpunkts in Karschi-Chanabad, der für die Einsätze in Afghanistan genutzt wurde, doch nach der Kritik der USA an der Erschießung von Demonstranten in Andischan verlangte die usbekische Regierung den Abzug der Amerikaner. Die EU, die ebenfalls Kritik an Andischan übte, verbot im gleichen Jahr den Verkauf von Waffen an Usbekistan. Folglich wandte sich Karimow wieder an Russland und schloss einen gegenseitigen Beistandspakt. Doch damit ist die amerikanisch-usbekische Zusammenarbeit nicht unbedingt am Ende. Es gibt Spekulationen, dass Usbekistan immer noch Terrorverdächtige für den Westen verhört und dass amerikanische Geheimdiensteinheiten im Ferganatal weiter gegen Dschihad-Kämpfer im Einsatz sind.

Im Kampf gegen den Terrorismus arbeitet Usbekistan weiterhin mit regionalen und internationalen Partnern zusammen, nicht zuletzt auch aus Sorge um die eigene Sicherheit. Als Mitglied der Shanghai Cooperation Organisation (SCO) beherbergt Usbekistan das Regionale Antiterrornetzwerk (Regional Anti-Terror Structure, RATS) der Organisation. Usbekistan hat nach seiner Teilnahme am tadschikischen Bürgerkrieg »Friedenstruppen« nach Tadschikistan entsandt und arbeitet mit den GUS-Staaten zusammen, obwohl das Land 1999 aus dem kollektiven Sicherheitsverbund ausgeschieden ist. Außerdem war Usbekistan Mitglied der Koalition gegen die Taliban in Afghanistan und gegen den Irak. Seit dem Zerwürfnis mit den Westmächten aufgrund von Andischan ist Karimow allerdings näher an Russland und China herangerückt, doch die Erfordernisse der Terrorbekämpfung werden wahrscheinlich dafür sorgen, dass die Beziehungen zu regionalen und internationalen Partnern nicht gänzlich gekappt werden.

Tadschikistan

Das heutige Tadschikistan entspricht nicht seiner historischen Ausdehnung. Die usbekischen Städte Samarkand und Buchara waren die kulturellen Zentren der Tadschiken, dem Khanat Buchara fühlten sich die Tadschiken im gesamten 19. Jahrhundert zugehörig. Im Pamir-Gebirge und anderen weiter entfernten Gebieten waren die Loyalitäten nicht ganz so klar, außerdem gab es Grenzstreitigkeiten mit den Afghanen und Chinesen. Der Konflikt wurde durch die Rivalität zwischen Großbritannien und Russland im »Great Game« noch komplizierter. Beide Mächte erachteten den Pamir als strategisch bedeutend und wollten den Rivalen nur allzu gern aus der Region verdrängen. Die nomadischen Hirten des Pamir machten eine territoriale Zuordnung der Volksstämme ebenfalls schwer, nicht zuletzt auch, weil sie sich gern um die Entrichtung von Steuern drückten oder demjenigen zahlten, der sie seine Autorität spüren ließ. Doch trotz einiger Scharmützel zwischen Afghanen, Russen und Chinesen Anfang der 1890er Jahre erlangte das Zarenreich 1895 die Oberhoheit über die Mehrheit der Tadschiken, von denen nur ein kleiner Teil in Afghanistan außerhalb des russischen Einflussbereichs blieb.

Der Zusammenbruch des Zarenreichs 1917 brachte eine kurze Zeit der Unabhängigkeit, doch schon bald standen die Tadschiken in einem ungleichen Guerillakrieg mit den Bolschewisten. Der Kommunismus stieß immer wieder auf erbitterten Widerstand, unter anderem auch in Transkaspien (Turkmenistan) und Taschkent, aber nirgends wurde so verbissen gekämpft wie im Pamir-Gebirge. Die Berge boten den Basmatschi ideale Möglichkeiten zur Verteidigung, doch die Kommunisten zerstörten die Dörfer und Moscheen und übten Vergeltung an der Zivilbevölkerung. Schließlich mussten die Basmatschi nach vier Jahren verbissener Kämpfe aufgrund der gegnerischen Übermacht und ihrer eigenen schwindenden Ressourcen kapitulieren.

Ursprünglich bewahrten die Kommunisten die territoriale Verbindung zwischen den usbekischen und tadschikischen Gebieten, doch 1929 wurde Tadschikistan abgetrennt und die Bevölkerung geteilt. Tadschikistan wurde zu einer abgelegenen sowjetischen Provinz und entwickelte sich kaum weiter. Ende der 70er Jahre wurde der Islam zum Sammelbecken der antisowjetischen Stimmung, wenn nicht sogar zur Keimzelle für eine selbstbewusste nationale Identität. Mit dem Zusammenbruch der Sowjetunion erklärten die Tadschiken ihre Unabhängigkeit. Die fehlende »nationale« Identität hatte zur Folge, dass im Land fast unmittelbar danach ein Bürgerkrieg ausbrach. Verschiedene politische Parteien konkurrierten, gestützt auf ihre Klan-Identität, um die Macht. Imamali Rachmanow avancierte zur Führungsgestalt, doch erst 1997, nach dem Tod von rund 100 000 Menschen, unterzeichneten er und die anderen Konfliktparteien ein Friedensabkommen.

Aufgrund des Krieges verließen die meisten Russen, die in der Republik gelebt hatten, das Land, dennoch versuchte die russische Regierung ebenso wie die Usbeken, die Afghanen und angeblich auch die Iraner, Einfluss auf den Bürgerkrieg zu nehmen. 1999, 2005 und 2006 wurden in Tadschikistan demokratische Wahlen abgehalten, die Rachmanow gewann, allerdings kritisierten internationale Beobachter den Ablauf.[14] Tadschikistan ist zwar die einzige zentralasiatische Republik, in der sich oppositionelle Parteien an der Regierung beteiligen dürfen (ein Zugeständnis, das die Regierung aufgrund des Bürgerkriegs machen *musste*), doch kaum jemand glaubt, dass sich die demokratischen Parteien halten werden. Der Islamismus bot in sowjetischer Zeit ein einigendes Band, das durch den Bürgerkrieg noch gestärkt wurde, daher erhalten die Anhänger der Scharia wachsenden Zulauf. Dennoch sind die Verbundenheit gegenüber dem Klan und der Wunsch nach Zentralisierung und Machterhaltung derzeit noch wichtiger, was allerdings auch die Wahrscheinlichkeit weiterer Konflikte in der Zukunft erhöht.

Neben den inneren Spannungen hat Tadschikistan noch weitere Probleme bei der Entwicklung seiner Wirtschaft und damit auch seines militärischen Potenzials. Tadschikistan ist ein Binnenland, und die Hälfte des Landes liegt höher als 3000 Meter. Drei Regionen befinden sich wie Inseln völlig eingeschlossen in Usbekistan und Kirgistan, was die Kommunikation und den Zugang erschwert. Die relative Armut vor der Unabhängigkeit hat sich durch den Bürgerkrieg noch verschärft, daher ist das Land größtenteils auf ausländische Unterstützung angewiesen. Ausländische Spender haben Rehabilitierungsprogramme finanziert, damit ehemalige Kämpfer wieder eine feste Anstellung finden. In den Jahren 2000 und 2001 kam es aufgrund von Dürren zu einer Hungersnot, und die Bevölkerung konnte nur mithilfe internationaler Unterstützung ernährt werden. Das Land ist auf seine Baumwoll- und Aluminiumexporte angewiesen, die von 2000 bis 2004 auch eine erhebliche Steigerung zu verzeichnen hatten, allerdings ist die Wirtschaftskraft seitdem rapide zurückgegangen.

Kirgistan

Kirgistan gab nach der Unabhängigkeit Anlass zur Hoffnung, doch allem Anschein nach verkümmern die demokratischen Ansätze unter dem Druck der Zentralisierung. Die Enttäuschung über die beiden Präsidenten Askar Akajew (ab 1990) und Kurmanbek Bakijew (ab 2005) ist groß. Sie wurden mit überwältigender Mehrheit gewählt, konnten die Erwartungen aber beide nicht erfüllen, notwendige Reformen wurden bislang versäumt.

Man nimmt an, dass die mongolischen und kyptschakischen Vorfahren der Kirgisen durch die Mongoleneinfälle im 13. Jahrhundert von Zentralrussland nach Süden in die Gebirgslandschaft des heutigen Kirgistan vertrieben wurden.[15] Die Kirgisen wurden von verschiedenen Dynastien regiert, bis die Truppen des Zaren im 19. Jahrhundert Zentralasien eroberten. Im Süden bestand das Khanat Kokand, das 1876 ebenfalls vom Zarenreich annektiert wurde. Nur der Pamir bot Zuflucht, denn dort konnte sich der Widerstand gegen die Russen viele Jahre lang halten. Einige Kirgisen wurden nach Afghanistan vertrieben, was in den 1890er Jahren die Grenzziehung im Pamir zusätzlich erschwerte. Die letzte große Flüchtlingswelle fiel ins Jahr 1916, als viele Kirgisen vor den russischen Vergeltungsmaßnahmen anlässlich der zentralasiatischen Revolte nach Westchina flohen. Ab 1919 stand Kirgistan unter kommunistischer Herrschaft. Ab 1926 Kirgisische ASSR, wurde Kirgistan 1936 in eine Unionsrepublik umgewandelt.

Nach außen hin hatten die Kirgisen die sowjetische Herrschaft akzeptiert, dennoch waren sie die Ersten, die sich von Moskau lossagten, als die sowjetische Macht zu bröckeln begann. Die Sowjets hatten verschiedene Reformen durchgeführt, darunter auch die Standardisierung der kirgisischen Sprache, und sich um einen Rückgang des Analphabetentums bemüht. Doch viele kulturelle Traditionen überlebten und spielten eine entscheidende Rolle bei der Erhaltung und Förderung der nationalen Identität. Oberflächlich betrachtet zeigte Gorbatschows Glasnost anfangs große Wirkung. Die Presse erhielt mehr Freiheit, und es bildeten sich selbstbewusste kirgisische Gruppen, die sich unter anderem mit der Wohnungsnot befassten, auch wenn keine organisierte politische Opposition erlaubt war. 1990 wurde die Demokratische Bewegung Kirgistans gegründet und konnte die Mehrheit im Parlament für sich gewinnen. In jenem Sommer wurde das kirgisische Nationalgefühl bei einem Zusammenstoß mit Usbeken in Osch, einer kirgisischen Stadt, die jedoch mehrheitlich von Usbeken bewohnt wird, auf eine erste Probe gestellt. Die Ausschreitungen waren so gewalttätig, dass der Notstand verhängt und eine Sperrstunde eingeführt wurde. Erst nach zwei Monaten konnte die Ordnung wiederhergestellt werden. Trotz allem gingen die Kirgisen weiterhin ihren eigenen Weg. Im Oktober 1990 wurde der liberale Askar Akajew, Präsident der kirgisischen Akademie der Wissenschaften, zum Staatspräsidenten gewählt und ernannte im Januar 1991 eine Reihe junger, reformfreudiger Politiker.[16] Zur Stärkung des kirgisischen Nationalgefühls erhielt die Hauptstadt, die nach einem Helden der Roten Armee Frunse hieß, wieder ihren alten Namen Bischkek. Als Amtssprache wurde Kirgisisch anstelle des Russischen eingeführt.

Was die Wirtschaft betraf, sahen die Kirgisen die Dinge pragmatischer. Bei einem Referendum im März 1991 stimmten 88,7 Prozent der Bevölkerung für den Vorschlag, die UdSSR als erneuerte Föderation zu erhalten, aus der sich später die GUS entwickelte. Der Grund dafür war, dass die kirgisische Wirtschaft stark vom alten sowjetischen Hinterland abhängig war. Allerdings erhielt der Wunsch nach nationaler Unabhängigkeit neuen Auftrieb, als im August 1991 der Staatsstreich in Moskau fehlschlug. Gleichzeitig mit den Hardlinern in Moskau versuchten Gegner Akajews, den Präsidenten zu stürzen, doch auch sie scheiterten. Daraufhin wandten sich die Regierung und das Sekretariat unter Führung Akajews von der Kommunistischen Partei ab und verkündeten die Unabhängigkeit Kirgistans. Als sich Akajew im Oktober des Jahres zur Wahl stellte, siegte er mit überwältigender Mehrheit.

Doch Akajew konnte seine Popularität nicht bewahren. Als im März 2002 bei einer Demonstration gegen die willkürliche Verhaftung von Sprechern der Opposition fünf Demonstranten von der Polizei erschossen wurden, kam es im ganzen Land zu Protesten. Akajew ging scheinbar auf die Stimmung im Land ein und gab Pläne zu einer Verfassungsänderung bekannt, die öffentlich in gemeinsamer Beratung mit verschiedenen Regierungsorganen ausgestaltet werden sollte. Doch das Referendum, mit dem 2003 die Vorschläge der Regierung bestätigt wurden, erntete Kritik von allen Seiten. Die Zusätze zur Verfassung verliehen dem Präsidenten mehr Macht. Der Verdacht bestätigte sich, als Wahlen für eine neue, kleinere Legislative abgehalten wurden, die in Zukunft nur noch aus einer Kammer bestehen sollte. Offensichtlich waren die Wahlen zugunsten der Anhänger des Präsidenten manipuliert worden. Im März 2005 kam es zu massiven Protesten, die Akajew zur Flucht nach Kasachstan veranlassten. Nach dieser sogenannten Tulpenrevolution bildeten die Oppositionsführer eine neue Regierung. Bei den anschließenden Wahlen im Juli wurde Kurmanbek Bakijew zum neuen Präsidenten gewählt.[17]

Trotz seines erdrutschartigen Wahlsieges ging die Unterstützung für Bakijew in der Bevölkerung rasch zurück. Das Hauptproblem besteht darin, dass sich die Regierung immer noch über die Verfassung streitet, während ein Großteil der Bevölkerung wünscht, dass etwas gegen die weitverbreitete Korruption unternommen wird. Die meisten Parteien sind nur auf ihren Machterhalt bedacht, hinzu kommt der Verdacht auf Verbindungen zum organisierten Verbrechen. Seit 2005 wurden vier Parlamentsabgeordnete ermordet, allem Anschein nach im Zusammenhang mit ihren kriminellen Verbindungen. Weitere Streitpunkte in Kirgistan sind die Privatisierung der Staatsbetriebe, die Ausweitung oder Beschränkung der Demokratie, ethnische Konflikte und der islamistische Terrorismus, der sich von der tadschikischen Grenze nach Süden ausbreitet.

Die größte Sorge, die allen anderen Problemen zugrunde liegt, ist jedoch die aktuelle Wirtschaftslage. Das Land verfügt zwar über einige Vorkommen an Erdgas, Kohle und Gold, erwirtschaftete aber bisher den Großteil seines Einkommens mit der Landwirtschaft und war dadurch traditionell von der UdSSR als Absatzmarkt und als Lieferant von Konsumgütern abhängig. Mit der Unabhängigkeit erhielt Kirgistan zwar Unterstützung vom IWF, der Weltbank und der Asiatischen Entwicklungsbank. Doch beim Übergang zur Marktwirtschaft senkte die Regierung ihre Ausgaben, zahlte keine Subventionen mehr und führte die Mehrwertsteuer ein. Damit war den staatlichen Landwirtschaftsbetrieben und Unternehmen in der Industrie, denen die Schließung drohte, weil der sowjetische Absatzmarkt weggebrochen war, jedoch nicht geholfen. Und weil ungefähr die Hälfte der Bevölkerung in der Landwirtschaft tätig war und viele Industriebetriebe Agrarprodukte weiterverarbeiteten, hatte die ausbleibende Unterstützung gravierende Folgen. Der unregulierte Kleinhandel hat schon immer eine wichtige Rolle gespielt (Basare und Verkaufsstände an den Straßen waren weitverbreitet), aber jetzt muss er notgedrungen den staatlichen Handel ersetzen. Während viele Verbraucher Mangel leiden, besteht ein Überangebot an Lebensmitteln. Die große Hoffnung ist nun, dass das Land seine Gebirgsregion zur Erzeugung von Strom durch Wasserkraft nutzen und den Überschuss exportieren kann.

Turkmenistan

Turkmenistan besteht zu einem Großteil aus Wüste. Die raue, abweisende Karakum bildete jahrhundertelang eine natürliche Grenze zwischen den zentralasiatischen Steppen und den Völkern im Süden. In den Sommermonaten sind die Temperaturen so extrem, dass man in der Tat ein Spiegelei auf dem Dach seines Autos braten kann. In dieser Umgebung ist der Zugang zum Wasser entscheidend, und so streitet man sich seit Generationen um die Oasen der Region. Die Karawanen der Seidenhändler und die Nomaden waren auf die Wasserstellen angewiesen, und mit der Zerstörung der Karawanserei von Merw (Mary) im 13. Jahrhundert durch die Mongolen ging ein wichtiger Knotenpunkt der Handelsroute verloren. Im 14. Jahrhundert begannen nomadische Tartaren, die von ihren Rivalen als Turkmenen (oder Turkomanen) bezeichnet wurden, in der Gegend zu siedeln. Wieder lieferte die Kontrolle über das Wasser und die knappe Weidefläche Anlass für ständige Auseinandersetzungen. Als geschickte Reiter überfielen die Turkmenen häufig die Hirtenvölker im nördlichen Afghanistan, in Buchara und Persien und versklavten die Bevölkerung. Im 19. Jahrhundert ergänzten Russen die Kontingente. Sklaven und Teppiche wurden im Austausch für verschiedene Industriegüter in die Städte in Zentralasien verkauft. Doch auch dieses System wurde zerstört. Die Soldaten des Zaren kämpften von 1879 bis 1881 gegen die Tekke-Turkomanen, den damals führenden Klan. Die leichte Kavallerie der Turkmenen war ideal für Scharmützel in der Wüste, doch gegen die Artillerie der Russen bei der Belagerung von Geok Tepe, einem großen Fort, hatten sie keine Chance. Der Journalist Edward O'Donovan wurde Zeuge der endgültigen Niederlage der Tekke als unabhängigem Volk. Beim Fall von Geok Tepe flohen Hunderte Zivilisten in die Wüste, doch vor der russischen Kavallerie und deren Verbündeten gab es kein Entrinnen: Man schätzt, dass 20 000 Turkmenen niedergemetzelt wurden.[18]

1918, auf dem Höhepunkt der revolutionären Unruhen in Russland, hatte es den Anschein, als könnten die Turkmenen ihre Unabhängigkeit erfolgreich behaupten. Ein britisches Kontingent war zum Schutz Bakus gegen die Türken entsandt worden, und eine britisch-indische Abordnung marschierte in das damalige »Trans-Kaspien«, damit die Bolschewisten nicht die wertvolle Baumwolle an die Deutschen verkauften. Es kam zur Bildung einer antikommunistischen Allianz und zur Errichtung einer Diktatur. Eine kleine Einheit unter Oberst Denis Knolly half bei der Vertreibung der Bolschewisten aus Duschak, Kuschk und Merw.[19] Aber weil die britischen Truppen aufgrund des Krieges bereits an vielen Fronten kämpften, hatte die britische Regierung kein Interesse an einer ständigen Präsenz in der Region und zog die Soldaten ab. Trotzdem konnten die Kommunisten das Land der Turkmenen erst 1920 einnehmen.

Unter sowjetischer Herrschaft wurde Turkmenistan 1924 sozialistische Republik, blieb aber eine verarmte Provinz. 1948 zerstörte ein Erdbeben (nach 1893, 1898 und 1929 das vierte in der jüngeren Geschichte) die Hauptstadt Aschchabad. Bei dem Beben mit der Stärke 9 auf der Richter-Skala wurden 110 000 Personen getötet und die Stadt dem Erdboden gleichgemacht. Die Sowjets ließen die Stadt im trostlosen sowjetischen Betonstil komplett wieder aufbauen.

Andere russische Ingenieurleistungen konnten sich durchaus sehen lassen. So verbindet der Karakumkanal, der in den 60er Jahren fertiggestellt wurde und sich auf einer Länge von 1445 Kilometern durch das Land zieht, die städtischen Gebiete im Süden miteinander und ermöglicht an seinen Ufern Bewässerungsfeldbau. Und durch die Entdeckung großer Erdgasvorkommen kann das Land in eine sichere Zukunft blicken. Das wichtigste Erbe der sowjetischen Zeit liegt jedoch im politischen Bereich. Das starre Parteisystem überdeckte ein ähnlich mächtiges Klannetzwerk, und die Tekke stellen im öffentlichen Leben die dominierende Gruppe. Die absolute Macht der kommunistischen Partei wurde nie gebrochen, mittlerweile haben zwar die Titel gewechselt und um den ehemaligen Staatschef hat sich ein merkwürdiger Personenkult entwickelt, doch die ursprüngliche Machtverteilung blieb erhalten.

Bis vor kurzem trafen die Besucher Turkmenistans überall auf die Symbole des »Führerkults«. Präsident Saparmurat Nijasow, der »Turkmenbaschi« (Vater aller Turkmenen), der im Dezember 2006 starb, begründete neben einer tribalistischen Politik auch einen Personenkult im alten kommunistischen Stil.[20] Eine goldene Statue Nijasows drehte sich auf ihrem Podium, damit sein Gesicht stets der Sonne zugewandt war. Sein Antlitz zierte alles, von Banknoten bis zu Wodkaflaschen. Ständig war er im Radio zu hören oder im Fernsehen zu sehen. Er hat zwei Bücher verfasst, die Pflichtlektüre an allen Schulen waren. Das eine, *Ruhnama*, sollte die Leser nach seiner eigenen Aussage intelligenter machen und gewährleisten, dass man das Göttliche erkannte. Wer es dreimal las, fand Eingang ins Paradies. Einige Monate wurden nach Nijasow und seinen Familienmitgliedern benannt, viele Einrichtungen trugen den Namen seiner Mutter. Sämtliche Uhren mussten sein Gesicht auf dem Zifferblatt tragen, und die Nationalhymne hat er eigenhändig komponiert. Nach einer Herzoperation verbot Nijasow 1997 im ganzen Land das Rauchen, um »ein Beispiel zu geben«. Auch andere persönliche Vorlieben und Abneigungen wirkten sich auf die Gesellschaftspolitik aus. Bärte und lange Haare bei Männern waren nicht erlaubt, Oper und Ballett wurden verboten, und Musik durfte im Fernsehen, bei öffentlichen Veranstaltungen und Hochzeiten nur noch live gespielt werden. Es war, als ob die fünf Millionen Turkmenen Teil von Nijasows ausgedehnter Familie wären – oder sein Besitz.

Ausländische Journalisten berichteten über die schrulligen Eigenarten Nijasows, doch die Realität war alles andere als heiter. Politische Opposition war verboten, der *Turkmenbaschi* vereinigte alle Macht auf sich. Kritik am Führer oder seiner Familie wurde nicht toleriert. So durfte beispielsweise niemand erwähnen, dass Nijasow sehr klein war (er maß kaum 1,50 Meter) und eine Perücke trug. Religionsgemeinschaften wurden genau überwacht und mussten verschiedene bürokratische »Genehmigungsverfahren« durchlaufen. Vermutlich agierten viele Gruppen wie schon in der Sowjetzeit im Untergrund, doch man kann unmöglich ihre Zahl ermitteln oder die politische Stimmung in der Bevölkerung einschätzen.

Die Medien werden immer noch von der Regierung kontrolliert, und es gibt keine Versammlungsfreiheit.

Im November 2002 gab es eine dramatische Protestaktion in Form eines Attentats auf Nijasow. Auf sein Auto wurden Schüsse abgefeuert, es kam jedoch niemand ums Leben. Nijasow beschuldigte Mitglieder der Opposition im Exil, sie hätten bezahlte Killer angeheuert, doch seine Gegner im Ausland erwiderten, er selbst habe das Attentat inszeniert, damit er gegen die verbliebene Opposition im Land hart durchgreifen könne. 46 Turkmenen wurden verhaftet und vor Gericht gestellt, darunter auch der ehemalige Außenminister und Vize-Regierungschef Boris Schichmuradow. Alle erhielten lebenslange Haftstrafen. Nijasow verlor keine Zeit, den Anschlag mithilfe der Medien zu seinen Gunsten auszuschlachten. Sein Paternalismus und sein Führungswille kannten keine Grenzen. Bei den Parlamentswahlen 2004 mussten alle Kandidaten von ihm persönlich genehmigt werden. Doch im April 2005 überraschte er alle mit der Ankündigung, dass es 2009 Präsidentschaftswahlen mit Gegenkandidaten geben würde. Er wurde umschmeichelt, seine Entscheidung zurückzunehmen, doch er erklärte sich nur bereit, die Situation kurz vor dem Termin noch einmal zu überdenken. Das alles kann Teil einer politischen Strategie gewesen sein oder auch Ausdruck seines enormen Egos. Durch die gespielte Bescheidenheit hoffte er vielleicht auf eine umso größere Popularität in der Bevölkerung.

Der Gründer der Stiftung »Turkmenen der Welt« starb am 21. Dezember 2006 an Herzversagen. Die geschäftsführende Regierung wurde vom Parlamentspräsidenten Owesgeldy Atajew geführt, der aber nach Vorwürfen wegen Verbindungen zum organisierten Verbrechen entlassen wurde. Nach der turkmenischen Verfassung kann sich der Übergangspräsident nicht zur Wahl stellen, und die Wahlen müssen spätestens zwei Monate nach dem Tod des *Turkmenbaschi* abgehalten werden. Der ehemalige Gesundheitsminister Gurbanguly Berdymuchammedow wurde am 11. Februar 2007 zum neuen Präsidenten gewählt, und auch diese Wahlen verliefen nach dem Urteil internationaler Beobachter nicht demokratisch. Berdymuchammedow war zwar der Favorit der politischen Elite, aber auch für eines der am wenigsten funktionierenden Gesundheitssysteme in der Region verantwortlich. So ließ er etwa auf Nijasows Anordnung hin alle Krankenhäuser außerhalb der Hauptstadt schließen und strich die Stellen von 15 000 Ärzten zugunsten des Militärhaushalts. Dabei befand sich das Gesundheitssystem ohnehin in einem untragbaren Zustand. Die Lebenserwartung eines Mannes liegt in Turkmenistan nur bei 56 Jahren. Berdymuchammedows Kollegen können seinen schlechten Ruf zu dessen Sturz nutzen, vor allem im Fall einer drohenden Säuberung. Immerhin wurden alle Präsidentschaftskandidaten außer einem von der herrschenden Elite akzeptiert. Die einzige Ausnahme bildete der Kandidat der Exil-Turkmenen in der Türkei.

Ausschlaggebend für die Zukunft Turkmenistans wird die wirtschaftliche Entwicklung sein. Bislang konnte das Land sein Erdgas nicht in der gewünschten

Menge verkaufen, weil es Konflikte mit den Anrainerstaaten des Kaspischen Meeres gibt und es dem Land an Pipelines fehlt. Russland weigerte sich 1994, turkmenisches Gas zu kaufen, und da die ehemaligen Sowjetrepubliken, die das Gas früher gekauft hatten, aufgrund ihrer Schulden als Abnehmer ausfielen, ging die Produktion zurück, was wiederum zu einem Defizit im Staatshaushalt führte. Ausländische Investoren versuchten, mit Turkmenistan ins Geschäft zu kommen, doch die instabile politische Lage und Nijasows Persönlichkeit machten bislang eine langfristige Planung schwierig.[21] Weitere Hemmnisse sind verschwenderische Staatsausgaben und eine hohe Verschuldung. Bei den staatlichen Geldern fehlt es offenbar an Kontrolle, ein Teil befindet sich auf ausländischen Konten. Aschchabad wurde aufwendig saniert, doch außerhalb der Hauptstadt wurde selbst die Grundversorgung vernachlässigt. Obwohl immer wieder eine kostenlose Versorgung aller Haushalte mit Wasser, Gas und Strom versprochen wird, kommt es häufig zu Unterbrechungen und Ausfällen. Viele Turkmenen leben in Armut, während die Staatslenker und Apparatschiks im Luxus schwelgen.

Afghanistan

Nach 20 Jahren Krieg war Afghanistan völlig zerstört. Von den zertrümmerten Überresten öffentlicher Gebäude in Kabul, deren geborstene Säulen wie verrottete Zähne wirkten, aus deren morschen Kronen Eisenstangen ragten, bis zu den gesprengten Steinrümpfen der 2000 Jahre alten Buddhastatuen von Bamian spiegelte die verwüstete Landschaft den Zustand des Staates. Ab 1979 überzogen die Sowjets das Land mit Feuer und Schwert in dem hoffnungslosen Versuch, das sozialistische System zu retten und Aufständische auszurotten, wo immer sie auftauchten. Schließlich zogen sich die Sowjets in der Hoffnung zurück, dass der von ihnen unterstützte Kandidat an der Macht bleiben würde. Doch im Bürgerkrieg von 1989 bis 1996 versank alle staatliche Macht, das Land war den Warlords und ihren Anhängern schutzlos ausgeliefert. Die Nachbarländer, vor allem Pakistan und Iran, versuchten den Ausgang der Kämpfe zu beeinflussen, und die Pakistanis hatten mit der Unterstützung der Paschtunen auch beträchtlichen Erfolg.

Viele junge Kämpfer stammten aus Flüchtlingslagern, doch die Pakistanis konnten auch auf eine beträchtliche Zahl Einheimischer zurückgreifen. Die Religionsschüler, die *Talib'an,* waren an pakistanischen Medressen ausgebildet worden und hatten deren radikale Ideologie übernommen. Sie waren diszipliniert und hatten keine Angst vor dem Tod, außerdem brachten sie eine strenge politische und gesellschaftliche Ordnung mit.[22] Mithilfe der Waffen und Fahrzeuge, die ihnen von der pakistanischen Regierung zur Verfügung gestellt wurden, konnten sie nacheinander jede Partei im Bürgerkrieg besiegen, den vereinten Widerstand der »Nordallianz« jedoch nicht brechen. In den von ihnen eroberten Gebieten setzten sie ihre Vorstellungen mit Brutalität und Terror durch. Osama bin Laden beschrieb das Regime der Taliban als die größte Annäherung an den wahren islamischen Staat. Er und andere »arabisch-afghanische« Veteranen des Kriegs gegen die Sowjetunion wurden bei der Einrichtung von Ausbildungslagern unterstützt. Für die um 1989 gegründete Terrororganisation al-Qaida war Afghanistan der erste Schritt zur Errichtung einer neuen islamistischen Ordnung in der gesamten muslimischen Welt.

In der Antike wurden die Afghanen als schwieriger Stamm betrachtet, der Karawanen überfiel, die benachbarten Hirtenvölker ausraubte und gelegentlich Dynastien bildete, die Delhi plünderten oder gegen Persien marschierten. Babur, der zentralasiatische Begründer des Mogulreiches im 16. Jahrhundert, fand die Einheimischen unsympathisch, das Klima hingegen ausgezeichnet. Er nutzte die afghanischen Bergtäler, vor allem Kabul und Ghazni, als Stützpunkt für seine Feldzüge gegen rivalisierende zentralasiatische Khane, doch die Einfälle in Indien erwiesen sich als lukrativer, daher siedelte er sich schließlich auf den Ebenen des Subkontinents an. Erst im 18. Jahrhundert konnte sich in Kabul mit den Durrani eine unabhängige Dynastie auf Dauer behaupten. Doch auch im 19. Jahrhundert kann man Afghanistan kaum als geeintes Land bezeichnen. In den abgelegenen Provinzen wurden die Edikte aus Kabul mit einer Mischung aus Misstrauen und Verachtung betrachtet. Aufgrund der Gebirge im Osten und in der Mitte des Landes und in Ermangelung moderner Kommunikationsmittel konnte sich eine zentrale Autorität nur sehr schwer etablieren. Umso bemerkenswerter ist daher die Leistung Abdur Rahmans, der von 1881 bis 1901 herrschte. Er baute eine erste rudimentäre Verwaltung auf, ordnete die Grenzen des Staates, reorganisierte die Streitkräfte und regierte das Land mit harter, autoritärer Hand. Doch die Verbundenheit gegenüber dem Klan hatte nach wie vor Bestand, und unter Rahmans repressiver Herrschaft gab es mehrere Aufstände.[23]

Die afghanischen Herrscher mussten sich zudem gegen die Einmischung von außen wehren. Russland und Großbritannien zeigten großes Interesse an Afghanistan, da das Land in einem strategisch wichtigen Gebirge in direkter Nachbarschaft zu den von ihnen eroberten Gebieten lag. Großbritannien war der Garant für die territoriale Integrität Afghanistans, kontrollierte dafür aber de facto die afghanische Außenpolitik. Zweimal, von 1838 bis 1842 und von 1878 bis 1881, besetzten die Briten Afghanistan. Beide Invasionen wurden relativ schnell durchgeführt und zogen größere Aufstände nach sich, sobald sich der Widerstand formiert hatte. Die Rebellionen waren gespickt mit militärischen Rückschlägen für die über weite Entfernungen verteilten Truppen. Schließlich mangelte es am politischen Willen zur Fortführung der Besatzung und die Briten zogen wieder ab. 1919 ging Afghanistan in die Offensive, weil sein Herrscher Emir Amanullah fälschlicherweise davon ausging, die Briten seien nach dem Ersten Weltkrieg geschwächt. Gegen die afghanischen Truppen, zu denen auch zahlreiche paschtunische Freiwillige von der britischen Seite der Grenze gehörten, setzten die Briten Flugzeuge und gemischte Verbände ein, eine Strategie, die sie bei Kämpfen in Europa und im Nahen Osten perfektioniert hatten. Doch im Bestreben nach einer günstigen Einigung gab die britische Regierung die Verantwortung für die afghanische Außenpolitik ab, und das Land konnte seine Unabhängigkeit feiern.

Amanullah setzte eine dramatische Modernisierung in Gang.[24] Er schloss Handelsverträge mit europäischen Mächten, gründete zahlreiche Schulen und verkündete eine neue Verfassung, in der die Rechte der Afghanen abgesichert waren. Außerdem ließ er ein neues Parlamentsgebäude errichten, ermutigte Frauen, sich nicht mehr zu verschleiern, und führte die westliche Kleidung für Staatsbedienstete ein. Ein neues Zivil- und Strafrecht wurde geschaffen, das beispielsweise die Verheiratung von Kindern verbot. Zur Verbesserung der Infrastruktur ließ Amanullah neue Eisenbahnstrecken und Straßen bauen. Es gibt auffallende Parallelen zu seinem Zeitgenossen Kemal Atatürk in der Türkei, und tatsächlich waren an Amanullahs Hof zahlreiche türkische Berater tätig. Er führte einen neuen Sonnenkalender ein, schaffte Sklaverei und Zwangsarbeit ab, organisierte das Steuersystem neu und bekämpfte die Korruption. Er ließ den Viehbestand im Land erfassen, versuchte, das metrische System einzuführen, gab eine neue Währung heraus und eröffnete die erste nationale Bank. Außerdem setzte er sich für die Einführung von Ausweisen ein, ließ die Eintreibung von Blutgeld verbieten und schaffte die Abgaben an Stammesführer ab. Für das Land bedeuteten seine Maßnahmen einen dramatischen Wandel.

In der Außenpolitik war Amanullah zunächst bestrebt, Gebiete zurückzugewinnen, die im 19. Jahrhundert an die Russen verloren worden waren, vor allem im Pamir. Doch diese Ziele gab er im Mai 1921 zugunsten eines Freundschaftsvertrags mit der Sowjetunion auf. Afghanistan erhielt finanzielle Unterstützung und Militärtechnologie, vor allem wertvolle russische Flugzeuge samt Piloten. Der wachsende sowjetische Einfluss beunruhigte allerdings die Briten, die nun den Transit afghanischer Güter durch Indien beschränkten. Amanullah wiederum bot indischen Nationalisten Zuflucht und sorgte so für eine zusätzliche Verschlechterung der Beziehungen.

Obwohl seine Reformen kaum Auswirkungen auf das Leben der ländlichen Bevölkerung hatten, entfremdete er sich damit von der Bevölkerung sowie von den religiösen Lehrern und alten Eliten. Das Militär reagierte mit Unmut, als der Sold gekürzt und ein neues Rekrutierungsverfahren eingeführt wurde, das den Einfluss der Stammesführer schwächte. Als Amanullah überlegte, die älteren reformunwilligen Offiziere in »Pension« zu schicken, entwickelte sich innerhalb des Militärs eine »antitürkische« Fraktion. Der Anfang vom Ende kam 1928 mit einer Revolte von Angehörigen des Schinwari-Stamms in Dschalalabad. Die königlichen Truppen desertierten. Während die Schinwari vom Osten auf Kabul marschierten, näherte sich eine zweite Kolonne tadschikischer Afghanen der

Stadt von Norden. Amanullah versuchte zum Schein, die Hauptstadt zu halten, floh aber dann nach Italien und später in die Schweiz. Er war gescheitert, weil er sein Land zu schnell und ohne ausreichende Sicherheiten in einen modernen Staat umwandeln wollte. Seine Nähe zur Sowjetunion war dabei von geringerer Bedeutung als die allgemein westliche Ausrichtung seiner Reformen. Seltsamerweise glaubten die Paschtunen in Britisch-Indien, die Briten hätten die Mullahs beeinflusst, Amanullah zu stürzen, doch das lag vor allem daran, dass sie nicht schlecht von einem Mann denken wollten, der ihnen 1919 gegen die Briten beigestanden hatte. Amanullahs Nachfolger Habibullah Kalakami wurde schon bald abgesetzt und ermordet. Mit Unterstützung der Waziri, einer Gruppe Paschtunen aus der Nordwestlichen Grenzprovinz, übernahm Nadir Schah die Macht, wurde jedoch 1933 ebenfalls ermordet. Ihm folgte sein Sohn Sahir Schah, ein moderater Monarch, der erst 1973 abgesetzt wurde.

Im Kalten Krieg entwickelten Amerikaner und Sowjets ein starkes Interesse an Afghanistan. Beide schickten Berater und leisteten Unterstützung bei großen Bauprojekten. Die Sowjets waren vor allem darauf bedacht, die marxistische Ideologie bei Studenten und Regierungsmitarbeitern zu fördern, außerdem profitierten sie 1961 von einem Konflikt zwischen Afghanistan und Pakistan. Die Pakistanis glaubten, dass die Afghanen eine sezessionistische »paschtunische« Bewegung unterstützten, und die Konfrontation der beiden Länder zwang die Afghanen, sich auf der Suche nach einem neuen Absatzmarkt und Importeur an die Sowjets zu wenden. Dadurch geriet Afghanistan in den sowjetischen Einflussbereich. Chruschtschow besuchte das Land 1955 und verstärkte das Angebot militärischer und finanzieller Hilfe. Ein kurzes Demokratieexperiment in den Jahren 1953 bis 1963 scheiterte, allerdings konnte sich dadurch die marxistische Demokratische Volkspartei (DVPA) etablieren mit den zwei rivalisierenden Flügeln Parcham und Khalq. In der Zeit kam auch der frühere Ministerpräsident Mohammed Daud Khan auf die Idee zu einer *inquilab* (Revolution) und gelangte 1973 mit der Unterstützung der Parcham durch einen Militärputsch tatsächlich an die Macht. Die Sowjetunion sah darin zunächst eine Entwicklung zu ihrem Vorteil und stellte mit wachsender Hilfe weitere Forderungen, die Daud jedoch ablehnte. Die Ermordung des Parcham-Chefideologen ließ die afghanischen Marxisten befürchten, dass Daud sie ausschalten wolle. Bei der Saur-Revolution vom 27. April 1978 wurde Daud ermordet, Hunderte Afghanen wurden verhaftet. Die rivalisierende Khalq-Fraktion unter Nur Mohammed Taraki errichtete eine Diktatur.

Die Ablehnung der neuen und offensichtlich prosowjetischen Diktatur sowie das Chaos im ganzen Land veranlassten die Sowjetunion, 1979 in Afghanistan einzumarschieren.[25] Das Land befand sich in einem Zustand der Gesetzlosigkeit, und die sowjetische Führung befürchtete angesichts der Revolution im Iran, dass sich islamistische Unruhen auf die südlichen Sowjetrepubliken ausdehnen könnten. Es ging damals nicht um den Vormarsch des Sozialismus, sondern um den

Versuch, die Ordnung am Rande der sowjetischen Einflusssphäre wiederherzustellen. Moskau glaubte, dass sich die Dinge ähnlich wie in Ungarn oder der Tschechoslowakei entwickeln würden, hatte sich damit aber gewaltig verrechnet. Die marxistischen Parteien in Afghanistan hatten die Bevölkerung bereits gegen sich aufgebracht. Hafizullah Amin vom Khalq-Flügel der Demokratischen Volkspartei wollte mithilfe staatlichen Terrors die Ordnung wiederherstellen und ließ Rivalen (darunter auch Parteigenossen wie Nur Mohammed Taraki) und potenzielle Gegner ermorden. Der Widerstand wuchs, und in Afghanistan drohte ein Bürgerkrieg. Daher marschierten im Dezember 1979 sowjetische Truppen ein, gewannen die Kontrolle über die Städte und installierten eine neue Regierung unter Babrak Karmal. Trotz seiner Bemühungen, die diversen sozialistischen Gruppen wieder zu einen, das Militär zu modernisieren, das Regime populär zu machen und eine wirtschaftliche Entwicklung in Gang zu bringen, haftete ihm, wie Hamid Karsai 2001, der Makel an, eine Marionette ausländischer Mächte zu sein.

Die sowjetische Besatzung war schlecht organisiert, und die Afghanen widersetzen sich entschlossen, rücksichtslos und auf breiter Basis. Von Anfang an waren paschtunische Freiwillige beteiligt, doch die Sowjets hatten generell mit dem Problem zu kämpfen, dass sich ihre Feinde nicht von der Zivilbevölkerung unterscheiden ließen. Ihre Taktik nach dem Prinzip der verbrannten Erde, mit Flächenbombardements und Greueltaten, war ungeschickt und kontraproduktiv. Der Krieg rief viele arabische Freiwillige auf den Plan, die jedoch häufig misstrauisch empfangen wurden, weil ihre Taktik mitunter selbstmörderisch war und sie ihre Auslegung des Koran als die einzig richtige ansahen. Amerika lieferte über seinen Verbündeten Pakistan Waffen und Geld (insgesamt etwa zwei Milliarden Dollar). Der pakistanische Geheimdienst Interservices Intelligence (ISI) hatte sich seit der Umsetzung von General Mohammed Zia ul-Haqs Islamisierungspolitik 1977 zunehmend radikalisiert. Er schanzte bevorzugten Fraktionen der Mudschaheddin Geld und Waffen zu, selbst wenn der Kampf der Warlords wie im Falle von Gulbuddin Hekmatjar ineffektiv war.

Die Sowjets konnten bei ihren afghanischen Protegés keine Ordnung durchsetzen. Die Parcham- und Khalq-Fraktion bekriegten sich weiterhin und intrigierten gegeneinander, außerdem begingen sie immer entsetzlichere Greueltaten, um die Bevölkerung mithilfe von Terror zu unterwerfen. Die Geheimpolizei Khad war besonders berüchtigt. Manchmal desertierten afghanische Soldaten oder ermordeten ihre russischen Offiziere; andere liefen zu den Aufständischen über. In der sowjetischen Armee griffen Krankheiten und Erschöpfung um sich, und die Zahl der »Zinkys« (der Leichen, die in mit Zink ausgeschlagenen Särgen heimgeschickt wurden) stieg stetig. Karmal versuchte, die Bevölkerung mit einer neuen, »islamischeren« Verfassung für sein Regime zu gewinnen, und wollte die Abneigung gegen die pakistanischen Paschtunen ausnutzen. Doch er konnte keine nennenswerte Unterstützung mobilisieren. Gorbatschow, der seine eigene politische

Agenda verfolgte, nämlich eine Verbesserung der Beziehungen zum Westen und die Ankurbelung der sowjetischen Wirtschaft, schickte Karmal schließlich »in Pension«. Sein Nachfolger Mohammed Nadschibullah versuchte, die Kontrolle mithilfe lokaler Milizen zu erlangen, indem er deren Kommandanten bezahlte; doch damit begünstigte er nur den weiteren Aufstieg der Warlords. Die sowjetischen Truppen, die nach wie vor den Süden und Osten kontrollierten, änderten ihre Taktik und versuchten, Straßen und Städte zu befrieden und Operationen gegen die Mudschaheddin durchzuführen, wenn diese in größeren Verbänden auftraten. Nadschibullah setzte weiterhin auf Zwangsmaßnahmen und Bestechung, doch Gorbatschow erkannte, dass es Zeit für einen Truppenabzug war. 1988/89 statteten die Sowjets das Regime mit Waffen aus und zogen sich zurück.

Mit Tausenden Toten und vielen weiteren verwundeten und traumatisierten Afghanen bestand kaum Aussicht auf Frieden. Die Kontrahenten waren bewaffnet und kannten als Mittel der Politik nur Gewalt und Zwang; sie hatten nie gelernt, zu verhandeln und Kompromisse einzugehen. Nachdem mehrere Versuche, Nadschibullah bei einem Staatsstreich oder in einer offenen Schlacht zu stürzen, fehlgeschlagen waren, konnte der Widerstand auch nicht mehr Erfolge verbuchen als die Regierung. Nadschibullah trat erst zurück, als seine bezahlten Komplizen überliefen. Die Folge war ein einziges Chaos. Mindestens fünf größere Gruppen lieferten sich von 1993 bis 1995 Schlachten um die Hauptstadt. Es gab Massaker an Sikhs, Hindus und den schiitischen Hasaras. Die Warlords beschlagnahmten sämtliche Wertgegenstände oder erhoben Steuern darauf und erkauften sich mit dem Geld in einer neuen Art Lehenssystem die Gefolgschaft ihrer Anhänger. In Afghanistan herrschten wieder Zustände wie im 18. Jahrhundert, mit dem Unterschied, dass die Waffen wirkungsvoller waren. Kabul bestand nur noch aus Ruinen. Und in dieses Chaos sandte Pakistan nun seine neue Streitmacht, die Taliban.

Die Taliban behaupteten, sie seien mithilfe des afghanischen Volkes an die Macht gekommen, das genug gehabt habe von der Korruption und Gewalt der Kriegsherren; aber das ist ein Mythos. Von Pakistan (einem Land, das in seiner Auseinandersetzung mit Indien und Afghanistan nach »strategischer Tiefe« suchte) bewaffnet, ausgerüstet und finanziert, waren sie bloß eine weitere Kriegspartei, die allerdings etwas fähiger war als ihre Rivalen. Sie konnten die Hauptstadt nur deshalb einnehmen, weil ihre Gegner so zerstritten waren. 1995 versuchten die Taliban, Mazar-e Sharif zu erobern, wurden jedoch von den Truppen von General Rashid Dostum abgewehrt, dem usbekisch-afghanischen Kommandanten des Nordwestens. Als sie die Stadt dann doch einnahmen, ermordeten sie Hunderte und verboten den Überlebenden tagelang, die Leichen wegzuräumen. Auch auf den Widerstand der Schiiten von Hasarajat reagierten sie mit Härte, ungestraft zerstörten sie Eigentum und ermordeten die Menschen. Als sie schließlich an der Macht waren, setzten sie den Terror fort. Ab dann galt ihre eigene Auslegung der Scharia; die Männer mussten Bärte tragen und die Frauen sich vollständig verhüllen. Musik, das bei den Afghanen besonders beliebte Drachen-steigenlassen und Fernsehen waren verboten. Die Taliban bauten ein Netzwerk von Informanten auf; wer gegen ihre Gesetze verstieß, wurde bei Massenexekuti-onen hingerichtet. Die Afghanen beschrieben die willkürliche Gewalt, die Prügel-strafen und öffentlichen Hinrichtungen mit nur einem Wort: *wahshat* (Terror). Wenn der Staat der Taliban bei der Bevölkerung wirklich so populär war, wie sie behaupteten, warum konnten sie ihn dann nur mit Zwang erhalten? Ihrer Herr-schaft waren 15 Jahre vorausgegangen, in denen Gewalt das einzige Mittel zur Wahrung und Ausübung staatlicher Autorität gewesen war, und dieses Erbe tra-ten sie nun an.

Doch die Taliban waren sich ihrer Macht nie sicher, und die Opposition in Form der Vereinten Islamischen Front war sofort bereit, die Antiterror-Koalition unter Führung der USA mit Bodentruppen zu unterstützen und so zum Sturz von Mullah Omars Regime 2001 beizutragen. Mit amerikanischer Schützenhilfe aus der Luft kamen die Taliban-Gegner schnell voran. Nach der Einnahme Kabuls konzentrierten sich die amerikanischen Truppen auf die Jagd nach den al-Qaida-Anführern und richteten auf Kuba ein Gefangenenlager in der Guantánamo-Bay ein. Diese Operation führte sie ins pakistanische Grenzgebiet, da Tausende Tali-ban nach Osten über die Grenze flohen.[26]

Im Gefolge der Truppen begann die sogenannte Anti-Terror-Koalition mit der ungeheuren Aufgabe eines politischen und zivilen Wiederaufbaus. Die Kosten sind enorm. Tausende Brücken, Kanäle und Tunnels wurden zerstört. Man schätzt, dass zehn Millionen Minen im ganzen Land verstreut liegen. 90 Prozent der Straßen und Bewässerungssysteme waren beschädigt, 80 Prozent der Häuser und Obstplantagen zerstört. Viele Bauern hatten sich dem Mohnanbau zuge-wandt, um vom lukrativen Opiumhandel zu profitieren, den die Taliban kontrol-liert hatten. 2006 war der Wiederaufbau des Nordens und Westens im vollen Gang, doch im Süden und Osten schienen die Taliban entschlossen, den Wider-stand fortzusetzen, und in der Hauptstadt gab es zahlreiche Selbstmordanschläge. Die ISAF (International Security Assistance Force) versucht, den Zuständigkeits-bereich der Regierung in Kabul auf den Süden auszudehnen, und hat dazu Einhei-ten der neuen Afghanischen Nationalen Armee (ANA) ausgebildet und dort stati-oniert. Der Großteil der Aufgaben bleibt jedoch den ISAF-Truppen überlassen, vor allem den Briten und Kanadiern. In dem Bemühen, ihre Macht zu etablieren, aber auch, die Taliban zum offenen Kampf zu fordern (weil dann die Unterstützung aus der Luft und die schweren Waffen zum Tragen kommen), richteten die briti-schen Streitkräfte sogenannte »Platoon Houses« (befestigte Häuser) ein, die aus kleinen Abordnungen (weniger als 30 Mann) in stark befestigten Stellungen bestanden. Wie erwartet, wurden diese angegriffen, allerdings gab man hinter vorgehaltener Hand zu, dass die Intensität und der erbitterte Widerstand die Bri-ten überraschten. Da der »Krieg gegen den Terror« in Europa immer unbeliebter wird, weil viele darin den Versuch der USA sehen, vor allem ihren Einfluss weltweit auszudehnen, lehnten es die beteiligten europäischen Länder ab, ihre Truppenkontingente in Afghanistan zu erhöhen. Damit ist die Zukunft des Nato-Einsatzes ungewiss.

Politisch ist Afghanistan eine eingeschränkte Demokratie. Hamid Karsai, ein Paschtune aus Kandahar, wurde 2002 von der Großen Ratsversammlung (*Loya Jirga*) etwas überstürzt zum Übergangs-Präsidenten bestimmt. Am 9. Oktober 2004 wurde Karsai mit einer Mehrheit von über 55 Prozent der Stimmen zum Präsidenten gewählt, nachdem im Januar die Große Ratsversammlung dem Entwurf der Verfassung für Afghanistan als einer islamischen Republik mehrheitlich zugestimmt hatte. Frauen spielen wieder eine Rolle in der Politik und werden ermuntert zu wählen, allerdings gelten sie in ländlichen Gebieten fern der Hauptstadt immer noch als Eigentum der Männer. Da das staatliche Steuersystem zusammengebrochen ist, besteht die Haupteinnahmequelle der Regierung aus Zöllen und den zwei bis drei Milliarden Dollar, die sie an Hilfe erhalten hat. Doch nur 15 Prozent der Spenden gehen an die Regierung; das meiste wird von den Hilfsorganisationen und den Spenderländern selbst ausgegeben. (Der afghanische Staatshaushalt betrug 2004 550 Millionen Dollar.) Der Grund dafür ist nicht nur in der Spendenlogistik zu suchen, sondern in der weitverbreiteten Korruption bei der afghanischen Regierung. Die Aufwertung der Währung 2002 war ein Anreiz für Investoren, ebenso die Klausel, dass sie in den ersten vier bis sieben Jahren nicht besteuert werden. Die Landwirtschaft erholt sich, und mit den rückkehrenden Exilafghanen kamen Fertigkeiten und Unternehmergeist ins Land. Doch neben den Zerstörungen ist eines der größten Hindernisse für eine wirtschaftliche Erholung die schiere Armut der Bevölkerung. Es fehlt immer noch an Lebensmitteln (was durch eine anhaltende Dürre im Süden noch verstärkt wurde), an Kleidung, medizinischer Versorgung und Unterkünften. Die Mangelernährung bei Kleinkindern liegt bei 50 Prozent, die Säuglingssterblichkeit beträgt 150 auf 1000 Babys. Die allgemeine Lebenserwartung liegt zwischen 41 und 43 Jahren und ist damit die niedrigste in der Region. Die Catholic Agency for Overseas Development (CAFOD) schätzt, dass im Winter 2005 in der Provinz Ghor 5000 Menschen verhungert sind. Ihr Hungertod machte keine Schlagzeilen, weil sich die Medien damals hauptsächlich auf die Folgen des dramatischen Erdbebens in Nordpakistan konzentrierten.

Damit die Demokratie in Afghanistan richtig Fuß fasst, braucht es eine anhaltende Periode des Friedens, des Wachstums und der Stabilität. 2005 wurde viel über einen neuen Marshall-Plan für die Region geredet. Doch wenn es ans Geldausgeben geht, stellt sich die Frage nach den Prioritäten. Die USA gaben 17 Milliarden Dollar für ihren Militäreinsatz in Afghanistan aus. Die afghanische Regierung schätzt, dass sie für den Wiederaufbau des Landes 10 bis 15 Milliarden Dollar über einen Zeitraum von zehn Jahren benötigt. Aber diese Zahlen sagen nichts über die Komplexität der Lage aus, die ganz anders ist als die Situation in Europa oder Japan nach dem Zweiten Weltkrieg. Man kann Schulen bauen, aber es müssen auch Lehrer ausgebildet und kontinuierliche Anreize für einen Schulbesuch geschaffen werden. Etwa die Hälfte aller Kinder im Grundschulalter erhält eine gewisse Form von Unterricht, doch die Hälfte bricht die Schule ab und geht arbeiten, um sich zu ernähren. Hunderte sind beim Straßenbau gelandet. Die Probleme halten sich hartnäckig, doch es bestehen gute Aussichten, dass sich Afghanistan erholt. Das Land braucht Zeit, Sicherheit und Geld sowie den Geist der Versöhnung. Es braucht den Wiederaufbau und eine gute Regierungsführung, weniger Korruption, eine bessere Umsetzung der Gesetze und mehr Bildung auf breiter Basis. Angesichts um sich greifender Fehden, Erpressung, Einschüchterung, eines korrumpierenden Drogenhandels, des Terrorismus, der Warlords und des Drucks von außen neigt man zum Pessimismus. Aber vielleicht unterschätzen die Pessimisten ja die Afghanen.

KAPITEL 3

Islam und Islamismus

Unter den Sowjets gab es in Zentralasien Kampagnen zur Ausrottung des Islam.[1] In den 1930er Jahren wurden nicht einmal mehr hundert Moscheen genutzt, und Medressen waren überhaupt nicht mehr zu finden. Um die Bevölkerung vom Sozialismus zu überzeugen, führten die Sowjets Bildung für alle und ein Programm zur Gesundheitsfürsorge ein. Sie industrialisierten die Städte, mechanisierten die Landwirtschaft und erweiterten das Bewässerungssystem. Nachdem sie in allen zentralasiatischen Republiken ein einheitliches politisches System eingeführt hatten, verbesserten sie die Kommunikation und bauten den Handel aus. Während Rohstoffe nach Norden ins sowjetische Kernland strömten, wurden gleichzeitig Tausende Russen angesiedelt, um die Reformen umzusetzen und die neuen Industriebetriebe zu verwalten. Das Ziel war klar: Die Zentralasiaten sollten dem »reaktionären« Islam entwöhnt und in urbanisierte Proletarier umgewandelt werden. Die Basmatschi-Revolte und andere Aufstände im Mittleren Osten hatten das Mobilisierungspotenzial des Islam gezeigt, die Menschen gegen die sowjetische Herrschaft zu einen. Im Laufe des Kalten Krieges wurde diese Sorge immer drängender. Im Bestreben, ein Aufkommen des radikalen Islam zu verhindern, schufen die Sowjets einen streng regulierten »offiziellen« Islam mit staatlich genehmigten Mullahs und registrierten Moscheen. Muslimische Feiertage wurden eingehalten und Religionsführer eingeladen, über die Vereinbarkeit von Kommunismus und Islam zu diskutieren (ein Experiment, das 1920 in Baku mit geringem Erfolg durchgeführt wurde). Unter Gorbatschow wurde der Islam Mitte der 80er Jahre erneut als antimoderner Einfluss attackiert. Für die Staatsführungen der zentralasiatischen Republiken barg der Islam weiterhin ein radikales Potenzial, mit dem man Massenproteste organisieren und Autoritäten stürzen konnte – wie 1979 im Iran und in den 80er Jahren in Afghanistan.

Da der Islam schon in sowjetischer Zeit in den Untergrund gegangen war, hatten es die radikaleren islamistischen Gruppen in den 90er Jahren einfach, sich gegen die zentralasiatischen Regierungen zu behaupten. Gläubige Zentralasiaten hatten ihre Religion heimlich weiter praktiziert[2], und die einheimischen Mitarbeiter sowjetischer Behörden, die oft aus den gleichen Klans stammten wie die praktizierenden Sufis, drückten ein Auge zu oder machten mit. Es war eine Möglichkeit, sich vom alles durchdringenden russischen Einfluss zu lösen, und so ist es kein Wunder, dass das System der Patronage die gesamte sowjetische Ära überdauerte. Die Loyalität gegenüber dem Klan sorgte dafür, dass bestimmte Gruppen unabhängig von der Parteizugehörigkeit die Schaltstellen der lokalen Macht besetzten, sei es nun in der Verwaltung oder der Leitung kollektivierter Betriebe in der Landwirtschaft und Industrie.

In den 80er Jahren veränderten sich Glaube, die Bedeutung der Klans und die nationale Identität. In Moskau wurde Gorbatschows Politik der Umgestaltung und Offenheit als Möglichkeit interpretiert, neue Identitäten und Hoffnungen umzusetzen. Er hieß den Islam zwar nicht gut, konnte jedoch die Ausbreitung nationalistischer Gefühle und die Überzeugung von der Einzigartigkeit des Islam nicht verhindern.[3] Die Perestroika fiel auch mit der letzten Phase des bitteren sowjetischen Krieges in Afghanistan zusammen. Heimkehrende sowjetische Soldaten bekundeten Sympathie für den tapferen und entschlossenen Widerstand der afghanischen Mudschaheddin. Einige muslimische Soldaten waren übergelaufen, hatten sich den Kämpfern angeschlossen und kamen so in Kontakt mit der strengen, intoleranten wahhabitischen Doktrin der arabischen Freiwilligen. Inspiriert von der Idee, Widerstand gegen die Sowjets zu leisten, gingen einige junge Männer nach Pakistan und studierten dort. Die Form der islamischen Lehre, die sie dort kennenlernten, war weit entfernt vom Sufismus oder der gemäßigten sunnitischen Tradition Zentralasiens: Es war die radikale Deobandi-Ideologie, die für eine neue Weltordnung eintrat, wenn nötig mithilfe eines Dschihad. Diese beiden Ideologien hätten vielleicht nicht so schnell Fuß gefasst, wenn es nicht den Krieg in Afghanistan und später in Tschetschenien gegeben hätte. Die Zerstörung von Eigentum, der Tod Tausender Zivilisten, der Exodus von fünf Millionen Flüchtlingen und die Berichte über Greueltaten und Folter radikalisierten die Bevölkerung Zentralasiens. Die heimkehrenden Soldaten hatten ebenso wie die Mudschaheddin besonders grausame Erfahrungen gemacht. Junge Afghanen hatten nach einem zwölf Jahre währenden Bürgerkrieg nur Fähigkeiten entwickelt, die ihnen bei einem Konflikt nutzten. Kurz gesagt, eine ganze Generation war mobilisiert, radikalisiert und militarisiert worden.

Die jungen Männer aus Zentralasien und Afghanistan hatten Kontakt zu anderen Muslimen aus über 40 Ländern und lernten von ihnen. Man schätzt, dass bis zu 100 000 Mann aus der ganzen Welt im sowjetisch-afghanischen Krieg kämpften; Zehntausende besuchten pakistanische Medressen und reisten danach oft zur Guerilla-Ausbildung in die Nordwestliche Grenzprovinz. Zentralasiaten wurden meist kostenlos untergebracht und unterrichtet. Sie erfuhren nicht nur von der angeblichen Unterdrückung der Palästinenser und Araber durch die Israelis und arabische Oligarchien, sondern wurden auch mit der Philosophie der Deobandi indoktriniert. Der Deobandismus war im 19. Jahrhundert in Indien entstanden, inspiriert von antikolonialen und antiwestlichen Gefühlen. Als strenge sunnitische Sekte lehnten die Deobandi die Schia und jede Form der Befreiung der Frau ab. In den 60er Jahren kam bei Radikalen die Idee einer modernen Form des Dschihad und Widerstands gegen den westlichen Modernismus auf. Als bei der Revolution 1979 im Iran die Bevölkerung auf breiter Basis mobilisiert wurde, traten die Deobandi, denen diese Entwicklung nicht entgangen war, für die Gründung einer Massenbewegung ein, die sich zu einem Dschihad entwickeln sollte, dem sich niemand entziehen konnte.[4] Nach dem sowjetischen Abzug aus Afghanistan waren die Deobandi 1989 überzeugt, dass sie allein durch die Kraft des Willens und der göttlichen Vorsehung den Sieg errungen hatten. Die finanzielle und militärische Unterstützung durch die USA wollten sie nicht sehen. Ebenso wenig konnten sie zugeben, dass ihre radikale Philosophie den Menschen in Afghanistan mit Gewalt und der Unterstützung Pakistans aufgezwungen wurde und die Afghanen deswegen jahrelang Terror, Armut und Zerstörung ertragen mussten. Für die Deobandi zählten nur der Dschihad und die radikale Reinigung des Glaubens.

Bei der Interpretation des Islam gibt es Verbindungen zwischen den Deobandi und den saudischen Wahhabiten/Salafiten. Die salafitischen Wahhabiten sind erbitterte Gegner der »Häresie« der Schia und des Sufismus in Südwestasien.[5] In ihrer Weltsicht müssen Frauen praktisch unsichtbar sein, während sich die Männer nüchtern und würdevoll benehmen sollen, da die Wahrung des Ansehens in ihrer Gesellschaft eine große Rolle spielt. Interessanterweise stellte sich das saudische Regime von Anfang an auf die Seite des wahhabitischen Islam und orientierte sich an den Wünschen der äußerst konservativen Ulemas. Osama bin Laden ist zwar ein Saudi, seine Familie stammt jedoch aus der Region Hadramaut im Jemen, wo eine besonders strenge Form des Wahhabismus gepflegt wird. So halten sich beispielsweise Frauen überwiegend auf den weitläufigen Anwesen auf und zeigen sich nur selten in der Öffentlichkeit. In gewisser Weise ist es seltsam, dass so konservative Menschen eine so populistische, radikale Version des Islam übernahmen. Die Antwort ist im verletzten Stolz zu suchen, im Neid auf die Mobilisierung der Iraner und Afghanen und dem Wunsch, die eigene Religion und Kultur (die sie für die einzig wahre halten) gegen die erfolgreichen und mächtigen Modernisierer aus dem Westen und Ostasien zu behaupten. Die Salafiten wenden sich gegen die arabischen Regierungen, weil sich diese nicht an die strengen Glaubensformen halten, weil sie häretische Sekten nicht bekämpfen und die Anwesenheit von Westlern (und Israelis) im »Land der heiligen Stätten« hinnehmen.

Doch nicht alle Zentralasiaten akzeptieren den Deobandismus und Wahhabismus. Die tadschikische islamische Opposition etwa nahm sich den Widerstand von Ahmed Schah Massud zum Vorbild, dem tadschikisch-afghanischen Militärbefehlshaber, der zuerst gegen die Sowjets und dann gegen die Taliban kämpfte. Massud stand für eine gemäßigte Version des Islam, die eng mit dem tadschikischen Nationalismus verbunden war.[6] Die Partei der Islamischen Wiedergeburt (PIW) wurde 1991 mit dem Ziel gegründet, den islamischen Glauben zu verbreiten, eine spirituelle Renaissance zu fördern und bei der wirtschaftlichen Unabhängigkeit Tadschikistans zu helfen. Anders als die Taliban und andere Radikale bevorzugt die PIW die Demokratie anstelle eines islamischen Staates. Bei den Unruhen aufgrund der Wohnungsnot in Tadschikistan, die schließlich im September 1992 zum Sturz der Regierung Nabijew führten, unterstützte sie offen die populäre Opposition gegen die Regierung und versorgte die Demonstranten mit Essen und Decken. Beim Ausbruch des Bürgerkriegs bildete die PIW Guerillagruppen in den Bergen und beteiligte sich nach dem Krieg an der Koalitionsregierung. In den anderen Republiken war die PIW weniger erfolgreich. In Kirgistan konnte sie nur die Unterstützung der usbekischen Bevölkerung im ländlichen Süden gewinnen. In Usbekistan liefen ihr radikalere Bewegungen wie die Tauba (Reue), Islam Lashkarlary (Kämpfer für den Islam) und Adolat (Gerechtigkeit) den Rang ab, zusätzlich verlor die Partei an Stoßkraft, als ihr Anführer Abdullah Utajew 1992 spurlos verschwand; man nimmt an, dass er vom usbekischen Geheimdienst ermordet wurde. In Kasachstan wurde die PIW von Nichtkasachen dominiert und verzeichnete deshalb wenig Zulauf, und in Turkmenistan konnte sie sich nie durchsetzen.

Die Gewalt der Deobandi und wahhabitischen Dschihad-Krieger schreckt Millionen ab, und heute gibt es für diese überheblichen, fremden Glaubenslehren kaum Unterstützung. Einige zentralasiatische Regierungen, vor allem Karimow in Usbekistan, bezeichnen gern alle Regimegegner als wahhabitische Terroristen. Diese Verallgemeinerung erklärt vielleicht, warum eine idealistische, größtenteils friedliche Bewegung wie die Hizb ut-Tahrir (Partei der Befreiung), die ebenfalls aus dem Nahen Osten importiert wurde, in Zentralasien Fuß fasst.

Die Hizb ut-Tahrir und die Islamisten

Die Hizb ut-Tahrir erfreut sich in Zentralasien wachsender Beliebtheit. Trotz ihrer anachronistischen, ja sogar atavistischen Ziele spricht sie direkt die Sorgen der Bevölkerung an, etwa die wachsende Kluft zwischen Arm und Reich, Arbeitslosigkeit und fehlende politische Rechte. Und doch erklärt vielleicht gerade die »weltferne« und idealistische Natur der Hizb ut-Tahrir ihre Anziehungskraft.

Die Hizb ut-Tahrir will in ganz Zentralasien ein geeintes Kalifat errichten, das von der chinesischen Provinz Sinkiang bis zum Kaukasus reicht. Letztendlich soll die gesamte muslimische Welt eine *Umma* ohne nationale Grenzen bilden. Damit wäre das historische Khilafat-e-Rashida wiederhergestellt, das nach dem Tod des Propheten von 632 bis 661 für kurze Zeit bestand. Dieser Zeitraum wird besonders glorifiziert, weil es sich dabei dem Anschein nach um eine reine, spirituelle Epoche handelte, in der der Islam noch nicht durch sektiererische oder moderne

Einflüsse »besudelt« war. Zur Schaffung dieser multiethnischen politischen Einheit, so glauben die Anhänger der Hizb ut-Tahrir, genüge eine Massenbewegung, die schließlich einen Staat in Zentralasien oder Vorderasien unter ihre Kontrolle bringe. Wenn erst einmal ein geeinter Staat existiere, argumentieren sie, werde der Rest zwangsläufig folgen. Scheich Abdul Qadeem Zaloom, ein prominenter Anführer der Hizb ut-Tahrir, hat sein Ziel folgendermaßen beschrieben: »Die muslimischen Länder umzuformen ist das Ziel, und die geeignetste Methode dazu ist die Wiedererrichtung des Kalifats.«[7] Die Hizb ut-Tahrir glaubt, dass der Prophet Mohammed den Plan für den Sturz eines Regimes bereits vorlebte, denn er habe seine Lehre erst heimlich verbreitet, sei dann an die Öffentlichkeit getreten und habe schließlich zum Dschihad aufgerufen. Ziemlich ungenau argumentiert die Hizb ut-Tahrir, dass der Prophet auch feindlicher Propaganda und Sanktionen ausgesetzt gewesen sei und seine Anhänger wie die Mitglieder der Hizb ut-Tahrir zu Beginn des 21. Jahrhunderts unter der Folter gelitten hätten.

Die Hizb ut-Tahrir verbreitet damit nicht nur eine selektive und historisierende Fehlinterpretation von Mohammeds Leben, sondern verbirgt dahinter einen finsteren Plan. Die Organisation wurde 1953 von Scheich Taqi du-Din an-Nabhani Filastyni gegründet, einem Palästinenser und Absolventen der Al-Azhar-Universität in Kairo, der zunächst als Lehrer und dann als islamischer Richter arbeitete.[8] Er musste Palästina schon bald nach der Gründung des Staates Israel verlassen und ließ sich in Jordanien nieder, wo er die Bewegung ins Leben rief. In seinen Schriften beschrieb er eine muslimische Welt, die entzweit und unfähig war, ein anderes politisches System als das der »verderbten« demokratischen Nationalstaaten zu entwerfen. An-Nabhani war überzeugt, dass der Nationalismus ein Hindernis für die muslimische Einheit und Stärke bildete. Er entwickelte als Erster eine Strategie in Anlehnung an das Leben des Propheten zur Überwindung der Differenzen in der muslimischen Welt. Das war vollkommen idealistisch, weil die Gemeinschaft der Muslime in verschiedene Glaubensrichtungen und Ethnien zerfällt (von Klassen und Kulturen ganz zu schweigen) und auch »westliche« Vorstellungen wie die nationale Identität eine große Rolle spielen. Beunruhigender ist jedoch, wie die Zeit der arabischen Expansion gefeiert wird. Für die Anhänger der Hizb ut-Tahrir ist das sicher eine mitreißende Epoche, doch das Imperium wurde mithilfe von Krieg, Eroberung und oftmals auch Zwangskonversionen geschaffen. Tausende »Ungläubige« wurden ermordet. Außerdem verweist die Tatsache, dass das Khilafat-e-Rashida nur 30 Jahre lang Bestand hatte, auf immanente Schwächen.

Die Bewegung glaubt, dass man durch die Gewinnung zahlreicher Anhänger Gewalt verhindern könnte, verbirgt jedoch ihre eigentlichen Ziele. Durch die massenhafte Unterstützung, so die Mitglieder, könne man Regierungen überwältigen. Die usbekische Regierung nimmt diese Drohung immerhin so ernst, dass sie Mitglieder der Hizb ut-Tahrir verhaftet und einschüchtert. Angesichts der Entschlossenheit, mit der die Regierung gegen Oppositionsgruppen vorgeht und sich an ihre alleinige Macht klammert, kann man sich den Erfolg eines Massenprotests nur schwer vorstellen. Ähnlich utopisch wird es, wenn es um die Form des Kalifats geht, das die Bewegung anstrebt. Es soll ein politisch zentralisiertes Reich sein, regiert von einem Mann, der von einem Religionsrat *(Schura)* beraten wird. Der Kalif würde wie ein Diktator herrschen und Militär, Verwaltung, Wirtschaft und Außenpolitik kontrollieren.[9] Trotz der Behauptung, die Bewegung würde die »dem Islam innewohnende Vielfalt« zu ihrer eigenen machen und den *ijtihad* (das Bemühen um Reformen) unterstützen, kann man nur schwer glauben, dass sie in der Praxis »falsche« Interpretationen dulden würde – also solche, die ihr nicht passen.[10] Im Kalifat gäbe es nur eine Sprache, das Arabische. Frauen wären in ihrer Lebensweise und ihren Aktivitäten stark eingeschränkt. Man würde streng auf die Einhaltung des islamischen Rechts, der Scharia, achten. Der Verteidigungsminister mit dem Titel »Emir des Dschihad« würde nur ein Ziel verfolgen: Die Menschen auf einen globalen Dschihad gegen die nichtmuslimische Welt vorzubereiten. Für alle Männer soll ab dem 15. Lebensjahr die Wehrpflicht gelten. Der Krieg wäre erst beendet, wenn die ganze Welt zum Islam konvertiert wäre oder alle Widerständler getötet wären. Demnach wird die Welt in ein neues dunkles Zeitalter eintreten, in dem eine Handvoll männlicher Theokraten und Oligarchen einen globalen Krieg führen, Frauen und Nichtmuslime unterdrücken und wenn nötig all jene ausrotten, die Widerstand leisten – und das könnten möglicherweise Millionen sein.

Diese Vorstellungen erinnern an die der salafitischen Wahhabiten, allerdings führen diese ihre Utopien selten so weit aus, dass von der endgültigen Auseinandersetzung mit der nichtmuslimischen Welt die Rede ist. Unterschiede gibt es offenbar nur bei den Methoden. Die Hizb ut-Tahrir war früher mit den Wahhabiten verbunden, stimmte jedoch nicht mit deren Vorstellung von Guerillakriegen in verschiedenen Nationalstaaten und der ihrer Ansicht nach zu frühen Bildung einer »Armee« von Dschihad-Kriegern überein. Stattdessen fordert die Hizb ut-Tahrir die Bildung einer Massenbewegung und die friedliche Einführung der Scharia mit Zustimmung der gläubigen Öffentlichkeit. Allerdings wurzeln beide Bewegungen in der Muslimbruderschaft *(Ikhwan-ul-Muslimeen)*. Die in Ägypten gegründete Bruderschaft forderte in den 1930er Jahren als erste Organisation einen islamisch geprägten Kampf gegen den Kolonialismus, dem aber eine Machtübernahme und dann die Errichtung moderner muslimischer Staaten vorausgehen sollte. Dadurch unterschied sich die Muslimbruderschaft von den anderen antikolonialen Aufständen und Rebellionen im 19. Jahrhundert, bei denen es im Grunde um die Erhaltung bestehender Staaten ging. Verschiedene Gruppen haben die ursprünglichen Ideen der Bruderschaft auf ihre Weise ausgelegt. Einige gründeten Widerstandsbewegungen, die terroristische Praktiken verfolgten, etwa der Islamische Dschihad in Palästina und Ägypten.

Andere glaubten, dass moderne und damit westliche Einrichtungen komplett abgelehnt werden sollten. Die revolutionäre Methode wurde jedoch allgemein akzeptiert.

Organisationen wie al-Qaida benutzen neben einer selektiven Auswahl islamischer Texte und dem Einsatz moderner Kommunikationsmittel und Waffensysteme (die größtenteils im Westen entwickelt wurden) eine revolutionäre Sprache, um ihre idealisierte und ausgesprochen antimoderne Version der islamischen Vergangenheit in der Gegenwart zu vermitteln, auch wenn diese Vergangenheit so nie existiert hat. Man erinnert sich ehrfurchtsvoll an das Osmanische Reich, weil es angeblich dem idealen Staat dieser Bewegungen sehr nahe kam. Die Osmanen gründeten im 14. Jahrhundert ein Reich auf Grundlage der muslimischen Königreiche Kleinasiens und des Nahen Ostens. Nachdem sie 1453 das Oströmische Reich erobert und Konstantinopel zu ihrer Hauptstadt gemacht hatten, drangen sie unter Mohammed II. Fatih nach Südosteuropa vor. Zweimal belagerten sie Wien (1529 und 1683). Sie gewannen die Kontrolle über Ägypten und die ganze nordafrikanische Küste, eroberten den Kaukasus und führten Krieg gegen die Perser. Das Osmanische Reich wirkte reich und mächtig und wies Europäer ebenso wie häretische Sekten in ihre Schranken.

Vom Scheitern des osmanischen Systems spricht man bei der Hizb ut-Tahrir nur ungern und sucht die Schuld für seinen Niedergang allein im westlichen Kolonialismus. Tatsächlich konnte ein derart großes Reich nicht effizient zentral regiert werden, daher wurden Provinzgouverneure ernannt. Der Reichtum förderte die Korruption, und wenn ein Kalif alt wurde, kam es immer wieder zum Brudermord, bis die Provinzverwalter im 19. Jahrhundert praktisch autonom waren. Nichtmuslime wurden toleriert, aber als Bürger zweiter Klasse behandelt. In Gemeinschaften zusammengefasst, galten die rai'yah (die »gehüteten Menschen«) im Grunde als Eigentum des Sultans. Sie durften weder Pferde reiten noch Waffen tragen und waren vom Militärdienst, Staatsdienst und ähnlichen Positionen ausgeschlossen. In West- und Ostafrika betrieben arabische Händler einen ausgedehnten Sklavenhandel, der bis ins 19. Jahrhundert anhielt, als Afrika unter europäische Herrschaft geriet. Der Wendepunkt im Verhältnis des Osmanischen Reichs zum Westen ist vielleicht das Jahr 1699, als die Österreicher begannen, die Kontrolle über den Balkan Schritt für Schritt zurückzuerobern; ein Prozess, der bis 1913 andauerte. Diese Entwicklung war teilweise auf den wirtschaftlichen und technischen Aufschwung im Westen zurückzuführen, der neuen Reichtum, umfassende innenpolitische Reformen und naturwissenschaftliche Fortschritte brachte. Die Osmanen dagegen waren die tote, steif gewordene Hand der muslimischen Welt. Ihr Konservativismus beendete eine Ära der muslimischen Wissenschaft und Gelehrsamkeit und verurteilte das gesamte Reich zum Stillstand. Offenbar will die Hizb ut-Tahrir genau dieses System wieder einführen, allerdings ist die Partei weniger bereit, Nichtmuslime in ihrem Reich zu dulden. Trotz der Kritik am westlichen Kolonialismus und an säkularen Diktaturen träumen die Anhänger vom Imperialismus und einer Diktatur zu ihren Bedingungen.

Eine besonders absurde historische Fehlinterpretation der Hizb ut-Tahrir ist ihre Vorstellung, Atatürk, der Architekt der modernen Türkei, sei nur eine Marionette des Westens und dessen jüdischer Verbündeter gewesen. Der Niedergang des Osmanischen Reichs, argumentieren die Anhänger der Hizb ut-Tahrir, sei durch die Eroberungen der westlichen Alliierten gegen Ende des Ersten Weltkriegs eingeleitet worden, endgültig zerstört worden sei der islamische Staat jedoch von Atatürk in den 20er Jahren. Dabei wird natürlich nicht erwähnt, dass eine Bewegung der Modernisierer, die Jungtürken, bereits Ende des 19. Jahrhunderts entstanden war und ab 1908 begonnen hatte, das Osmanische Reich von innen heraus zu verändern. Ebenso wenig wird gesagt, dass Atatürk alles andere als eine Marionette des Westens war und beim Ringen um die nationale Unabhängigkeit 1919 bis 1922 wegen Smyrna und der Westküste Kleinasiens Krieg gegen Griechenland führte und bereit war, sich bei der berüchtigten Chanak-Krise (1922) mit Großbritannien wegen der Dardanellen anzulegen. Atatürk führte umfangreiche Reformen durch und schaffte das alte osmanische Verwaltungssystem ab. Er leitete erste Schritte zur Emanzipation der Frau ein, schuf ein nationales Bildungssystem und begründete das türkische Nationalgefühl. Und gerade diese Maßnahmen sind der Hizb ut-Tahrir ein Dorn im Auge.

Die Organisation ist trotz oder gerade aufgrund ihrer Wurzeln im Nahen Osten antizionistisch bis zum Antisemitismus. Der usbekische Präsident Karimow wird als Helfershelfer einer »zionistischen Weltverschwörung« dargestellt, der für Israel die Stellung hält. Die Hizb ut-Tahrir will alle Juden aus Zentralasien vertreiben, obwohl diese schon seit 2000 Jahren in der Region leben und Teil der zentralasiatischen Gesellschaft sind. Aber laut Hizb ut-Tahrir »gehören sie nicht hierher«.[11] Ein ähnliches Schicksal erwartet Schiiten und Sufis. Im Gegensatz zum traditionell toleranten zentralasiatischen Islam verkörpern Gruppierungen wie die Hizb ut-Tahrir einen islamistischen Radikalismus, die derzeit die gesamte islamische Welt erfasst. In Indonesien und Malaysia, wo der Islam ebenfalls eine lange Geschichte der Toleranz besitzt, findet eine ähnliche Radikalisierung statt. Aufgrund der besseren Vernetzung, vor allem im Bereich Kommunikation, werden viele junge Muslime mit Konflikten und Ungerechtigkeiten konfrontiert, die früher weit entfernt oder gar nicht bekannt waren. Heute werden sie viel unmittelbarer erlebt. Und im Islam mit seiner traditionellen starken Solidarität ist man als Gläubiger verpflichtet, Konflikten wie dem zwischen Israelis und Palästinensern, dem Krieg in Tschetschenien oder den Kämpfen im Libanon nicht tatenlos zuzusehen.

Die Hizb ut-Tahrir ist in den meisten muslimischen Ländern verboten und hat daher Zuflucht in Europa gesucht – wieder so ein Paradox. Die multikulturellen, toleranten und kosmopolitischen Städte des Westens bieten das geeignete Umfeld, das die Bewegung in ihren Herkunftsländern nicht findet. In Städten wie London und an den Universitäten in ganz Großbritannien rekrutiert sie Anhänger, sammelt Geld und verbreitet ihre Botschaft.[12] Die Hizb ut-Tahrir ist eine gut organisierte Gruppe, die junge männliche Muslime stark anspricht.

In Zentralasien gedeiht die Hizb ut-Tahrir mehr im Verborgenen. Die Identität und Aufenthaltsorte der Anführer werden geheim gehalten. Sie ist in dezentralen Zellen mit je sieben Mitgliedern organisiert. Nur der Leiter der Zelle kennt die nächsthöhere Stufe der Hierarchie. Er legt die Aufgaben für die Mitglieder fest, normalerweise die Gründung einer neuen Zelle (*daira*) in Form eines Studienkreises oder die Verteilung von Propagandamaterial. Die strengen Sicherheitsvorkehrungen sind notwendig; vor kurzem gelang es der usbekischen Polizei, Agenten, die sich als Rekruten ausgaben, in einige Zellen einzuschleusen, allerdings ist es schwierig, die Anführer aufzuspüren. Doch die Hizb ut-Tahrir vertraut nicht nur auf Mundpropaganda. Gern wird auch der *shabnama* (Nachtbrief) benutzt, der nachts in die Briefkästen geschoben wird. Auch Plakate werden über Nacht aufgehängt. Heute nutzt die Hizb ut-Tahrir sämtliche modernen Kommunikationsmittel zur Verbreitung ihrer Botschaft. Videos, CD-ROMS, Drucker und Fotokopierer werden ebenso verwendet wie E-Mails.

Nach einem schwierigen Start musste die Bewegung lernen, die Öffentlichkeit für sich zu gewinnen. In Usbekistan trat die Hizb ut-Tahrir erstmals 1995 auf, als ein Jordanier, der sich Sala'uddin nannte, zwei Usbeken in Taschkent rekrutierte und arabische Flugblätter verteilte. Nur wenige konnten die Texte lesen, doch schon bald kursierten Übersetzungen. Zunächst wurden Zellen in der Hauptstadt, dann im Ferganatal und schließlich in Kirgistan und Tadschikistan gegründet. Hunderte wurden wegen ihrer Mitgliedschaft in der Organisation verhaftet, doch die Hizb ut-Tahrir schätzt die Zahl ihrer Anhänger auf mehrere Zehntausend. Andere gehen eher von etwa 7000 Mitgliedern aus.[13]

Technische Ausrüstung und Anfangsfinanzierung stammen ebenso wenig wie die Ideologie aus Zentralasien, sondern werden importiert. Die Nähe zu den Ideen und Zielen der salafitischen Wahhabiten ist kein Zufall. Die Wahhabiten lehnen das moderne Staatswesen, Demokratie, Sozialismus und Kapitalismus ab und missbilligen die meisten Formen der Unterhaltung und kulturellen Aktivitäten (etwa Musik, Tanz und sogar Drachensteigenlassen). Sie behaupten, sie hätten nichts gegen Bildung für Frauen, doch allem Anschein nach ist das eine sehr begrenzte Form der Bildung – die in erster Linie eine Vorbereitung dafür ist, dem Mann zu dienen. Der französische Islamexperte Olivier Roy meint, dass die Hizb ut-Tahrir in ihrem starken Glauben an die Scharia das Mittel zur Lösung aller sozialen Probleme sehe.[14] Wie bei den Taliban und al-Qaida gibt es nach dem Dschihad nur ein wirkliches politisches Ziel, und das ist die Einführung der Scharia.[15] Diese Organisationen müssen den Staat gar nicht stürzen, sie wollen ihn von innen heraus verändern. Indem sie die breite Mehrheit der Bevölkerung für ihre

Ansichten gewinnen, brechen die Regierungen – so meinen sie – von selbst zusammen und leisten keinen Widerstand mehr. In gewisser Weise ist diese Haltung arrogant, weil sie außerdem beinhaltet, dass sich alle anderen islamistischen Bewegungen letztendlich als falsch erweisen werden. Diese Denkweise basiert auf einer Fehlinterpretation des Koran, und zwar der Behauptung, der Prophet habe vorhergesagt, dass es 73 Bewegungen geben werde, von denen nur eine die richtige sei. Tatsächlich heißt es im Koran, es solle eine Gruppe geben, »die zum Guten einlädt und das gebietet, was rechtens ist, und das Unrecht verbietet; und diese sind die Erfolgreichen«, und verweist auf die Idee, dass nur ein paar begünstigt werden würden, weil nicht alle Gläubige seien.[16] In dem Abschnitt, in dem von der Notwendigkeit die Rede ist, das Richtige und Gute zu tun, weil das das wahre Maß für den Erfolg eines Menschen sei, werden gar keine genauen Zahlen genannt.

Reaktionen auf die Hizb ut-Tahrir

Die Hizb ut-Tahrir ist eine gut organisierte Bewegung und verbreitet ihre Schriften in ganz Zentralasien, ihren Rückhalt hat sie jedoch bei den urbanen, gebildeten Schichten der Gesellschaft. Studenten, Lehrer, Arbeiter in Städten und Männer um die zwanzig sind stark vertreten. Bei der ländlichen Bevölkerung genießt die Hizb ut-Tahrir weniger Sympathie, dort sind die radikalere Islamische Bewegung Usbekistans (IMU) und die Partei der Islamischen Wiedergeburt (PIW) populärer. Es ist unklar, wieviel Unterstützung die Hizb ut-Tahrir von Mitarbeitern in der Verwaltung, beim Militär, Geheimdiensten und der Polizei erhält. Offiziell ist sie natürlich verboten, doch Ahmed Rashid deutet an, dass es in diesen Bereichen durchaus Sympathisanten geben könnte.[17]

Nach der Verabschiedung des Gesetzes zur Gewissensfreiheit und zu religiösen Organisationen, das die Religionsausübung stark einschränkte, griff die usbekische Regierung 1998 hart gegen alle islamistischen Verdächtigen durch. Der Islam durfte nicht mehr gelehrt werden. Alle Moscheen und Imame wurden registriert. Frauen, die den Hidschab trugen, wurden verhaftet. Tausende Männer mit Bärten wurden verhört. Auch Männer, die nach Pakistan reisten oder mehr als eine Frau hatten, mussten sich einem Verhör unterziehen. Viele wurden festgenommen. Selbst Väter, deren Söhne im Verdacht standen, Mitglied bei der Hizb ut-Tahrir oder einer anderen islamistischen Organisation zu sein, konnten ins Gefängnis kommen. Im folgenden Jahr wurden 55 Todesurteile verhängt und 15 Hinrichtungen vollstreckt, darunter befanden sich auch einige Mitglieder der Hizb ut-Tahrir. Nach ihren eigenen Angaben sitzen 100 000 Mitglieder im Gefängnis, doch diese Zahl ist sicher stark übertrieben. Menschenrechtsorganisationen wie die Independent Human Rights Organization of Uzbekistan und Human

Rights Report schätzen, dass die Zahl eher bei 5000 liegt.[18] Immerhin stieg die Zahl der Gefangenen so dramatisch, dass in Jaslik in der Teilrepublik Karakalpakien eine neue Haftanstalt eingerichtet wurde. Auch dieses Gefängnis ist bereits überfüllt, und aufgrund des verschmutzten Wassers erkranken die Häftlinge an Hepatitis. Die Gefangenen müssen Zwangsarbeit leisten, dürfen weder beten noch den Koran lesen. Es gibt Vorwürfe wegen Folter, außerdem ist die Rede von 50 ungeklärten Todesfällen. Die usbekischen Behörden betrachten die Inhaftierung von 5000 Mitgliedern der Hizb ut-Tahrir und weiteren 1600 Mitgliedern der aufständischen Islamischen Bewegung Usbekistans (IMU), die seit 2001 als Islamische Bewegung Turkestans (IMT) bekannt ist, und ihrer wahhabitischen Verbündeten als Erfolg. Die Menschenrechtsorganisationen machen sich vor allem wegen der hohen Zahl der inhaftierten unschuldigen praktizierenden Muslime und Bürgerrechtler Sorgen sowie wegen der allgemeinen Haftbedingungen und der Behandlung aller politischen Gefangenen.

Die usbekische Regierung stützt sich bei der staatlichen Überwachung zunehmend auf Informanten, die *Mahalla*.[19] Man schätzt, dass es im Jahr 2000 etwa 10 700 mutmaßliche »Staatsfeinde« im Land gab. Wie die Beispiele aus der Geschichte zeigen, entwickeln Denunziationen und die Bespitzelung von Nachbarn oder Fremden eine Eigendynamik. Am Ende spielt es keine Rolle, wie viele Staatsfeinde tatsächlich existieren; die Menschen glauben, dass sie von Spitzeln umgeben sind, und die Gesellschaft wird stark selbstregulierend und repressiv. Niemand wagt es, seine Meinung oder Kritik zu äußern; fast alle sind bestrebt, sich anzupassen. Bei der Verhaftung Verdächtiger, so glauben die Menschenrechtsorganisationen, sind Prügel und Folter an der Tagesordnung. In manchen Fällen wird geschlagen, um Geständnisse zu erzwingen. Es gibt Vorwürfe, dass Elektroschocks angewandt wurden und manche Opfer fast erstickt sind. Einige starben bei den Verhören. Die Polizei schreckt nicht davor zurück, den Verdächtigen Waffen, Drogen, Munition oder Hetzliteratur unterzuschieben, damit es zu einer Verhaftung oder Verurteilung kommt oder manchmal auch nur ein Bestechungsgeld herausspringt. Diese Taktik wird auch von anderen zentralasiatischen Staaten beim Umgang mit religiösen Organisationen oder demokratischen Aktivisten angewandt. So wurden beispielsweise in Aserbaidschan Mitglieder der demokratischen Opposition während des Wahlkampfs im Oktober 2003 verhaftet, verprügelt, eingeschüchtert und dann überwacht.

Der Tätigkeitsschwerpunkt der Hizb ut-Tahrir in Usbekistan liegt in der Hauptstadt und im Ferganatal, wo auch der kirgisische Zweig der Bewegung aktiv ist. Prozesse gegen Mitglieder der Hizb ut-Tahrir zeugen von ähnlichen Aktivitäten: der Verbreitung von Propagandamaterial, von Video- und Audiokassetten und Plakaten. Die Angeklagten sind meist zwischen 18 und 25 Jahren alt; viele wurden in Afghanistan zusammen mit Mitgliedern der IMT und den Taliban ausgebildet. Bei den Prozessen kam ebenso wie in der Literatur die Verachtung der Hizb ut-Tahrir für die »Christen« in Kirgistan zum Ausdruck, womit vor allem die Russen gemeint sind. Orthodoxe Kirchen sollen zerstört und die Regierung soll dafür bestraft werden, dass sie den Bedürfnissen der eingewanderten Russen entgegenkommt, die 17 Prozent der Bevölkerung stellen. Dabei wird verkannt, dass die wirtschaftlichen Folgen einer Vertreibung vermutlich gewaltig wären, wie Tadschikistan im Bürgerkrieg von 1992 bis 1997 feststellen musste. Im Norden des Landes hat die christliche Religion Zulauf, was die ethnischen Spannungen natürlich erhöht. Tatsächlich besteht bereits eine tiefsitzende Feindschaft zwischen der usbekischen Bevölkerung im südlichen Kirgistan und den Kirgisen. Ein Viertel der Bevölkerung in der Südprovinz und 40 Prozent der Einwohner von Osch sind Usbeken. Die Hizb ut-Tahrir verkennt diese Spaltung, weil sie nicht in ihre Weltanschauung passt. Sie tritt weiterhin für ihre Utopie ein, während sich die Mehrheit der Bevölkerung um Regierungskorruption, Armut und den mangelnden Fortschritt bei der Lösung der wirtschaftlichen Probleme des Landes sorgt. Aber gerade deshalb fühlen sich wahrscheinlich viele Menschen in Zentralasien von einer Bewegung angesprochen, die ihnen die Vision einer besseren Zukunft bietet. Vor allem junge Männer wenden sich ihr zu, denn sie verspricht ihnen Macht, Status und einen Sinn.

In Kasachstan wurden erstmals im Juli 2001 in der größten Stadt des Landes, in Almaty, Flugblätter der Hizb ut-Tahrir verteilt, was zur Sorge Anlass gab, die radikale Organisation könnte sich weiter ausbreiten. Ähnliche Befürchtungen äußerte die tadschikische Regierung, als die Hizb ut-Tahrir in den nördlichen Provinzen auftauchte. Präsident Rachmanow appellierte an die gemäßigtere PIW, die Radikalen zu verurteilen. Doch die PIW musste feststellen, dass die Hizb ut-Tahrir nicht nur die enttäuschten Mitglieder der eigenen Organisation anspricht, die mit dem Friedensabkommen nach dem Bürgerkrieg unzufrieden sind, sondern auch großen Anklang bei einer neuen Generation junger Männer findet. Als Kinder der Bürgerkriegszeit sehen sie in der Hizb ut-Tahrir die Möglichkeit, eine »unverdorbene« Einführung in den Islam zu erhalten. Da überrascht es nicht, dass einige radikale Idealisten in die Reihen der aufständischen IMT übergewechselt sind.

Die Hizb ut-Tahrir und Aufstände

Westliche Regierungen und Nachrichtendienste fragen sich immer wieder, ob die Hizb ut-Tahrir eine terroristische Organisation ist. Sie streitet Verbindungen zu gewalttätigen Gruppen ab und argumentiert, dass sie sich nicht an Entführungen, Bombenanschlägen oder der Terroristenausbildung in Lagern beteilige, sondern immer für einen friedlichen Wandel eingetreten sei. Doch ideologisch hat sie viel mit Organisationen wie den salafitischen Wahhabiten und der IMT gemein. Sie propagiert nicht wie al-Qaida den Dschihad, hat aber das gleiche Ziel vor Augen.[20] Letztendlich stellt sich die Frage nach Mitteln und Zweck. In vielerlei Hinsicht ist die Hizb ut-Tahrir das akzeptierbare Aushängeschild einer intoleranten politischen Idee.

Mitglieder der Hizb ut-Tahrir waren während der Taliban-Herrschaft mit der IMT in Afghanistan und arbeiteten auf allen Ebenen zusammen.[21] Da die Mitglieder aus den gleichen Ländern und zum Teil aus den gleichen Klans stammen, entwickelten sich höchstwahrscheinlich entsprechende Verbindungen. Nach Angabe der kirgisischen Behörden wurden Schriften der Hizb ut-Tahrir bei IMT-Kämpfern gefunden, die in der Nähe der Grenze getötet wurden. Man nimmt an, dass Mitglieder der Hizb ut-Tahrir in den gleichen Lagern eine militärische Ausbildung erhielten. Die Bewegung sympathisierte mit ihren Gastgebern, den Taliban. Afghanistan war schließlich der erste Staat, der der islamistischen Ideologie folgte und Maßnahmen umsetzte, die der Hizb ut-Tahrir vorschwebten: das eingeschränkte Auftreten von Frauen in der Öffentlichkeit, die strikte Umsetzung der Scharia und die Zusammenführung von Afghanen, Tschetschenen, Arabern und Zentralasiaten für eine gemeinsame Sache, die allerdings ausschließlich radikal und sunnitisch war. Die Hizb ut-Tahrir billigte sicher auch, dass Sufis und Schiiten verfolgt wurden. Allerdings gab es einen Unterschied in Hinblick auf die Lebensweise. Während die Taliban ein Leben in ländlicher Einfachheit und in Vorbereitung auf das nächste Leben propagierten, wollten die Mitglieder der Hizb ut-Tahrir ein bequemeres Leben, eine Version des Himmels auf Erden vor dem Leben im Jenseits.

Die Nähe der Hizb ut-Tahrir zu den Extremisten zeigt sich auch in ihrer Beurteilung Osama bin Ladens. Wie viele Muslime weltweit empfinden die Anhänger der Hizb ut-Tahrir eine gewisse Sympathie für einen Mann, der auf seinen Reichtum verzichtet, sich gegen den Westen behauptet und ein Leben in Frömmigkeit und voller Opfer führt. Ein führendes usbekisches Mitglied der Hizb ut-Tahrir erklärte: »Wir haben keine besondere Beziehung zu Bin Laden, aber er unterstützt alle islamischen Bewegungen in Zentralasien, und er ist deswegen hier sehr bekannt.«[22] Kirgisische und usbekische Politiker argumentieren, dass Mitglieder der Hizb ut-Tahrir Osama bin Laden im September 2000 in Kabul getroffen hatten, wo er ihnen zweifellos seinen Segen erteilt hat. Viele Mitglieder islamistischer Gruppen glauben ebenso wie Islamisten auf der ganzen Welt bereitwillig jede Verschwörungstheorie gegen den Westen und entscheiden sich zugunsten von Osama bin Laden. Einige reden sich trotz aller gegenteiligen Beweise ein, dass die USA die Anschläge vom 11. September selbst verübten, damit sie einen Vorwand für einen weltweiten Krieg gegen den Islam hatten. Osama bin Laden sei, so die Theorie, völlig unschuldig. Dennoch geben alle zu, dass al-Qaida im Grunde eine Ideologie des Widerstands gegen den Westen und abtrünnige Herrscher bietet, eine Ideologie, die Bin Laden und seine Verbündeten vertreten und finanzieren oder unterstützen. Inspiriert von seinem Beispiel und seinen Lehren sind Dschihad-Kämpfer zu den schlimmsten Greueltaten bereit. In der Überzeugung, dass Allah ihre »Verteidigungsmaßnahmen« billigt, töten sie und werden in großer Zahl getötet.[23] Und doch sind die Islamisten und ihre Dschihad-Kommandos in all den Jahren des Krieges, Terrors und der »Märtyrertode« ihrem Ziel eines vereinten Kalifats nicht einen Schritt näher gekommen.

Die Mitglieder der Hizb ut-Tahrir treten zwar für einen »friedlichen Dschihad« des Wandels und der Überzeugungsarbeit ein, sind sich aber nicht zu schade für die Androhung von Gewalt. Ihre Unterstützung der Aufständischen in Zentralasien ergibt sich aus der folgenden Äußerung. Ein usbekischer Anführer der Bewegung meinte: »Letzten Endes wird es zu einem Krieg kommen, weil die zentralasiatischen Regime uns so massiv unterdrücken, und wir müssen uns darauf vorbereiten. Wenn IMU-Kämpfer plötzlich im Ferganatal auftauchen, werden HT-Aktivisten nicht tatenlos zusehen, wie Sicherheitskräfte sie ermorden.«[24] Die Aufständischen sind auf lokale Unterstützung angewiesen, damit sie sich, wie Mao Zedong es einst formuliert hat, bewegen können »wie ein Fisch im Wasser«. Es ist durchaus wahrscheinlich, dass die Hizb ut-Tahrir die IMU-Kämpfer unterstützt, sie in sicheren Häusern unterbringt und mit Informationen versorgt. Auch vor Provokationen schreckt die Hizb ut-Tahrir nicht zurück. Der gleiche Anführer weist darauf hin, dass eine Intervention durch russische Truppen bei einer Regierungskrise in Usbekistan (etwa ausgelöst durch Karimows Ermordung oder Sturz) den Islamisten in die Hände spielen würde, weil »dann jeder Farbe bekennen muss«, die Polarisierung zunimmt und es zum Krieg kommen wird«.[25] Das wirkt wie ein Argument für einen Bürgerkrieg, für eine endgültige Abrechnung, die ähnlich wie 1995/96 in Afghanistan für die Taliban den Sieg der Islamisten bringen soll. Eine Machtübernahme durch die Islamisten hätte ethnische Säuberungen auf breiter Basis zur Folge. Doch wie die Taliban scheint die Hizb ut-Tahrir unbeholfen, wenn es um wirtschaftliche Fragen geht, und verurteilt damit die Menschen der Region zu weiterer Armut und fortwährendem Krieg.

Rashid vertritt die Meinung, dass eine Legalisierung der Hizb ut-Tahrir das Problem auf lange Sicht lösen könnte.[26] Die Bewegung wäre dann gezwungen, anstelle vager Versprechen konkrete wirtschaftliche Maßnahmen und Reformen zu formulieren. Damit hätte sie ein Mitspracherecht, wenn es um die Zukunft des Landes geht, wodurch möglicherweise ein Bürgerkrieg vermieden werden könnte. Doch seit 2001 unterdrücken die Usbeken die Hizb ut-Tahrir und andere Bewegungen noch rücksichtsloser als zuvor. Im Oktober 2001 standen Mitglieder der Hizb ut-Tahrir vor Gericht. Ihnen wurde vorgeworfen, sie seien Verbündete von al-Qaida und gehörten einer verbotenen Partei an. Die Urteile lauteten auf neun bis zwölf Jahre Haft. Mit derartigen Prozessen wollte die Regierung die Unterstützung der Amerikaner im Kampf gegen einen gemeinsamen Feind gewinnen. Rashid ist der Ansicht, dass sich die Regime ändern müssen, wenn der Radikalismus in Zentralasien abnehmen soll, doch worin sollte der Anreiz bestehen, sich zu ändern? Haben die Regierungen angesichts von Aufständen, Terrorismus und radikalen Ideologien wirklich eine andere Wahl als weiterzukämpfen? Reformen könnten wie eine Kapitulation vor dem Extremismus wirken und die Islamisten ermutigen, noch entschlossener gegen das vermeintlich schwache Regime aufzubegehren. Die zentralasiatischen Regierungen können nur hoffen, dass die Radikalen an Schwung verlieren und die Unterstützung für sie abebbt.

Wahrscheinlich ist die Wirtschaft der Schlüssel zum Wandel in Zentralasien. Eine gerechtere Einkommensverteilung, ausreichende Versorgung mit Lebensmitteln, Trinkwasser und Strom sowie eine Zurücknahme der strengsten Sicherheitsvorkehrungen könnten einen Meinungsumschwung bewirken und die Islamisten weniger attraktiv erscheinen lassen. Derzeit herrschen Desillusionierung, wenn nicht sogar Verzweiflung in der Region. Die Unterstützung von Idealisten ist ein Maß für die Belastung und Hoffnungslosigkeit der Bevölkerung. Die Hizb ut-Tahrir wird dennoch scheitern, denn sie wird nie die Trennlinien zwischen Klassen, Volksstämmen, Klans und Nationalitäten in der Region überwinden. Das Kalifat wird sich nicht verwirklichen lassen, und auch die Versprechen an so viele junge Männer und Frauen werden sich nicht erfüllen. Immer mehr Menschen werden sich enttäuscht den Aufständischen zuwenden und gegen das Regime kämpfen, wie es bereits in kleinem Umfang der Fall ist. Für die extremen Ideen der salafitischen Wahhabiten gibt es bereits eine feste Anhängerschaft, ebenso wie Sympathie für die Taliban und Bewunderung für al-Qaida. Dieser Bruch mit der Toleranz und der Glaube an den Radikalismus führten bereits zu einem der blutigsten Konflikte der jüngeren zentralasiatischen Geschichte: dem tadschikischen Bürgerkrieg.

KAPITEL 4

Der tadschikische Bürgerkrieg und die Partei der Islamischen Wiedergeburt

Der Pamir, nicht etwa der Himalaja, wird als das »Dach der Welt« bezeichnet. Neun Zehntel der Fläche Tadschikistans werden von Bergen eingenommen, und die Hälfte davon reicht in Höhen von über 3000 Metern. Gletscher bedecken mehr als 10 000 Quadratkilometer der Landesfläche. Aus diesen Gletschern stürzen Flüsse zu Tal, einige davon ergießen sich in Seen wie den Karakul (der vor 10 000 Jahren entstand, als an dieser Stelle ein riesiger Meteorit einschlug), bevor sie ihren Lauf in Richtung Usbekistan oder ins westliche China hinein fortsetzen. Die Mehrheit der tadschikischen Bevölkerung lebt im westlichsten Landesteil, in der Hauptstadt Duschanbe bzw. in ihrem Einzugsbereich. Dort konkurrieren intensiv bewirtschaftete Felder, Baumwollplantagen und Wasserkraftwerke um den knappen zur Verfügung stehenden Boden. Die Osthälfte des Landes ist weitläufig und kaum besiedelt. Es ist leicht zu verstehen, warum Schmuggler und Guerillabanden in dieser großen Wildnis einfach »verschwinden« können. Die abgelegenen Gemeinden in den Bergen entwickelten im Lauf der Jahrhunderte ein starkes Gefühl der Stammeszugehörigkeit, und diese Verbundenheit war Zündstoff und Nahrung zugleich für einen erbitterten und letztlich fruchtlosen Krieg.

Der von 1992 bis 1997 anhaltende tadschikische Bürgerkrieg forderte nach Schätzungen rund 100 000 Todesopfer, fand aber in der westlichen Welt nur wenig Beachtung. Der Westen hatte mit dringenderen Problemen zu tun, war mit den Ereignissen im Nahen Osten, dem Zerfall der Sowjetunion und dem internationalen Terrorismus beschäftigt. Der Krieg in Tadschikistan war dennoch für ganz Zentralasien und in der Folge auch für den Westen von enormer Bedeutung. Seine Ursachen reichen zeitlich bis weit vor 1992 und die Unabhängigkeit des Landes zurück. Er war der Ausdruck eines komplexen ethnischen Konflikts um Macht, Land und Ressourcen, der von Stammeskämpfen und Versuchen, die Kontrolle über bestimmte Regionen zu erlangen, bestimmt war. Die Hauptstadt selbst wechselte mehrmals den Machthaber, und in einigen Außenbezirken kam es zu

Massakern. Es gab mehrere Interventionen von außen: Usbeken und Kirgisen griffen ein, die afghanischen Nachbarn, Dschihad-Kämpfer aus der gesamten muslimischen Welt und, als wichtigster Einflussfaktor, die Russen. Es dauerte lange, bis der Frieden wiederhergestellt war, doch schließlich gelang es, und es bildete sich eine einzigartige Koalition aus islamischen und säkularen, vormals kommunistischen Parteien. Der Fortbestand dieser Koalition ist nicht garantiert, und die prekäre Wirtschaftslage sorgt für erhebliche Instabilität.

Die Kriegsursachen

Die tadschikische Nation war nicht so homogen wie andere zentralasiatische Republiken. Stalins Grenzziehung und die Aufteilung der ethnischen Gruppen in der Turkmenischen SSR im Jahr 1924, und hier besonders die Zerstückelung des Ferganatals, sollte alle Völker Zentralasiens schwächen. Als Konsequenz verloren die Tadschiken ihre geistig-kulturellen Zentren, die Städte Buchara und Samarkand, und eine erhebliche Zahl von ihnen fand sich plötzlich als Minderheit in anderen Republiken wieder. Die 1924 innerhalb der Usbekischen SSR geschaffene Tadschikische ASSR wurde 1929 eine eigenständige Unionsrepublik (Tadschikische SSR). In ihr stellten die Usbeken einen Teil der Bevölkerung, möglicherweise mehr als 23 Prozent, während die Russen im Verwaltungs- und Dienstleistungsbereich dominierten. Stalins Säuberungen in den Jahren 1927/28 und 1930/31 dezimierten die tadschikischen Eliten.[1] Gegen Ende der sowjetischen Ära waren rund 40 Prozent der Bevölkerung nicht tadschikischer Herkunft. Außerdem lebte eine bedeutende Minderheit ethnischer Tadschiken in Afghanistan.

Auch die Geografie spielte eine Rolle. In diesen entlegenen Gebieten und engen, von den Bergen des Pamir umschlossenen Tälern orientieren sich die Menschen naturgemäß an der eigenen Gemeinschaft. Das Gefühl einer nationalen Identität war deshalb nur gering ausgeprägt, das Denken in Klanstrukturen dafür sehr viel stärker verbreitet. Die Kollektivierung der Landwirtschaft brach zwar (in Verbindung mit erheblichen Zwangsmitteln) eine Reihe der traditionell in diesen Tälern gepflegten Bindungen auf. Die Tadschiken empfanden aber dennoch ihre geografische wie auch ihre Klan-Identität als Alternative zur Sowjetisierung. Als sich nach der Ausrufung der Unabhängigkeit dann ein Konflikt entwickelte, hatte dies zur Folge, dass das Land schnell zerfiel und meist die Klan-Identität bestimmte, welchen Warlord man unterstützte. Die Folge waren ethnische Säuberungen und zermürbende Fehden. Erst die Intervention Usbekistans, das einen gemeinsamen Feind abgab, sorgte dafür, dass eine gewisse Einheit im Land wiederhergestellt wurde.

Die Politik der Perestroika löste in Tadschikistan eine Welle neuer Erwartungen aus, in einem Land, das zu einem der ärmsten und am stärksten vernachlässigten Teile der Sowjetunion geworden war. Die Kommunistische Partei Tadschikistans (KPT) zeigte sich für diese neuen Bestrebungen höchst aufgeschlossen und ergriff populistisch die Initiative. Sie gründete eine Kulturstiftung, die das einzigartige Kulturerbe des Landes bewahren sollte, gab der Provinz Leninabad den Namen Chudschand und ließ den Medien eine gewisse Freiheit in der Berichterstattung, vor allem, wenn es um nationale Bestrebungen ging. Im Jahr 1989 verabschiedete die Partei ein Sprachengesetz, das Tadschikisch als offizielle Staatssprache über das Russische stellte.[2] Sie bat sogar Moskau (wenn auch vergeblich), Samarkand und Buchara wieder dem tadschikischen Staatsgebiet zuzuschlagen. Doch die Bevölkerung misstraute der alten Garde und ging davon aus, dass sie ihre Politik nur zwecks Machterhalt geändert hatte. Das Sprachengesetz galt als Konzession an eine wachsende Oppositionsbewegung. Oppositionelle Gruppen hatten sich bereits Ende der 80er Jahre formiert, und die Perestroika gab ihnen die Gelegenheit, sich stärker und prägnanter öffentlich zu Wort zu melden. Es kam zu Forderungen nach vollständiger Unabhängigkeit von der Sowjetunion. All diese Entwicklungen wurden jedoch in erster Linie von Aktivisten in den Städten vorangetrieben, vor allem in Duschanbe. Opposition und Regierung schienen gleichermaßen die ländliche Bevölkerung zu ignorieren, die man für ungebildet, konservativ, ja sogar für islamistisch hielt.[3] Das hielt jedoch keine der beiden Seiten davon ab, sich ländlicher Unterstützung zu versichern, sobald der Bürgerkrieg offen ausgebrochen war.

Der Zusammenbruch der öffentlichen Ordnung kann auf die Unruhen von 1990 zurückgeführt werden, und die hatten damit zu tun, dass wegen der Kämpfe in Karabach und Afghanistan Befürchtungen laut wurden, dass Tausende von Flüchtlingen in die bereits überfüllte Landeshauptstadt drängen würden. Aber die Welle von Demonstrationen, Sit-ins und anderen Protestformen war in Wirklichkeit nur ein Zeichen für die tiefsitzende Unzufriedenheit mit den Kommunisten. Die KPT war sich all dessen bewusst. Es gab rasche Wechsel in der Parteiführung, bevor man sich schließlich im September 1991 auf den alternden Rahman Nabijew als neuen Präsidenten einigte. Die Menschen misstrauten dieser Wahl, und Tausende von Demonstranten versammelten sich auf dem Azadi-Platz (Freiheitsplatz) in Duschanbe – dem ehemaligen Leninplatz – und erklärten, sie würden erst das Feld räumen, wenn Neuwahlen versprochen würden. Die Regierung war schließlich gezwungen, noch im November Neuwahlen für das Präsidentenamt abzuhalten. Nabijew gewann mit knappem Vorsprung, was natürlich den Verdacht der Manipulation nährte. Dawlat Chudonasarow, der führende Kandidat der Opposition, fand breite Unterstützung in der Bevölkerung und erhielt 34 Prozent der Stimmen; er stand für ein Bündnis von Nationalisten, Demokraten und Islamisten. Die Islamisten verlangten zwar die Schaffung eines islamischen Staates, mit den Demokraten und Nationalisten verband sie jedoch ein ausgeprägter Hass auf die Kommunisten. Mit der Zeit wurden die Demonstrationen immer gewalttätiger, und im März 1992 floss schließlich Blut: Zahlreiche Menschen wurden getötet, und die öffentliche Ordnung brach völlig zusammen. Morde, Schießereien und Entführungen waren an der Tagesordnung. Oppositionsgruppen bildeten Guerilla-einheiten, richteten in den Gebirgstälern Stützpunkte ein und bemühten sich bei den in Afghanistan lebenden Tadschiken um Waffen und logistische Unterstüt-zung. Auf der Gegenseite rüstete das Nabijew-Regime Milizen mit Waffen aus.[4]

Zu heftigen Kämpfen kam es im Mai 1992, als Russland die alte kommunisti-sche Elite in der Auseinandersetzung mit den oppositionellen Gruppen unter-stützte. An der Seite der Nationalisten, Demokraten und Islamisten standen dabei die Klans von Garm und Gorno-Badachschan, die sich selbst mehr Autonomie sichern wollten, ein neues Element in diesem komplexen Bürgerkriegsgeschehen. Einige Akteure wurden sicher von ideologischen Zielen motiviert, andere sahen den Konflikt dagegen eher als einen von pragmatischen Erwägungen geleiteten, auf lokaler Ebene geführten Machtkampf zwischen einzelnen Regionen und Klans. Qazi (Großmufti) Akbar Turadschonsoda, der geistliche Führer des »offiziellen Islam« in Tadschikistan, eine in der Gunst der Regierung stehende Persönlichkeit, lief zur Opposition über und floh dann prompt in den Iran, von wo er, zumindest anfänglich, die islamistische Sache weiterhin moralisch unterstützte. Später wurde er aus der PIW ausgeschlossen, weil er sich gegen zentralistische Tendenzen gewandt hatte und für eine basisorientierte, auf Reformen setzende Organisation eingetreten war, die von revolutionären Zielen Abstand nehmen sollte.

Zahlreiche Gruppen und Einzelpersonen verfolgten im Lauf des Krieges ihre eigenen Ziele. Die Bewohner des Pamir erklärten die Region Gorno-Badachschan im April 1992 zur autonomen Region. Kommunistische Parteifunktionäre in Kul-jab und Chudschand waren zwar für die Regierung, drohten aber dennoch mit Sezession, falls der Präsident den Kampf gegen die Opposition nicht energischer führen würde.

Die Opposition drängte die Regierungstruppen nach und nach bis auf das Gebiet der Hauptstadt zurück und zwang Nabijew im September 1992 zum Rück-tritt. Aufgrund der Intervention russischer und usbekischer Truppen war dies jedoch nur ein kurzlebiger Triumph.[5] Die Interventionsmächte vertrieben die Opposition schon nach kurzer Zeit aus der Hauptstadt. Im Anschluss an einen Putschversuch durch Kommunisten aus der südöstlichen Region Kuljab etablier-ten regierungsfreundliche Gruppen und ihre ausländischen Unterstützer eine neue Regierung unter der Führung von Imamali Rachmanow, einem Mann, der eigentlich nur die Klans aus den Regionen Kulob und Kuljab repräsentierte, aber dennoch mehr Unterstützung erfuhr als Nabijews Regime (das seine Rückende-ckung aus der Provinz Leninabad/Chudschand erhielt).[6] Rachmanow vergab alle Regierungsämter an seine Klan-Verbündeten aus Kuljab, was einerseits zu erwar-ten war, zugleich aber auch alle Chancen für einen Kompromissfrieden in jenem Jahr zunichte machte. Oppositionelle Gruppen, die die »Wahlen« von 1994 boykottiert hatten, beschuldigten die Regierung des Betrugs und der Einschüchterung. Unterdessen versuchten 200 000 Russen verzweifelt, das Land zu verlassen, und Tausende von Menschen, die im eigenen Land auf der Flucht waren, strömten in die Hauptstadt, wo sie der wahllos ihre Opfer suchenden Gewalt in ländlichen Gebieten zu entkommen hofften.

Die intensivste Phase des Krieges begann, als Kuljab-Milizen sich Kämpfe mit oppositionellen Gruppen lieferten. Die Milizen besiegten die Pamiri-, Garmi- und PIW-Gruppen mit russischer und usbekischer Unterstützung, die aus Kriegsgerät, aber auch aus Flugzeugen und Soldaten bestand. Die PIW und andere oppositionelle Aufständische starteten Überraschungsangriffe auf Miliz- und Regierungstruppen und zogen sich danach immer wieder in die Berge von Karategrin, Tawildara, Kurgan Tjube sowie über die Grenze ins benachbarte Afghanistan zurück. Die Milizen gingen mit großer Brutalität gegen ihre Gegner vor: Ganze Dörfer wurden dem Erdboden gleichgemacht, Minderheiten wurden vertrieben oder fielen Massakern zum Opfer, Oppositionsführer wurden hingerichtet, rund 80 000 Menschen flohen in den Norden Afghanistans. In Kurgan Tjube, nur 80 Kilometer südlich der Hauptstadt, kam es zu besonders schlimmen Greueltaten, denn dieser Ort war eine Hochburg der PIW und ihrer Garmi-Gastgeber.[7]

Ahmed Schah Massud, der afghanische Führer der gemäßigten Jamiat-i-Islami-Bewegung, begann angesichts der ethnischen Säuberungen, die sich gegen seine tadschikischen Landsleute richteten, mit der Unterstützung der Opposition. Mit seiner Hilfe formierte sich die Vereinigte Tadschikische Opposition (russische Abkürzung: OTO), die von ihren Stützpunkten in Taloqan und Kundus aus operierte und den Widerstand am Leben erhielt. Die Mitglieder gehörten unterschiedlichen Richtungen an: der Demokratischen Partei Tadschikistans, Lali Badachschan (der Pamiri-Partei), der Rastochez-Einheitsfront (einer demokratischen Gruppe von Intellektuellen) sowie der PIW. Säkular ausgerichtete Tadschiken bemühten sich in Moskau um Unterstützung, während PIW-Funktionäre in Saudi-Arabien, Pakistan und im Iran um entsprechende Hilfsleistungen baten. Währenddessen führten noch radikalere islamistische Elemente ihren eigenen Aufstand an. Die IMU und andere Gruppierungen griffen tadschikische Regierungstruppen sowie vermeintliche Kollaborateure an und ließen dabei jede Rücksicht fahren. Wahhabi- und Deobandi-Gruppen in Afghanistan unterstützten sie bei ihrem Vorgehen. Es kam dabei vor Ort zu einer begrenzten Kooperation zwischen OTO und IMU, von der sich die jeweiligen Führer allerdings distanzierten. In Afghanistan kämpften radikale Wahhabiten sogar gegen Massuds Männer.

Radikale OTO- und Wahhabi-Gruppen kämpften im Jahr 1996 im ganzen Land gegen russische Truppen und tadschikische Regierungsstreitkräfte, auch die Hauptstadt selbst war betroffen. Der Bürgerkrieg hatte das Land ruiniert. Mehr als eine Million Menschen waren über die Grenzen geflüchtet oder irrten im eigenen Land umher und waren auf Hilfsorganisationen angewiesen. Die Volkswirtschaft war zusammengebrochen, die gesamte Infrastruktur zerstört. Nach Schätzungen waren rund 100 000 Menschen ums Leben gekommen. Dennoch hatte dieser Konflikt außerhalb Zentralasiens kaum Interesse geweckt, was teilweise durch die Unzugänglichkeit der Konfliktregion und die äußerste Gefährdung der Journalisten zu erklären ist. Bei diesen Kämpfen waren mehr Medienvertreter getötet worden als in jedem anderen Krieg. Die Regierung war zur Aufrechterhaltung ihrer Autorität auf Russland angewiesen, sie war aber nicht in der Lage, den fortdauernden Guerillakrieg der OTO militärisch zu beenden. Andererseits war auch die OTO nicht stark genug, um die Regierung ernsthaft gefährden zu können.

Russische und usbekische Intervention

Die Präsenz einer großen Zahl von Russen und Usbeken in Tadschikistan ließ irgendeine Form der Intervention stets erwarten, zumal russische Armee-Einheiten an der alten sowjetischen Grenze stationiert worden waren. Russen hatten in der politischen und wirtschaftlichen Verwaltung des Landes den Ton angegeben, und das Sprachengesetz, das die tadschikische Regierung 1989 verabschiedete, wirkte wie ein wohlüberlegter Versuch zur Ausschaltung ihres Einflusses. Islam Karimow, der fest entschlossen war, Usbekistans Unabhängigkeit zu wahren und die russische Hegemonie in der Region zu beseitigen, verfolgte außerdem das Ziel, jede Art von islamistischer Streitmacht zu vernichten. Gleichzeitig wollte er verhindern, dass Tadschikistan zur Operationsbasis für oppositionelle Gruppen wurde, die sein Regime gefährden könnten.[8]

Zu Beginn des Bürgerkriegs war die ehemalige 201. sowjetische Panzergrenadier-Division zwar offiziell neutral, aber Regierung wie auch Gruppen von Aufständischen kauften oder beschlagnahmten bei dieser Quelle Waffen und Ausrüstungsmaterial. Die Russen unterstellten die Einheit im Jahr 1992 der Kontrolle der Russischen Föderation, und dort verblieb sie bis 1996. Auf diese Weise verschaffte sie der tadschikischen Regierung einen exklusiven Zugriff auf Flugzeuge, gepanzerte Fahrzeuge, Transportmittel, Waffen und Munition. Abteilungen der 201. Division beteiligten sich an Aktionen gegen Aufständische in Duschanbe und Kurgan Tjube. Sie schlugen 1992 die Kämpfer der Opposition zurück, sahen aber tatenlos zu, als Milizen der Regierung im Anschluss an diesen Feldzug Razzien gegen angebliche Sympathisanten der Opposition veranstalteten. Dieses einseitige Verhalten führte dazu, dass die Division von Aufständischen angegriffen wurde und ihrerseits mit eigenen Operationen gegen deren ländliche Hochburgen reagierte. Mitte des Jahres 1993 wurde eine gemeinsame »Friedenstruppe« der GUS aufgestellt, mit der weitere russische Einheiten nach Tadschikistan kamen, ebenso wie usbekische Streitkräfte und zahlenmäßig unbedeutende Bataillone aus Kasachstan und Kirgistan (letztere wurden später wieder abgezogen). Die 201. Division behielt ihre hervorragende Ausstattung mit Raketen und Artillerie, darunter 185 Geschütze und 180 schwere Kampfpanzer vom Typ T-72. Die russischen Grenztruppen umfassten 16 500 Mann und waren hauptsächlich im Süden des Landes stationiert. Damit lag Tadschikistans territoriale Integrität, ebenso wie die Sicherheit des Landes, praktisch in russischer Hand.

Wie wir noch sehen werden, bestehen hier Parallelen zum Konflikt in Tschetschenien. Die russischen Operationen in Tadschikistan wurden international weniger beachtet, liefen aber zeitgleich ab. Die Motive für die Intervention, vor allem das Bestreben, die öffentliche Ordnung wiederherzustellen und den eigenen Einfluss geltend zu machen, waren offensichtlich. In beiden Fällen scheiterte ein interner Putsch, mit dem die Macht gesichert werden sollte, und die Russen legten sich rasch auf eine militärische Intervention fest, um sich die Kontrolle über das Geschehen zu sichern und eine »genehme« Regierung einzusetzen. Beide Konflikte entglitten der Interventionsmacht jedoch und wurden zu Aufständen, es kam zu Greueltaten, die die russische Armee zu aggressiveren Repressionen veranlasste. Aufständische in Tadschikistan bezogen sich auf den Kampf der Tschetschenen, um ihren eigenen Feldzug zu legitimieren, und es war kein Zufall, dass tschetschenische Kämpfer schließlich auch an den Konfliktherden in Afghanistan und Zentralasien auftauchten. Die russische Armee schien zeitweise fast unabhängig von Moskau zu operieren. Die Drohungen gegenüber der Zivilbevölkerung von Grosny mögen einen anderen Eindruck gemacht haben als die Bereitschaft der russischen Kommandeure, mit der OTO auf lokaler Ebene zu verhandeln, doch es gab ein gemeinsames Thema: das Bestreben, den von der Zentrale formulierten Auftrag nach eigener Auslegung umzusetzen. Generalleutnant Tschetschulin, der russische Befehlshaber der Grenztruppen an der tadschikisch-afghanischen Grenze, war beispielsweise der Ansicht, die zwischen den rivalisierenden tadschikischen Fraktionen ausgehandelten Abkommen seien für seine Soldaten nicht bindend.[9] Das konnte so gedeutet werden, dass er nur Anweisungen aus Moskau anerkannte, aber einige Beobachter gewannen den Eindruck, dieses Verhalten spiegele die Verfassung russischer Kommandeure gegen Ende des ersten Tschetschenienkrieges wider, als sie den von Moskau eingeschlagenen Kurs mit großem Misstrauen betrachtet hatten. Die Kontakte, die Jewgenij Primakow, der Direktor des russischen Geheimdienstes, mit der OTO knüpfte, waren allerdings nicht Teil irgendeiner ausgeklügelten Verschwörung, sondern der Versuch, Verhandlungen mit den Führern der Opposition anzubahnen. Diese vorbereitenden Kontakte führten dann auch zu den Friedensgesprächen von 1994.[10]

Der russische Einfluss nahm auch politische und diplomatische Formen an. Der Verteidigungsminister Tadschikistans im Januar 1993 war der russische Oberst (und spätere Generalmajor) Alexander Schischljannikow, und im Oberkommando der tadschikischen Streitkräfte gaben Russen den Ton an. Russland hatte Tadschikistan im Vorjahr in die Rubelzone eingegliedert und die ruinierte

Wirtschaft des Landes übernommen. Im Gegenzug hatte Tadschikistan seine gesamten Gold- und Währungsreserven verpfändet, außerdem einen erheblichen Teil seiner Industriebetriebe, Fabriken sowie weite Teile der Infrastruktur. Die auf Moskauer Geheiß hin erfolgte Einführung einer neuen Währung im Jahr 1995 beendete diese Abhängigkeit nicht. Rachmanow war sich darüber im Klaren, dass er nur mit russischer Unterstützung an der Macht bleiben konnte, und es besteht kein Zweifel daran, dass er im Umgang mit der Opposition ein nützliches Werkzeug war. Russland konnte durch die Bewaffnung und Unterstützung seines Protegés verhindern, in einen lang anhaltenden Aufstand verstrickt zu werden.

Eine solche Denkweise lag vielleicht der Moskauer Weigerung zugrunde, usbekische Vorschläge zu akzeptieren. Die Usbeken hatten anfangs Nabijew und die Chudschandi unterstützt, eine neokommunistische Fraktion, deren Herkunftsgebiet der usbekischen Grenze am nächsten war.[11] Der Sturz Nabijews bedeutete jedoch, dass Russland auf eine Führungsrolle Rachmanows und des Kulobi-Klans gedrängt und den eigenen Kandidaten unterstützt hatte, als die usbekisch beeinflussten Chudschandi im Dezember 1993 versucht hatten, Rachmanow zu stürzen und selbst die Macht zu übernehmen. Der usbekische Präsident Karimow warb um russische Unterstützung für Abdul Rashid Dostum, den usbekisch-afghanischen Warlord, der es im Nordwesten Afghanistans mit den Wahhabi- und Deobandi-Kämpfern zu tun bekam (gleichzeitig aber auch im tadschikischen Bürgerkrieg die usbekischstämmigen Tadschiken unterstützte). Moskau verweigerte sich diesem Ansinnen. Rachmanow begann außerdem mit der Entfernung usbekischstämmiger Tadschiken aus einflussreichen Ämtern, um sie durch eigene Leute zu ersetzen. Karimow konnte es sich nicht leisten, auf direkten Gegenkurs zur russischen Politik zu gehen, denn es war offensichtlich, dass nur die russische Militärmacht einen Sieg der Opposition in Tadschikistan verhindern konnte. Karimow warb stattdessen um die Gunst Russlands und versuchte, die politische Gesamtsituation als Verbündeter des übermächtigen Nachbarn zu beeinflussen. Die kirgisische und die kasachische Regierung unterstützten Karimows Forderung, russische Soldaten als UN-Friedenstruppe einzusetzen. Er betonte, der Feind sei ein gemeinsamer Widersacher Russlands und aller zentralasiatischen Republiken und bezeichnete die gesamte Opposition als »Fundamentalisten«. Außerdem schlug er die Einrichtung gemeinsamer Militärstützpunkte vor, um das Land zu sichern. Karimows Befürchtungen bezüglich der 30 000 russischen Soldaten an der Ostgrenze Usbekistans wurden bei Erklärungen gegenüber der internationalen Presse offenbar, in denen von russischem Neoimperialismus die Rede war. Er kritisierte die anderen Republiken, die eine doppelte Staatsbürgerschaft für Russen in Erwägung zogen oder bereits ermöglichten, denn er wusste, dass dies mit Moskauer Einmischung in die inneren Angelegenheiten dieser Länder verbunden sein würde.

Karimows tiefe Besorgnisse führten 1995 zu einem politischen Kurswechsel. Über seine Chudschandi-Verbündeten nahm er Kontakt zur tadschikischen Opposition auf, vermutlich im Bestreben, eine neue Koalition gegen Rachmanow und die Kuljabi-Fraktion zu schmieden. Im April jenes Jahres schlug er außerdem dem kasachischen und dem kirgisischen Präsidenten Nasarbajew und Akajew vor, Gespräche über einen gemeinsamen Friedensplan für Tadschikistan aufzunehmen. Um Druck auf Moskau auszuüben, drohte Karimow mit dem Abzug der usbekischen, kirgisischen und kasachischen Friedenstruppen und kappte anschließend die Eisenbahnverbindungen nach Tadschikistan, um die Anlieferung russischen Treibstoffs und russischer Waren zu erschweren. Russland behielt jedoch aufgrund seiner Kontakte zu Rachmanow die Oberhand, und es gibt einige Belege für die Vermutung, dass Russland damals sein eigenes diplomatisches Spiel spielte.

Die offizielle Moskauer Linie war in den gesamten neunziger Jahren, die Exzesse des islamischen Fundamentalismus und des Banditentums in Tadschikistan zu verurteilen. Gleichzeitig hatte man in Moskau möglicherweise erkannt, dass der Terror der Dschihadisten in den zentralasiatischen Staaten diese in Abhängigkeit von Moskau hielt. Ahmed Rashid behauptet, die aufständische IMU sei von der russischen Armee militärisch unterstützt worden, und zwar in Form von Lufttransporten aus Tadschikistan ins sichere Afghanistan.[12] Das könnte ein dezenter Versuch Moskaus gewesen sein, die terroristische Gefahr aus Zentralasien zu verbannen, aber Rashid vermutet, dass Russland ein doppeltes Spiel spielt. Alles kann jedoch auch ganz anders sein, als der Anschein vermuten lässt. Moskau hat keinen Grund, der IMU zu helfen, die enge Verbindungen zu tschetschenischen Kämpfern unterhält. Außerdem sind seit 1995 in den »russischen« Grenzwächter-Einheiten vor allem Tadschiken eingesetzt worden – 12 500 Soldaten der ursprünglich 16 500 Mann zählenden Truppe sind keine Russen. Die Tatsache, dass sie russische Militärflugzeuge, Transportmittel, Waffen und Ausrüstung benutzen, mag die Verwirrung begünstigt haben. Moskaus Priorität war, und das ist der entscheidende Punkt, die Einsetzung und Festigung des ihm »genehmen« Regimes, und Rachmanow hielt sich auch während der gesamten Friedensverhandlungen der 1990er Jahre an der Macht. Bei der Umsetzung dieser Bestrebungen boten die Russen ihren Gegnern keinerlei Konzessionen an, drängten allerdings auf jede Art von Konzession, die sich der Opposition abringen ließ.

Den Frieden wiederherstellen

Der Wendepunkt in diesem Krieg war 1996 erreicht, als sich die Taliban in Zentral- und Südafghanistan durchsetzten. Said Abdullah Nuri, der Führer der tadschikischen PIW, und die Regierung Rachmanow teilten die Sorge, dass ein geschwächtes Tadschikistan einem Angriff der extremistischen Taliban nur wenig Widerstand entgegenzusetzen hätte. Die Vereinten Nationen lieferten den Rahmen für Verhandlungen, doch es bedurfte mehrerer Gesprächsrunden in Moskau,

Teheran, Islamabad sowie in Khos Deh in Afghanistan, bevor ein Friedensabkommen unterschriftsreif war. Die UNO stationierte bereits im Januar 1993 eine Beobachtermission in Tadschikistan (UNMOT), die ab 1994 dann half, den Waffenstillstand zu sichern.[13]

Jeder der Verhandlungsteilnehmer hatte eigene Motive für die Wiederherstellung des Friedens. Rachmanow war sich bewusst, dass seine Abhängigkeit von Russland und Usbekistan letztlich seine Position als Führer des Landes schwächen und er mit so geringer Unterstützung nicht regierungsfähig sein würde. Die PIW glaubte, Russland und Usbekistan seien darauf aus, sie zu vernichten, deshalb würde eine Annäherung an die eigene Regierung ihre Position in Tadschikistan stärken und eine Basis für die Agitation gegen die politischen Führer in Zentralasien schaffen. Die Russen und die Iraner hielten es für notwendig, Massud zu unterstützen, denn er war ihre größte Hoffnung für einen Sieg über die Taliban. Deshalb drängten sie jetzt auf einen Kompromiss, während Usbekistan glaubte, der beste Schutz für die usbekische Minderheit in Tadschikistan sei die Beendigung des Bürgerkriegs. Anschließend wollte man die eigenen Anstrengungen auf die Bekämpfung der radikalen Islamisten konzentrieren, die eine Gefahr für die innenpolitische Sicherheit des Landes waren. Massud hoffte auf russische, vielleicht sogar auf iranische Rüstungslieferungen, mit denen er den Krieg gegen die Taliban führen wollte. So wurde der Frieden wiederhergestellt, weil die kämpfenden Parteien zum Kompromiss bereit waren, Angst vor einer neuen äußeren Bedrohung herrschte, externe Spieler darauf drangen und auch, weil eine Fortsetzung des Kampfes hoffnungslos zu sein schien.

Die Friedensbedingungen wurden schließlich akzeptiert. Es gab eine Generalamnestie für alle Kämpfer und einen Gefangenenaustausch. Die PIW-Guerillas wurden zum Großteil mit Erfolg in die regulären Streitkräfte integriert. Man ermutigte tadschikische Flüchtlinge zur Rückkehr in die Heimat. Die PIW wurde legalisiert, und für den Februar 2000 wurden Wahlen angesetzt. Von entscheidender Bedeutung war, dass die Koalitionsregierung sowohl Islamisten als auch Demokraten, Nationalisten und Regierungsvertreter umfasste. Die Koalitionsregierung wurde mit knapper Mehrheit bestätigt, allerdings wurden Anschuldigungen wegen Wahlmanipulation und Unregelmäßigkeiten erhoben. Überraschend war vielleicht das schwache Abschneiden der PIW, die weniger als zehn Prozent der Stimmen erhielt. Und es war von enormer Bedeutung, dass die PIW daraufhin nicht wieder zu den Waffen griff. Sie akzeptierte das Votum und wählte den Weg der demokratischen Opposition.

Natürlich gab es auch einige Gruppen, die weiterkämpfen wollten. Die Chudschandi unter der Führung von Abdulmalik Abdulladschanow, dem ehemaligen Ministerpräsidenten, glaubten, sie würden mit einem Kompromissfrieden an Macht verlieren. Oberst Machmud Chudoiberdijew, ein usbekisch-tadschikischer Offizier, führte im November 1998 einen Vorstoß an, mit dem er die Kontrolle

über Chudschand anstrebte. Er eroberte die Provinzhauptstadt und deren Flugha-
fen und befestigte dann den einzigen Gebirgspass, der diese Region mit der weiter
südlich gelegenen Hauptstadt verbindet. Die Regierungstruppen traten zum
Gegenangriff an und überrannten nach vier Tagen mit heftigen Kämpfen die Provinz. Dabei gab es 700 Tote, die Hälfte davon Zivilisten. Und es kam zu weiteren
Zwischenfällen. Die Landeshauptstadt erlebte 1999 zahlreiche Bombenanschläge,
Morde und Entführungen. Zwei Oppositionsgruppen schossen aufeinander, fünf
Menschen fanden dabei den Tod. Auf dem Land hatten die Regierungstruppen
mehrere Scharmützel mit Splittergruppen der PIW.[14]

Die größte Bedrohung für den Frieden war das Ausbleiben einer wirtschaftlichen »Dividende«. Die Arbeitslosigkeit war hoch, und der Wiederaufbau von Landwirtschaft und Industrie kam nur langsam voran, weil es sowohl an eigenen Steu-
ereinnahmen wie auch an internationaler Hilfe fehlte. Die UNO, die den Dialog
zwischen den verschiedenen Fraktionen am Leben erhielt, bat die internationale
Gemeinschaft um 34 Millionen Dollar Wiederaufbauhilfe, erhielt aber im Jahr 2000
nur 15 Millionen.[15] Ein Jahr später schätzte die UNO den Finanzierungsbedarf
sogar auf 85 Millionen britische Pfund, erhielt aber nur ein Viertel dieser Summe.
Eine von 2000 bis 2005 anhaltende Dürreperiode hatte zur Folge, dass mehr als
eine Million Tadschiken von Hilfslieferungen des UN-Welternährungsprogramms
abhängig waren. Junge Männer, die das Kriegshandwerk gelernt hatten, jetzt aber
von Arbeitslosigkeit bedroht waren, hatten verschiedene Möglichkeiten: Sie konnten auswandern, sich organisierten Verbrecherbanden anschließen, in den Drogenschmuggel einsteigen oder Rebellenbanden in den Bergen aufspüren.

Die Präsenz der Taliban war für den Frieden in Tadschikistan ebenfalls nicht
hilfreich. Sie übernahmen 1998 auch die Kontrolle über den zentralen Norden
Afghanistans und drohten damit, die Grenze zu überschreiten und ihren Krieg auf
die tadschikische Regierung auszuweiten. Aber sie nutzten Tadschikistan auch als
Kanal für ihren aufblühenden Drogenhandel, und die verarmten Tadschiken ließen sich nur allzu gern auf solche Geschäfte ein. Nach Schätzungen der tadschikischen Regierung vom Mai 2000 kam in jenem Monat zehnmal soviel Heroin ins
Land wie im Jahr zuvor.[16] Das Drogengeld führte in ganz Tadschikistan zu Beste-
chung und Korruption und verschlimmerte die Sicherheitsprobleme. Drogenban-
den lieferten sich harte Gefechte mit Regierungstruppen, und die allgemeine
Unsicherheit verzögerte die Wirtschaftsreformen und den Wiederaufbau des Lan-
des noch mehr. Die Regierung wandte sich deshalb an Massud, bat ihn, in ihrem
Namen gegen die Taliban zu kämpfen, und lieferte ihm dafür auch Waffen und
Ausrüstung. Das verhinderte allerdings nicht, dass Massuds Hauptquartier in
Taloqan im September 2000 in die Hände der Taliban fiel. Nun wurden die
Anstrengungen verstärkt: Der russische Verteidigungsminister Igor Sergejew, der
iranische Außenminister Kamal Charrazi sowie Präsident Rachmanow sicherten
Massud im Oktober desselben Jahres in Duschanbe ihre Unterstützung zu, und in

der Folge wurden die Taliban in Badachschan gestoppt. Die Lage in Tadschikistan blieb jedoch kritisch, und die Berichterstatter gewannen den Eindruck, das Schicksal des Landes könnte doch noch von Extremisten bestimmt werden, die von außen, aber auch aus dem Land selbst kamen.

Die Partei der Islamischen Wiedergeburt und der Islamismus

Die PIW war, im Unterschied zu den importierten Glaubensrichtungen der Wahhabiten und der Deobandi in Bewegungen wie der Hizb ut-Tahrir und der IMU, eine Gruppe, die aus dem Land selbst stammte. Sie erreichte ein seltenes Bündnis von »offiziellem Islam« und radikalerer Untergrundbewegung, und ihre Inspirationsquellen waren der antikommunistische Widerstand der Mudschaheddin in Afghanistan und die Chancen, die sich im Jahr 1991 durch den Zusammenbruch der Sowjetunion ergaben. Mullah Mohammed Rustamow Hindustani hatte die islamische Untergrundbewegung in den 70er Jahren angeführt. Er hatte das Gedankengut der islamistischen Bewegungen im Nahen Osten und in Pakistan ins Ferganatal gebracht. Er wurde schließlich verhaftet und starb 1989 in Gefangenschaft, doch Abdullah Saidow, einer seiner Protegés, sorgte dafür, dass die geheime Untergrundbewegung ihre Dynamik nicht verlor. Saidow gründete unter seinem Decknamen Nuri eine Gruppe namens Nahzar-i Islami (Islamisches Wissen), die den Islam in Tadschikistan verbreiten sollte. Bereits 1987 führte er eine öffentliche Demonstration zur Unterstützung der Mudschaheddin in Pandsch an, einem dicht an der Grenze zu Afghanistan gelegenen Ort. Er wurde verhaftet, aber im darauffolgenden Jahr wieder freigelassen und nahm sofort seine Arbeit wieder auf, die aus der Verbreitung islamischer Literatur und der Organisation seiner Bewegung bestand, die später den Namen Partei der Islamischen Wiedergeburt erhielt.[17]

Die PIW war mehr als nur ein politischer und kultureller Interessenverband, und es dauerte nicht lange, bis sie einen militärischen Ableger bildete, der den afghanischen Mudschaheddin nacheiferte. Der Anführer war Mohammed Sharif Himmatsoda, ein weiterer Gefolgsmann Hindustanis. Er war von bäuerlicher Herkunft, wurde zum Mechaniker ausgebildet und schloss sich den Mudschaheddin an, wo er dann Kontakte zu dem Extremisten Gulbuddin Hekmatjar und zum Anführer der Jamiat-i Islami in Pakistan knüpfte. Himmatsoda war schon nach kurzer Zeit für seine Rücksichtslosigkeit und Brutalität bekannt und konnte es in dieser Hinsicht mit den eifrigsten der von der Deobandi-Lehre inspirierten Kämpfer aufnehmen.

Muslimische Intellektuelle hatten 1990 in Astrachan das Konzept für die PIW entwickelt, von der sie sich eine Ausdehnung der Scharia auf Russland und die gesamte Sowjetunion erhofften. Die Gründer beschlossen dennoch, in allen Sowjetrepubliken jeweils unabhängige Ableger der Partei zu etablieren. Der russische Zweig dieser Neugründung trat in aller Öffentlichkeit auf, aber die zentralasiatischen Republiken – auch die Regierung Tadschikistans – verboten die PIW. Nuri und Himmatsoda trafen sich 1991 trotz Verbots bei einer illegalen Versammlung und einigten sich dabei auf die Gründung einer Untergrundzeitung, das Eintreten für die Unabhängigkeit und die aktive Verbreitung des Islam. In ihren öffentlichen Erklärungen bekannten sie sich zur Schaffung eines demokratischen Staates. Einige Beobachter empfanden dies jedoch als Schönfärberei und gingen weiterhin davon aus, dass die Partei in Wirklichkeit die Scharia einführen und einen islamischen Staat errichten wolle. Die PIW rief während der Unruhen von 1990 zur Schließung von Läden auf, die Schweinefleisch und Alkohol verkauften, und forderte die Eröffnung weiterer Moscheen.

Während des Bürgerkriegs sah sich die PIW eindeutig als weitere Gruppe heiliger Krieger, die die Ungläubigen und ihre vom Glauben abgefallenen Verbündeten bekämpfte. Die Mehrheit der Bevölkerung sah diesen Krieg jedoch nicht als Dschihad. Sie empfand ihn vielmehr als Machtkampf, der durch Klans, die eine Hegemonie über kleine Regionen erlangen wollten, kompliziert wurde. Der PIW gelang es, über ihnen gewogene Warlords einzelne Regionen zu kontrollieren, aber es fehlte ihr an nationaler Präsenz. Wie bei den afghanischen Mudschaheddin sorgte das Fehlen eines gemeinsamen Feindes für Abspaltungen, Fraktionsbildungen und offene Konflikte. Die Bewegung war auf fatale Weise geschwächt, weil es ihr an Einheit fehlte. Turadschonsoda, der Anführer des »offiziellen Islam«, der der PIW beigetreten war, wurde 1998 ausgeschlossen, als er die Ernennung zum Ministerpräsidenten durch Präsident Rachmanow akzeptierte. Vertreter eines harten Kurses aus den Reihen der PIW verübten im Februar 2000 in Duschanbe einen Mordanschlag auf ihn. Sie lehnten seinen gemäßigten Kurs ab. Die PIW hielt an ihrer Linie fest, nach der nur eine einzige Partei die Errichtung eines islamischen Staates gewährleisten konnte. Selbst Nuri wurde von einigen Leuten aus den eigenen Reihen kritisiert, weil er sich im Umgang mit der Regierung Rachmanow angeblich zu versöhnlich zeigte.

Die tiefsten Gräben riss ganz offensichtlich der Plan auf, ehemalige PIW-Aufständische in die tadschikischen Streitkräfte zu integrieren. Mehrere PIW-Kommandeure und ihre Gefolgsleute verweigerten sich diesem Ansinnen, und einige von ihnen verbündeten sich mit extremeren Gruppen wie der IMU (später IMT). Namangani, der Anführer der IMU, hatte während des Bürgerkriegs für die PIW gekämpft, lehnte aber den Kompromissfrieden ab und errichtete – unter Missachtung der tadschikischen Behörden – einen Stützpunkt im Tawildaratal. Von dort aus brach er von 1999 bis 2001 zu Terroraktionen in Kirgistan und Usbekistan auf. Rachmanow bestritt offiziell, dass Terroristen von Tadschikistan aus operierten, doch insgeheim wies er frühere Mitstreiter Namanganis an, ihn von den Überfällen abzubringen. Die PIW war in dieser Frage gespalten, aber ihre Anführer kooperierten, und in drei Fällen wurden Namangani und zahlreiche seiner Kämpfer überredet, sich nach Afghanistan zurückzuziehen. Andere PIW-Banden weigerten sich, mit dem Regime, dessen Bekämpfung sie soviel Zeit gewidmet hatten, gemeinsame Sache zu machen. Sie blieben in den Bergen, begingen Überfälle, legten Hinterhalte, entführten, mordeten und raubten, um ihren Krieg am Leben zu erhalten. Der Warlord Rachmon Sanginow überfiel bis zum Sommer 2001 nördlich der Hauptstadt immer wieder Dörfer. Einheiten der tadschikischen Armee kreisten ihn und 45 seiner Männer schließlich in einem einmonatigen Feldzug ein und töteten die Aufständischen.[18]

Himmatsoda und Nuri führten den Torso der PIW in eine friedliche Opposition gegen die Regierung. Nuri fand dabei Unterstützung bei einer neuen Generation von PIW-Männern, die glaubten, der Dschihad sei nicht der einzige Weg, auf dem die Errichtung eines islamisierten tadschikischen Staates zu sichern sei. Himmatsoda verfolgte außerdem den Gedanken, durch die Eingliederung von Oppositionsgruppen in einen demokratischen Prozess einen Konsens zu schaffen. Mit diesem Gesinnungswandel schienen auch die Insignien des Islamismus zu entfallen. Himmatsoda stutzte seinen Bart und trug westliche Kleidung. Einige PIW-Mitglieder in den Reihen der Regierung, zum Beispiel Mirso Sijojew, sympathisierten jedoch weiterhin mit dem Kampf der Extremisten, auch wenn sie deren Methoden ablehnten. Es fiel ihnen schwer, die emotionalen Bindungen zu lösen, die sich während des gemeinsamen Kampfes im Bürgerkrieg entwickelt hatten, und ihre Kontakte bestanden fort. Die PIW stand jedoch in genereller Opposition zur Hizb ut-Tahrir, die nach dem Bürgerkrieg an Zuspruch gewann. Die PIW betrachtete die Hizb ut-Tahrir als rivalisierende Organisation, die sich um denselben Unterstützerkreis bemühte. Durch die Verbindung mit einer Regierung, die zu wirklichen Veränderungen nicht imstande war, riskierte die PIW, Anhänger an eine neue Bewegung zu verlieren, der kein Makel durch Krieg oder Zusammenarbeit mit den Herrschenden anhaftete. Aber ihre Rivalität war wichtiger als die Beschuldigungen wegen Kollaboration. Die PIW unterstützte deswegen das Regime Rachmanows bei einem Verbot der Hizb ut-Tahrir.

Der anhaltende Konflikt in Afghanistan, in dem Massuds tadschikische Afghanen nach wie vor gegen die Taliban kämpften, und die fortdauernden Auseinandersetzungen in Tadschikistan selbst, bei denen man es mit unversöhnlichen Dschihad-Kämpfern zu tun hatte, ließen – von Korruption, Drogenhandel und allgemeiner Gesetzlosigkeit einmal abgesehen – die Zukunft mehr als düster erscheinen. (Einige der Dschihad-Gruppen, zum Beispiel die IMU, hatten in entlegenen Gebieten des Landes praktisch eine eigene Rechtsprechung etabliert und genossen die Unterstützung der örtlichen Bevölkerung, die vor allem den damit verbundenen Gelderwerb im Auge hatte und ihre mageren Überschüsse verkaufen wollte.) Das westliche Interesse an Tadschikistan nahm zu, als man sich der internationalen Gefahr zunehmend bewusst wurde, die von Dschihad-Kämpfern wie den Verbündeten von al-Qaida ausging. Die USA, die EU und Japan sagten im Sommer 2001 Kredite und finanzielle Unterstützung in Höhe von 430 Millionen Dollar zu und verdoppelten damit das Angebot des Vorjahres.[19] Außerdem wuchs in ganz Zentralasien die Erkenntnis, dass die Dschihad-Gruppen neben Gewalt und wirtschaftlichem Zusammenbruch nur wenig zu bieten hatten. Das war genauso wichtig wie die finanzielle Unterstützung aus dem Ausland. Die Bürgerkriege in Afghanistan und Tadschikistan brachten viele Menschen zu der Überzeugung, dass ein solcher Extremismus kontraproduktiv war. Möglicherweise näherte sich die Liebesaffäre mit den Mudschaheddin jetzt ihrem Ende. Jedenfalls nahm die Unterstützung für die PIW selbst in ihrem ehemaligen Herzland erheblich ab.

Die Operation Enduring Freedom, der von den Amerikanern angeführte Feldzug gegen die Taliban im Oktober und November 2001, nahm den Vertretern eines harten Kurses die Möglichkeit, die Dschihad-Kämpfer in Tadschikistan weiterhin zu unterstützen. Zahlreiche IMU-Kämpfer wurden getötet, und die Bewegung zerfiel. In Tadschikistan selbst gelang es den Mullahs nicht mehr, die öffentliche Aufmerksamkeit auf sich zu ziehen, wie sie das noch auf dem Höhepunkt des Bürgerkrieges geschafft hatten. Der Zulauf für die Moscheen und Medressen nahm ab, und im öffentlichen Leben war eine Art Re-Säkularisierung wahrzunehmen. Im Unterschied zu Afghanistan unter der Herrschaft der Taliban führte die Unterstützung für Massud in Tadschikistan dazu, dass die Gelder aus pakistanischen und saudischen Quellen für den Ausbau radikaler Koranschulen ausblieben. Die tadschikische Regierung unterband solche ausländischen Einflüsse entschlossen und verbot bereits 1993 die Finanzierung religiöser Ausbildungsstätten aus dem Ausland. Jungen Menschen ist es ja auch normalerweise wichtiger, eine Arbeit zu finden, den eigenen Lebensunterhalt zu verdienen und sich zu amüsieren, als über spirituelle Fragen zu grübeln, und wie seit jeher lag ihnen das Schicksal der eigenen Familie und des Klans ganz besonders am Herzen.

Heute sind die jungen Menschen in Tadschikistan – ebenso wie in Afghanistan – bestrebt, die Zeiten des Bürgerkriegs hinter sich zu lassen. Die Folgen des Krieges sind immer noch überall zu sehen, und in einem gewissen Umfang wird den Islamisten die Schuld dafür gegeben. Gelingt es der Regierung allerdings nicht, die erwarteten Verbesserungen in die Tat umzusetzen, ist sie gefährdet und muss mit Protesten rechnen, wie dies bereits in Kirgistan geschehen ist. Außerdem besteht dank des Wiederauflebens der Taliban-Operationen in Afghanistan und der Neuformierung der IMT die Gefahr, dass Terrorismus und Destabilisierung zurückkehren. Man kann nur hoffen, dass das Tempo des Wiederaufbaus und der Geist der Versöhnung im Ringen mit der Rückfälligkeit der Staatsvertreter und dem gewalttätigen Atavismus der Dschihad-Gruppen die Oberhand behalten werden. Rachmanow wurde im Jahr 2006 wiedergewählt.[20] Trotz der Stromknappheit, die das gesellschaftliche Leben lähmte, und trotz Beschuldigungen, beim Wahlvorgang sei es zu Unregelmäßigkeiten gekommen, entschieden sich die Tadschiken dafür, den Bürgerkrieg nicht wiederaufflammen zu lassen. Das muss mit Sicherheit als ermutigendes Zeichen gelten.

KAPITEL 5

Der afghanische Bürgerkrieg und die Taliban

D er Zusammenbruch der staatlichen Autorität in Afghanistan im Jahr 1979, die sowjetische Invasion zur Wiederherstellung der Ordnung, der blutige, lange Bürgerkrieg und das Regime der Taliban in den neunziger Jahren haben in dem gequälten Land tiefe Spuren hinterlassen. Doch die Konsequenzen dieser Ereignisse betrafen nicht nur Zentralasien; sie führten letztlich zur Entstehung von al-Qaida, einer weltweit tätigen Dschihad-Bewegung, und zu den spektakulären Terroranschlägen vom 11. September 2001. Die militärische Intervention des Westens noch im selben Jahr und der lange, bis heute anhaltende Aufstand gegen die Koalitionstruppen belegen, dass die politische Landschaft der Region immer noch heftig umkämpft ist. Die fortdauernden Kämpfe verzögern den Wiederaufbau, und in dem von Armut geprägten Klima blüht die Korruption. Die Kosten des Konflikts wie auch des Wiederaufbaus sind erheblich. Die afghanische Regierung schätzt die benötigten Geldmittel auf 10 bis 15 Milliarden Dollar für einen Zeitraum von zehn Jahren, und die Vereinigten Staaten geben für ihren militärischen Feldzug zur Zerschlagung von al-Qaida und deren Verbündeten viele zusätzliche Milliarden aus.[1] Amtliche westliche Stellen wiesen allerdings wiederholt darauf hin, dass der Preis für ein Scheitern beim Wiederaufbau Afghanistans – wie im Irak – noch höher sein könnte. Eine wieder auflebende Taliban-Bewegung, eine wieder erstarkte al-Qaida und ein gefühlter Sieg über die stärkste Koalition der Welt könnten eine neue, intensive Ära des weltweiten Terrorismus einläuten.

Die Saur-Revolution vom 27. April 1978 (Saur bedeutet »April«) leitete den Zusammenbruch Afghanistans ein, der auf direktem Weg zur sowjetischen Intervention führte. Mohammed Daud Khan hatte, in seiner Eigenschaft als Ministerpräsident, durch einen unblutigen Putsch 1953 die Macht übernommen, war aber zehn Jahre danach wegen des »Paschtunistan«-Streits mit Pakistan zurückgetreten. Die Paschtunen sind mit den Afghanen ethnisch verwandt und von der Jurisdiktion Kabuls nur durch eine Grenze getrennt, die die Briten im 19. Jahrhundert gezogen haben. Bei diesem Konflikt versuchten sie, ein neues Heimatland für sich selbst zu bilden, und zwar auf Kosten der territorialen Integrität Pakistans. Daud, der selbst Paschtune war, hatte die separatistische Bewegung unterstützt, war aber in erster Linie bestrebt, ein nationalistisch-ethnisches Problem auszunutzen, um seinen eigenen Rückhalt in Afghanistan zu festigen. Auch die pakistanische Regierung empfand es aus innenpolitischen Gründen als hilfreich, Afghanistan wegen seiner »Ermutigung« der Separatisten zu kritisieren. Aber dieses Geschehen hatte weitreichende Konsequenzen. Der Bruch in den pakistanisch-afghanischen Beziehungen führte dazu, dass sich Afghanistan enger an die Sowjetunion anschloss, die man als Abnehmer für die eigenen Waren und als Zolleinnahmequelle brauchte. Es wird behauptet, dass die Sowjetunion einen Großteil der von ihr eingekauften afghanischen Waren einfach wegwarf, was den Gedanken nahelegt, deren eigentlicher Wert habe in den Kontakten und dem Einfluss auf einen Staat an der gefährdeten Südgrenze des eigenen Territoriums bestanden. Pakistan und der Iran lagen in der amerikanischen Einflusssphäre, deshalb war Afghanistan aus der Sicht der Sowjets in dieser Region ein nützlicher Puffer.[2]

Afghanistan wurde jahrelang von den USA und der Sowjetunion umworben, den Rivalen des Kalten Krieges, doch in den 60er Jahren nahm die Zahl der russischen Berater zu. Die marxistische Demokratische Volkspartei Afghanistans (DVPA) fand trotz einer Spaltung in zwei Flügel – Parcham (»Fahne«) und Khalq (»Volk«) – in den Städten Unterstützung, vor allem unter Studenten und Intellektuellen. Das kurze Experiment mit einer begrenzten Demokratie begünstigte das Anwachsen dieser radikalen Fraktionen, die ihrerseits bei den religiösen Konservativen auf Ablehnung stießen. Die eher in traditionellen Bahnen denkenden Teile der Gesellschaft stießen sich auch an dem Zustrom junger Menschen aus westlichen Ländern auf dem »Hippie-Trail«, an wachsender, mit dem Drogenhandel verbundener Korruption und der Zunahme »ausländischer« Einflüsse. Babur, der Gründer der Mogul-Dynastie im 16. Jahrhundert, hätte sich in einem großen Teil Afghanistans immer noch zurechtgefunden, doch die unveränderliche Natur der Religion, des ländlichen Lebens und der Stammeskultur schien jetzt durch die »Moderne« bedroht. Der Nepotismus in den Reihen der Regierung, sinkende Staatseinnahmen und die Ablehnung des sowjetischen Einflusses durch die Bevölkerung trieben die Konflikte auf die Spitze. Daud übernahm 1973 ein zweites Mal die Macht, in einem Staatsstreich, den er als »Revolution« bezeichnete, um die sowjetischen Nachbarn zu beeindrucken. Die Russen reagierten: Die finanzielle Unterstützung wurde bis 1979 auf 1,25 Milliarden Dollar aufgestockt, und 1977 erschien Breschnew zu einem Staatsbesuch und signalisierte damit sowjetische Zustimmung zu den aktuellen Entwicklungen im Land.[3]

In Wirklichkeit war Daud ein unzuverlässiger Verbündeter. Mit seinen kommunistischen Überzeugungen nahm er es nicht allzu genau, und am liebsten hätte er Afghanistan zu einem blockfreien Land gemacht. Seine Vorstöße zur Beendigung des Konflikts mit Pakistan standen in direktem Gegensatz zur sowjetischen Politik. Die Ermordung des Parcham-Chefideologen, des Vordenkers jener Fraktion, die ihn vorgeblich unterstützte, löste umgehend Befürchtungen aus, eine Säuberung der gesamten DVPA stehe unmittelbar bevor. Mit Blick auf Dauds wahre Bindungen hatten diese Ängste einige Berechtigung. Schließlich putschten die Khalq- und die Parcham-Fraktion unter der Führung von Babrak Karmal beziehungsweise Nur Mohammed Taraki gemeinsam, Daud und etwa dreißig Mitglieder seiner Familie wurden getötet. Unmittelbar nach dem Staatsstreich wurden Tausende Angehörige der »Bourgeoisie« verhaftet.

Die Khalq-Mitglieder, die sich als dominierende Fraktion erwiesen, konnten sich nicht auf die Zustimmung des Volkes stützen. Sie erließen Dekrete, die sie dann unter Zwang durchsetzten. Sie verlangten eine Bodenreform und forderten die Gleichberechtigung der Frau und brachten so den ländlich geprägten, konservativen Teil der Bevölkerung gegen sich auf. Gegen jegliche Opposition wurde mit brutalen Mitteln vorgegangen. Politische Gefangene wurden im berüchtigten Gefängnis Pul-i-Charki gefoltert. Einige Khalq-Funktionäre und ihre sowjetischen Berater wurden am 17. März 1979 von einem Mob angegriffen, der muslimische Parolen rief.[4] Nun wuchsen in Moskau die Befürchtungen, eine islamistische Bewegung könnte den südlichen Teil der UdSSR destabilisieren, und jetzt übernahm Hafizullah Amin das Amt des afghanischen Ministerpräsidenten. Seine Methode zur Wiederherstellung der Ordnung im Land bestand aus noch mehr Terror. Er ließ seine Widersacher hinrichten, unter anderen auch Taraki. Seine Geheimpolizei benutzte er, um jegliche Opposition zu unterdrücken und ihre Vertreter einzusperren oder zu ermorden. Dörfer, in denen der aufkeimende Widerstand Unterstützung erfuhr, wurden ausgelöscht, die Bewohner abgeschlachtet.[5] Ein Versuch von Aufständischen, das Stadtzentrum von Kabul zu erobern, scheiterte durch Verrat, die daran beteiligten Kämpfer wurden massakriert.

Afghanistan war in einen Bürgerkrieg abgeglitten. Moskau gewann – angesichts des Aufruhrs im Iran 1979 und der Stationierung atomarer Mittelstreckenraketen in Europa durch den Westen – den Eindruck, es müsse handeln, um die Ordnung und den eigenen Einfluss wieder herzustellen. In Erinnerung an den Aufstand in Ungarn 1956 und den Prager Frühling 1968 griff die Sowjetunion unter Einsatz von Luftlandetruppen mit einem Handstreich nach Kabul. KGB-Einsatzkräfte stellten Amin und töteten ihn. Eine Panzergrenadier-Division stieß rasch nach Süden vor. Die Sowjets kontrollierten innerhalb weniger Tage die Hauptverkehrswege sowie die städtischen Zentren und brachten Babrak Karmal, ihren Wunschkandidaten, an die Macht. Karmals Aufgabe lautete – wie die von Karsai im Jahr 2001 –, die politischen Parteien wieder an einen Tisch zu bringen, die Armee zu modernisieren, dem Regime größere Popularität zu verschaffen, den Einflussbereich der Regierung zu erweitern und die wirtschaftliche Entwicklung voranzutreiben. Die Präsenz ausländischer Truppen im Land machte ihn jedoch bei der breiten Mehrheit der afghanischen Bevölkerung unbeliebt. Die Intervention der UdSSR wurde als eine weitere Form des Zwangs empfunden.

Widerstand und Einfluss der Mudschaheddin

Die sowjetischen Truppen taten nur wenig, um die Herzen und Köpfe der afghanischen Bevölkerung für sich zu gewinnen. Die Soldaten gingen häufig davon aus, dass alle Afghanen im Widerstand seien, weil die Kämpfer Zivilkleidung trugen und Angriffe auf die sowjetischen Truppen üblicherweise in Form von Hinterhalten erfolgten. Eine bei den sowjetischen Streitkräften verbreitete Kultur der Schikanen förderte außerdem eine ähnliche Einstellung gegenüber der afghanischen Zivilbevölkerung. Die Taktik der Roten Armee war auf den europäischen Kriegsschauplatz zugeschnitten. Sie setzte auf Vorstöße, die eng begrenzten Bewegungsachsen folgten, auf die Sicherung von Nachschublinien und die völlige Vernichtung jeglichen Widerstands durch kombinierte Panzer-, Infanterie- und Luftangriffe. Es war eine an konventioneller Kriegführung ausgerichtete Kampfmethode.[6] Die einzigen weiteren Erfahrungen, auf die sich die Sowjets beziehen konnten, waren die Beispiele Ungarns und der Tschechoslowakei. In diesen Fällen waren die sowjetischen Truppen direkt in die wichtigsten städtischen Zentren vorgestoßen und hatten dort, durch ihre bloße Präsenz oder mit Unterstützung von Geheimpolizei und Sondereinheiten, den Protest der Bevölkerung unterdrückt. Der Widerstand in Afghanistan brachte die Sowjets in ein Dilemma. Sie hatten den Feldzug ursprünglich als Niederschlagung von Unruhen unter der Zivilbevölkerung betrachtet, doch im weiteren Lauf der Ereignisse stellte sich heraus, dass die Kämpfe nicht in einen herkömmlichen Konflikt nach europäischem Muster übergingen. Die sowjetische Armee hatte nur wenig Erfahrung mit einer sich über längere Zeit hinziehenden Bekämpfung von Aufständischen. So erklärt sich ihre Technik der »Räumung«, mit der sie die Kontrolle über bestimmte Gebiete erlangen wollte, indem sie Gebäude zerstörte und Kämpfer vernichtete, die ihr in die Quere kamen, und die einheimische Bevölkerung vertrieb.[7]

Die Sowjets bekamen es bei ihren Versuchen, den Aufstand zu zerschlagen, mit zahlreichen Problemen zu tun. So gelang es ihnen beispielsweise nicht, die Ostgrenze des Landes abzuriegeln, über die aus Pakistan Waffen, Munition und Kämpfer zur Fortführung des Widerstandes einsickerten. Spezialeinheiten schalteten zwar einige Gruppen von Kämpfern aus, aber auch die eigenen Eliteeinheiten konnten zuweilen abgeschnitten und vernichtet werden. Die Natur des Landes mit ihren Bergen, Tälern und Höhlen bot den Mudschaheddin einen weitläufigen Kriegsschauplatz für Guerillaoperationen und eine Vielzahl von Verstecken. Zahlreiche sowjetische Soldaten waren, im Gegensatz zu den frei beweglichen, nur mit leichter Ausrüstung operierenden Widerstandskämpfern, durch den notwendigen Schutz von Straßen, Ansiedlungen und Nachschubwegen gebunden. Ein Drittel der Invasionstruppen war auf solche Aufgaben festgelegt. Außerdem förderten die von den Sowjets praktizierte Politik der verbrannten Erde und der wahllose Einsatz von Minen die Sympathien der Zivilbevölkerung für die Widerstandsbewegung.[8] Ein berüchtigtes und zynisches Beispiel für das Vorgehen des Sowjets: Als sie herausfanden, dass die Mudschaheddin ihre schmetterlingsförmigen Personenminen mühelos umgingen, wurde angeblich beschlossen, die Minen mit Disney-Figuren zu versehen, in der Erwartung, dass die afghanischen Kinder versuchen würden, sie aufzunehmen. Hier ist allerdings noch hinzuzufügen, dass die Mudschaheddin selbst Kinder als Minenleger einsetzten.[9] Die afghanische Armee, die die Sowjets eigentlich unterstützen sollte, hatte große Probleme: Es gab Desertionen, Überläufer, Personen, die nur auf der Soldliste standen, aber keinen Dienst taten, ja, es kam sogar zur Ermordung von russischen Offizieren. Der sowjetischen Armee fehlte es außerdem an wichtigen Informationen. Die Widerstandskämpfer benutzten nur selten Funkgeräte, sodass die Sowjets zur Informationsbeschaffung Agenten einsetzen mussten, aber die berüchtigte Geheimpolizei Khad brachte nur eine begrenzte Menge an Informationen bei.

Die Mudschaheddin waren eine hoch motivierte Bewegung mit einer guten Kampfmoral. Sie verbanden nationalistische Grundsätze mit religiöser Hingabe und persönlichen Werten, die sich auf Mut und Ehre bezogen. Afghanische Kämpfer waren stolz auf ihre Zähigkeit. Sie hatten nur wenig Marschgepäck: ihre Waffe, eine Decke oder einen Schal, Munition und ein Minimum an Proviant. Wenn die Zivilbevölkerung sie nicht aufnehmen konnte, schliefen sie im Freien. Sie bevorzugten Überraschungsangriffe und schnelle Rückzüge und kämpften keineswegs in selbstmörderischer Absicht, konnten allerdings einen Angriff genauso gut zu Ende führen wie reguläre Soldaten. Für einige von ihnen lag die Entscheidung über Leben oder Tod in den Händen Allahs, und der Tod war für sie gleichbedeutend mit dem Eingang ins Paradies. Diese Einstellung war unter den arabischen Freiwilligen besonders verbreitet. Einige Araber, die sich an diesen Auseinandersetzungen beteiligten, zeigten eine von Selbstaufopferung und Rücksichtslosigkeit geprägte Kampfeshaltung, aber selbst sie bevorzugten einen heroischen Tod. Nur wenige von ihnen riskierten die Durchquerung eines Minenfeldes, die zur Verstümmelung führen konnte. Zu einem »sauberen« Tod gehörte, dass ihr Körper funktionsfähig ins Paradies einging. Deshalb wiesen die Mudschaheddin zum Beispiel den CIA Vorschlag zurück, in sowjetischen Treibstofftanks heimlich Sprengstoffe zu platzieren: So etwas passte nicht zu ihrer Vorliebe für eine männlich geführte, heldenhafte Schlacht, auch wenn diese in Form eines blitzschnellen Überfalls und Rückzugs ausgetragen wurde.

Die Mudschaheddin kannten ihr eigenes Land und fühlten sich zum Kämpfen gezwungen, aber der Krieg verlieh bestimmten Individuen einen neuen und wichtigen Status als Kämpfer. In der Tatsache, dass Außenstehende, in erster Linie Araber, ins Land gekommen waren, um für ihre Sache zu kämpfen, lag eine gewisse Ermutigung. Der Status der Mullahs, der religiösen Führer in ländlichen Gebieten, war bezeichnenderweise deutlich angehoben worden. Diese Männer lieferten die ideologische Rechtfertigung für den Kampf und unterstützten den

Widerstand auf psychologischer Ebene. Dennoch wäre der Widerstand ohne den Zustrom von Geld und Waffen aus dem Ausland irgendwann zusammengebrochen. Die Amerikaner unterstützten die Mudschaheddin mit sage und schreibe zwei Milliarden Dollar, was die Zuwendungen aus den arabischen Staaten winzig erscheinen ließ.[10] Sie lieferten außerdem Waffen, die häufig offiziell von Entwicklungsländern gekauft wurden, um zu verschleiern, dass sie aus den USA angeliefert wurden. Von entscheidender Bedeutung war die Lieferung von Stinger-Luftabwehrraketen, mit denen sowjetische Flugzeuge und Hubschrauber abgeschossen werden konnten. Die Wirkung dieses Waffensystems ist etwas übertrieben worden, aber es beeinflusste die sowjetischen Optionen beim Einsatz von Luftwaffe und Luftlandeeinheiten.

In den Darstellungen dieses Krieges neigten viele Beobachter dazu, die Schwächen des Widerstandes zu übersehen. Die ausländischen Geldgeber verfolgten ihre eigenen Ziele, die nicht immer mit den Plänen der Mudschaheddin übereinstimmten. Saudi-Arabien zum Beispiel sah den Krieg als Gelegenheit, den Einfluss des schiitischen Iran einzudämmen, indem es in Kabul ein sunnitisches, prowahhabitisches Regime installierte. Für die USA war die Unterstützung des afghanischen Widerstandes eine gute Möglichkeit, der Sowjetunion zuzusetzen, aber als der Kalte Krieg ein Ende gefunden hatte, gaben sie Afghanistan Anfang der neunziger Jahre praktisch auf. Der Iran unterstützte schiitische Widerstandsgruppen, um einer Zunahme des sowjetischen Einflusses in der Golfregion vorzubeugen. Pakistan sah eine Gelegenheit, den Paschtunistan-Plan zu einem Ende zu bringen, indem es sich mit den Paschtunen gegen die Sowjets verbündete. Die Streitkräfte wurden unter General Zia ul-Haq »islamisiert«, als Teil einer Politik, die sich um eine breite Unterstützung durch das Volk in ganz Pakistan bemühte; der Konflikt in Afghanistan lieferte den idealen Hintergrund für die Propagierung eines »Heiligen Krieges«. All diese widerstreitenden Interessen verstärkten Uneinigkeit und Klanbindungen als prägende Kraft des Landes. Für viele Muslime in Zentralasien waren die Mudschaheddin zwar eine Inspirationsquelle, doch sie waren keine homogene Organisation, sondern ein Haufen miteinander konkurrierender Fraktionen. Einzelne Anführer repräsentierten manchmal nur bestimmte ethnische Gruppen und sahen die anderen als Rivalen an: So waren Gailani, Modschadidi, Mohammedi und Khalis Islamisten; Hekmatjar war der Protegé Pakistans; Rabbani und Sayyaf waren pro-saudisch; und die Behesti, Mazari, Akbari und Mohseni waren schiitische Fraktionen (bis der Iran 1990 auf der Bildung einer vereinigten Hizb-e Wahdat bestand); Ahmed Schah Massud, Maulawi Haggai und Ismail Khan waren dagegen eher »säkular« orientierte Warlords. Die Kämpfer waren häufig undiszipliniert und schlecht organisiert, und ihren Operationen fehlte es an Koordination. Bei Überfällen und nächtlichen Einsätzen waren sie wirkungsvoller, aber ihre Feuerdisziplin war gering: Manchmal wurden große Mengen Munition vergeudet, ohne irgendeine Wirkung zu erzielen.[11]

Die kommunistische Regierung Afghanistans war jedoch nicht besser, und die Brutalität von Karmals Regime kannte keine Grenzen. Die Khad ging ihren dienstlichen Pflichten – Bekämpfung von Aufständen, Überwachung der Bevölkerung und Sammlung von Informationen – nach wie vor mit erheblicher Brutalität nach. Die nachfolgenden Regime, die ebenfalls nicht die Unterstützung des Volkes hatten, einschließlich der Regierung Nadschibullahs und der Taliban, griffen dann zu denselben Unterdrückungsmethoden. Karmals Versuche, dem Regime zu größerer Beliebtheit zu verhelfen, schlugen fehl. Er versuchte, ihm ein »islamischeres« Image zu verschaffen, indem er zu einem Befreiungskrieg gegen die Paschtunen aufrief und die DVPA zu einer »Nationalen Vaterlandsfront« machte. Die sowjetische Armee startete weitere Offensiven. Doch der Widerstand ließ nicht nach. Gorbatschow erkannte Mitte der 80er Jahre, dass der Krieg mit den alten Methoden nicht zu gewinnen war. Er bezeichnete Afghanistan als »blutende Wunde«, »pensionierte« Karmal und erkundete Möglichkeiten für eine »Afghanisierung« des Krieges.[12]

Die Sowjets entschieden sich für Mohammed Nadschibullah – ein der Parcham-Fraktion angehörendes Mitglied der DVPA –, er sollte die Lage verbessern. Er bildete Milizen, die den Schutz von Straßen und städtischen Gebieten übernehmen sollten. Diese Milizen erhielten eine finanzielle Unterstützung, was den Einfluss der Warlords weiter anwachsen ließ und deren Anspruchshaltung verstärkte. Nach dem Abzug der Sowjets gerieten einige Milizen aneinander, als sie versuchten, ihr jeweiliges »Lehen« unter ihre Kontrolle zu bringen, und das beschleunigte das Abgleiten in den Bürgerkrieg. Außerdem wurden die Mudschaheddin trotz einiger größerer sowjetischer Offensiven in den Jahren 1986 und 1987 immer kühner: Es kam zu schweren Angriffen auf Kabul, Qalat und Kundus. Letzterer zeitigte allerdings ein für sie ungutes Ergebnis. Die Mudschaheddin verscherzten sich mit ihrem brutalen Vorgehen gegen die Zivilbevölkerung ihre bisherige Popularität. Mit ihrem Auftreten in dieser Stadt setzten sie sich der Gefahr aus, nur noch als rücksichtslose Banditen wahrgenommen zu werden, die auch nicht besser waren als Nadschibullahs Regime. Der hingegen begnügte sich damit, die Unterstützung zu kaufen, die er brauchte, und gab seine Versuche auf, die DVPA wieder zu vereinigen. Er führte seine von Zwangsmaßnahmen geprägte Politik fort und ignorierte die sowjetischen Appelle, eine Wende in Richtung Versöhnung einzuleiten.

UN-Pendeldiplomatie führte zu einem Abkommen, das es den Sowjets ermöglichte, Afghanistan zu verlassen und dabei noch ein Minimum an Prestige zu wahren, doch das Land, das sie verließen, lag in Trümmern. Die Gewalt wurde nicht weniger und hielt Organisationen, die beim Wiederaufbau hätten helfen können, ebenso auf Distanz wie die fünf Millionen Flüchtlinge, die dem Land den Rücken gekehrt hatten. Geld und Munition sorgten für die Fortsetzung des Krieges: Moskau unterstützte Nadschibullah weiterhin finanziell wie auch mit Waffen, und dieser ließ einfach weiteres Geld drucken und wurde mit der Zeit von den Milizen und deren Anführern abhängig, vor allem von den Gruppen, die aus den nationalen Minderheiten rekrutiert worden waren. Nach einem Putschversuch des Generals Tenai im März 1990 war klar, dass sich Nadschibullah auf die Armee nicht verlassen konnte, er verlor keine Zeit und begann umgehend mit einer Säuberung. Nach dem Zusammenbruch der Sowjetunion im darauffolgenden Jahr glaubten viele Beobachter, das Nadschibullah-Regime werde verschwinden, aber überraschenderweise hielt es sich noch weitere zwei Jahre. Der Grund dafür war die Schwäche des Widerstands. Die Mudschaheddin-Fraktionen bekämpften sich gegenseitig, arabische Freiwillige, die Gefangene routinemäßig abschlachteten, befremdeten viele Afghanen und schreckten auch potenzielle Überläufer aus der afghanischen Armee ab. Gulbuddin Hekmatjar, der von Pakistan favorisierte Warlord, ermordete nicht weniger als dreißig Mudschaheddin-Anführer und wechselte die Seiten: Im Bestreben, politische Macht zu erlangen, schloss er sich Nadschibullah an. Auch Nadschibullah vollzog eine Kehrtwende und versuchte Paschtunen für die Regierung zu gewinnen, doch die Eroberung von Mazar-e Sharif durch General Rashid Dostum, auf den er sich zuvor bei der Kontrolle über den Norden gestützt hatte, bedeutete das Ende seiner Regierung. Als sich die diversen Fraktionen auf die Hauptstadt zubewegten, bestand für kurze Zeit Hoffnung auf einen Kompromiss. Sie währte nicht lange, und im Februar 1993 hielt ein fürchterlicher winterlicher Bürgerkrieg das Land fest im Griff.

Aufstieg und Fall der Taliban

Der Bürgerkrieg führte zum Zusammenbruch jeglicher einheitlichen staatlichen Autorität, die den Aufstieg der Taliban hätte verhindern können, und dies war das unmittelbare Ergebnis der Interventionen Pakistans. Die Afghanen verloren ihren gemeinsamen Feind, als die russische Präsenz zu Ende ging. Pakistan und der Iran waren die beiden einzigen verbliebenen externen Faktoren, die den chaotischen Zerfall des Landes zu beeinflussen versuchten. Hekmatjar war ursprünglich von den afghanischen Verhandlungen um eine neue Regierung ausgeschlossen worden. Darauf reagierte er mit Raketenangriffen auf die Hauptstadt. Mohammed Rabbani, damals Chef der Übergangsregierung, beschloss, Hekmatjar einen Ministerposten anzubieten, doch dieser Handel scheiterte, und stattdessen stieß seine Miliz mit Kämpfern der Schura-i-Nazar (Rat des Nordens) zusammen, einer Koalition verschiedener Gruppen, die gegen die Sowjets gekämpft hatten. Das Ergebnis dieser Fraktionskämpfe war die Zerstörung der Hauptstadt. Im Norden Kabuls standen die Kämpfer Massuds, des Verteidigers des Pandschirtals und populären »Löwen des Nordens«. Das Stadtzentrum hielt die Dschumbesch-e Meli Islami, die Fraktion von General Dostum. Im Westen standen die Kämpfer der schiitischen Hizb-e Wahdat von Mazari und außerdem noch die mit ihnen rivalisierenden Ittihad-e Islami, die von Saudi-Arabien unterstützten Sunniten. Vor der Stadt stand Hekmatjar. Wahdat griff Ittihad an, während Hekmatjar mit einer Offensive gegen Massuds Männer begann. Massud und Ittihad schlossen sich zum gemeinsamen Kampf gegen Wahdat zusammen, und Dostum stieß noch zu ihnen, wodurch die »Einheitsfront« entstand. Es kam zu Massakern an Zivilisten, und nach Schätzungen wurden bis zu 10 000 Menschen getötet. Plünderungen und Vergewaltigungen waren an der Tagesordnung. Im Februar 1993 kam es in Afschar zu einem besonders schrecklichen Massaker an Schiiten.[13]

1995 gab es ein kurzes friedliches Zwischenspiel, als Ittihad und Massuds Schura-i-Nazar die Kontrolle über die Stadt erlangten, doch jetzt trat eine weitere Streitmacht in den Konflikt ein. Es war eine Ironie der Geschichte, dass die neue, von Pakistan unterstützte Fraktion den Krieg genau zu dem Zeitpunkt verschärfte, an dem die Möglichkeit bestand, die Ordnung im Land wiederherzustellen. Die *Talib'an,* Paschtunen, die in Flüchtlingslagern und Koranschulen in den Stammesgebieten im Nordwesten Pakistans angeworben wurden, erhielten ihre Waffen und ihre Ausrüstung aus Islamabad.[14] Sie gingen gegen die zerstrittenen Warlords im Süden Afghanistans vor und vertrieben sie aus Kandahar. Hekmatjar, inzwischen nicht mehr der Günstling Pakistans, akzeptierte schließlich den Posten des Ministerpräsidenten, doch der Abzug seiner Männer aus den Außenbezirken von Kabul erfolgte genau zu dem Zeitpunkt, als sich die Taliban auf eine Großoffensive vorbereiteten. Sie hatten sich kurzzeitig mit der schiitischen Wahdat verbündet, aber diese unheilige Allianz war nach einem Scharmützel vor den Toren der Stadt abrupt beendet. Die Taliban nahmen den Wahdat-Anführer Mazari gefangen und richteten ihn hin. General Dostum hatte sich aus Kabul zurückgezogen, um seine Kontrolle über den Nordwesten des Landes zu festigen, sodass sich Massuds Kämpfer jetzt alleine der heftigen Attacken der Taliban erwehren mussten. Massud erkannte, dass seine Männer in der Hauptstadt möglicherweise in eine Falle geraten könnten, denn der Gegner verfügte über pakistanische Waffen, Treibstoff, Flugzeuge, Geldmittel, Informationen und reichlich Nachschub. Deshalb zog sich Massud zurück, um seinen Feldzug vom afghanisch-tadschikischen Herzland des Nordostens aus weiterzuführen.

Nun verlor Pakistan die Kontrolle über seine Taliban-Partner. Islamabad hatte gehofft, dass sie Pakistan strategische Tiefe verschaffen würden, ein sicheres Hinterland, eventuell sogar Ölreserven aus dem Norden des Landes (und vielleicht auch aus dem postsowjetischen Zentralasien). Bei der Beendigung des Kaschmir-Konflikts mit Indien hätte das nützlich sein können.[15] Die pakistanische Regierung wählte 1999 ein ähnliches Vorgehen, als sie irreguläre Kämpfer (in erster Linie die Kaschmiri-Separatisten) bewaffnete, ausrüstete und von Eliteeinheiten anleiten ließ, was dann zur Kargil-Offensive führte. Der Feldzug blieb erfolglos, aber die indische Armee konnte den sich daran anschließenden fortdauernden

Aufstand in Kaschmir nur mit Mühe unterdrücken. Die Pakistanis hätten die Logik einer Politik der Bewaffnung und Ausrüstung radikaler islamistischer Kämpfer durchschauen müssen: Wenn diese Leute sich sicher genug fühlten, würden sie irgendwann ihre eigenen Ziele verfolgen.

Die Taliban zogen viele ausländische Idealisten und religiöse Dogmatiker an. Sie waren eine Bewegung militanter und militaristischer Denker und ein Magnet für viele Menschen, die über den Zustand der Welt zornig waren, nicht zuletzt wegen der schwachen Position, die die muslimische Welt im Vergleich zum Westen einnahm. Mullah Omar, ihr Anführer, sprach davon, dass Afghanistan der islamische Musterstaat sei. Er erklärte, in Afghanistan könne es keine Demokratie geben, weil Allahs Macht nicht teilbar sei. Die Taliban idealisierten die Vergangenheit und behaupteten, sie hätten die Sowjets aus dem Land vertrieben. Osama bin Laden hatte seinen Stützpunkt im Sudan aufgeben müssen, jetzt fand er Unterstützung in Afghanistan. Die Erinnerungen daran, wie er während der sowjetischen Besatzungszeit Unterkünfte für Kämpfer aus dem Ausland errichtet und deren Familien finanziell unterstützt hatte, wurden wieder aufgefrischt. Er erwiderte die Gastfreundschaft der Taliban, indem er ihre Unternehmungen lobte, konzentrierte sich aber auf längerfristige Ziele. Das Taliban-Regime sah er als Plattform für die Ausbildung von Legionen von Mudschaheddin, die gegen die »Juden und Kreuzfahrer« kämpfen sollten, die den Nahen Osten beherrschten. Bin Laden war – wie Aiman al-Sawahiri, der Anführer des ägyptischen Islamischen Dschihad – besonders bemüht, Männer anzuwerben, die sich an verdeckten Operationen gegen den Westen beteiligen würden. Er wollte den Idealismus der Taliban für seine Zwecke einspannen und über Afghanistan hinaustragen – in einen weltweiten Dschihad gegen alle Ungläubigen. Die Mudschaheddin hatten die Sowjetunion besiegt, dachte er, warum sollte es den USA nicht ebenso ergehen?[16]

Der anhaltende bewaffnete Widerstand und ihre eigenen ideologischen Doktrinen überzeugten die Taliban davon, dass die afghanische Gesellschaft Sicherheit und Schutz brauchte. Im Jahr 1996 widersetzten sich ihnen noch Massud im Nordosten, die Hasara in der zentral-westlichen Region sowie Dostum in Mazar-e Sharif. Sie konnten Malik Pahlawan und seine Leute überreden, Dostum im Stich zu lassen und zu ihnen überzulaufen, was ihnen die Kontrolle über Mazar-e Sharif verschaffte. Pahlawans Männer lieferten sich dennoch schon wenig später Kämpfe mit den Taliban, und es gab Massaker auf beiden Seiten. Die Taliban zogen sich zunächst aus der Stadt zurück und vereinigten sich, um erneut anzugreifen, doch dann trafen Dostums Truppen ein und schlugen sie zurück. 1998 unternahmen die Taliban einen dritten Versuch zur Eroberung der Stadt. Diesmal hatten sie Erfolg, und nun offenbarten sie ihre ganze Rücksichtslosigkeit. Bei einem dreitägigen Gemetzel töteten sie und ihre (von Mullah Abdul Manan Niasi angeführten) arabischen Verbündeten Hunderte von Menschen. Im Krankenhaus von Mazar-e Sharif ermordeten sie 30 Patienten in ihren Betten. Es kam zu furchtbaren Folter-Episoden: Einige Opfer wurden erstickt oder bei lebendigem Leib geröstet, indem man sie bei sengender Sonne in Metallcontainer sperrte. Die Taliban ordneten an, dass die Leichname auf der Straße liegen bleiben mussten. Niemand durfte sie beerdigen, als Zeichen ihrer Schande. Augenzeugen berichteten, Hunde hätten sich am Fleisch der Leichen gütlich getan. Bei ihrem Angriff auf Bamian, der ebenfalls 1998 erfolgte, gingen die Taliban ähnlich brutal vor und massakrierten die Bewohner. In Jakaolong töteten sie 300 Menschen, die sie in einer Moschee zusammengedrängt hatten, die dann mit Panzerfäusten beschossen wurde. An anderen Kriegsschauplätzen gingen die Taliban zu ethnischen Säuberungen über, vernichteten die Ernte und zerstörten Dörfer.[17]

Die Furcht der Taliban vor Aufruhr und Widerstand ließ sie zu harten Repressionen greifen. Die Afghanen sprechen über die Taliban-Jahre häufig nur mit einem Wort: *wahshat* (Terror). Die Amnam, die Religionspolizei, verbot den privaten Besitz von Fernsehgeräten und Radios und behauptete, man wollte Afghanistan »frei von Waffen« haben (natürlich mit Ausnahme ihrer eigenen). Gemäßigte Afghanen, die sich ihnen widersetzten, wurden hingerichtet. Es kam zu öffentlichen Hinrichtungen wegen abweichender Ansichten. Die Taliban versuchten die Menschen auch mit kultureller und sozialer Disziplinierung zur Willfährigkeit zu erziehen. Tätigkeiten wie Musizieren, Tanzen oder Trommeln, die unreine Gedanken begünstigen könnten, waren verboten. Bildliche Darstellungen von Lebewesen waren ebenfalls untersagt, was zu Vandalismus im Museum von Kabul und zur Zerstörung der Buddha-Statuen von Bamian und anderer Kunstwerke führte. Frauen durften keine Erwerbsarbeit ausüben, was einige Kriegerwitwen in den Hungertod trieb. Für Frauen, die des Ehebruchs beschuldigt wurden, führte man die Steinigung ein. In der Öffentlichkeit mussten die Frauen sich vollständig bedecken. Ab Mai 2001 mussten alle Nichtmuslime ein gelbes Stück Stoff an ihrer Kleidung tragen, was einem in Erinnerung an den Holocaust einen Schauer über den Rücken laufen lässt.

Die Taliban legten eine große Naivität an den Tag, wenn es um den Umgang mit der internationalen Öffentlichkeit ging. Mullah Omar weigerte sich, mit den Vereinten Nationen zu verhandeln, traute keinen Ausländern und erwies sich im Umgang mit Nichtregierungsorganisationen (NGOs), die Wiederaufbauhilfe leisten wollten, als arrogant und selbstherrlich. Die Taliban wandten sich wegen der Routenplanung für Pipelines aus Zentralasien an die internationalen Ölunternehmen, eröffneten die Gespräche aber mit der Forderung, die Unternehmen müssten die gesamten Kosten für den Wiederaufbau des Landes übernehmen. Sie machten sich bereits in solchen Situationen keine Freunde, doch 1999 brachten sie die gesamte Weltgemeinschaft gegen sich auf, als sie die Entführer des Indian-Airlines-Fluges 814 aufnahmen. Ihr größter Fehler war jedoch, dass sie Bin Laden die Einrichtung von Ausbildungslagern für seinen globalen Dschihad erlaubten. Al-

Qaida führte aus dem afghanischen Nervenzentrum koordinierte Angriffe auf die amerikanischen Botschaften in Kenia und Tansania aus. Diese Attentate waren so geplant, dass möglichst viele Menschen in den Tod gerissen werden sollten – das neue Markenzeichen der Bewegung. Die Amerikaner reagierten mit Cruise-Missile-Angriffen, bei denen einige der Kämpfer in ihren Stützpunkten getötet wurden. Die Taliban wussten, dass die Vereinigten Staaten über eine »globale Reichweite« verfügten, aber sie blieben trotzig und verweigerten sich den amerikanischen Aufforderungen zur Auslieferung Bin Ladens und seiner Verbündeten.

Die Entscheidung, Bin Laden Zuflucht zu gewähren, war nicht selbstverständlich, weil die Beziehungen etwas angespannt waren. Al-Qaida war nicht nur eine Bewegung, sondern ebenso sehr auch eine Ideologie. Sie stand für das Bestreben, eine vereinigte muslimische Welt zu schaffen, die von ihren modernen westlichen Unreinheiten, von Korruption und Unmoral gesäubert war. Sie verfolgte auch einen territorialen Anspruch, indem sie sich die Wiederherstellung des arabischen Weltreiches aus dem 8. Jahrhundert zum Ziel setzte. Und sie zeigte auch eine Mentalität des totalen Krieges. Bin Laden veröffentlichte 1998 eine Fatwa, in der er erklärte, die Tötung westlicher Zivilisten sei vollkommen gerechtfertigt und sollte als Pflicht jedes Muslims betrachtet werden. Diese Weltsicht duldete auch keine Sektenbildung in der islamischen Welt, denn in ihr gab es keinen Platz für Schiiten, Sufismus und andere Ableger des Glaubens. Es war außerdem eine Ideologie, die die Vernichtung des Gegners einschloss, grandiose Träume von einem Weltreich und einem einzigen Kalifat. Und sie war der Ausdruck der Machtlosigkeit von al-Qaida in der wirklichen Welt. Die Organisation war nicht in der Lage, die zersplitterte muslimische Welt im Kampf zu vereinen, und hinter ihren Träumen von einem Weltreich verbarg sich ein Gefühl der Erniedrigung sowie der Schwäche des Islam im Vergleich mit dem modernen, wohlhabenden und militärisch mächtigen Westen. Ein Teil der Taliban lehnte Bin Ladens Fatwas ebenso ab wie die arabische Hybris, es trifft aber auch zu, dass sich einige von ihnen den globalen Idealismus von al-Qaida zueigen machten. Mullah Omar hegte außerdem das Gefühl, dass er nach der Stammestradition der Paschtunen einem ehemaligen Kämpfer im Krieg gegen die Sowjets Gastfreundschaft gewähren müsse. Er wollte sich auch weiterhin den Geldzustrom sichern, für den der Saudi bisher gesorgt hatte, und seine Unterstützung gegen Massud im Norden war bitter nötig. Al-Qaida verübte tatsächlich einen Selbstmord-Bombenanschlag gegen Massud und tötete ihn am 9. September 2001. Zwei Tage später griff die Organisation New York und Washington an, es starben insgesamt 3018 Menschen, darunter 246 Passagiere und Besatzungsmitglieder und die 19 Entführer in den vier Flugzeugen. Es war der schlimmste Terroranschlag, den die Welt je erlebt hatte, und er sollte für eine militärische Reaktion der USA sorgen.[18]

Der »Weltweite Krieg gegen den Terror« wirkte wie eine vage Formulierung militärischer Ziele, und es war unklar, wie Amerikas überwältigende militärische

Übermacht gegen Terrororganisationen eingesetzt werden würde. Nur eines war schnell klar: Die Amerikaner würden auf diese neue Bedrohung militärisch reagieren. Im Fall Afghanistans zeichnete sich ab, dass die USA Luftangriffe fliegen und vielleicht auch Bodentruppen einsetzen würden, um al-Qaidas Ausbildungslager und die Kommando- und Kontrollsysteme der Organisation auszuschalten. US-Präsident George W. Bush wurde im Gespräch mit General Pervez Musharraf, dem pakistanischen Staats- und Regierungschef deutlich: Pakistan solle seine Unterstützung für die Taliban einstellen, sonst müsse er mit finanziellen und vielleicht sogar mit militärischen Maßnahmen der Amerikaner rechnen. Musharraf lenkte ein. Usbekistan, das sich unbedingt das Wohlwollen der Amerikaner sichern wollte, öffnete ihnen ebenfalls seinen Luftraum.

Im Indischen Ozean kreuzte eine US-Flotte, Stealth-Bomber flogen Langstreckeneinsätze aus den USA und Europa, am Boden standen amerikanische Spezialeinheiten an der Seite der gegen die Taliban kämpfenden Nordallianz, und so war das Ergebnis dieses Kampfes vorhersehbar. Das Regime der Taliban zerbrach unter dem Bombardement. 12 000 Bomben wurden abgeworfen und 6700 präzisionsgesteuerte Sprengköpfe eingesetzt. Schwerbewaffnete AC-130-Maschinen (das sind umgebaute C-130 Herkules-Transportmaschinen, die mit schweren Waffen bestückt sind, sogenannte Gunships) nahmen die Stellungen der Taliban unter direkten Beschuss, und Marschflugkörper zerstörten die Ausbildungslager und die Infrastruktur. Die Operationen verliefen so zügig, dass die Medien mit der Berichterstattung kaum mitkamen. Sie akzeptierten Angebote der Taliban, verwundete Afghanen in Krankenhäusern zu filmen, um eine gewisse journalistische »Ausgewogenheit« zu wahren, aber diese Luftangriffe waren die präzisesten in der Geschichte militärischer Auseinandersetzungen. Niemals zuvor hatte eine Luftwaffe über die Möglichkeit verfügt, ihre Feinde so präzise aufzuspüren und zu vernichten. Kampfhubschrauber waren in der Lage, in großer Entfernung vom Zielgebiet einzelne Kämpfer orten, und das bei Tag und bei Nacht und bei jedem Wetter. Es war ein sehr einseitiger Feldzug, der mit dem Fall von Kundus am 26. November 2001 zu Ende ging.

Die Regierung Karsai

Die wichtigsten Fragen unmittelbar nach dem Ende des militärischen Konflikts am 9. Dezember 2001 lauteten: Was für eine Regierung sollte Afghanistan haben? Wie sollte das Land wieder aufgebaut werden? Bei der Konferenz auf dem Bonner Petersberg am 3. Dezember 2001 einigten sich die sechs Nachbarstaaten, Russland und die Vereinigten Staaten darauf, dass Afghanistan eine multi-ethnisch zusammengesetzte, frei gewählte Regierung bekommen solle. Das war ein ermutigender Auftakt, der zeigte, dass die ausländischen Staaten ihre eigenen Interessen vielleicht doch erst einmal zurückgestellt hatten. Das Problem bestand darin, dass die Taliban und einige der Warlords, darunter auch Dostum, an den Verhandlungen nicht beteiligt waren. Eine Übergangsregierung wurde dennoch akzeptiert. Die sogenannte »Notstands-Loya-Jirga« wurde von dem gemäßigten Paschtunen Hamid Karsai geleitet.[19] Karsai führt keine eigene Partei und ist auf einiges Misstrauen gestoßen, weil er sich der Gunst der Vereinigten Staaten erfreut. Er gehört jedoch dem einflussreichen Popolsai-Klan an und steht für die verbreitete Unzufriedenheit der Afghanen mit dem Regime der Taliban und den nicht endenwollenden Kriegen. Ursprünglich war er für die Taliban, doch die Ermordung seines Vaters machte ihn zu einem Gegner der Paschtunen-Bewegung. Im Jahr 2001 wollte er unbedingt eine beständigere politische Autorität schaffen. Karsai, seine ausländischen Partner und die Loya Jirga trafen in rascher Folge Entscheidungen zur Schaffung einer gültigen Währung, eines obersten Gerichtshofs, zur UN-Unterstützung für die Rückkehr der Flüchtlinge und den Wiederaufbau des Landes sowie zur Einrichtung einer Menschenrechtskommission. Der UN-Sicherheitsrat beschloss außerdem das Mandat für den Einsatz einer internationalen Schutztruppe, der International Security and Assistance Force (ISAF) unter dem Kommando des britischen Generalmajors John McColl. Die Truppe war anfangs zwar klein, diente aber dennoch als wirksames Abschreckungsmittel gegen Warlords, die ansonsten versucht gewesen sein mochten, die Hauptstadt einzunehmen, wie sie es bereits 1993 getan hatten.

Afghanistans Bedürfnisse sind schlicht überwältigend.[20] Eine kurze Aufzählung: Das Land braucht Geld, Vertrauen zwischen den widerstreitenden Fraktionen, die Eingliederung der (45 000 Mann starken) Milizen in die Streitkräfte und die Ausweitung der zivilen Staatsmacht in Gestalt einer Polizei. Für den Wiederaufbau ist das Land auf Spendengelder angewiesen, doch zugleich benötigt es eine stabile jährliche Wachstumsrate von neun Prozent, um eine lebensfähige Volkswirtschaft aufzubauen. Das Land steht vor riesigen Herausforderungen. Armee und Polizei sind nur ansatzweise ausgebildet, und einzelne Funktionsträger sind bestechlich. Der Großteil des im Umlauf befindlichen Geldes wird durch Drogenhandel erwirtschaftet. Die Opiumherstellung sorgt derzeit für einen Jahresumsatz von 2,3 Milliarden Dollar, und in einigen Teilen des Landes war sie lukrativer als der Anbau anderer Feldfrüchte. Afghanistan ist zwar angeblich eine Demokratie, aber im Jahr 2004 waren nur 1,5 Millionen der potenziell 10 Millionen Wahlberechtigten registriert, und es gab einige Unruhe, weil Regierungs- und Oppositionskandidaten für ihre angeblichen Kriegsverbrechen nicht zur Rechenschaft gezogen worden waren. Auch das bisherige Verhalten der Warlords bot Anlass zur Besorgnis, und ihre Loyalität dem Regime gegenüber ist mehr als zweifelhaft. Dschawed Ludin, der Stabschef der afghanischen Nationalarmee, kündigte im Juni 2006 an, er erwäge die Bewaffnung der Milizen, um die kleine Polizeitruppe und die Armee zu verstärken, was im Süden des Landes zu zornigen und ängstlichen Reaktionen führte.[21] Habibullah Jan, ein ehemaliger Milizkommandeur, inzwischen Parlamentsabgeordneter für Kandahar, sagte voraus, dies werde zur Entstehung einer gesetzlosen Gruppe von »Dieben und Plünderern« führen, genauso wie damals unter den Sowjets. Internationale Beobachter zeigten sich ebenfalls besorgt und meinten, eine solche Maßnahme werde die Warlords auf Kosten der Zentralregierung stärken. Die Regierung hatte tatsächlich große Schwierigkeiten, die Entstehung von Privatarmeen zu verhindern. Es bestand die Gefahr, dass diese Milizen die ausländischen Soldaten in ihrer Mitte als Feind wahrnehmen würden, und nicht etwa die Taliban. Dies wurde offensichtlich, als es im Mai 2006 in Kabul nach einem Verkehrsunfall, an dem amerikanische Soldaten beteiligt waren, zu Protesten kam. Im Juni gab es dann in der Hauptstadt Selbstmordattentate, doch die Opfer waren Kabuler Zivilisten. Im Regierungsapparat und seinen Sicherheitskräften blüht die Korruption, und das lässt die Unterstützung für die Taliban wieder anwachsen, die behaupten, sie würden diese Zustände beenden und die Ausländer vertreiben.

Die Sicherheitslage in Afghanistan ist allerdings nur eine von vielen Sorgen. Die Infrastruktur des Landes liegt in Trümmern, und es müssen moderne öffentliche Institutionen aufgebaut werden, die eine marktwirtschaftliche Entwicklung unterstützen können. Im Norden gab es in den Jahren 2004 bis 2006 ermutigende Signale. Die Landwirtschaft erholt sich trotz der Probleme mit Landminen. Die Rückkehr eines großen Teils der fünf Millionen Flüchtlinge hat auch viele dringend benötigte Arbeitskräfte ins Land gebracht. Westlich beeinflusste Afghanen gaben der Wirtschaft des Landes neuen Schwung. Von den zwei bis drei Milliarden Dollar Hilfsgeldern, die Afghanistan seit 2001 erhielt, kamen jedoch nur 15 Prozent bei der Regierung an, was ihre Legitimität gewaltig untergrub.[22] Es kursierten Gerüchte über Verschwendung, die es besonders bei großen Wiederaufbauprojekten gegeben habe. Ein großer Teil des nach Afghanistan fließenden Geldes wird tatsächlich durch die Präsenz von Hilfsorganisationen wie den Vereinten Nationen verbraucht. Aber das Gesamtprojekt hat auch gewaltige Ausmaße. Im Jahr 2001 waren fast alle Straßen, Brücken und ein großer Teil der Privathäuser zerstört beziehungsweise reparaturbedürftig. Die einzige Einnahmequelle der Regierung sind die Zollgebühren, da es praktisch keine organisierte Besteuerung gibt. Es gibt zu wenig Nahrung, Kleidung, medizinische Versorgung, vielen fehlt es an einem Dach über dem Kopf. Die Hälfte der Kleinkinder ist unterernährt. Die Säuglingssterblichkeit liegt bei 150 von 1000 Geburten. Die Lebenserwartung beträgt 41 bis 43 Jahre. Im Bildungswesen fehlt es an Schulen und ausgebildeten Lehrern, und die Kinder sind gezwungen, die Schulen zu verlassen, um Geld zu verdienen – häufig bei staatlichen Baumaßnahmen wie etwa Straßenreparaturarbeiten –, weil sie nur so ihr Überleben sichern können. Bewaffnete Banden wahren ihren Einfluss durch Erpressung, und in ländlichen Gegenden blüht das Banditenwesen.

David Tarr von der University of California hat ein Modell für den nationalen Wiederaufbau Afghanistans entwickelt[23] und nennt in seiner Liste der benötigten Dinge zunächst sechs Faktoren: menschliche Arbeitskraft, Geld, Maschinen, Materialien und Werkstoffe, Märkte und Management. Dieser ersten Aufzählung fügte er noch folgende Punkte hinzu: Durchsetzung von Recht und Gesetz und eine freie Presse, körperliche und ideologische Sicherheit, politische Legitimität und Konsensbildung, gute Regierungsführung, Demokratie und verantwortliches Handeln, Infrastruktur und Leistungsanreize und schließlich die Unterstützung durch die breite Mehrheit der Bevölkerung. Doch Afghanistan braucht mehr als das. Es braucht eine länger anhaltende Zeitspanne ohne ausländische Interventionen und einen Geist der Versöhnung. Das Überleben der afghanischen Demokratie wird von wirtschaftlichem Wachstum und Stabilität abhängen.

Die Amerikaner forderten andere Nato-Partner auf, bei der Sicherung des Landes mitzuwirken. Die zögerliche Haltung einiger europäischer Staaten weckte Zweifel an der Zukunft der Allianz und einige Besorgnisse in Bezug auf Karsais Regierung.[24] Selbst die Einsatzmöglichkeiten der schließlich im Land stationierten Truppen wurden von den zuständigen Regierungen begrenzt. Die spanischen Truppen in Herat verließen zum Beispiel nur selten ihren Stützpunkt. Das deutsche Kontingent verweigerte den Soldaten anderer Nationen die Benutzung der eigenen Hubschrauber. Jede Nation legt den Auftrag eines Wiederaufbauteams in den Provinzen anders aus, was zu einer ungleichen Entwicklung führt. Den britischen Truppen im Süden des Landes war es nicht erlaubt, gegen den Opiumanbau vorzugehen, denn das, so sagte man ihnen, falle in den Zuständigkeitsbereich der afghanischen Regierung. Der Ausbau einer Regierungsautorität war jedoch ein schwieriger Auftrag, der durch den Bruch zwischen Afghanistan und Pakistan nicht erleichtert wurde.[25] Und die Taliban leisteten hartnäckigen Widerstand. Ein Bataillon der britischen Royal Fusiliers war an fast einhundert aufeinanderfolgenden Tagen in Gefechte verwickelt. Kleine Abteilungen des Fallschirmjägerregiments mussten tagelang kämpfen, als die Taliban ihre Stellungen einschlossen, auch wenn die Taktik der sogenannten »platoon houses« entwickelt worden war, um die Aufständischen auf ein Gelände zu locken, auf dem sie vernichtet werden konnten. Die zivilen Opfer, die es wegen der Kämpfe gab, und die Verhaftung von Personen, die als Taliban-Anführer verdächtigt wurden, weckten den Zorn der Afghanen. Die Bevölkerung wird kaum begreifen, dass der Westen gekommen ist, um das Land wieder aufzubauen, wenn Häuser zerstört und Menschen getötet werden.

Auch wenn der Aufstand der Taliban im Süden anhält, wird deutlich: Die religiösen Eiferer haben dem Land nur wenig Konstruktives zu bieten. Sie begingen genau die Verbrechen, deren Unterbindung sie zu Beginn ihres Feldzugs versprochen hatten. Sicherheit und Schutz der »islamischen Kultur« (nach ihrer eigenen Auslegung) auf Kosten von Menschenrechten und freier Meinungsäußerung verdammten das Land zur Stagnation. Die Taliban begriffen nicht, dass die Werte, die sich mit bürgerlichen Freiheiten verbinden, nicht die »Übel« des Westens sind, sondern universaler Natur und für jede Gesellschaft von grundlegender Bedeutung. Sie fürchteten die Grundsätze der Moderne und gingen jedem Dialog aus dem Weg. Ihre Philosophie des »Kämpfens oder Untergehens« ist ein Beweis für ihre Schwäche. Wie die autoritären Regime des 20. Jahrhunderts verlangten sie von ihren Anhängern eine Mentalität der Selbstaufopferung und des totalen Krieges, die ihre offensichtlichen materiellen Defizite ausgleichen sollte. Die Phantasievorstellung des Kampfes für ein größeres muslimisches Weltreich und der Konfrontation mit dem selbstherrlichen Westen verleiht ihnen das Prestige, das ihnen in der wirklichen Welt fehlt. Al-Qaida und die Taliban teilen diesen Irrglauben, und letztlich werden sie auch dasselbe Schicksal teilen.

KAPITEL 6

Die Islamische Bewegung Usbekistans und ihr Aufstand ohne Grenzen

Die Islamische Bewegung Usbekistans (IMU), die seit 2001 unter dem Namen Islamische Bewegung Turkestans (IMT) agiert, ist die berüchtigtste Terrororganisation Zentralasiens. Sie ist eine zutiefst ideologisch geprägte Gruppe, die sich intensiv mit den Theorien und Techniken des Dschihad beschäftigt hat, und könnte auch als Taliban des Pamir betrachtet werden. Sie zeichnet sich durch ihre polemischen antidemokratischen Erklärungen und ihre ebenso aggressiven Verurteilungen der usbekischen Regierung aus. Ihre Kader sind jung, gewalttätig und stark von der salafitisch-wahhabitischen Lesart des Islam beeinflusst. In drei Feldzügen, die diese Terrorgruppe von 1999 bis 2001 gegen Usbekistan und Kirgistan führte, machte sie sich durch ihre Rücksichtslosigkeit und Brutalität einen Namen. Von ihr entführte Polizisten wurden enthauptet; Untereinheiten der Bewegung wurden in heftigen Feuergefechten mit den Sicherheitskräften praktisch vollständig ausgelöscht; waren sie zum Rückzug gezwungen, zogen sie es vor, ihre eigenen Verwundeten zu erschießen, damit sie nicht in die Hände des Gegners fielen; auch Leute aus den eigenen Reihen, die sich auf eine Amnestie der usbekischen Regierung einließen, wurden hingerichtet. Nach Schätzungen kontrolliert die Organisation gemeinsam mit ihren Verbündeten 70 Prozent des regionalen Drogenhandels und finanziert sich aus diesen Einnahmen. In ihrer gewalttätigen Geschichte musste sie auch einige schwere Rückschläge hinnehmen. Früher unterhielt die Bewegung Stützpunkte in Tadschikistan und Afghanistan, doch im Jahr 2001 wurde sie durch die Operation Enduring Freedom zerstreut. Ihre »Alumni« versuchten sich seitdem neu zu organisieren, sie verübten Selbstmordanschläge in Usbekistan und verbreiteten neue Drohungen, doch bisher haben sie noch kein einziges ihrer Ziele erreicht.[1]

Tahir Abdulilowitsch Juldaschew und Dschuma Namangani (dessen richtiger Name Dschumaboi Ahmadschanowitsch Chodschijew war) verkündeten die Gründung der IMU im September 1998 in der von den Taliban beherrschten afghanischen Hauptstadt Kabul. Gleichzeitig war die IMU mit der Internationalen Islamischen Front (IIF) Osama bin Ladens verbündet. Bin Laden begrüßte die IMU als weiteren Bestandteil seiner salafitisch-wahhabitischen al-Qaida-Organisation (wie die IIF manchmal auch genannt wurde), denn er wollte unbedingt an radioaktives Material kommen und das Expertenwissen unzufriedener Bewohner der ehemaligen Sowjetunion für sich nutzen. Die Anführer der IMU waren sich ihrerseits darüber im Klaren, dass sie die personelle Stärke, das Fachwissen und insbesondere das Geld brauchten, das al-Qaida und die Taliban bereitstellen konnten, wenn sie auch nur eine kleine Chance haben wollten, ihre ehrgeizigen Ziele zu erreichen. Juldaschew umriss die Ziele der IMU in aller Kürze so: Schaffung eines islamischen Staates durch den gewaltsamen Sturz der säkularen Regierungen Zentralasiens, vorneweg der Regierung Usbekistans.

Bei der Durchsicht des Originaltextes der IMU-Erklärung von 1998 kommen einige interessante Details zum Vorschein.

Die islamistischen Ziele sind, wie zu erwarten, ein zentraler Aspekt: »Wir haben einen Dschihad ausgerufen, um ein religiöses Gesellschaftssystem, eine religiöse Regierung zu schaffen. Wir wollen ein auf die Scharia gestütztes System aufbauen.«[2] Juldaschew bezog sich jedoch gleichermaßen auf die ungleiche Machtverteilung wie auch auf die Verletzung religiöser Grundsätze, wenn er behauptete, dass die IMU »gegen die Unterdrückung in unserem eigenen Land kämpft, gegen Bestechung, gegen die Ungerechtigkeit – und auch für die Befreiung unserer muslimischen Brüder aus dem Gefängnis. […] Wir glauben, dass wir verpflichtet sind, [diejenigen, die im Gefängnis gestorben sind,] zu rächen, und dieses Recht kann uns niemand nehmen.« Ganz wie ihre Gastgeber, die Taliban, versuchte die IMU politische und religiöse Rechtfertigungen für ihren Griff nach der Macht zu entwickeln, überraschenderweise fand sich bei ihr jedoch auch eine implizite Kritik an anderen Bewegungen, die sich dem Dschihad verschrieben hatten: »Wir wollen das Modell des Islam, das uns vom Propheten überliefert wurde und nicht dem Islam in Afghanistan oder im Iran, Pakistan oder Saudi-Arabien gleicht – diese Modelle entsprechen nicht dem islamischen Modell.« Diese Bemerkung lässt auf eine seit langem bestehende Spannung zwischen dem Wahhabismus eines Osama bin Laden und der Lesart der IMU-Anführer schließen. Juldaschew erklärte weiter: »Bevor wir einen islamischen Staat aufbauen, wollen wir zuerst der Unterdrückung ein Ende setzen. Deshalb vergießen wir jetzt Blut, und die Schaffung eines islamischen Staates wird dann das nächste Problem sein. […] Wir brauchen keine Kontakte ins Ausland, denn unsere Wurzeln sind tief und in unserem Heimatland verankert.« Die »tiefen Wurzeln« sind eine Anspielung auf den antikommunistischen Basmatschi-Aufstand in den 1920er Jahren. Juldaschew war eindeutig der Ansicht, dass Karimows Regime bloß das alte kommunistische System beerbt hatte. Der Kommentar zu den Auslandskontakten ist jedoch vor allem deshalb merkwürdig, weil ausländische Freiwillige (die nicht aus Zentralasien kamen) in der Bewegung eine bedeutende Rolle spielten. Die Bemerkung mag auf einen usbekischen Adressatenkreis zugeschnitten gewesen sein, um die Reinheit der eigenen Sache zu unterstreichen und die Nationalisten nicht abzuschrecken. Sie könnte aber auch als Warnung für andere Dschihad-Gruppen wie etwa al-Qaida gedacht gewesen sein, damit diese gar nicht erst den Versuch unternahmen, die Organisation zu steuern. (Ein Punkt, der in den 80er Jahren für einige Irritationen zwischen »afghanischen« Arabern und den Mudschaheddin gesorgt hatte.) Keinerlei Zweifel gab es jedoch bei einem anderen Punkt: Verhandlungen oder Kompromisse kamen nicht in Frage. Juldaschew polterte: »Wir widerrufen unsere Erklärung zum Dschihad gegen die usbekische Regierung nicht. *Inschallah,* wir werden diesen Dschihad zu Ende führen.«

Die kompromisslose Haltung der IMU lässt sich bis in die Monate unmittelbar vor der Unabhängigkeit Usbekistans zurückverfolgen. Juldaschew, ein temperamentvoller Mullah, hatte im Dezember 1991 in der Stadt Namangan im Ferganatal eine Protestdelegation gegen den Bürgermeister angeführt.[3] Zu dem Konflikt kam es, weil sich das Stadtoberhaupt weigerte, den Bau einer neuen Moschee zu genehmigen. Diese Weigerung war von der Furcht bestimmt, Juldaschew und seine Anhänger könnten den Ort für radikale Umtriebe nutzen. Juldaschew und seine Leute stürmten die örtliche Zentrale der Kommunistischen Partei Usbekistans (KPU) und hielten die Räume besetzt. Die Regierung handelte zunächst nicht, weil sie sich über die Absichten dieser offensichtlichen Randgruppe nicht im Klaren war. Diese Tatenlosigkeit ermutigte Juldaschew nur noch mehr. Er hatte bereits Geld aus Saudi-Arabien erhalten und etwa 5000 Aktivisten um sich geschart. Jetzt führte er für die Bewohner des Ortes eine strikte Gebetsordnung ein.[4] Er bestand darauf, dass die Frauen auf ihre traditionellen farbenprächtigen Kopftücher und die bestickten Kleider verzichteten und sie durch weiße Burkas ersetzten. Bürgerwehren setzten diese Verordnungen durch und gingen abends zur Bekämpfung der Kriminalität auf Patrouille. Ladenbesitzer mussten mit stichprobenartigen Preiskontrollen rechnen. Neue Medressen nahmen den Lehrbetrieb auf, und sie alle propagierten Juldaschews radikale Variante des salafitisch-wahhabitischen Islam. Seine Moschee in Namangan schmückte er mit einer Parole, die er von seinen ehemaligen kommunistischen Herren entlehnt hatte, die aber zugleich sein Bestreben erkennen ließ, in Zentralasien ein neues Kalifat zu errichten. Der schlichte Wortlaut war: »Lang lebe der islamische Staat.«

Juldaschew hatte die usbekische Regierung bereits im Frühjahr 1991 herausgefordert, als er von Karimow die landesweite Einführung der Scharia verlangte. In seiner Arroganz ging Juldaschew davon aus, dass mit dem Ende der Sowjetunion, die er ihrem definitiven Zusammenbruch entgegentaumeln sah, auch alle kommunistischen Regime in Zentralasien mit in den Abgrund gerissen würden. Deshalb forderte er Karimow auf, in Namangan mit ihm über die Zukunft des Landes zu verhandeln, und sich selbst sah er dabei in einer Position der Stärke.

Diese innere Überzeugung erklärt auch, warum er sich von der PIW trennte: Er kritisierte ihre Entscheidung, mit der Regierung zusammenzuarbeiten und an Parlamentswahlen teilzunehmen. Juldaschew war dagegen der festen Überzeugung, dass es eine islamische Revolution geben müsse, die, wie das iranische Vorbild, bei der Bevölkerung überwältigende Zustimmung finden würde. Er gründete seine eigene revolutionäre Partei unter dem Namen Adolat (Gerechtigkeit), mit der er der PIW gezielt Konkurrenz machen und deren Anhänger abwerben wollte. Dem »offiziellen Islam« und den führenden Vertretern der PIW gelang es nicht, die Ausbreitung dieser saudischen Spielart des radikalen Islam einzudämmen, die mit ausländischem Geld im ganzen Ferganatal Moscheen und Medressen baute. Weitere radikale Gruppen blühten auf, darunter die Hizb-i-Islami (Partei des Islam), Islam Lashkarlary (Kämpfer für den Islam) und Tauba (Reue). Karimow versuchte anfangs noch, Juldaschew versöhnlich zu stimmen, und erklärte sich zu einem Treffen mit seinem Kontrahenten bereit, das im April 1991 in Namangan stattfand. Diese öffentliche Begegnung entwickelte sich jedoch zu einer heftigen Auseinandersetzung, was vor allem daran lag, dass Karimow die Forderungen der militanten Kräfte unmöglich erfüllen konnte, ohne den Staat zu demontieren. Dennoch hielt sich Karimow, der auch noch das dringendere Problem des Übergangs vom System der Sowjetunion in die staatliche Unabhängigkeit zu lösen hatte, zurück, bis die Radikalen im Dezember desselben Jahres dann die Parteizentrale der KPU stürmten. Der Gegenschlag begann vier Monate später mit einigen Verhaftungen, aber Juldaschew und einige seiner Gefolgsleute warteten nicht ab, bis sie die volle Wucht der Staatsgewalt traf: Sie flohen über die Grenze nach Tadschikistan.

Die Führungsrolle der IMU und Feldzüge in den 1990er Jahren

Juldaschew nutzte sein Ansehen als Imam für eine Odyssee zur Spendenwerbung und Netzwerkarbeit, um so die finanziellen Mittel für einen militärischen Feldzug zum Sturz des Karimow-Regimes beizubringen. 1992 studierte er eine kurze Zeit lang an einer von der PIW betriebenen Medresse in Tadschikistan, bis ihn der Ausbruch des tadschikischen Bürgerkriegs zum Weiterziehen zwang. Wie viele PIW-Führer suchte er Zuflucht in Afghanistan und betätigte sich dort als Propagandist, erkannte jedoch schon bald, dass er ein stärkeres Unterstützer-Netzwerk einrichten musste, wenn sein Traum, die Macht in Taschkent zu übernehmen, jemals Wirklichkeit werden sollte. Er reiste nach Pakistan, Saudi-Arabien, in den Iran, die Vereinigten Arabischen Emirate sowie in die Türkei und sammelte Informationen zur Ideologie und zu den Methoden islamistischer Gruppen. Die wichtigste Organisation, zu der er Kontakt aufnahm, war allerdings wohl der pakistanische Geheimdienst ISI. Aus dieser Quelle erhielt er Geld sowie die Erlaubnis, in Peschawar einen Stützpunkt einzurichten, in der Stadt, die das Tor zur Nordwestlichen Grenzprovinz war, in der die Gesetze der Zentralregierung nicht galten. Juldaschew nahm in der Zeit von 1995 bis 1998 Kontakt zu einer ganzen Reihe von Gruppen der Dschihad-Kämpfer auf. Die Jamiat-i-Ulema Islami, die Organisation, die die Taliban mit Geld versorgte, sammelte auch Geld für Juldaschew und half dabei, seine Anhänger in den radikalen pakistanischen Koranschulen unterzubringen. Besonders wichtig war hier, dass ihn die afghanischen Araber, Verbündete der Taliban, mit Osama bin Laden zusammenbrachten.[5] Usbekische Freiwillige wurden außerdem dank ihrer Koranschulen-Kontakte in Afghanistan selbst oder in grenznahen Stützpunkten in terroristischen Taktiken ausgebildet. Diese internationalen Kontakte halfen Juldaschew bei der Erweiterung seines Netzwerks.

Es wurde zwar niemals bestätigt, aber dennoch ist es wahrscheinlich, dass Juldaschew Geld von islamischen »Wohltätigkeitseinrichtungen« und Tarnorganisationen erhielt, hinter denen sich in einigen Fällen staatliche Geheimdienste verbargen. Dabei könnten Exil-Usbeken, deren Vorfahren in den 1920er Jahren nach Saudi-Arabien gegangen und dort zum Wahhabismus übergetreten waren, die naheliegende erste Anlaufstelle gebildet haben, aber auch saudische Geschäftsleute versorgten Juldaschews Organisation mit Geld, und es mag auch Kontakte zum saudischen Geheimdienstchef, Prinz Turki al-Faisal, gegeben haben. Ein besser belegter Teilaspekt von Juldaschews Odyssee ist, dass er während des ersten Krieges nach Tschetschenien reiste. Von dort aus predigte er eine militant-spirituelle und bewaffnete islamische Revolution in Usbekistan. Diese Plattform war sorgfältig gewählt. Juldaschew sprach offensichtlich aus dem Zentrum des islamischen Kampfes gegen die Ungläubigen, und damit wollte er nicht nur von den Qualen der muslimischen Brüder berichten, sondern sich zugleich als führender Sprecher der allgemeinen zentralasiatischen Sache profilieren. Sein Publikum befand sich eindeutig auf der Ostseite des Kaspischen Meeres, aber einige Tschetschenen sollten sich später der IMU anschließen und in den Bergen Kirgistans und Usbekistans kämpfen, um ihrem früheren Freund und Verbündeten beizustehen. Diese Art der Verbindung wurde auch bei Juldaschews Besuchen in der Türkei offenkundig. Dort traf er sich mit Islamisten und erklärte, ein pantürkisches Kalifat in Zentralasien wäre für eine ähnlich orientierte Gruppierung in der Türkei von unmittelbarem Nutzen. Unterdessen wurde heimlich Geld nach Usbekistan geschafft, um Schläferzellen einzurichten, die einen künftigen Aufstand dann entscheidend unterstützen sollten.

Der andere wichtige Exilant aus Usbekistan war im Jahr 1992 Dschuma Namangani, der ehemalige sowjetische Fallschirmjäger und Afghanistan-Veteran, der nach dem Kampfeinsatz gegen die Mudschaheddin eine radikale »Re-Konversion« zum Islam durchlaufen hatte.[6] Namangani hatte sich an der Erstürmung der

KPU-Zentrale in seiner Heimatstadt beteiligt und war, wie Juldaschew, vor Karimows Razzien geflüchtet. Mit einem Gefolge von 30 militanten Usbeken und einer Handvoll Araber, die Juldaschews Adolat-Partei finanziert hatten, war er in Kurgan Tjube, einer südlichen Provinz Tadschikistans, eingetroffen. Nach und nach stießen weitere Usbeken zu Namanganis Gruppe, hinzu kamen ausländische Freiwillige, die im afghanischen Bürgerkrieg desillusioniert worden waren. Arabische Kämpfer sahen in Namanganis Bewegung eine Chance, den internationalen Dschihad voranzubringen und sich von den erbärmlichen und nicht mehr zu überblickenden Kämpfen in Afghanistan abzusetzen. Durch sein Fachwissen zu sowjetischen Waffensystemen, Sprengstoffen, zur Militärtaktik und Ausbildung war er für die Bewegung von großem Nutzen, aber es war vor allem sein Wille zum Handeln, der ihn zum Anführer einer zunehmend größer werdenden Truppe militanter Männer prädestinierte. Die PIW nutzte seine Erfahrung und sein Geschick im tadschikischen Bürgerkrieg und wies ihm 1993 das Tawildaratal als Operationsbasis zu, und auch einige PIW-Männer schlossen sich seiner Gruppe an. Er wurde zwar zweimal aus dem Tal vertrieben, doch durch seinen persönlichen Mut und die erfolgreichen Hinterhalte gegen tadschikische Regierungstruppen in Gorno-Badachschan und im Karategintal erwarb er sich einen legendären Ruf. Namangani befehligte eine entscheidende Aktion am Haboribot-Pass und sicherte sich damit den Respekt und die Dankbarkeit der gesamten PIW. Dies sollte ihn später auch vor dem Zorn der usbekischen und kirgisischen Behörden schützen. Der tadschikische Zivilschutzminister Mirso Sijojew war zu einem früheren Zeitpunkt Stabschef der PIW und damit Namanganis Vorgesetzter. Namangani bezeichnete ihn als »Bruder«, und Sijojew war Ende der 90er Jahre ein wichtiger Verhandlungspartner für die IMU, was erbitterte Kritik von Seiten Karimows zur Folge hatte. Karimow ging wegen dieser engen Kontakte davon aus, dass die tadschikische Regierung mit den Dschihad-Terroristen heimlich gemeinsame Sache machte.

Dennoch war Namangani selbst während des Bürgerkrieges so etwas wie eine Belastung für die PIW, und es gab Zweifel an der Ernsthaftigkeit seines Bekenntnisses zum Dschihad. Seine ehemaligen Kampfgefährten bezeichneten sein Verständnis des Islam als rudimentär. Sie meinten, nicht die Religion motiviere ihn zu seinen Taten, sondern das Bestreben, Risiken einzugehen und unmittelbare Veränderungen herbeizuführen. Namangani war sich zwar der Bedeutung strikter Disziplin in Kampfsituationen bewusst, das hinderte ihn aber nicht an gelegentlicher Insubordination, auch neigte er zu übereiltem Handeln, denn das sorgfältige Abwägen von Strategien lag ihm nicht. Seine militärischen Erfahrungen in Afghanistan hatten ihn die Kunst des Guerillakrieges gelehrt, die Dschihadisten vermittelten ihm dazu wahrscheinlich Zielstrebigkeit und einen »Auftrag«, der diese Erfahrungen aufwertete. Mohejuddin Kabir, der Chefberater der PIW während des Bürgerkrieges, konstatierte, dass Namangani »sich leicht von seiner Umgebung beeinflussen [lässt], [...] er wurde eher von seinen eigenen militärischen und politischen Erfahrungen geprägt als von der islamischen Ideologie«, und »er hasst die usbekische Regierung – genau das treibt ihn vor allen Dingen an.«[7]

Namangani lehnte den Friedenskompromiss von 1997 in Tadschikistan ab und wurde so eher zu einem verbitterten Gesetzlosen als zum »heldenhaften Anführer« einer Dschihad-Bewegung. Sijojew musste ihn in langwierigen Verhandlungen zur Einstellung des Kampfes überreden, und der abtrünnige Anführer akzeptierte dies zwar, behielt aber seinen Stützpunkt im Tawildaratal, wo er mit einem kleinen Gefolge von Usbeken und ausländischen Kämpfern ausharrte. Dieser Bandit im Wartestand ließ sich schließlich in Hoit in der Nähe der kirgisischen Grenze nieder. Seine Anhängerschaft zählte 40 Usbeken und Araber, und auch seine tadschikische Frau und Tochter waren bei ihm. Er verlegte sich auf ein Transportunternehmen zwischen Duschanbe und Garm. Die lukrativste Fracht war Heroin. Namangani hatte nur wenig Skrupel, Drogen zu transportieren, denn er musste den Lebensunterhalt seiner wachsenden Anhängerschaft sichern. Sein Ruf führte ihm desillusionierte ehemalige Kämpfer zu, die in seinem Hauptquartier erschienen, und ebenso verhielt es sich mit einer großen Zahl usbekischer Radikaler, die ins Visier von Karimows Regime geraten waren. In Hoit hielten sich 1999 rund 200 Männer auf, die aus Usbekistan, Tadschikistan, Tschetschenien und dem Nahen Osten kamen, und einige von ihnen hatten auch ihre Familien bei sich. Sie bedrängten Namangani, mit einer internationalen Streitmacht in den Kampf gegen die zentralasiatischen Regime zu ziehen. Die wichtigsten Einflüsse gingen jedoch von zwei Ereignissen im Jahr 1997 aus: von der Machtübernahme der Taliban in Afghanistan und vom Eintreffen Tahir Juldaschews, des ehemaligen Chefs Namanganis.

Juldaschew und Namangani waren bei der Verfolgung ihrer Ziele seit dem schicksalhaften Angriff von 1991 auf die KPU-Parteizentrale keinen Schritt weitergekommen, aber das sollte sich jetzt ändern. Im tadschikischen Bürgerkrieg hatte Namangani über eine gute Ausrüstung verfügt und eine große Streitmacht befehligt, doch diese hatte er mittlerweile ebenso eingebüßt wie einen großen Teil seiner Feuerkraft. Er und Juldaschew hatten ihren Verbündeten PIW an eine Regierung der nationalen Versöhnung verloren, in der eine erhebliche Zahl ehemaliger Kommunisten wichtige Positionen einnahm. Der verbliebene Stützpunkt im Tawildaratal war in Gefahr, unter dem Druck der neuen tadschikischen Regierung geschlossen zu werden. Beide Männer wussten jedoch, dass die Taliban ihrer Sache vermutlich mit Sympathie begegnen würden und dass Juldaschews Netzwerk ihnen eine Chance verschaffte.

In Usbekistan selbst hatten sich die Dinge ebenfalls weiterentwickelt. Juldaschew hatte eine Reihe von Anschlägen auf usbekische Sicherheitskräfte angeordnet, was wiederum zu Razzien seitens der Regierung führte. Karimow wollte die Gewalt im Keim ersticken, bevor sie an Schlagkraft gewann, er verurteilte die

Indoktrination von Islamisten, ließ zahlreiche Verhaftungen vornehmen sowie das Gesetz zur Freiheit des Gewissens und religiöser Organisationen (1998) verabschieden, das die Registrierung von Moscheen und ihrer Ulemas vorschrieb.[8] Man zwang Familienangehörige Juldaschews und Namanganis, die beiden als Terroristen zu verurteilen, und Namanganis Mutter wurde so lange öffentlich gedemütigt, bis sie ihn verfluchte. Jeder, der das Regime herausforderte, wurde verfolgt, und es gab Anschuldigungen wegen willkürlicher Verhaftungen, Einschüchterung, ja, sogar Foltervorwürfe wurden laut. Das Vorgehen der usbekischen Regierung war zweifellos streng, aber dadurch zu erklären, dass sie sich in hohem Maß bedroht fühlte. Mehrmals hatten Terroristen versucht, Karimow zu beseitigen, und loyale Regierungsangestellte ermordet. Die Razzien brachten natürlich viele junge Muslime gegen die Regierung auf. Korruption, die relative Ungerechtigkeit bei der Vermögensverteilung und eine hohe Arbeitslosigkeit trugen zu Zorn oder Verzweiflung bei. Juldaschew und Namangani sahen jetzt die Chance gekommen, die wachsende innenpolitische Unruhe in ihrem Sinn zu nutzen.

Die beiden beschlossen, ihre Operationsbasis in der Auseinandersetzung mit der usbekischen Regierung nach Afghanistan zu verlegen. Juldaschew war in jenem Jahr bereits mit den Taliban zusammengetroffen, und deshalb lag dieser Schritt nahe. Die Taliban boten anderen Terrororganisationen den eben erst von ihnen eroberten Staat bereits als sichere Zuflucht an, darunter auch al-Qaida, denn Osama bin Laden hatte 1996 auf Druck der USA den Sudan verlassen müssen. Juldaschews Variante des sunnitischen Extremismus passte zur salafitisch-wahhabitischen und zur Deobandi-Ideologie. Die Taliban betrachteten die IMU als Verbündeten gegen Karimow, weil der usbekische Staatschef bereits seine unversöhnliche Gegnerschaft zum Regime in Kabul bekundet hatte. Bin Laden wollte außerdem Juldaschews Adolat zu einem Ableger seiner eigenen Organisation weiterentwickeln. Juldaschew und Namangani verkündeten deshalb 1998 die Gründung der IMU konsequenterweise in Kabul. Ziel der Organisation sei die Vernichtung des Regimes in Taschkent, war bei dieser Gelegenheit zu hören.[9]

Die Ergebnisse der neuen Ausbildungsmöglichkeiten, die der IMU in Afghanistan zur Verfügung standen, waren bald zu spüren: eine Welle von Autobomben-Anschlägen in der usbekischen Hauptstadt im Februar 1999. Dabei wurden 13 Menschen getötet, es gab 128 Verletzte. In Kirgistan wurde im Mai desselben Jahres ein ähnlicher Anschlagsplan aufgedeckt, bevor er in die Tat umgesetzt werden konnte. Bei einer Schießerei mit einer angeblichen Bande von Dschihad-Kämpfern in der Nähe von Taschkent töteten Sicherheitskräfte am 2. April acht ihrer Gegner. Karimow war anfangs überzeugt, säkulare politische Gegner hätten die Anschläge geplant, in erster Linie Mitglieder der Erk- (»Freiheit«) und der Birlik-Partei (»Einheit«). Unter den 2000 Verdächtigen, die verhaftet worden waren, befanden sich jedoch viele Islamisten, deshalb machte die usbekische Regierung schließlich die IMU für die Anschläge verantwortlich. Karimow glaubte, eine Koalition seiner ausländischen Rivalen habe diese Greueltaten unterstützt, unter anderem Pakistan, die Türkei und Tadschikistan. In der Frage des Unterstützer-Netzwerks der IMU verwies er vor allem auf die Taliban und die tschetschenischen Dschihad-Kämpfer.

Das Fehlen genauer Hinweise zeigte vielleicht, wie wenig die usbekische Regierung über die Angreifer wusste, obwohl ihr Geheimdienst durchaus Informationen zusammengetragen hatte. Die Regierung schien besorgt, militante Kräfte und Demokraten könnten ein Bündnis schmieden und gemeinsam die Kontrolle über das Ferganatal übernehmen, wie zuvor in Tadschikistan geschehen. Verschwörungstheoretiker und Zyniker behaupteten, wie stets in solchen Fällen, die usbekischen Sicherheitsdienste stünden möglicherweise selbst hinter den Anschlägen, um einen Anlass für ein hartes Vorgehen gegen oppositionelle Gruppen zu schaffen.[10] Karimow brauchte aber die grausame Ermordung so vieler Menschen gar nicht, um eine solche Politik zu rechtfertigen. Es gibt reichlich Belege dafür, dass er über die Anschläge äußerst wütend war, weil sie das Image der Härte und Unangreifbarkeit beschädigten, das er sich selbst so gern gab. Auch der Vorstellung, abtrünnige Mitglieder seines Klans oder Personen, die das Ferganatal von Usbekistan abtrennen wollten, stünden hinter den Anschlägen, fehlt es an jeglicher Beweiskraft.

Karimows erste Reaktion war eine diplomatische Offensive, doch damit erzielte er nur einen Teilerfolg. Er versuchte, die Stellung der IMU zu untergraben, indem er die Taliban gezielt umwarb. Bei einem Treffen in Kandahar im Juni 1999 weigerte sich Mullah Omar jedoch zu verhandeln, solange Usbekistan die Rechtmäßigkeit der Taliban-Regierung nicht anerkannte. Typischerweise verlegten sich die Taliban wieder auf Täuschungsmanöver, sie bestritten, dass sie die IMU unterstützten, und verweigerten die Auslieferung ihrer Mitglieder. Kontakte mit der Türkei blieben genauso ergebnislos. Die Türken, erbost wegen Beschuldigungen, sie hätten die IMU unterstützt, brachen die diplomatischen Beziehungen ab. Das hielt die usbekischen Gerichte nicht davon ab, 22 Männer als Terroristen zu verurteilen und sie zu beschuldigen, sie hätten Unterstützung aus Afghanistan, der Türkei, Pakistan sowie von tschetschenischen Ausbildern erhalten. Karimow übte auch Druck auf Tadschikistan aus. Er beschuldigte Rachmanows Regierung, die IMU zu beherbergen. Es stimmt zwar, dass die Terroristen von einem Stützpunkt im Tawildaratal aus operierten. Rachmanows Autorität wurde jedoch in diesen entlegenen Landesteilen kaum anerkannt, die Regierung musste sich sogar einiger ehemaliger PIW-Kampfgefährten bedienen, als es darum ging, die IMU zu einem Abzug nach Afghanistan zu bewegen. Usbekistans diplomatische Bemühungen zur Neutralisierung der IMU konnten eine im Spätsommer 1999 begonnene Terroroffensive gegen Kirgistan nicht verhindern. Es war klar, dass härtere Maßnahmen nötig waren.[11]

Namangani pflegte sein Image als islamistischer Freiheitskämpfer, indem er jeglicher Medienberichterstattung aus dem Weg ging, doch sein Feldzug stützte sich eher auf den Mythos als auf seine tatsächliche Macht. Er mied das Rampenlicht, trotz einer Offensive mit Entführungen und Morden im Südteil Kirgistans und einer gegen Usbekistan gerichteten Dschihad-Erklärung im August 1999. Wie bei Bin Laden war es die geheimnisumwitterte Person dieses Mannes, die seine Anziehungskraft ausmachte. Es gelang ihm, eine zunehmende Zahl von Männern zu mobilisieren. Einige von ihnen waren getarnte »Schläfer«, die die Anweisung hatten, den IMU-Kämpfern zu helfen, wenn sie gebraucht wurden. Dies wirkt zunächst wie eine kluge Strategie, um die einheimische Bevölkerung zu beteiligen, könnte aber auch ein Beleg für die relative Schwäche der IMU sein. Trotz der relativen Unbeliebtheit des Karimow-Regimes gelang es Namangani nämlich nicht, die Unterstützung der breiten Bevölkerungsmehrheit zu gewinnen. Er konnte auch nicht all seine potenziellen Kämpfer bewaffnen und stützte sich deshalb auf unbewaffnete Zellen, die seine Sache unterstützen sollten. Die Schwäche wurde durch die Tatsache bestätigt, dass er auf externe Hilfe angewiesen war, um seine Bewegung am Leben zu erhalten. Die Taliban stellten Stützpunkte und Waffen zur Verfügung. Osama bin Laden, islamistische Tarnorganisationen, pakistanische Medressen und saudische Wohltäter gaben den größten Teil des Geldes. Auch aus dem Drogenhandel, den jetzt die Taliban kontrollierten, kamen erhebliche Summen. Der Feldzug von 1999, der weder die usbekische noch die kirgisische Regierung in die geringste Bedrängnis brachte, war eine leere Zurschaustellung sinnloser Gewalt. Die Morde bewirkten überhaupt nichts. Sie brachten die Sache des Dschihad oder des Kalifats in keiner Weise weiter. Solche Taktiken belegen – wie beim übrigen Terrorismus in aller Welt – das Fehlen einer Massenbasis sowie von militärischer Macht oder, um es einfacher zu sagen, die grundsätzliche Schwäche der ganzen Bewegung.

Dschihad-Operationen in Kirgistan und Drogen-Terrorismus

Namanganis Stützpunkt für offensive Operationen war, trotz der Verbindungen zu den Taliban, nach wie vor das Sangvor-Ausbildungslager im Tawildaratal.[12] Diese enge Schlucht bot einen vorzüglichen Schutz gegen Luftangriffe und konnte an einer Reihe von Engpässen verteidigt werden. Sangvor lag dicht an der Grenze zu Afghanistan, weshalb Geld und logistische Hilfsmittel leicht herangeschafft werden konnten, Nahrungsmittel waren auch bei der örtlichen tadschikischen Bevölkerung zu haben. Das heißt nicht unbedingt, dass die Menschen besondere Sympathien für die Sache der Kämpfer empfanden, aber sie brauchten die Einnahmen aus dem Verkauf ihrer Produkte. Namangani pflegte seinen Ruf unter den ortsansässigen Tadschiken und heiratete eine Tadschikin, die durch den Bürgerkrieg zur Witwe geworden war. Das diente dem doppelten Zweck, die usbekisch-tadschikischen Beziehungen zum Vorteil der IMU zu festigen und Namangani als frommen Muslim zu präsentieren: Es liegt ein besonderer Segen auf einer Hochzeit mit einer im Dschihad verwitweten Frau und deren Versorgung. Außerdem suchte er ein Netzwerk von Sympathisanten bis in den Norden Tadschikistans zu knüpfen. Um seine Beziehungen zu den Behörden zu verbessern, versprach er, sich nicht in die tadschikische Innenpolitik einzumischen, und erklärte, er sei nur gegen die usbekische und kirgisische Regierung. Nach außen hin gab er sich versöhnlich, doch dies war ein notwendiges taktisches Manöver, weil er befürchtete, die tadschikische Regierung könnte gegen ihn vorgehen. Letzten Endes kam er damit nicht durch, denn das Rachmanow-Regime geriet unter zunehmenden Druck, das Problem Namangani zu lösen, und deportierte ihn im Winter 1999/2000 und dann abermals 2000/2001.

Zur Vorbereitung von Namanganis erstem Feldzug beorderte die IMU ihre »Schläfer« im Frühjahr 1999 nach Usbekistan zurück und begann, auf dem Weg über Tadschikistan, mit der Stationierung ganzer Lastwagenladungen, die aus Munition und Versorgungsgütern bestanden. Unmittelbar an der Grenze wurde dieses Material dann für den Transport über die Berge auf Maultiere und Pferde umgeladen. Der Transportweg führte die Aufständischen über die usbekische Exklave Sokh und die tadschikische Exklave Vorukh, die beide von kirgisischem Staatsgebiet umschlossen sind. Diese beiden Gebiete dienten als Zwischenstation, weil sie – unabhängig von der territorialen Zugehörigkeit – mehrheitlich von Tadschiken bewohnt sind, die die IMU unterstützen. Vorukh war einst eine Basmatschi-Hochburg gewesen, und die dortigen Mullahs waren starke Befürworter eines Dschihad. Unter strategischen Gesichtspunkten waren beide Exklaven wegen ihrer Nähe zum Ferganatal sehr nützlich, und weil sie von kirgisischem Gebiet umschlossen waren, konnten die Usbeken nicht so einfach gegen sie vorgehen. Die usbekische und die kirgisische Regierung standen 2001 kurz vor einem Abkommen, das einen Landkorridor für Usbekistan im Tausch für ein anderes Gebiet vorsah, aber die Nachricht von diesem Vorschlag stieß bei der kirgisischen Bevölkerung auf Kritik, und der Plan wurde aufgegeben. Die kirgisischen Behörden zweifelten außerdem an diesem Plan, weil sie befürchteten, Gebietskorrekturen könnten den Separatismus fördern. Ihre Ängste hatten eine gewisse Berechtigung. Die Kirgisen kannten die Entwicklung in ihrem südlichen Nachbarland Tadschikistan – mit seinen autonomen Regionen und den frischen Erinnerungen an einen auf Klanstrukturen beruhenden Bürgerkrieg – und hatten nicht das Bedürfnis, dieses Geschehen auf eigenem Territorium zu wiederholen.

Die ersten IMU-Operationen überraschten die kirgisische Regierung. Eine Gruppe von 21 Männern nahm am 9. August 1999 vier Staatsbedienstete gefangen und verlangte für deren Freilassung ein Lösegeld sowie freien Abzug nach

Afghanistan. Der kirgisischen Regierung fehlte es an entsprechenden Ressourcen wie auch an Erfahrungen mit der Terrorbekämpfung. Sie kapitulierte und zahlte den Entführern angeblich 50 000 Dollar. Zwei Wochen später nahmen IMU-Kidnapper 20 Geiseln, zu denen ein General sowie vier Japaner gehörten.[13] Dieses Mal wurde die kirgisische Armee eingesetzt, die die Entführer in der Provinz Batken aufspüren sollte. Es kam zu Feuergefechten mit IMU-Einheiten, und die Geiselnehmer wurden über die gebirgige Grenze zurückgedrängt. Einige Geiseln kamen frei, und unter Mitwirkung japanischer Geheimdienstmitarbeiter wurde auch verhandelt. Dabei wurde auch die Denkweise der IMU offenbar. Die Kidnapper verlangten abermals ein Lösegeld sowie die Freilassung mehrerer Tausend Usbeken, die in Karimows Gefängnissen festgehalten wurden. Doch die kirgisische Armee spürte die IMU-Gruppen auf und verwickelte sie in Gefechte. Dann wurde eine große Offensive gestartet, um die Eindringlinge über die Südgrenze nach Tadschikistan zurückzudrängen, zugleich gelang es den Unterhändlern, die IMU zur Freilassung der japanischen Gefangenen und weiterer Kirgisen zu bewegen.

Auch die Usbeken beteiligten sich an dem Gegenangriff. Usbekische Flugzeuge flogen Luftangriffe gegen tadschikisches Gebiet und drangen dabei im Süden bis nach Garm und Tawildara vor. Bei diesen Angriffen kamen Zivilisten ums Leben. Weitere Luftangriffe im Süden Kirgistans, in Batken und in Osch, kosteten zwölf kirgische Bauern das Leben. Diese Attacken legen den Schluss nahe, dass die Usbeken die IMU über eine größere Entfernung hinweg treffen wollten, um weitere Bombenanschläge in ihrer Hauptstadt zu verhindern. Sie zeigen auch das Bestreben der usbekischen Regierung, die eigene Macht über die Landesgrenzen hinweg auszuüben.[14] Der Tod tadschikischer und kirgisischer Zivilisten legte den Schluss nahe, dass diese Reaktion unangemessen war, doch heute weiß man, dass sich arme kirgische und tadschikische Hirten in einigen Fällen gegen Geldzahlungen der IMU anschlossen. Die Arbeitslosenquote in Batken lag bei 60 bis 90 Prozent. Mehrere Faktoren führten den Reihen der Aufständischen immer wieder junge Männer zu: die Ruinierung der Landwirtschaft durch Bodenversalzung, Stromknappheit, die Schließung von Fabriken und eine erhebliche Lebensmittelknappheit sowie ein dürftiger Lebensstandard und das Fehlen jeglicher Zukunftsaussichten. Allerdings trifft auch zu, dass die Mehrheit der Kirgisen vor dem IMU-Angriff floh, weil sie befürchtete, dass die Berge zum Kriegsgebiet werden könnten, wie es während des Bürgerkriegs in Tadschikistan geschehen war. Die Regierung wurde vom Flüchtlingsstrom im eigenen Land überrascht und hatte bei der Krisenbewältigung erhebliche Schwierigkeiten.

Der IMU-Feldzug war nur kurzlebig, und als der heraufziehende Winter die Pässe zu blockieren drohte, wurden die Einheiten ins Tawildaratal zurückbeordert, um sich dort zu reorganisieren. Die tadschikische Regierung war verständlicherweise darauf aus, die IMU von ihrem Staatsgebiet zu entfernen. PIW-Anführer, die Namangani kannten oder während des Bürgerkriegs mit ihm zusammen gekämpft hatten, wurden deshalb entsandt, um die IMU zum endgültigen Rückzug nach Afghanistan zu bewegen. Eine russische Hubschrauberflotte brachte schließlich 600 Kämpfer und ihre Familien von Tawildara nach Afghanistan, wo ihnen die Taliban einen herzlichen Empfang bereiteten.[15] Rachmanow wollte offensichtlich ein Wiederaufflammen des Bürgerkriegs unbedingt vermeiden, denn dies hätte zweifellos zu Angriffen der Taliban über den Amu-Darja hinweg und möglicherweise zum Sturz seiner Regierung geführt. Der Tawildara-Stützpunkt war außerdem eine starke Festung, deren Einnahme erhebliche militärische und finanzielle Anstrengungen erfordert hätte, und das zu einem Zeitpunkt, zu dem die Regierung immer noch nicht fest im Sattel saß. Dennoch galt: Tadschikistan hatte vielleicht etwas Zeit gewonnen, aber dafür war es der IMU jetzt möglich, mehr Männer anzuwerben, sich neu auszurüsten und ihren Ausbildungsstand zu verbessern, um gestärkt im darauffolgenden Sommer einen neuen Feldzug zu starten. Die Taliban eröffneten in Mazar-e Sharif einen neuen Stützpunkt für sie, als Gegenleistung für die Zusicherung, dass die IMU sie bei einem Angriff auf die Streitkräfte von Ahmed Schah Massud unterstützen würde.

Die militärischen Ergebnisse des IMU-Feldzugs waren enttäuschend, aber die Organisation war jetzt in der Lage, ihre Feldzüge wirkungsvoller zu gestalten, wozu vor allem der Einsatz von Drogengeldern beitragen sollte. Ihr Angriff auf die Kirgisen hatte keine politischen Veränderungen bewirkt, aber dass die Attacke während eines Treffens der Shanghai-Gruppe – des Vorläufer-Verbunds der SCO, dem China, Kirgistan, Tadschikistan, Kasachstan und Russland angehörten – stattfand, hatte internationale Aufmerksamkeit erregt. Die IMU hatte die mangelhafte Vorbereitung der kirgisischen Armee in Sachen Terrorbekämpfung und Abwehr von Aufständen offengelegt, auch wenn der dabei angerichtete Schaden nur begrenzt war. Doch nun, im Winter 1999/2000, intensivierte die IMU ihre Zusammenarbeit mit den Taliban und al-Qaida. Der nächste Feldzug wurde detailliert geplant, wobei die notwendigen Geldmittel zum großen Teil aus dem Drogenhandel stammten. Nach Schätzungen der Vereinten Nationen verdoppelte sich die Drogenproduktion in Afghanistan von 1998 bis 1999 nahezu,[16] und zwar von 2750 Tonnen auf mehr als 5000 Tonnen. Diese Produktion wurde zwar besteuert, aber die IMU verdiente vor allem am Schmuggel. Namangani nutzte die Kontakte, die er in den Jahren nach dem tadschikischen Bürgerkrieg aufgebaut hatte, er setzte sogar Tschetschenen für die Erweiterung der Schmuggelaktionen ein. Die Taliban waren sich der möglichen Schäden für die Afghanen bewusst und beschlossen im Jahr 2000 ein Verbot des Schlafmohnanbaus, aber trotz einer Dürreperiode produzierte Afghanistan immer noch 3400 Tonnen. Namanganis Operationen wurden davon allerdings nicht berührt, denn er und seine Verbündeten hatten in Mazar-e Sharif und Kundus 240 Tonnen gelagert, und ein Teil davon wurde über den Grenzfluss nach Tadschikistan gebracht, wo er weiterverarbeitet wurde. Dieser vermutete Ablauf wird durch die Tatsache bestätigt, dass das *khanka*-Rohopium manchmal von russischen und tadschikischen Grenzwächtern abgefangen wurde. In Tadschikistan selbst wurde ein Teil der zu injizierenden oder als Tee zu konsumierenden Drogen an örtliche Abnehmer verkauft. Der größte Teil der Drogen wanderte jedoch von Klan zu Klan, wobei die Ware an Wert gewann, je weiter sie in Richtung Russland oder Westen vorankam. Afghanische Opiumherstellter erhielten den Gegenwert von 30 US-Dollar pro Kilo, aber in Osch kostete das Kilo bereits 800 Dollar. In Moskau lag der Preis für ein Kilo Opium dann bei 6000 Dollar.

Die tadschikischen Behörden stehen unter starkem Druck, der Drogenflut Einhalt zu gebieten. Sie haben nicht genügend Personal und Ressourcen, um alle Fahrzeuge kontrollieren zu können, die die Grenze überqueren, und sie können auch nicht jeden Pass bewachen. Zwar werden Hohlräume in Lastwagen mit Lötlampen geöffnet und gelegentlich auch Benzintanks untersucht, aber dennoch kommen viele Tonnen durch. Auch die Zerstörung der Opiumfelder im Land selbst ist ein harter Kampf, weil es an Hubschraubern und Personal fehlt. Schlecht ausgebildete und dürftig entlohnte Polizisten sind oft versucht, sich am Schmuggel zu beteiligen, und es heißt, dass sogar russische Mitglieder der Grenzpolizei und die in Tadschikistan stationierte 201. Panzergrenadier-Division häufig und eifrig mit von der Partie gewesen seien.[17] Das Ausmaß der Korruption ist erheblich, und dem Vernehmen nach sind einige der in Aschchabad und Astana errichteten Hotels und Kasinos mit gewaschenem Drogengeld finanziert worden. Die Warlords in Tadschikistan waren während des Bürgerkrieges häufig tief in den Drogenschmuggel verstrickt, und viele von ihnen sehen keinen Grund, ein derart lukratives Geschäft in Friedenszeiten aufzugeben. Die Blockade der Autonomen Provinz Gorno-Badachschan durch die Regierung während des Bürgerkrieges – wegen der Unterstützung, die die Vereinigte Tadschikische Opposition (OTO) dort erhielt – veranlasste viele Bauern zur Umstellung auf Opiumanbau, und diese Entwicklung verschaffte zahlreichen Drogenbaronen Einfluss in dieser Region. Durch die Bürgerkriege in Tadschikistan und Afghanistan wurden beide Länder mit Waffen überschwemmt, die sich heute in den Händen der Drogenschmuggler und ihrer terroristischen Verbündeten befinden.

Die IMU erhielt auch Geld von al-Qaida und anderen Organisationen, und diese Mittel wurden zur Beschaffung eines ansehnlichen Waffenarsenals verwendet. Saudische Geldgeber engagierten sich mit 15 Millionen Dollar, mit denen Scharfschützengewehre, Nachtsichtgeräte, Panzerfäuste, schwere Maschinengewehre, kugelsichere Westen und Funkgeräte eingekauft wurden.[18] Und noch weitere Geldgeber, die Juldaschew in Pakistan und im Nahen Osten umwarb, legten Bares auf den Tisch. Namangani erhielt von Bin Laden im Jahr 2000 nach Schätzungen 26 Millionen Dollar sowie zwei Transporthubschrauber des Typs Mi-8. Wer Kontakte zur IMU hatte, musste den Eindruck gewinnen, dass deren

Leute gut bezahlt wurden, Schätzungen gingen von Monatssalären von 100 bis 500 Dollar aus. Gespräche über diese Zahlungen wirkten auf junge Enthusiasten wie ein Magnet. Dennoch zeigen diese Einzelheiten, dass die IMU und andere mit al-Qaida verbündete Gruppen – wie ähnlich arbeitende Gruppen an anderen Orten der Welt – die Ideologie des Dschihad offensichtlich zur Rechtfertigung ihrer Sache einsetzen, dass aber ihre Operationen letztlich auf den Techniken des organisierten Verbrechens basieren.

Die Reaktion der zentralasiatischen Staaten auf den IMU-Feldzug von 1999 wurde durch Uneinigkeit beeinträchtigt. Die Usbeken beschuldigten die Tadschiken und Kirgisen, sie würden zu wenig gegen die IMU unternehmen, verweigerten sich selbst aber jeder wirksamen Zusammenarbeit. Stattdessen intensivierten sie ihre eigenen Maßnahmen zum Grenzschutz und legten entlang der Grenze sogar Minenfelder an. Der grenzüberschreitende Handel wurde schwer beeinträchtigt, ebenso die Landwirtschaft, und ganz besonders die Gebiete, in denen die Weidewirtschaft und die Bewässerungskanäle sich nicht an den politischen Grenzen orientiert, sondern diese überschritten hatten. Trotz einer Aufstockung von Grenzposten und Wachpersonal waren Drogenschmuggel und terroristische Infiltration nicht zu unterbinden.

Der IMU-Terror im Jahr 2000

Die IMU war im Juli 2000 ins Tawildaratal zurückgekehrt und von diesem Stützpunkt aus immer wieder nach Kirgistan und Usbekistan eingesickert. Sie verfolgte eine Doppelstrategie: Zunächst wurden Angriffe auf die Sicherheitskräfte der beiden Republiken unternommen und dann sollten Waffen und Munition zu den Schläfern gebracht werden, um anschließend eine Terrorkampagne innerhalb Usbekistans inszenieren zu können. Bei guter Koordination wäre es der IMU auf diese Weise möglich, das ganze Jahr über Widerstandsaktionen auszuführen, anstatt nur auf einen Sommerfeldzug zu setzen. Bis zum August hatte die IMU im Süden Kirgistans und in der usbekischen Provinz Suchandarja eine Reihe von Überraschungsangriffen gestartet, die von 100 bis 200 Mann starken Einheiten vorgetragen wurden. Einmal mehr erwiesen sich Sokh und Vorukh als nützliche Zwischenstationen für Angriffe auf Ziele im Ferganatal.

Der Vorstoß in den Südosten Usbekistans war eine Neuerung, aber eine Neuerung, die letztlich zum Scheitern verurteilt war. Die 170 Aufständischen richteten zunächst einen kleinen Stützpunkt ein, bevor sie einen Angriff auf örtliche usbekische Sicherheitskräfte unternahmen. Sie legten einen besonders effektiven Hinterhalt zum Nachteil einer frisch ausgebildeten Sondereinheit der Streitkräfte und töteten zehn Männer. Dann wurden sie jedoch energisch verfolgt und schließlich in ihrem Stützpunkt eingeschlossen und belagert. Nach einem Monat mit

Bombardements und Scharfschützengefechten wurde der Stützpunkt gestürmt, und nur eine Handvoll Aufständischer entkam. Es gab keine Gefangenen. Der Vorfall zeigt, dass – wie bei vielen Dschihad-Kämpfern – manchmal einem Opfergang der Vorzug gegeben wird, im Gegensatz zur klassischen Guerillataktik. Gelang es den regulären usbekischen Truppen, sie an einem bestimmten Ort einzuschließen, konnten sie mit schweren Waffen beschossen und vernichtet werden. Während des Feldzugs im Jahr 2000 wurde deutlich, dass die IMU ihre eigenen Verwundeten eher tötete, als sie in die Hände der usbekischen oder kirgisischen Regierung fallen zu lassen, wo sie im Verhör vielleicht »geredet« hätten.

Im Umgang der usbekischen Behörden mit der ortsansässigen Bevölkerung zeigt sich, dass die Herzen und Köpfe der Menschen auf der amtlichen Prioritätenliste keinen Spitzenplatz einnehmen. Usbekische Hirten aus der Provinz Suchandarja meldeten den Sicherheitskräften die Anwesenheit einer IMU-Einheit, doch die Behörden reagierten gemächlich und beschuldigten die Hirten, sie hätten den Aufständischen Lebensmittel verkauft. Dann vernichteten sie die Herden und zwangen die örtliche Bevölkerung in Lager, in denen so schlechte Bedingungen herrschten, dass einige der Inhaftierten erfroren. Einige, die sich über die Zustände beschwerten, wurden verprügelt, und im darauffolgenden Jahr wurden 73 Menschen inhaftiert und der Subversion oder der Beihilfe für Terroristen beschuldigt.[19]

Eine IMU-Einheit war tief nach Usbekistan eingedrungen und sollte den etwa 100 Kilometer nördlich von Taschkent gelegenen Urlaubsort Bostanlyk angreifen. Bei einem Angriff von 15 Aufständischen wurden vier Soldaten getötet und vier Geiseln genommen, und es brach eine Panik aus. Nicht weniger als 4000 Zivilisten wurden aus dem Feriengebiet evakuiert. Die usbekischen Sicherheitskräfte führten heftige Feuergefechte mit den Aufständischen und vernichteten die Gruppe schließlich. Auch hier zeigte sich wieder einmal, dass die usbekischen Behörden der Bevölkerung im eigenen Land nur eine begrenzte Sicherheit garantieren konnten, aber zugleich wurde auch deutlich, dass selbst die kühnsten Überfälle der IMU durch Gegenmaßnahmen zu stoppen waren, sobald sich die Angreifer auf einen bestimmten Ort festlegten. Es gibt keinen Beleg dafür, dass sie irgendeinen Versuch unternahmen, die Unterstützung der Bevölkerung zu gewinnen, und dennoch ist jede Guerillabewegung, wie Mao Zedong das so prägnant formuliert hat, davon abhängig, dass sich die Aufständischen unter einer sie unterstützenden Zivilbevölkerung bewegen können, »wie die Fische im Wasser«. Aller Hingabe der Dschihad-Kämpfer an ihre Sache zum Trotz waren sie zum Scheitern verurteilt, weil sie die Praxis eines erfolgreichen Guerillakrieges nicht richtig verstanden hatten.

Andere Operationen im Jahr 2000 enthüllten weitere Schwächen der Bewegung. Schlecht ausgeführte IMU-Angriffe auf Außenposten der Armee in der kirgisischen Provinz Batken führten zum Tod von 25 Aufständischen und 24 Soldaten. Die mit Begeisterung für ihre Sache kämpfenden, aber unerfahrenen Freiwilligen wurden anschließend von in den USA ausgebildeten Spezialeinheiten gejagt. Eine IMU-Gruppe ließ am 11. August eine Patrouille der kirgisischen Armee in einen Hinterhalt laufen und tötete 22 Männer (möglicherweise wurden die bei dieser Aktion verwundeten Gegner ermordet). Am darauf folgenden Tag entführten sie Mitglieder einer Bergsteigergruppe, darunter vier Amerikaner und einen kirgisischen Soldaten. Die Entführer wurden von kirgisischen Spezialeinheiten verfolgt und ermordeten den Soldaten, ließen aber die übrigen Gefangenen nach und nach frei. Die IMU-Abteilung wurde von 130 Soldaten gestellt und suchte die Entscheidung im Kampf: Sechs ihrer Kämpfer wurden getötet, zwei gerieten in Gefangenschaft. Einer der Gefangenen gab zu, dass er ein polizeilich gesuchter Vergewaltiger sei, der andere erklärte, er habe sich nur wegen des Geldes der IMU angeschlossen. Der Anführer der Gruppe, ein Mann namens Sabir, entkam zunächst und schaffte es bis zur tadschikischen Grenze, wurde dort aber von tadschikischen Grenzwachen erschossen. Unter der IMU-Ausrüstung, die den Verfolgern in die Hände fiel, fand sich auch ein Video mit Aufnahmen von der Freischärlergruppe. Viele der Freiwilligen waren noch sehr jung und stammten offensichtlich aus Zentralasien, und einige von ihnen waren bereits tot. Die Darstellung der Kämpfer im Video legt den Schluss nahe, dass der Status als »Kämpfer« vielleicht ebenso wichtig ist wie irgendwelche ideologischen Rechtfertigungen. Die Rekruten der Dschihad-Kämpfer sind trotz aller Rhetorik ein Spiegelbild der Persönlichkeits- und Verhaltensmuster junger Männer in aller Welt, die sich zum Militärdienst verpflichten oder eingezogen werden.

Als der Winter des Jahres 2000 näher rückte, zogen sich Namanganis Männer abermals aus Kirgistan und Usbekistan zurück, wo sie diesmal mindestens 150 Mitkämpfer verloren hatten. Die IMU war ihren Zielen, die dortigen Regierungen zu stürzen oder ihr ersehntes Kalifat zu errichten, keinen Schritt nähergekommen. Sie mochten sich bei ihrem zweiten Rückzug nach Afghanistan gegenseitig beglückwünschen, weil sie den Republiken getrotzt hatten, übersahen dabei allerdings, dass dieser Feldzug die Regierungen in ihrer Entschlossenheit nur bestärkt hatte. Die IMU-Operationen hatten andere Mächte von der dringenden Notwendigkeit überzeugt, den Usbeken und Kirgisen gegen den Terrorismus beistehen zu müssen. Die USA hegten zum Beispiel keine besondere Zuneigung für Karimows Regime, fühlten sich aber gezwungen, die IMU wegen der Entführungsaktion als Terrororganisation zu verurteilen, und stockten außerdem ihr Hilfsprogramm auf. Die Regierung Clinton hatte im Sudan und in Afghanistan bereits militärische Maßnahmen gegen al-Qaida ergriffen, und die IMU-Verbindungen zu Bin Laden vergrößerten ihre Sorgen. Russland, die Türkei, Frankreich und China schickten Ausrüstung, die sich zur Aufstandsbekämpfung eignete; China spendete Nachtsichtgeräte und Präzisionsgewehre, Russland bot Usbekistan Waffen und Ausrüstung im Wert von 30 Millionen Dollar an, darunter 30 gepanzerte Truppentransporter, Mi-8-Hubschrauber und Funkgeräte. Russland rief außerdem zu einer gemeinsamen Strategiebesprechung auf, die dann allerdings durch das Misstrauen unter den zentralasiatischen Regierungen beeinträchtigt wurde.

Im Winter 2000/2001 arbeitete die IMU weiter mit den Taliban zusammen und verband ihre Tätigkeit mit den Aktivitäten al-Qaidas. Neue Rekruten füllten ihre Reihen auf, und die Organisation wuchs auf 2000 Mann an, unter denen sich Usbeken, Tadschiken, Tschetschenen, Araber, Afghanen und Uiguren aus der chinesischen Provinz Sinkiang befanden. 600 Kämpfer wurden zur Unterstützung der Taliban abgestellt, die selbst in der Region 15 000 Mann unter Waffen hatten. Ein Drittel dieses Kontingents waren »Ausländer«, allein 4000 kamen aus Pakistan und 600 gehörten zu Bin Ladens arabischer Brigade 055. Die Taliban setzten alles daran, Massud im Nordosten Afghanistans entscheidend zu schlagen, sie verfügten über schwere Artillerie, gepanzerte Fahrzeuge und Flugzeuge, und der pakistanische Geheimdienst ISI sowie die Special Services Group aus dem östlichen Nachbarland unterstützten sie. Die Stadt Taloqan, der Sitz von Massuds Hauptquartier, war am 5. September nach einmonatiger Belagerung gefallen. Massuds Widerstand wurde jetzt an die äußersten Randbezirke des Landes abgedrängt. Die Taliban und ihre ausländischen Verbündeten waren begeistert: Sie wollten beweisen, dass ihre muslimische Bruderschaft unwiderstehlich war, und redeten sich selbst ein, dass ihnen keine andere Macht widerstehen könne. Einige waren der Ansicht, nach dem Sieg über die Sowjetunion und die Vereinigte Front (die im Westen unter der Bezeichnung Nordallianz bekannt war) im afghanischen Bürgerkrieg und nach der Demütigung Amerikas in Somalia könnten sie mit dem nächsten Schritt in Tschetschenien Russland besiegen und dann die USA zerstören.

Diese Kontakte mit Extremisten in Afghanistan radikalisierten die IMU noch stärker: Einige Pakistanis und Araber, die unbedingt weitere Meriten im Dschihad erwerben wollten, boten Namanganis Männern ihre Dienste an, doch viele Mitglieder von Sipah-i-Sabah und Lashkar-i-Jhangvi, die sich der IMU anschlossen, waren für ihre Greueltaten und Massaker bekannt, die der Sache der IMU in gar keiner Weise förderlich sein würden.

Je bekannter al-Qaida wegen ihres weltweiten Terrorismus wurde, desto stärker geriet die missliche Lage des Widerstandes gegen die Taliban ins Zentrum der Aufmerksamkeit. Tadschikistan wurde durch Massuds Niederlage in besondere Unruhe versetzt. Die USA und Russland verhängten im Januar 2001 Sanktionen gegen jede Art von Waffenlieferungen an die Taliban, und Mullah Omar sah sich wachsendem Druck ausgesetzt, Bin Laden auszuliefern. China verlangte von seinem Verbündeten Pakistan, auf den Ausschluss uigurischer Kämpfer aus den radikalen Medressen sowie aus den Reihen der Taliban zu drängen. Die Taliban reichten nach einem entsprechenden Vorstoß aus Islamabad ihre uigurischen Kontingente einfach an die »unabhängige« IMU weiter. Als Musharraf auch noch darauf bestand, dass die Mitglieder von Sipah-i-Sabah und Lashkar-i-Jhangvi, die in Pakistan selbst Morde und andere Verbrechen begangen hatten, ausgeliefert wurden, leiteten die Taliban auch diese Leute an die IMU weiter. Eine russische Forderung nach Auslieferung von Tschetschenen wurde auf dieselbe Weise abgetan.

Geheimdienstberichte über eine Rückkehr Namanganis nach Tadschikistan im November 2000 führten zu usbekischen Auslieferungsforderungen, und die Usbeken verstärkten den diplomatischen Druck, indem sie mitten im Winter dringend benötigte Gaslieferungen unterbrachen. Sie drängten auch darauf, dass Tadschikistan einen Landkorridor nach Sokh einrichtete. Unterdessen wurde die Verminung und Absperrung der Grenzgebiete fortgesetzt, und tadschikische Staatsbürger, die man als Sympathisanten von Terroristen verdächtigte, wurden deportiert, obwohl sie ethnische Usbeken waren. Der Streit über Auslieferungen wurde beigelegt, indem die tadschikische Regierung Namangani und seine Kämpfer dazu bewegte, sich ein drittes Mal nach Afghanistan zurückzuziehen. Die Usbeken gingen allerdings weiterhin davon aus, dass die Tadschiken (über PIW-Kontakte) mit der IMU im Bund waren, ja sie glaubten sogar, dass auch Russland die IMU insgeheim zum Nachteil beider Republiken unterstützte. Karimow erkannte vielleicht nicht, wie wenig gefestigt die tadschikische Regierung insgesamt und wie begrenzt ihre Autorität war. Er schien auch nicht wahrzunehmen, dass die Präsenz der IMU in Tadschikistan für Spannungen zwischen den verschiedenen Fraktionen im Land sorgte. Russisch-tadschikische Grenztruppen suchten nicht das Gefecht mit der IMU und wollten auch keinen unnötigen Konflikt mit deren Verbündeten, den Taliban, vom Zaun brechen. Die usbekischen Befürchtungen, Saudi-Arabien und Pakistan könnten die Gruppe unterstützen, um auf diese Weise ihren Einfluss in Zentralasien zu vergrößern, waren jedoch nicht so weit hergeholt. Das war zumindest die ursprüngliche Absicht gewesen. Das Problem bestand darin, dass beide Länder einmal mehr die Kontrolle über ihre Protegés verloren hatten.

Im Sommer 2001 begannen die Taliban mit einer Offensive gegen Massud, und die IMU nahm ihre Angriffe auf Kirgistan und Usbekistan wieder auf. Die Provinz Batken im Süden Kirgistans war das Hauptziel, und in Suchandarja wurde eine weitere Offensive eingeleitet. Die IMU hatte inzwischen allerdings ihre Taktik geändert. Sie setzte nicht mehr ausschließlich auf illegale Grenzübertritte, sondern aktivierte jetzt auch ihre Schläfer-Zellen in beiden Ländern. Terrorisierung und Einschüchterung der usbekischen und kirgisischen Bevölkerung, wozu auch Angriffe auf einen Fernsehsender gehörten, schienen dem Bestreben der Gruppe zu widersprechen, mehr Unterstützung zu gewinnen. Beide Länder erlebten jedoch zu jener Zeit eine Wirtschaftskrise mit einer 60-prozentigen Zunahme der Inflation, sinkenden Reallöhnen und Tausenden von Arbeitslosen, die ihrem Zorn und ihrer Enttäuschung über die jeweilige Regierung Luft machten. Die Regierung Karimows war über diese Entwicklung so besorgt, dass sie 25 000 Gefangene freiließ (unter denen sich allerdings keine Islamisten befan-

den). Die IMU begriff auch diesmal nicht, dass sie die Unterstützung der Bevölkerung gewinnen musste. Im Spätsommer war ihre Chance vertan. Massud wurde
am 9. September 2001 von zwei Selbstmordattentätern der al-Qaida, die sich als
Journalisten ausgaben, getötet. Zwei Tage später entführten al-Qaida-Kämpfer in
den USA vier Verkehrsflugzeuge und stürzten sich mit drei dieser Maschinen in
die beiden Türme des World Trade Centers in New York und auf das Pentagon in
Washington. Es war der schlimmste Terroranschlag der Geschichte. Die Antwort
der Vereinigten Staaten und ihrer Verbündeten ließ nicht lange auf sich warten.

Die zentralasiatischen Republiken reagierten auf amerikanische Anfragen
nach Stützpunkten zunächst zurückhaltend. Die Aussicht auf einen stärkeren
amerikanischen Einfluss, der noch lange nach den Taliban und al-Qaida anhalten
könnte, beunruhigte sie – und Präsident Putin teilte diese Befürchtungen. Aber
man einigte sich darauf, den USA militärische Einrichtungen in begrenztem
Umfang zur Verfügung zur stellen. Kirgistan, Turkmenistan und Kasachstan öffneten den Amerikanern ihren Luftraum und vereinbarten den Austausch von
Geheimdienstinformationen. Usbekistan stellte den Luftwaffenstützpunkt Cha-
nabad zur Verfügung, öffnete aber auch Stützpunkte für Bodentruppen und
gestattete jetzt auch, dass von seinem Boden aus Kampfeinsätze geführt wurden,
was weit über das hinausging, was mit Moskau abgesprochen worden war. Karimow hatte allen Grund, sich die Vernichtung der Taliban als Gastgeber der IMU
zu wünschen, aber er sah außerdem noch eine Chance, die Amerikaner als Mittel
zur Neutralisierung russischer Einmischung zu nutzen. Die Amerikaner belohn-
ten die Usbeken schon bald durch technische Hilfslieferungen für deren Streitkräfte und gaben geheime Zusicherungen für weitere Unterstützung, einschließlich einer Garantie der Unverletzlichkeit der Grenzen, einer Klausel, die eindeutig
gegen Russland gerichtet war. Die amerikanische Unterstützung für Usbekistan
veranlasste auch den Internationalen Währungsfonds, seine Hilfe erneut anzubieten, nachdem er sich früher im Jahr wegen der Wirtschaftskrise des Landes
bereits zurückgezogen hatte. Als die von den Amerikanern geführten Koalitionstruppen die Taliban vertrieben hatten und die Nordallianz – und mit ihr auch
Rashid Dostum, Usbekistans bevorzugter Warlord – die Kontrolle über Afghanistan übernahm, waren die Russen und die Usbeken erleichtert. Namangani hatte
sich auf die Seite der Taliban geschlagen und dabei zweifellos auf eine Art Neu-
auflage des Krieges gegen die Sowjets gehofft. Aber der IMU-Führer hatte die
militärische Macht der Amerikaner falsch eingeschätzt, mit offensichtlich fatalen
Folgen. Man geht davon aus, dass er bei einem der verheerenden amerikanischen
Luftangriffe getötet wurde.[20]

Eine gewisse Zeit lang war Namanganis Bewegung offensichtlich handlungs-
unfähig. Die verbliebenen Mitglieder der IMU flohen, wie viele andere Taliban-
Kämpfer auch, in die pakistanischen Stammesgebiete an der Grenze zu Afghanistan, wo sie sich der Unterstützung paschtunischer Hardliner sicher sein konnten.

Die Operation Enduring Freedom hatte die Bewegung jedoch zerstreut und ihre Finanzierungs-, Schmuggel- sowie ihre Kommando- und Kontroll-Netzwerke zerstört. Einige ihrer Mitglieder gelangten schließlich nach Kaschmir (wo sie bei der verbotenen militanten Gruppe Lashkar-e-Toiba Zuflucht fanden), andere zog es nach Tadschikistan zurück (vor allem nach Chuschad, Chevaspor und Ajvandsch in Gorno-Badachschan), während die Schläferzellen im Ferganatal weiterbestanden. Ende 2001 wurde die IMU umbenannt und trat nun, im Bestreben, bei breiten Bevölkerungskreisen Zuspruch zu finden, als Islamische Bewegung Turkestans (Islamic Movement of Turkestan, IMT) auf. Damit sollte auch Solidarität mit Nicht-Usbeken demonstriert und das eigene Ziel, die nationalen Grenzen in Zentralasien abzuschaffen, betont werden. Die Bewegung hielt sich bis Dezember 2002 von allen Kämpfen fern, dann gingen auf dem Oberon-Markt von Bischkek Bomben hoch. Die Wahl des Zielobjekts legt den Schluss nahe, dass die IMT nicht stark genug war, um es mit der Regierung aufzunehmen. Dass dieser Vorfall relativ isoliert blieb, zeigte auch, dass die Bewegung, trotz ihres Bestrebens, den Widerstand aufrechtzuerhalten, nur noch ein Schatten ihrer selbst war. Am 8. Mai 2003 wurde in Kirgistan ein weiterer Bombenanschlag verübt, diesmal vor der Bakay-Bank in der Stadt Osch. Als Urheber wurden zwei Usbeken aus dem Ferganatal vermutet.

In den Jahren seit 2003 haben die Taliban und die IMT einen Teil ihrer Stärke und ihres Organisationsgrades wiedererlangt. Eine islamistische Koalition, die Muttahida Madschlis-e-Amal, regiert die Stammesgebiete in der Nordwestlichen Grenzprovinz Pakistans. Zu dieser Koalition gehört auch die Jamiat-i-Ulema Islami, eine ideologische Bewegung aus dem Deobandi-Umfeld, die die Taliban und die IMT unterstützte. Das pakistanische Grenzgebiet ist deren sicherster Zufluchtsort, wobei sich einzelne Abteilungen immer noch in Kaschmir, Afghanistan und im Osten Tadschikistans aufhalten. Die pakistanischen Behörden, die bereits unter starkem Druck stehen, al-Qaida sowie pakistanische Gruppen von Dschihad-Kämpfern aufzuspüren, verfügen nicht über genügend Ressourcen, um auch noch IMT-Mitglieder ausfindig machen zu können. Über Kontakte im Drogenhandel, die Ende der 90er Jahre aufgebaut worden waren, gelang es der IMT, einen Teil ihrer Netzwerke neu zu knüpfen. Usbekistan erlebte im Frühjahr 2003 eine Welle von Terrorangriffen, die usbekische Polizei wurde in mehrere Schießereien verwickelt. In einem neuen Anlauf ließen schließlich 15 Selbstmordattentäter an verschiedenen, über das ganze Land verteilten Orten ihre Bomben detonieren. 33 weitere IMT-Kämpfer wurden getötet.[21]

Selbstmordattentäter griffen außerdem im Juli 2004 die amerikanische und die israelische Botschaft sowie das Büro des usbekischen Generalstaatsanwalts in Taschkent mit Sprengstoff an. Dabei kamen drei Wachposten ums Leben, neun weitere wurden verletzt. Die usbekischen Behörden riegelten die Hauptstadt mit Straßensperren ab und durchsuchten Fahrzeuge, doch die Selbstmordattentate waren – parallel zu den Ereignissen in Afghanistan – ein klares Zeichen, dass eine Taktik, die von al-Qaida an anderen Orten des Nahen und Mittleren Ostens angewandt und propagiert worden war, schließlich auch den Weg nach Zentralasien gefunden hatte. Eine Gruppe namens Islamischer Dschihad Usbekistans übernahm die Verantwortung für die Anschläge, doch das mag nur ein Tarnname für die ausländischen Kämpfer der IMT oder deren Verbündete von der Internationalen Islamischen Front sein. Zu diesem ausländischen Personenkreis zählen Tschetschenen sowie arabische und pakistanische Dschihad-Kämpfer der Harkat ul-Dschihad al-Islami.

Juldaschew erklärte in einer im September 2006 verbreiteten Stellungnahme erwartbaren Inhalts, die IMT bleibe eine starke Kraft. Er drohte Russland wie auch den zentralasiatischen Republiken Vergeltung an und bediente sich dabei einer Sprache, die gewöhnlich mit al-Qaida verbunden wird. Der Text bezog sich allerdings auch auf die Schießereien in Andischan im Jahr 2005, an denen usbekische Sicherheitskräfte beteiligt gewesen waren. Juldaschew behauptete, die IMT sei dem Ziel verpflichtet, die Unterdrückung einfacher Muslime zu beenden, und versuchte auf diese Weise eine besondere Verbindung zwischen den Menschen in Zentralasien und den Kämpfern herzustellen. Trotz der Präsenz von amerikanischen und Nato-Truppen in Afghanistan fehlen den zentralasiatischen Staaten nach wie vor die Mittel zur Bekämpfung von Terroristen. Die Zusammenarbeit zwischen den einzelnen Republiken ist immer noch begrenzt, dafür sicherte China dem Nachbarn Tadschikistan im September 2006 Hilfe bei Ausbildungsmaßnahmen zu. Die IMT tötete in Afghanistan zwei Amerikaner, und Entführungen zur Erpressung von Lösegeld sind nach wie vor eine bevorzugte Taktik. Außerdem wird behauptet, dass die Geheimdienste des Iran aufständische Gruppen insgeheim unterstützt hätten, weil sich das Land inzwischen durch westliche Streitkräfte im Irak und in Afghanistan eingekreist fühle. Das Spektrum der angeblichen Nutznießer reicht von Muktada al-Sadrs schiitischer Miliz im Irak bis zur IMT im Osten Tadschikistans. Britische Soldaten entdeckten im Irak Sprengstoffe und Bomben aus iranischer Produktion, was den Verdacht zu bestätigen schien. Es mag auch zutreffen, dass ein Austausch einschlägigen Fachwissens erfolgt und Geld und Logistik fließen, nachdem diese Gruppen im Irak ein gemeinsames Anliegen ausgemacht haben. Die IMT hat dennoch nach wie vor eine Chance, die Unterstützung der usbekischen Bevölkerung zu gewinnen, wenn es der Regierung nicht gelingt, die wirtschaftliche Lage zu verbessern, oder wenn sie keine politischen Zugeständnisse macht. Karimow glaubt, dass die Hizb ut-Tahrir und andere islamistische Organisationen Nachwuchswerbung für die IMT betreiben, indem sie junge Männer mit ihrer extremistischen Auslegung des Islam indoktrinieren. An dieser Befürchtung mag etwas Wahres sein, doch Kritiker des Regimes halten dagegen, dass sich die Lage erst verbessern wird, wenn die Regierung die Stimme der Opposition nicht mehr unterdrückt.

KAPITEL 7

Die Kriege in Tschetschenien und im Kaukasus

Die Tschetschenienkriege wurden vom Zusammenbruch der Sowjetunion und dem Auftreten eines neuen, energischer agierenden russischen Staates ausgelöst. Dessen Bestrebungen, den Ölstrom aus Aserbaidschan zu kontrollieren und der Ausbreitung des Islamismus an seiner Südflanke Einhalt zu gebieten, trafen dort auf eine glühende Ablehnung des russischen Einflusses und eine gestärkte nationale Identität. Nach zwei Jahren erbitterter Kämpfe, die von 1994 bis 1996 dauerten, gab es keinen eindeutigen Sieger. Vorsichtige Schätzungen gingen von 35 000 getöteten Zivilisten aus, aber nach anderen Quellen kamen möglicherweise bis zu 100 000 Zivilpersonen ums Leben.[1] Der Krieg war von Guerillaangriffen auf russische Soldaten und rücksichtslosen Repressalien geprägt, von der Zerstörung von Städten – insbesondere der tschetschenischen Hauptstadt Grosny im Jahr 1995 – und der Flucht Tausender Zivilisten, die durchaus auch als ethnische Säuberung bezeichnet werden kann. Die Kämpfe breiteten sich in die benachbarten Regionen Dagestan und Inguschetien aus, und zwei Führer der Aufständischen entwickelten sich zu herausragenden Warlords: Schamil Bassajew und ein jordanischer Staatsbürger namens Omar Ibn al-Chattab. Die russischen Sicherheitskräfte wurden trotz ihrer zahlenmäßigen und technischen Überlegenheit durch die Taktik der Tschetschenen und das Ausbleiben von Fortschritten demoralisiert. Der russische Präsident Boris Jelzin versuchte durch den hastigen Abschluss eines Friedensabkommens eine katastrophale Demütigung zu vermeiden. Wladimir Putin, sein Nachfolger im Präsidentenamt, machte bei den russischen Wählern Boden gut, als er ihnen versprach, er werde in Tschetschenien entschlossen vorgehen. Im Jahr 1999 brach ein zweiter, noch folgenschwererer Konflikt aus. Neue Wellen islamistischer Freiwilliger hatten sich bis dahin den Kämpfenden angeschlossen, obwohl die Aufständischen in entlegene Stützpunkte abgedrängt worden waren und sich auf willkürliche Terrorakte beschränken mussten, zu denen auch Selbstmordattentate und Bombenanschläge auf russischem Territorium gehörten. Der Konflikt hatte sich zu einem Bürgerkrieg entwickelt, mit Folter, Morden, Attentaten und Einschüchterung auf beiden Seiten. Der

Tiefpunkt in diesem Kampf wurde bei einer Geiselnahme in der Stadt Beslan im benachbarten Inguschetien erreicht, bei der elf Sicherheitskräfte, 31 Terroristen und 331 Zivilisten, die meisten davon Kinder, getötet wurden.[2]

Die Tschetschenienkriege wurden – nicht zuletzt von der russischen Regierung selbst – mit Amerikas weltweitem Krieg gegen den Terror verglichen. Für die Russen ist die Auseinandersetzung mit den Dschihad-Kämpfern nichts anderes als das, was die westlichen Koalitionen tun, deshalb empfinden sie die Kritik des Westens am russischen Vorgehen in Tschetschenien als herablassend und heuchlerisch. Sie fragen: Wie kann der Westen die russische Aggression gegen Tschetschenien verurteilen (das dort seine Souveränität wahrt), wenn der Westen selbst Afghanistan und den Irak angegriffen hat? Es bestehen jedoch erhebliche Unterschiede. Die amerikanische und die britische Regierung stellten Soldaten vor Gericht, die während ihres Dienstes in der Besatzungsarmee irakische Staatsbürger misshandelt oder getötet hatten, während die russische Regierung die außerordentliche Brutalität einiger ihrer Soldaten niemals unterbunden oder bestraft hat. Die Ermordung der russischen Journalistin Anna Politkowskaja – bekannt geworden für ihre kritischen Berichte über Russlands Politik und Vorgehen in Tschetschenien – am 7. Oktober 2006 in Moskau nährte erneut den Verdacht, dass die Moskauer Regierung die Wahrheit über ihren »schmutzigen Krieg« verschweigt.[3]

Die Region wurde durch den Konflikt destabilisiert, und gelegentlich griffen Terrorismus, Überfälle und Kämpfe auf andere Republiken und russische Provinzen über. Ein weiterer Krieg entwickelte sich von 1991 bis 1994 um das zwischen Armenien und Aserbaidschan umstrittene Gebiet von Berg-Karabach, und auch dieser Konflikt harrt noch einer endgültigen Lösung. Die Dschihad-Kämpfer sind bestrebt, diese weite Kreise ziehenden Konflikte zu schüren, um so zu einem pankaukasischen »Heiligen Krieg« gegen die christlichen Armenier, Georgier und Russen zu kommen. Russland ist seinerseits bemüht, seinen Einfluss in der Region wiederherzustellen, die lebenswichtige Kontrolle über das Öl und die Pipelines zu wahren und der Ausbreitung des militanten Islamismus und Nationalismus zu begegnen. Es setzte Georgien sogar wirtschaftlich unter Druck, um das Land von einer weiteren Vertiefung der Beziehungen zum Westen abzuhalten, in erster Linie von einem Beitritt zur Nato.

Die Ursachen des ersten Krieges

Tschetscheniens einseitige Unabhängigkeitserklärung im Herbst 1991, ausgesprochen durch Dschochar Dudajew, einen Generalmajor der sowjetischen Luftwaffe, fand in Moskau damals nur wenig Beachtung. Präsident Gorbatschow hatte in seiner Hauptstadt dringendere Sorgen. Aus zahlreichen Sowjetrepubliken lagen ihm Forderungen nach Unabhängigkeit oder Autonomie vor, und nur mit knapper

Not hatte er einen Staatsstreich kommunistischer Hardliner abgewendet. Boris Jelzin verlangte wenig später die Auflösung der Sowjetunion von ihm und rief nach einem unabhängigen Russland. Bis zum März 1992 hatte Russland nicht nur das Sowjetsystem abgeschafft, es hatte auch einen Föderationsvertrag ausgearbeitet, der 86 von 88 ehemaligen autonomen Gebieten und Sowjetrepubliken Konzessionen in Steuer- und Autonomiefragen einräumte. Ruslan Chasbulatow, ein Tschetschene, war einer der Architekten dieses Abkommens, doch ironischerweise traten ihm gerade Tschetscheno-Inguschetien sowie Tatarstan nicht bei.[4] Keine der beteiligten Seiten schien jedoch besorgt zu sein. Es gab keine Verhandlungen, aber die russischen Truppen zogen im Frühjahr 1992 aus Tschetschenien ab. Im Sommer jenes Jahres sah es ganz nach einer Unabhängigkeit Tschetscheniens aus. Die russische Sichtweise war jedoch, dass das Fehlen eines Abkommens keineswegs die Unabhängigkeit bedeutete.

Die Missverständnisse in Bezug auf den Status Tschetscheniens wurden durch ein tief verwurzeltes, aus der Geschichte des Landes gespeistes Misstrauen verstärkt. Die Russen hatten im 18. Jahrhundert ihre imperiale Herrschaft über den Kaukasus ausgebaut, aber der Widerstand der Tschetschenen wurde erst in den 1870er Jahren endgültig niedergeschlagen. Nach einem kurzen revolutionären Zwischenspiel stellten die Kommunisten die russische Oberherrschaft wieder her. Im Zweiten Weltkrieg wurden dann eine Million Tschetschenen, Inguschen sowie Angehörige anderer kaukasischer Völker nach Sibirien deportiert, weil Stalin für die Nachkriegszeit eine Zunahme des Widerstandes befürchtete.[5] Tschetschenische Wehrpflichtige kämpften bereits an der polnischen Grenze gegen die Deutschen, doch Stalin war immer noch der Überzeugung, sie seien potenzielle, wenn nicht sogar faktische Kollaborateure der Nationalsozialisten. Tschetschenien hörte für eine Zeit auf zu existieren, und Zehntausende von Tschetschenen starben während der Deportation an Nahrungsmangel und Unterversorgung. Chruschtschow erlaubte 1957 den Inguschen und Tschetschenen die Rückkehr, aber die Erinnerung an Kolonialismus, Eroberung und Unterdrückung in Kriegszeiten war unauslöschlich.

Russlands Sorgen waren eher kurzfristiger Natur. Dudajew war eine unbekannte Größe, doch er hatte bereits eine beunruhigende Fähigkeit zum »unmittelbaren Handeln« unter Beweis gestellt. Bei der Erstürmung des Obersten Sowjets der Republik Tschetscheno-Inguschetien im September 1991 war er der Anführer gewesen. Witali Kutsenko, der Vorsitzende der Kommunistischen Partei, wurde bei dieser Aktion getötet, viele andere schwer verletzt. Nach Dudajews Unabhängigkeitserklärung hinderten ihm ergebene Truppen Jelzins Soldaten am Verlassen des Flughafens. Inguschetien löste sich 1992 von Tschetschenien, um sich wieder der Russischen Föderation anzuschließen, aber Dudajew unternahm nur wenig, um die Leiden Tausender Nicht-Tschetschenen zu lindern, die aus der Region flohen, oder um die Urheber von Gewalt und Gesetzlosigkeit, die sich überall zeigten, festzusetzen. Russische Ingenieure und andere qualifizierte Fachkräfte wurden des Landes verwiesen, und die wirtschaftliche Lage verschlechterte sich rasch. Es formierten sich Gruppen von Dudajew-Gegnern, und die Gewalt, die sich gegen die Herrschaft des Präsidenten richtete, eskalierte. Auf dem Land wie auch in den Städten kam es zu heftigen Gefechten mit schweren Waffen: Tschetschenien war in den Bürgerkrieg abgerutscht. Aus russischer Sicht destabilisierte Dudajew die ganze Region, die ethnisch motivierte Gewalt hatte sich bereits auf den Bezirk Prigorodnej in Nordossetien ausgeweitet. Als Russland im Oktober 1992 Truppen dorthin schickte, die die Ordnung wiederherstellen sollten, flohen 70 000 Inguschen aus dem Gebiet. Dudajew erklärte, dies sei nur ein Vorspiel für eine russische Invasion Tschetscheniens. Er ordnete die totale Mobilmachung an und rief den Notstand aus, aber man könnte auch spekulieren, dass dies ein günstiger Augenblick für einen politischen Führer war, dem die Kontrolle über seinen Staat aus den Händen zu gleiten drohte.

Knapp zwei Jahre später begann eine Koalition oppositioneller Kräfte, die über russische Flugzeuge und russische Ausrüstung ohne Hoheitszeichen verfügten und durch »Söldner« verstärkt wurden, mit einer Offensive gegen Dudajews Regime. Als Auftakt zu einem Angriff mit Bodentruppen wurde Grosny aus der Luft bombardiert. Dem von russischen Soldaten unterstützten Angreifern gelang es am 26. November 1994 jedoch nicht, die Kontrolle über die Hauptstadt zu übernehmen. Ihre Desorganisation gab Dudajews Soldaten die Chance, die eigenen Abwehrstellungen zu verstärken. Und es kam noch schlimmer: Zwanzig reguläre russische Soldaten gerieten in Gefangenschaft, was die Behauptung, Russland sei in den Konflikt nicht direkt verstrickt, Lügen strafte. Drei Tage später stellte Jelzin den Tschetschenen ein Ultimatum, mit denen er sie zur Kapitulation aufforderte. Dudajews Weigerung führte zu massiven Luftangriffen auf militärische Einrichtungen und auf Grosny selbst. Dudajew und der russische Verteidigungsminister Pawel Gratschow hatten sich Anfang Dezember auf eine Einstellung der Kämpfe geeinigt, aber nur fünf Tage später begann eine Offensive russischer Bodentruppen. Die Motive dieser Entscheidung sind unklar, aber sowohl Jelzin als auch die russischen Militärs favorisierten einen »chirurgischen Schnitt«, der den Konflikt rasch beenden sollte. Vermutlich hatten sie auch nur geringes Vertrauen zu Dudajews Diplomatie. Aber vielleicht lag der wirkliche Grund in dem Bestreben, die vollständige Kontrolle über die Ölvorkommen der Region zu erlangen.

Die wichtigste Ölpipeline aus Aserbaidschan führt durch Tschetschenien, was die Aussicht auf lukrative Transitgebühren eröffnete. Die Unterzeichnung eines »Jahrhundertvertrags« zwischen Aserbaidschan und mehreren großen Ölunternehmen zu Beginn der 90er Jahre bot einen Anlass für sofortiges Handeln. Außerdem verfügte Tschetschenien selbst über beträchtliche Ölreserven. Die Fördermenge betrug 1980 7,4 Millionen Barrel aus 1500 Quellen, 1991 verarbeiteten

Grosnys Raffinerien 17 Millionen Tonnen Öl pro Jahr.[6] Moskau glaubte, es könne trotz Dudajews Unabhängigkeitserklärung in Grosny weiterhin Geschäfte machen. Westsibirisches Öl wurde in die tschetschenischen Raffinerien gepumpt. Die Einnahmen aus diesem Industriezweig lagen 1993 bei 800 Millionen Dollar. Die Gesetzlosigkeit und der Bürgerkrieg, die mit Dudajews Herrschaft verbunden waren, bedrohten jedoch diese Industrie. Korrupte Manager verkauften Öl aus den Pipelines auf dem Schwarzmarkt, und die russische Mafia hatte sich Zugang zu diesem Geschäft verschafft. Die Vertreibung der russischen Ingenieure hatte zur Folge, dass die alte Industrie zusammenbrach. Von offizieller Seite wurde zwar bestritten, dass dies der Invasionsgrund gewesen sei, aber General Alexander Lebed sagte später, Jelzin sei durch mächtige finanzielle Interessen zum Krieg genötigt worden. Tatsache ist, dass er und seine Berater den Krieg aus einer Reihe Gründen begannen. Und sie wollten einen kurzen, rasch entschiedenen Konflikt. Das Ergebnis sah dann allerdings ganz anders aus.

Der erste Tschetschenienkrieg

Die Russen eröffneten den Feldzug nach einem wochenlangen Luft- und Artilleriebombardement der Hauptstadt Grosny im Januar 1995 mit einer Großoffensive. Man nimmt an, dass durch den Beschuss und bei den anschließenden Straßenkämpfen Tausende von Zivilisten ums Leben kamen. Eine genaue Zahl wird vielleicht niemals ermittelt werden, aber vorsichtige Schätzungen gehen von 27 000 Toten aus. Auch die russischen Verluste waren erheblich. Kämpfe in bebauten Gebieten forderten schon immer einen hohen Blutzoll, denn die Auseinandersetzung wird aus kurzer Entfernung geführt, und das in einem Umfeld, das viele Verstecke bietet und die Verteidiger begünstigt. So wurde bei einer Operation in der Umgebung des Hauptbahnhofs von Grosny, die an Silvester begann, das Maikop-Bataillon des 131. motorisierten Infanterieregiments in 60-stündigen ununterbrochenen Kämpfen fast vollständig zerrieben. Die russischen Panzerkolonnen waren von einem handstreichartigen Erfolg weit entfernt und mussten um jeden einzelnen Straßenzug kämpfen. Der hartnäckige Widerstand und die rasch zunehmenden Verluste schockierten die Angreifer. Hochrangige Befehlshaber sahen sich gezwungen, die Kämpfe von vorderster Front aus zu leiten, und zahlten ihren Preis: Generalmajor Wiktor Worobjow wurde wenige Tage nach Beginn des Feldzugs von einer Mörsergranate getötet. Die Russen eroberten am 19. Januar den in Trümmern liegenden Präsidentenpalast, eine Stellung, die drei Wochen lang verteidigt worden war. Dieser Erfolg war ein Wendepunkt des Krieges. Die Russen hielten jetzt eine Linie, die weitgehend dem Lauf des Suncha-Flusses folgte, und die Stadt war praktisch in der Mitte geteilt. Die Tschetschenen verlegten ihr Hauptquartier und die überlebenden Verteidiger aus der zerstörten

Hauptstadt nach Nowogrosnensk, und am 8. Februar wurde ein Waffenstillstand geschlossen.[7]

Die Russen hatten eine konventionelle Taktik angewendet, die während des Zweiten Weltkriegs und im Kalten Krieg entwickelt worden war. Flächendeckender Artilleriebeschuss und intensive Luftangriffe sollten die Verteidigungskraft der Tschetschenen lähmen, bevor Bodentruppen auf eng begrenzten Achsen vorrückten und wichtiges Gelände einnahmen. Die sowjetischen Erfahrungen im Zweiten Weltkrieg zeigten interessanterweise, dass ein Häuserkampf nur langsam vorankam, hohe Verluste verursachte und die Verteidiger begünstigte. Die sowjetische Militärdoktrin hatte deshalb vorgesehen, städtische Widerstandszentren zu isolieren, um so ungehindert in die Tiefe vorstoßen zu können. Bei der Bekämpfung von Aufständen sah die Doktrin jedoch zunächst die Sicherung städtischer Zentren vor, weil man davon ausging, dass die ländliche Bevölkerung der sowjetischen Denkweise im Allgemeinen mit weniger Wohlwollen gegenüberstand. Im Fall Tschetscheniens sollte die Konzentration auf die Hauptstadt den Feldzug zu einem raschen Ende bringen, und die Kampfmethode bestand aus dem Einsatz überwältigender militärischer Gewalt. Diese Variante der »Shock and Awe«-Taktik erzielte nicht das gewünschte Ergebnis. Die Tschetschenen verlegten sich von Anfang an aufgrund ihrer militärischen Unterlegenheit auf eine Guerilla-Taktik. Den russischen Streitkräften fehlte es für die Bekämpfung eines solchen Gegners an der notwendigen Ausbildung und Erfahrung. Zur Ausschaltung relativ kleiner Widerstandsnester wurden Artilleriefeuer und Luftangriffe angefordert, aber in der städtischen Umgebung konnten die Tschetschenen ihre Stellungen rasch wechseln.

Die zunehmenden Verluste und die Tatsache, dass der Feind aufgrund seiner Kampfweise nur mit Mühe zu stellen war, hatten zur Folge, dass die unerfahrenen russischen Truppen zunehmen frustriert reagierten. Die russischen Soldaten hatten eine harte Ausbildung durchlaufen, in der körperliche Bestrafungen an der Tagesordnung waren, und jetzt bestraften sie ihrerseits Tschetschenen, die sie als Kämpfer oder deren Unterstützer verdächtigten. Sie griffen auf Techniken zurück, die in den 80er Jahren in Afghanistan angewendet worden waren, und verlegten sich auf *sachistka*-(Säuberungs-)Aktionen: Ganze Dörfer oder Kleinstädte wurden auf diese Weise geräumt. Es wird behauptet, die Russen hätten in dem Ort Samaschki 100 Zivilisten getötet und viele andere geschlagen und gefoltert. Im ganzen Land wurden Beschuldigungen erhoben, die russischen Truppen hätten verdächtige Personen misshandelt, gefoltert und ohne ordentliches Verfahren kurzerhand erschossen.[8]

Die tschetschenischen Kämpfer antworteten mit einer Eskalation der Guerillaangriffe und Terrorakte. Nachts legten sie Sprengfallen und verminten Straßen. Guerillagruppen formierten sich nur für bestimmte Operationen, im Jahr 1995 zum Beispiel auch für die tollkühne Geiselnahme in der südrussischen Stadt Budjonnowsk, bei der 1500 Menschen, das Personal und die Patienten des Gebietskrankenhauses, zu Geiseln wurden. Der Konflikt wurde mit immer größerer Härte ausgetragen. Kämpfer beschuldigten einige Tschetschenen der »Kollaboration« mit den Russen und exekutierten sie. Sie misshandelten auch zivile Geiseln und folterten gefangene russische Soldaten. Geiselnahmen zur Erpressung von Lösegeld wurden häufiger (wie 2004 dann im Irak), und russische Truppen benutzten Zivilisten als menschliche Schutzschilde für ihre Konvois. Von Söldnern in russischen Diensten wurde erwartet, dass sie ihr mageres Salär durch Plünderungen und Erpressungen aufbesserten. Auch einige Soldaten aus regulären Armee-Einheiten griffen zu solchen Praktiken.

Die Berichterstattung der russischen Medien trug zum Verfall der Popularität Präsident Jelzins bei, und die Legitimität des Konflikts wurde ganz allgemein in Frage gestellt. Bemerkenswerterweise kritisierten andere ehemalige Sowjetrepubliken die russische Politik und fühlten sich ermutigt, die eigene Unabhängigkeit zu erklären. Die Völker Zentralasiens beobachteten, wie sich die russischen Streitkräfte bemühten, die tschetschenischen »Banditen« niederzukämpfen, und das frischte ihre eigenen Erinnerungen und Eindrücke von Russlands Krieg in Afghanistan auf. In Tschetschenien selbst sorgte die sowjetische Offensive für eine Wende in Dudajews eigentlich bereits im Niedergang befindlicher politischer Karriere. Ehemalige Gegner eilten ihm jetzt zu Hilfe. Außerdem schlossen sich Tausende muslimische Freiwillige den Guerillas an. Viele von ihnen kamen aus dem Nahen Osten, aber auch Zentralasien stellte ein kleines Kontingent. Achmed Kadyrow, der Mufti von Tschetschenien, erklärte, die Tschetschenen kämpften in einem Heiligen Krieg gegen Russland, und er ermutigte die Kämpfer aus dem Ausland, sich an diesem Konflikt zu beteiligen. Außerdem bildeten sich lokale Milizen, weil die Zivilisten sich gegen alle Neuankömmlinge zu verteidigen suchten. Die erneute Gefahr einer regionalen Eskalation entwickelte sich, als Tschetschenen in Kisljar, einem Ort an der Grenze zur russischen autonomen Republik Dagestan, Geiseln nahmen. Die Russen antworteten mit der Zerstörung des benachbarten, zu Dagestan gehörenden Dorfes Perwomajskoje, dessen Bewohner sie als Sympathisanten der Tschetschenen verdächtigten. Der Vorfall sorgte für eine scharfe Reaktion aus Dagestan und führte zu weiteren Zweifeln am Krieg in Russland selbst. Die Kämpfe breiteten sich 1995 dennoch nach Inguschetien aus, als russische Einheiten tschetschenische Aufständische dorthin verfolgten, und 200 000 Flüchtlinge zogen aus dem Kampfgebiet über die Grenzen der Nachbarregionen. Viele von ihnen gingen nach Nordossetien und wurden dort in ehemaligen Kolchosen oder in Zeltlagern untergebracht.[9]

Im Kreml war man sich durchaus bewusst, dass die Unzufriedenheit über den Krieg in Russland selbst wie auch in den ehemaligen Sowjetrepubliken wuchs. Inguschetiens Präsident Ruslan Auschew drohte, das russische Verteidigungsministerium wegen der Schäden, die durch grenzüberschreitende Militäraktionen entstanden, zu verklagen. Einige Teilrepubliken weigerten sich, Wehrpflichtige für den Kampf in diesem Konflikt abzustellen, und verabschiedeten eigene Gesetze zum Schutz ihrer Bürger oder zur grundsätzlichen Verurteilung von Gewalt als Mittel zur Lösung innenpolitischer Konflikte. Keine der Republiken wollte eine Rückkehr zum Zwangssystem des Sowjetregimes erleben. Als die Präsidentenwahlen näher rückten, wollten russische Nationalisten den Krieg endgültig beigelegt sehen, um weiteren Aufrufen zur Abspaltung von Russland zuvorzukommen. Das Problem bestand darin, dass die Kämpfe ins Stocken geraten waren und der von den Nationalisten gewünschte »schnelle Sieg« unwahrscheinlich war.

Im Jahr 1996 verschlimmerte sich die Lage rapide. Die träge russische Armee hatte fünfzehn Monate gebraucht, um das wenige Kilometer südwestlich von Grosny gelegene Dorf Bamut einzunehmen, und hatte offensichtlich Probleme mit ihrer Logistik, mit der Ausbildung für die Bekämpfung von Aufständen, aber auch mit ihrer Kampfmoral und Organisation. Im März sickerten rund 2000 tschetschenische Kämpfer in die Hauptstadt ein und starteten dort eine drei Tage anhaltende Serie von Überfällen, und zwar so erfolgreich, dass Teile der Stadt überrannt und erhebliche Mengen an Waffen und Munition erbeutet wurden.[10] Der Feldkommandeur Chattab lockte im April eine Kolonne gepanzerter Fahrzeuge des 245. Panzergrenadierregiments bei Schatoj in einen Hinterhalt. Der einzige Erfolg der Russen war noch im gleichen Monat die Tötung Dudajews durch eine Zielsuchrakete, die ihn anhand seines Satellitentelefons ortete. Aber der Widerstand ging weiter.

Als Katalysator für die russische Verhandlungsbereitschaft diente der tschetschenische Angriff auf Grosny am 6. August 1996. Etwa 1500 von Schamil Bassajew geführte Aufständische sickerten mit Lastwagen, Autos und zu Fuß erneut in die Stadt ein. Nach einem festgelegten Plan wurden russische Vorposten und Stützpunkte attackiert. In der Stadt und ihrer Umgebung waren zwar rund 12 000 russische Soldaten stationiert, doch eine koordinierte Reaktion auf die unzähligen Attacken fiel ihnen schwer. Russische Truppen in Argun und Gudermes waren vollständig eingeschlossen und manövrierunfähig. Truppen des Innenministeriums, die mit Kolonnen gepanzerter Fahrzeuge diese isolierten Einheiten entsetzen sollten, gerieten in Hinterhalte und erlitten schwere Verluste. Das 276. Panzergrenadierregiment verlor in zweitägigen intensiven und konfus geführten Kämpfen 450 von 900 Mann, als es ins Stadtzentrum von Grosny vorzustoßen versuchte. Nach eigenen Schätzungen hatte die russische Armee in fünftägigen Kämpfen 200 Tote und 800 Verwundete zu beklagen. Tausende russische Soldaten und Sicherheitskräfte ergaben sich, weil ihnen die Munition ausging und weil sie demoralisiert und ihre Stellungen gefährdet waren. Ihre Waffen fielen in die Hände der Aufständischen. Mitte August wurde in der Hauptstadt ein örtlich begrenzter Waffenstillstand geschlossen, obwohl sich immer noch tschetschenische Kämpfer dort aufhielten. Der russische Kommandeur Konstantin Pulikowski verkündete seine Absicht, ganz Grosny dem

Erdboden gleichzumachen, und gab den Kämpfern und der Zivilbevölkerung 48 Stunden Zeit, um die Stadt zu verlassen. Genau zu dem Zeitpunkt, als das Bombardement begann, am 21. August 1996, vereinbarte Alexander Lebed, der russische nationale Sicherheitsberater, einen Waffenstillstand mit den Tschetschenen.[11] Zehn Tage später wurde ein offizieller Waffenstillstand unterzeichnet. Das Abkommen von Chassawjurt wurde schließlich am 12. Mai 1997 im Kreml mit einem von Boris Jelzin und Aslan Maschadow unterschriebenen Vertrag über »Frieden und die Prinzipien der Zusammenarbeit« bestätigt. Aber trotz aller Zerstörungen und Verluste (100 000 Zivilisten und zwischen 5000 und 14 000 Mann auf russischer Seite) war die entscheidende Frage der tschetschenischen Unabhängigkeit nicht gelöst worden. Die Tschetschenen waren der Ansicht, sie hätten ein De-facto-Abkommen erreicht, aber Moskau war offensichtlich bestrebt, eine Erniedrigung auf diplomatischer Ebene zu vermeiden, und hatte möglicherweise eine günstigere Lösung zu einem späteren Zeitpunkt im Sinn. Der Konflikt war noch nicht beigelegt.

Der zweite Krieg

Russlands Versuch, das Tschetschenien-Problem zu lösen, und nicht zuletzt die eskalierenden Terrorangriffe in Dagestan führten 1999 zu erneuten Gefechten und einem erbittert geführten winterlichen Kampf um Grosny. Das Vermächtnis des ersten Konflikts bestand darin, dass beide Seiten von Anfang an mit größerer Brutalität vorgingen. Um die Hauptstadt wurde intensiv gekämpft, aber die Schlacht um die ländlichen Gebiete zog sich in die Länge. Die tschetschenischen Kämpfer wurden zunehmend fanatischer und verübten auch Terroranschläge auf russischem Gebiet. Die extremere wahhabitische Doktrin gewann in der Widerstandsbewegung an Einfluss. Die Tschetschenen hatten allerdings Schwierigkeiten mit der Koordination ihres Widerstands, und ihre Überfälle erfolgten sporadisch. Im Jahr 2006 kam es zu einer Pattsituation: Die Tschetschenen waren nicht in der Lage, ihre Unabhängigkeit zu behaupten, und die Russen konnten den Widerstand nicht endgültig brechen.

Die Beziehungen zwischen den beiden Staaten waren nach dem ersten Krieg nicht besser geworden. Aslan Maschadow (für Russland im Vergleich zu Bassajew das kleinere Übel) wurde zwar im Januar 1997 zum Präsidenten gewählt, aber Moskau hatte keinen Grund zum Optimismus. Jelzins Gesandter Walentin Wlasow wurde im Mai 1998 bei einer diplomatischen Mission entführt, und Maschadow gab im Februar 1999 bekannt, Tschetschenien werde die Scharia einführen. Die Entführung eines weiteren russischen Gesandten, des Generals Gennadij Schpigun, vertiefte das Misstrauen und die Irritationen. Maschadow hatte allerdings seine eigenen Probleme. Schadid Bargischew, sein Beauftragter, der den

Entführungen ein Ende machen sollte, wurde 1998 unmittelbar vor einer großen Aktion gegen die Geiselnehmer durch eine Autobombe getötet. Außerdem gab es mehrere Mordanschläge auf den Präsidenten selbst, Mansur Tagirow, der oberste Staatsanwalt des Landes, wurde entführt und ermordet. Wachsende Spannungen zwischen militanten Dschihad-Kämpfern und der Nationalgarde, die loyal zur Regierung stand, verschlimmerten die Lage im Land. Im Juli 1998 kam es in Gudermes zu Schießereien zwischen den beiden rivalisierenden Gruppen, bei denen etwa 50 Zivilisten getötet wurden. Das Regime in Grosny war offensichtlich nicht imstande, die Ordnung im Land aufrechtzuerhalten. Im Jahr 1994 hatte Russland genau aus diesem Grund interveniert (wie es das alte Sowjetregime in Afghanistan und Osteuropa gehalten hatte). Jetzt stand man vor der gleichen Situation. Die Frage lautete: Würden die Russen diesmal eine andere Vorgehensweise wählen?[12]

Es gibt einige Belege für die Annahme, dass die Russen den Ausgang des sich entwickelnden Machtkampfes in Tschetschenien durch die Stationierung von Spezialeinheiten zu beeinflussen versuchten, aber diese heimliche Intervention verschlimmerte nur die innenpolitische Instabilität des Landes. Russland sah sich jedoch zum Handeln gezwungen, weil es seit 1996 auf seinem eigenen Territorium eine Reihe von Terroranschlägen gegeben hatte. Eine Bombe hatte am 16. November 1996 einen Wohnblock in der Stadt Kaspijsk in Dagestan zerstört, 69 Menschen, darunter zahlreiche Familienangehörige von Grenzwachen, waren ums Leben gekommen. Am 23. April 1997 tötete eine Bombe, die in einem Bahnhof in Armawir explodierte, drei Menschen, und im Mai forderte eine weitere Eisenbahnbombe zwei Todesopfer.

Die Urheber dieser Anschläge gehörten eindeutig nicht der Regierung Tschetscheniens an. Dschihad-Kämpfer aus Tschetschenien und Dagestan, die sich als Mudschaheddin betrachteten, wollten gemeinsam mit arabischen Freiwilligen wie Chattab den Widerstand unbedingt aufrechterhalten.[13] Sie überfielen den russischen Armeestützpunkt Buinaksk in Dagestan und betrachteten die Tötung zahlreicher Soldaten und die Zerstörung mehrerer gepanzerter Fahrzeuge als Teil ihres Dschihads. Sie kämpften nicht einfach nur für die »Befreiung« Tschetscheniens, denn unter formalen Gesichtspunkten kontrollierte Russland diesen Staat nicht mehr. Ihnen ging es eher um die Islamisierung Tschetscheniens und die Vollendung des weltweiten Dschihads, durch den eine neue Weltordnung geschaffen werden sollte. Die Dschihad-Kämpfer sahen ihr Handeln als historischen Auftrag, der Erfolg der Taliban ermutigte sie, und die Kämpfe an anderen Orten (zum Beispiel in Palästina und in Bosnien) stachelten ihren Zorn an. Der eigene Tod bei einem solchen Bemühen führte nach ihrer Weltsicht zur sofortigen Erlösung. Der Guerillakrieg bestärkte sie in ihrem Glauben. Er gab ihnen die Gelegenheit, dem Feind schwere Schläge zu versetzen. Videofilme, die sie bei ihren Angriffen drehten, belegen ihre tief empfundenen Leidenschaften höchst anschaulich. Einzelne

Bildsequenzen, zum Teil aus nächster Nähe gefilmt, zeigen Hinterhalte, die sich gegen gepanzerte Fahrzeuge richten. Die Opfer werden niedergeschossen, hingerichtet und häufig verstümmelt. Unter »Gott ist groß!«-Rufen schneiden Dschihad-Kämpfer ihren Gefangenen die Kehle durch oder skalpieren sie.

Das Ziel der Angriffe um die Jahreswende 1998/1999 in den Nachbarrepubliken schien die Destabilisierung der ganzen Region zu sein. Eine Bombe, die im März 1999 auf dem Markt von Wladikawkas in Nordossetien detonierte, tötete zum Beispiel 51 unschuldige Menschen. In jenem Sommer kam es auch zu weiteren Angriffen auf Posten der Grenzpolizei. Die russische Regierung war äußerst aufgebracht und wurde misstrauisch, als sich herausstellte, dass Schamil Bassajew im August und September 1999 in Dagestan selbst einen Überfall angeführt hatte, an dem bis zu 2000 Kämpfer aus Tschetschenien, arabischen Ländern, Dagestan und Kasachstan beteiligt gewesen waren. Wie tief war die tschetschenische Regierung in diesen Überfall verstrickt? Der Angriff sollte eine Reihe von Grenzdörfern entlasten, die von den russischen Streitkräften belagert wurden, doch die Aufständischen mussten einen schweren Rückschlag hinnehmen, als sie zum Ziel von Luftangriffen wurden. Über einigen Dörfern wurden Aerosolbomben abgeworfen, und ein energischer Gegenangriff trieb die Aufständischen über die Grenze zurück. Bei diesen Kämpfen kamen viele Zivilisten ums Leben. Russland übte nach dem Überfall weiterhin Druck auf Tschetschenien aus und flog Luftangriffe auf den Südosten des Landes, in dem die Stützpunkte der Aufständischen vermutet wurden. Ende September wurden diese Angriffe auf Ziele in der Hauptstadt Grosny selbst sowie in deren Umgebung ausgeweitet.

Parallel zu den Kämpfen an der Grenze Dagestans richtete sich eine Serie von Bombenanschlägen in Moskau und Wolgodonsk gegen russische Zivilisten. Etwa 300 Menschen wurden dabei getötet. Jelzin machte für diese Taten sofort die Tschetschenen verantwortlich, aber Bassajew bestritt jede Verantwortung, und es gab Zweifel an den Beschuldigungen des russischen Präsidenten. Angesichts der politischen Zersplitterung der Aufständischen war es ohne weiteres möglich, dass eine andere radikale Gruppe hinter den Anschlägen steckte. Einige Russen befürchteten jedoch, dass der FSB, der Inlandsgeheimdienst des eigenen Landes, die Bombenattentate ausgeführt hatte, um einen Vorwand für eine Intervention zu schaffen. Später wurden dann zwei Mitglieder von Chattabs wahhabitischer Dschihad-Organisation verhaftet und wegen der Anschläge von 2004 angeklagt. Unmittelbar nach den Attentaten verlangte Moskau jedoch von der tschetschenischen Regierung die Auslieferung der mutmaßlichen Täter. Nur 24 Stunden später, am 30. September 1999, überschritten russische Bodentruppen die Grenze. Anscheinend hegte die russische Regierung nur geringe Erwartungen, dass die tschetschenischen Behörden die Verdächtigen beibringen würden. Die maßgeblichen Politiker in Moskau – jetzt unter der entschlossenen Führung von Präsident Putin – hielten allerdings angesichts der Zunahme terroristischer Aktivitäten und der offensichtlichen Bedrohung der Stabilität in der Region eine Intervention für absolut notwendig.

Der tschetschenische Präsident Maschadow reagierte auf die Angriffe aus der Luft und zu Lande mit der Verhängung des Kriegsrechts und der Ausrufung eines *Gasawat*, eines Heiligen Krieges – was einem Aufruf zum Krieg ohne jede Einschränkung gleichkam.[14] Im Gegensatz dazu versuchte Putin, als gemäßigter Politiker aufzutreten. Er kündigte an, die russischen Truppen würden nur bis zum Fluss Terek vorrücken, also nur den nördlichen Teil Tschetscheniens besetzen, um eine Sicherheitszone gegen von dort ausgehende Überfälle zu schaffen. Die russischen Truppen rückten tatsächlich auf der ungeschützten Ebene im Norden zügig vor, überquerten dann aber am 12. Oktober doch den Terek, um in zwei Stoßkeilen auf die Hauptstadt vorzurücken. Der Vormarsch erfolgte diesmal umsichtig und methodisch und wurde durch koordinierte Luft- und Artillerieangriffe vorbereitet. Drei Wochen später überrannten die Russen Bamut, das im ersten Krieg so schwierig zu sichern gewesen war, und ihre Panzerkolonnen schlossen die Hauptstadt nach und nach ein. Hinter der Front richteten die russischen Streitkräfte »Filtrationslager« ein, in denen Flüchtlinge kontrolliert und erfasst und diejenigen Menschen festgesetzt wurden, die man für »Banditen« hielt. Es wurde eine Amnestie ausgerufen, um die Kämpfer zu entwaffnen, und daraufhin meldeten sich etwa 400 von ihnen. Es wird behauptet, dass viele dieser Männer anschließend »verschwanden«. Allerdings bleibt ungeklärt, ob sie von russischen Sicherheitskräften oder von Tschetschenen, die sie der Kollaboration beschuldigten, getötet wurden, oder ob man sie einfach nur freiließ.

Die Tschetschenen hatten in der Zeit vor der erneuten russischen Intervention ihre Hauptstadt befestigt, aber die Kräfte waren äußerst ungleich verteilt. Die Russen besaßen die vollständige Lufthoheit, und mit ihren 100 000 Mann waren sie den tschetschenischen Verteidigern auch zahlenmäßig weit überlegen. Ebenso wichtig waren die Neuerungen in der russischen Taktik. Intensive Luftangriffe sollten die tschetschenischen Stellungen nach und nach ausschalten, und Panzer, Transportpanzer und Infanterie wurden möglichst lange zurückgehalten und nicht mehr voreilig ins Gefecht geworfen. Die eigene Feuerkraft wurde gezielt eingesetzt, um Verluste zu vermeiden und einen methodisch erkämpften, sicheren Sieg zu erzielen. Doch die Russen dachten bereits an die Besatzungszeit, die auf die Kämpfe folgen musste. Beslan Gantamirow, der ehemalige Bürgermeister von Grosny, wurde aus dem Gefängnis entlassen, um eine moskaufreundliche tschetschenische Streitmacht anzuführen, die sich an den militärischen Operationen und nach den Kämpfen auch an der Sicherung der Hauptstadt beteiligen sollte. Der russische Innenminister Wladimir Ruschailo verweigerte allerdings die Ausrüstung der neuen Miliz mit Transportpanzern, Granatwerfern oder Präzisionsgewehren und bewilligte nur die Ausgabe veralteter Sturmgewehre. Außerdem hielt er Gantamirow vor, er habe das tschetschenische Personal nicht überprüft. Doch die Miliz schlug sich bei den Kämpfen achtbar und verlor 700 Mann. Gantamirow wurde dennoch entlassen, die Streitmacht nur wenig später aufgelöst. Die Russen vertrauten den Tschetschenen einfach nicht. Im Afghanistankrieg hatten sie schlechte Erfahrungen gemacht – mit Überläufern, dem Weiterverkauf von Waffen und Ausrüstungsgegenständen, und es hatte auch Morde an russischen Offizieren durch nominelle Verbündete gegeben. Die Soldaten machten auch wenig Federlesen mit tschetschenischen Zivilisten. In der Hauptstadt waren rund 40 000 Zivilpersonen eingeschlossen, und einige Flüchtlinge gerieten beim Versuch, der Falle zu entkommen, sogar in den sogenannten »Sicherheitskorridoren« unter Beschuss. Die russischen Soldaten konnten ihre Feinde kaum ausmachen, da die Aufständischen nur selten Uniform trugen und ihre Kampftaktik aus Hinterhalten und Überfällen bestand.

Die Tschetschenen zeigten bei der Verteidigung ihrer Hauptstadt eine bemerkenswerte Entschlossenheit und ebensolches Geschick, auch wenn die Russen sie verachteten. Sie richteten Kreuzfeuer-Zonen ein, legten Bunkersysteme an, verminten Straßen, platzierten Scharfschützen und unternahmen alle möglichen Anstrengungen, um den Vorteil, den ihnen die städtische Umgebung bot, so weit wie möglich zu steigern. Die russischen Befehlshaber versuchten Guerillaaktionen abzuwenden, indem sie Flugblätter verbreiteten, mit denen alle Zivilpersonen aufgefordert wurden, die Stadt zu verlassen. Wer dieser Aufforderung nicht folge, so warnten sie, werde künftig als feindlicher Kämpfer betrachtet. Aber dieses Ultimatum wurde im Dezember 1999 nach internationalen Protesten, die in den USA und Europa besonders heftig ausfielen, zurückgezogen.[15] Die intensiven Luft-, Artillerie- und Raketenangriffe verwandelten die Stadt in ein Trümmerfeld. Die Tschetschenen nahmen den Russen trotz alledem die Initiative immer wieder aus der Hand. Am 4. Januar 2000 brachen sie von Grosny aus zu einem Überfall auf und besetzten zeitweise das Dorf Alchan-Kala. In der darauffolgenden Woche öffneten tschetschenische Kämpfer durch die Rückeroberung von Schali, Argun und Gudermes einen Korridor in die Hauptstadt, der erst durch einen russischen Gegenangriff wieder geschlossen werden konnte. Mehrere russische Konvois gerieten in Hinterhalte, was den General Wiktor Kasanzew zu der Erklärung veranlasste, nur Knaben unter 10, Männer über 60 Jahren sowie Frauen und Mädchen würden künftig als Flüchtlinge betrachtet.

Im Stadtgebiet von Grosny war eine unbarmherzige russische Offensive im Gang, bei der es ständig zu Verlusten kam, denn die Tschetschenen nutzten jede Straße, einschließlich der Abwassersysteme, um die russischen Truppen in Hinterhalte zu locken. Mitte Januar 2000 war jedoch klar, dass die Hauptstadt fallen würde. Den tschetschenischen Kämpfern gingen Lebensmittel, Wasser und Munition aus, und nur ein verzweifelter Ausbruchsversuch konnte die bedrängte Streitmacht retten. Am frühen Morgen des 1. Februar versuchten die Tschetschenen, in südwestlicher Richtung zu entkommen. Viele von ihnen liefen beim Versuch, die russischen Einheiten zu umgehen, in die Minenfelder, die die Russen gelegt hatten. Die von Bassajew geführte Einheit geriet kurz vor dem Dorf Alchan-Kala in russisches Artilleriefeuer, aber Freiwillige erklärten sich bereit, dem Hauptkontingent vorauszueilen, um eventuell auf ihrer Marschstrecke verlegte Minen zur Detonation zu bringen. Nach russischen Schätzungen wurden durch das Bombardement und die Minen rund 400 Kämpfer getötet oder verwundet. Die Überlebenden schlugen sich zur Argun- und Vedeno-Schlucht durch, wo sie sich neu formierten, um den Widerstand später dann in den Bergen fortzusetzen. Die russische Armee nahm unterdessen Grosny ein und erlaubte Zivilisten die Rückkehr in die Stadt, was ganz eindeutig in der Hoffnung geschah, dem Widerstand das Genick gebrochen zu haben.

Zunächst bestand auch Grund zum Optimismus. Im März 2000 überfiel eine 1000 Mann starke Einheit tschetschenischer Kämpfer das Dorf Komsomolskoje und lieferte sich mit den dort stationierten russischen Streitkräften über zwei Wochen heftige Kämpfe. Die Auseinandersetzung auf diesem eng begrenzten Kampfplatz erwies sich jedoch als verlustreich, die Schätzungen der tschetschenischen Verluste bewegen sich zwischen 500 und 600 Mann – eine katastrophale Schwächung für eine Guerillaarmee. Dieser militärische Erfolg der Russen nahm ein grausiges Ende. Von den 70 Gefangenen scheinen nur wenige überlebt zu haben. Die russische Journalistin Anna Politkowskaja, die im Oktober 2006 in Moskau ermordet wurde, schrieb, die meisten Gefangenen seien gefoltert und später dann im »Filtrationslager« Tschernokosowo« mit Schanzwerkzeugen erschlagen worden. Es wurden drei Überlebende nachgewiesen. Zwei davon erhängten sich später, der Verbleib des Dritten ist unbekannt.[16] Diese Mordvorwürfe und Beschuldigungen im Zusammenhang mit Greueltaten auf beiden Seiten sind typisch für die Kriege in Tschetschenien.

Aufstände und Terrorismus von Moskau bis Beslan

Die tschetschenischen Kämpfer setzten ihren Widerstand vom gebirgigen südlichen Landesteil aus fort, mit Überfällen und Bombenanschlägen in den Städten. Ihre bevorzugte Taktik bestand dabei aus der Ermordung russischer oder russlandfreundlicher Beamter, aus Hinterhalten, die sich gegen motorisierte Militärpatrouillen, Polizeifahrzeuge und -posten richteten, sowie aus selbst hergestellten Terrorbomben, die auf Gebäude zielten oder mit Autos zum Ziel gebracht wurden. Dieser Feldzug begann unmittelbar nach dem Fall von Grosny. Ein Beispiel ist die Schlacht im Dorf Ulus-Kurt, wo im Februar 2000 eine Fallschirmjägerkompanie in drei Tage anhaltenden Kämpfen fast völlig vernichtet wurde: Tschetschenische und arabische Kämpfer töteten dort 86 russische Soldaten. Genaue Angaben zur Zahl der tschetschenischen Toten sind nur selten zu bekommen; beide Seiten behaupten stets, dem Gegner schwere Verluste zugefügt zu haben. Eine

Nachschubkolonne wurde im Mai 2000 auf dem Weg zu einer Luftlandeeinheit in Serschen Gurt, einem Ort in der Vedeno-Schlucht, angegriffen. Es kam zu einem vierstündigen Feuergefecht, und von russischer Seite wurden später 25 eigene Gefallene eingeräumt. Die Tschetschenen behaupteten, sie hätten ohne eigene Verluste 50 Gegner getötet. Die Russen erklärten dagegen, sie hätten die Leichen von vier tschetschenischen Kämpfern geborgen. Erklärungen zu Verlusten werden auch auf andere Weise verfälscht. Einen Zwischenfall, bei dem am 1. März 2000 durch »versehentlichen Beschuss« 22 russische Soldaten durch die Hand von Kameraden starben, bezeichneten die russischen Behörden anfangs als tschetschenischen Hinterhalt. Der russische Außenminister Wladimir Ruschailo behauptete zwar, die eigene Armee sei in Tschetschenien »vollständig Herrin der Lage«, dennoch kam es weiterhin zu Hinterhalten und Zwischenfällen.[17]

Eine Regierung muss bei der Bekämpfung eines Aufstands die eigene Fähigkeit, zu handeln, die Ordnung aufrechtzuerhalten und die Sicherheit der Bürger zu garantieren, unter Beweis stellen und fortwährend stärken. Sie muss Informationen gleichermaßen über Mitteilungen aus der Bevölkerung wie auch über die eigenen militärischen und polizeilichen Institutionen beschaffen können. Sie muss auf dem gesamten Staatsgebiet physisch präsent sein. Sie muss die Initiative übernehmen und in der Hand behalten können und die Aufständischen in eine reaktive und defensive Grundhaltung abdrängen. Natürlich besaßen die Russen handfeste Vorteile: Sie kontrollierten die Infrastruktur, besaßen die Lufthoheit, hatten eine größere Feuerkraft und waren auch zahlenmäßig überlegen. Die Unterstützung der örtlichen Bevölkerung war allerdings weit schwerer zu gewinnen, und das hatte in erster Linie mit dem bisherigen Verhalten der russischen Truppen, mit den vielen Toten und dem Ausmaß der Zerstörungen zu tun. Nach der Einsetzung der neuen politischen Führung in Grosny konnten die Russen die eigenen Streitkräfte jedoch durch eine bewaffnete tschetschenische Polizei ergänzen. Die Russen stationierten weitere Spezialeinheiten, und diese Elitesoldaten führten am 4. Mai 2000 in Awtury einen spektakulären Hinterhaltsangriff gegen tschetschenische Kämpfer durch. Anschließend wurde behauptet, 18 Aufständische seien bei einem Hinterhalt getötet worden, der mit Maschinengewehrfeuer eingeleitet und durch Artilleriebeschuss unterstützt worden sei. Die tschetschenische Polizei und die Spezialeinheiten unternahmen auch im Juni desselben Jahres einen gemeinsamen Vorstoß, um Kämpfer wieder aus der Hauptstadt zu vertreiben, die erneut dorthin eingesickert waren und anschließend Minen gelegt oder Kontrollpunkte mit Panzerfäusten beschossen hatten. Diese Taktik und das Ausbleiben jeglicher Fortschritte für die Aufständischen veranlassten Iljas Achmadow, Tschetscheniens inoffiziellen separatistischen Außenminister, noch im gleichen Monat ein Ende »dieses sinnlosen Krieges« gegen Russland zu fordern.

Tschetschenische Kämpfer setzten ab dem Jahr 2001 sehr viel stärker auf ein terroristisches Vorgehen, was darauf schließen lässt, dass sie nicht in der Lage waren, das prorussische Regime zu stürzen oder die russischen Streitkräfte im offenen Kampf zu besiegen. In Gudermes zum Beispiel gab es einen Bombenanschlag auf eine Polizeiwache, die auf die Bekämpfung des organisierten Verbrechens spezialisiert war. Sechs Menschen kamen dabei ums Leben. Im Oktober des Vorjahres hatte ein Bombenanschlag in der Hauptstadt ebenfalls eine Polizeiwache zum Ziel gehabt, und die Attentäter hatten dabei ein Team von Staatsanwälten im Visier. Russische Spezialeinheiten stellten im Juni 2001 in dem Dorf Alchan-Kala in der Nähe von Grosny Arbi Barajew, einen »Warlord« und Anführer einer Gruppe von etwa 50 Kämpfern. Die Eingeschlossenen leisteten mehrere Tage lang verzweifelten Widerstand, doch Barajew und 17 seiner Gefolgsleute wurden getötet und das Dorf eingenommen. Für die Russen war dies ein bedeutender Erfolg. Barajew, wegen seiner Rücksichtslosigkeit auch »Terminator« genannt, hatte 170 Menschen ermordet, 1998 unter anderem auch drei Briten und einen Neuseeländer. Er spielte in der Region auch eine wichtige Rolle im organisierten Verbrechen. Die Russen praktizierten im Lauf der folgenden Monate dieselbe Art von Säuberungsaktionen, bei der ihnen Barajew südlich von Grosny ins Netz gegangen war, ein Vorgehen, das häufig zu Schießereien und zu Verlusten auf beiden Seiten führte. Die Bombenattentate und Mordanschläge auf tschetschenische und russische Behördenvertreter hörten jedoch auch in den folgenden drei Jahren nicht auf.

Bei Angriffen tschetschenischer Terroristen kamen einige prominente Persönlichkeiten ums Leben. Sergej Swerjew, der stellvertretende russische Kommandeur in Tschetschenien, wurde im Mai 2000 durch eine ferngezündete Bombe getötet. Adam Denijew, ein prorussischer stellvertretender Verwaltungschef mit bewegter Vergangenheit, starb an den Verletzungen, die er bei einer Bombenexplosion während einer Live-Fernsendung erlitt. Elsa Gasujew, eine tschetschenische Frau, die mehrere Familienmitglieder verloren hatte, versuchte im November 2001, General Gadschijew, den russischen Befehlshaber, durch ein Handgranaten-Selbstmordattentat zu töten. Viele Tschetschenen hatten Gadschijew beschuldigt, bei seinem Feldzug gezielt Zivilisten ins Visier zu nehmen. Der General starb später an den beim Attentat erlittenen Verletzungen. Den größten Erfolg verbuchte der tschetschenische Widerstand jedoch mit der Ermordung des prorussischen Präsidenten Achmed Kadyrow, der im Fußballstadion von Grosny während der Feier zum Tag des Sieges über das nationalsozialistische Deutschland am 9. Mai 2004 einem Bombenanschlag zum Opfer fiel. Bei der Explosion wurden zwölf weitere hochrangige Behördenvertreter getötet. Zuvor hatte es bereits drei Mordanschläge auf Kadyrow gegeben, zwei davon waren im Vorjahr von Selbstmordattentäterinnen ausgeführt worden. In Dagestan und Inguschetien kam es 2006 zu weiteren Mordanschlägen auf führende russische Persönlichkeiten.

Nach dem Fall von Grosny eskalierte auch der Selbstmord-Terrorismus. Die erste Attacke wurde von Chawa Barajew ausgeführt, einer jungen Frau. Sie lenkte am 6. Juni 2000 einen mit Sprengstoff präparierten Lastwagen in einen prorussischen Kontrollpunkt und tötete auf diese Weise mehrere Menschen. Am 2. und 3. Juli desselben Jahres wurden bei einer Serie von fünf koordinierten Selbstmord-Bombenattentaten in tschetschenischen Städten 100 russische Soldaten getötet oder verwundet. Ein fünfzehnjähriges Mädchen wurde erschossen, als sie im Dezember 2001 versuchte, einen mit Sprengstoff beladenen Lastwagen in ein von der russischen Armee genutztes Gebäude zu fahren; im darauf folgenden Jahr trugen Selbstmordbomber, die versuchten, an Regierungsgebäude heranzukommen, russische Uniformen. Die Wachen eröffneten zwar das Feuer, als die Lastwagen einen Kontrollpunkt durchbrachen, aber die Explosion brachte ein vierstöckiges Gebäude zum Einsturz und tötete 80 Menschen. Zwei Selbstmordbomber benutzten 2003 ebenfalls einen Lastwagen, um ihre Sprengladung ins Ziel zu bringen, ein Gebäude, in dem die russischen Geheimdienste residierten, und töteten 59 Menschen. Und eine einzelne Selbstmordattentäterin sprengte sich im Juni desselben Jahres neben einem Bus in die Luft und riss 18 russische Luftwaffensoldaten mit in den Tod. Im August griff dann ein Selbstmordbomber mit einem Lastwagen ein Militärkrankenhaus in Nordossetien an. Die Explosion, die eindeutig darauf ausgerichtet war, Soldaten und die zivile russische Öffentlichkeit gleichermaßen zu terrorisieren, forderte 50 Todesopfer.

Die Russen führten einen ununterbrochenen Zermürbungskrieg gegen die Aufständischen. Der berüchtigte Chattab wurde am 19. März 2002 bei einer von den russischen Geheimdiensten eingefädelten Operation durch einen vergifteten Brief getötet. Abu al-Walid, der saudische Nachfolger Chattabs, starb am 16. April 2004 bei einem Luftangriff. Sicherheitskräfte töteten am 19. Februar 2005 Kantasch Mansarow, den Imam der militanten Jamaat-Bewegung und mutmaßlichen Koordinator von Angriffen der Aufständischen in der Hauptstadt. Riswan Tschitigow, ein Kommandeur tschetschenischer Aufständischer, starb im darauf folgenden Monat von der Hand prorussischer tschetschenischer Sicherheitskräfte. Im Mai wurde Wacha Arsanow getötet, der ehemalige Vizepräsident Tschetscheniens, ebenso wie Danilbek Eskijew und Alasch Daudow, zwei tschetschenische Guerillaführer. Daudow galt als Planer der Angriffe auf Kontrollpunkte der Polizei in Grosny, er war ein Geiselnehmer und Terrorist, der auch den Einsatz chemischer Kampfstoffe geplant hatte. Russische Geheimdienstagenten töteten ihn. Schließlich wurde auch Rasul Tambulatow getötet, der tschetschenische Kämpfer, der Aufständische im Bezirk Schelkowsky befehligt hatte, und mehrere seiner bombenbauenden Gesinnungsgenossen wurden verhaftet. Wladimir Putin bezeichnete allerdings den Tod von Achmed Awtorchanow, dem ehemaligen Chef des tschetschenischen Sicherheitsdienstes unter Maschadow, als Wendepunkt. Awtorchanow war der letzte überlebende Anführer aus der Vorkriegszeit, jetzt lag der Widerstand nur noch in der Hand von militanten Muslimen und Ausländern. Das Kalkül lautete, dass das tschetschenische Volk diesen fanatischen Personenkreis vermutlich nicht so stark unterstützen würde, und darin steckte durchaus ein Stückchen Wahrheit.

Im Jahr 2006 sah es ganz danach aus, als werde die Politik der gezielten Verfolgung von Rebellenführern fortgesetzt. Rebellen-»Präsident« war seit dem Tod Maschadows Abdul-Chalim Sadulajew gewesen, doch im Juni jenes Jahres starb er in Argun unter den Kugeln des FSB und einer Gruppe paramilitärischer Einsatzkräfte. Trotz eines Hinterhalts tschetschenischer Aufständischer, den diese einen Monat später als Vergeltung für den Tod Sadulajews bezeichneten, erklärte Präsident Putin die »Kampfoperationen« in Tschetschenien offiziell für beendet. Die selbstbewusste Erklärung wurde eine Woche später durch den Tod Schamil Bassajews bestätigt. Der ehemalige Verteidiger Grosnys kam ums Leben, als ein mit 110 Kilogramm Sprengstoff beladener Lastwagen seines Konvois in die Luft flog.[18]

Die Methoden, mit denen Russland diesen Krieg zu gewinnen suchte, wurden auf internationaler Ebene scharf kritisiert und als eine Art von »Staatsterror« betrachtet. Nach Schätzungen von Menschenrechtsorganisationen wie Amnesty International sind seit 1999 bis zu 5000 Tschetschenen »verschwunden«. Diese Organisationen beschuldigen die russischen Sicherheitskräfte, sie würden Vergewaltigungen, Morde und Entführungen systematisch als Zwangsmittel einsetzen. Die amerikanische Außenministerin Madeleine Albright hielt im März 2000 vor der UN-Menschenrechtskommission eine Rede und formulierte dabei auch ihre »Besorgnis« angesichts der »anhaltenden und glaubwürdigen Berichte über Menschenrechtsverletzungen«. Sie sah Russland in der Gefahr, sich angesichts der internationalen Verurteilung selbst zu isolieren.[19]

AI erklärte, Angriffe auf Zivilisten seien zur Routine geworden, einschließlich der weit verbreiteten Bombardierung oder des Beschusses von Dörfern und Städten. Flüchtlinge sowie Personen, die bei Plünderungen im Weg standen, waren besonders verwundbar. Amnesty führte auch aus, dass beide Seiten Gefangene hingerichtet hätten. Präsident Kadyrow machte umgehend russische Sicherheitskräfte für ein Vorgehen im Stil von »Todesschwadronen« verantwortlich, für das Verschwindenlassen von Zivilisten mitten in der Nacht, Exekutionen im Schnellverfahren und Folterungen. Ironischerweise waren einige dieser Aktivitäten das Werk der Miliz seines eigenen Sohnes und seiner eigenen Sicherheitspolizei, denn die Kadyrow-Dynastie versuchte auf diese Art ihren Herrschaftsanspruch zu festigen.[20] Ein tschetschenischer Ombudsmann, der das Problem der »Verschwundenen« untersuchen sollte, kam im März 2006 zu der Schlussfolgerung, die örtlichen Behörden könnten diese Frage nicht lösen, weshalb föderale – gemeint war: russische – Hilfe vonnöten sei. Er ließ durchblicken, die tschetschenische Regierung sei das Problem. Nach Schätzungen der russischen Menschenrechtsgruppe Memorial wurden von 2002 bis 2006 1893 Tschetschenen entführt. 653 von ihnen wurden lebend wieder angetroffen, 186 wurden getötet, und 1054 »verschwanden«. Die Nachforschungen erfassten bisher nur ein Drittel des gesamten Landes, deshalb könnte das wahre Ausmaß noch sehr viel größer sein.

Die Angriffe der Terroristen beschränkten sich nicht auf den eigentlichen Kriegsschauplatz. Im Mai 2002 ging bei einer Militärparade in der Stadt Kaspijsk in Dagestan eine Bombe hoch, aber die meisten der 42 Todesopfer waren Zivilisten, unter ihnen 17 Kinder. Zwei tschetschenische Mädchen wurden im Juli 2003 gestoppt, als sie sich Zugang zu einem Rockfestival auf dem Gelände des Luftwaffenstützpunkts Tuschino bei Moskau verschaffen wollten. Daraufhin sprengten sie sich in die Luft und töteten 15 Menschen. Dies war der erste Selbstmordangriff, der weit in russisches Gebiet hinein vorgetragen wurde, aber die Ermittler fanden keine Motive, und keine Gruppe übernahm die Verantwortung für die Tat, was zu Spekulationen führte, dies sei ein willkürlicher Vergeltungsangriff für den Tod tschetschenischer Zivilisten gewesen. Im Dezember sprengte sich jedoch ein männlicher Selbstmordbomber in einem voll besetzten Pendlerzug im 1000 Kilometer südlich von Moskau gelegenen Jessentuki in die Luft. Dabei wurden 44 Menschen getötet, und es gab 200 Verwundete. Fünf Tage später zündete eine Selbstmordattentäterin in der Nähe des Kremls ihren für diesen besonderen Zweck präparierten und mit Kugellagerkugeln bestückten Sprengstoffgürtel und riss sechs Menschen mit in den Tod. Schamil Bassajew behauptete, diese Angriffe seien sein Werk. Im darauf folgenden Februar wiederholte sich das Handlungsmuster, viel genutzte Transportsysteme anzugreifen, mit einer Bombenexplosion in einem Metrozug zur Hauptverkehrszeit. 39 Menschen kamen ums Leben, 134 Personen wurden verwundet. Eine von einem Mann namens Lom-Ali geführte Gruppe, die sich Gasoton Murdasch nannte, übernahm die Verantwortung für den Angriff. Zum wagemutigsten Angriff kam es jedoch am 24. August 2004, als sich zwei tschetschenische Frauen in zwei russischen Verkehrsflugzeugen in die Luft sprengten und 90 Passagiere und Besatzungsmitglieder mit in den Tod rissen.

Diese Terroranschläge und viele der Angriffe, die tschetschenische Aufständische während der beiden Kriege ausführten, haben russische Behörden dazu veranlasst, nahezu alle tschetschenischen Kämpfer als Terroristen und Banditen anzusehen. Gefangene werden nicht wie Kombattanten behandelt, sondern wegen illegalen Waffenbesitzes oder wegen Zugehörigkeit zu einer bewaffneten kriminellen Gruppe festgehalten. Die Kämpfer sitzen wegen Mordes oder Mordversuchs im Gefängnis und erhalten nicht den Status von Kriegsgefangenen, deshalb können sie am Ende des Konflikts auch nicht freigelassen werden. Salman Radujew, ein Kommandeur der tschetschenischen Aufständischen, wurde im Dezember 2001 vor Gericht gestellt und des Mordes und des Terrorismus für schuldig befunden. Ein Jahr später starb er in einem russischen Gefangenenlager. Der Fall von Salautdin Temirbulatow ließ wenig Fragen offen. Er wurde wegen Mordes an vier russischen Soldaten zum Tode verurteilt: Er hatte 1996 die Hinrichtung dieser Männer gefilmt. Das Video war in das Propaganda-Repertoire der tschetschenischen und arabischen Dschihad-Krieger aufgenommen worden, aber auch die russische Armee benutzte es, um ihren Soldaten zu zeigen, mit welchem Gegner sie es zu tun hatten.

Tschetschenische Terroristen wählten 2001 die Türkei als Plattform. Im März entführten sie ein russisches Verkehrsflugzeug, das auf dem Weg ins Ausland war, und zwangen es zur Landung in Saudi-Arabien.[21] Ein saudisches Einsatzkommando stürmte das Flugzeug und tötete einen der Entführer, aber auch zwei Passagiere. Einen Monat später nahm eine weitere Terroristengruppe in einem Hotel in Istanbul 100 türkische Geiseln. Nach zwölf Stunden gaben die Geiselnehmer auf und erklärten, sie hätten versucht, ihre Sache außerhalb der Heimatregion bekannt zu machen. Aber diese Zwischenfälle wirkten im Vergleich mit den Geschehnissen der folgenden drei Jahre noch relativ harmlos.

Die Rücksichtslosigkeit der tschetschenischen Dschihad-Kämpfer zeigte sich in äußerst brutaler Form bei der Geiselnahme im Moskauer Musical-Theater »Nord-Ost« im Oktober 2002.[22] Vierzig Terroristen nahmen 700 Menschen als Geiseln und verlangten, dass sich Russland völlig aus der Republik Tschetschenien zurückziehen solle. Sie erklärten, bei Nichterfüllung dieser Forderung würden alle Geiseln nach und nach hingerichtet. Die Behörden setzten bei den Verhandlungen auf Zeitgewinn, konnten aber nicht verhindern, dass mehrere russische Geiseln ermordet wurden. Die Lage der Festgehaltenen verschlechterte sich zusehends, und die Polizei setzte schließlich Gas ein, um die Terroristengruppe kampfunfähig zu machen. Spezialkräfte stürmten das Gebäude und erschossen die Tschetschenen, bevor sie ihre Bombengürtel und andere mitgeführte Sprengsätze zünden konnten. Tragischerweise starben zahlreiche Geiseln, die zunächst nur bewusstlos geworden waren, weil die Lüftung des Theatersaals nicht funktionierte. Das Bestreben, die genaue Beschaffenheit des Gases geheim zu halten, behinderte die Wiederbelebungsversuche. Eine Aktion, die zum erfolgreichen Ende einer dreitägigen Belagerung führen sollte, wurde von einer Tragödie überschattet, bei der fast 120 Geiseln ihr Leben verloren. Nach anfänglichen Dementis gab Bassajew schließlich zu, dass er diese Geiselnahme inszeniert hatte.

Die schrecklichste mit dem Tschetschenien-Krieg verbundene Geiselnahme war jedoch die Besetzung der Schule von Beslan im September 2004.[23] Mehr als 30 Terroristen drangen in die Schule Nummer eins dieser Stadt in Nordossetien ein und nahmen 1000 Geiseln. Die meisten waren kleine Kinder. Sicherheitskräfte umstellten den gesamten Gebäudekomplex, der von den Terroristen mit Sprengladungen und Zündkabeln versehen worden war. Die Terroristen filmten sich gegenseitig und präsentierten dabei ungerührt auch die Sprengladungen, die über den Köpfen der verängstigten Kinder hingen. Die Spezialkräfte waren noch nicht zum Angriff bereit, als eine Serie von Explosionen und ein Schusswechsel die Terroristen so sehr in Panik versetzten, dass sie alle ihre Sprengladungen zündeten. Die unzureichend vorbereiteten Spezialkräfte und die Polizei stürmten bei ihrem verzweifelten Versuch, das Leben der Kinder und ihrer Lehrer zu retten, den Gebäudekomplex. Explosionen ließen das Dach des Hauptgebäudes einstürzen, das zahlreiche Geiseln unter sich begrub. Im Kreuzfeuer der automatischen Waffen starben weitere Geiseln und fast alle Terroristen. Kinder wurden von Sicherheitskräften weggetragen oder rannten in dem Chaos um ihr Leben. Bei diesem Rettungsversuch starben 331 Zivilisten und elf Angehörige der Einsatzkräfte.

Nach Beslan wandte sich die öffentliche Meinung mehr und mehr gegen die Tschetschenen, und dies noch ausgeprägter, als Bassajew zwei Wochen nach der Tat über eine Internetseite die Verantwortung übernahm. Diese Ereignisse bestärkten Putin, der stets einen harten Kurs verfochten hatte, in seiner Haltung. Die Duma billigte im Oktober 2004, nur einen Monat nach Beslan, eine Bestimmung, nach der die Familien von Terroristen von den Behörden verhaftet und auf genau dieselbe Art behandelt werden konnten, die die Terroristen im Umgang mit ihren Geiseln praktizierten. Aber was noch wichtiger war: Beslan ließ die Gruppen der Aufständischen vor weiteren Geiselnahmen zurückschrecken.[24] Bei solchen Aktionen waren bisher nicht nur nahezu alle Terroristen gestorben, ohne irgendeines ihrer Ziele zu erreichen; sie hatten auch in der Öffentlichkeit an Unterstützung verloren. Viele Tschetschenen – und auch die Anführer der Aufständischen – hatten das Gefühl, dass die Terroristen zu weit gegangen waren.

Versuche, den Krieg auszuweiten – Bemühungen, ihn zu begrenzen

Tschetschenische Aufständische oder, genauer, die den Dschihad propagierenden Elemente, die den Aufstand verstärkten, unternahmen mehrere Versuche, den Konflikt auf die gesamte Kaukasusregion auszuweiten. Die Russen zeigten sich genauso entschlossen, die Kämpfe einzudämmen, obwohl sie nicht abgeneigt waren, ihre Widersacher auch über Grenzen hinweg zu verfolgen. Der Tod der tschetschenischen Nationalistenführer hatte den Weg freigemacht für radikale Kräfte, die sich eher auf die Ideologie des militanten Islam als auf die nationale Identität der Tschetschenen berufen, wenn sie ihre Anhänger mobilisieren. Maschadow hatte von Moskau die Anerkennung eines unabhängigen Staates Tschetschenien gefordert, die Dschihad-Kämpfer wollen die Russen aus dem gesamten Kaukasusgebiet vertreiben. Regionale Ziele haben deshalb die nationalen Bestrebungen verdrängt. Doku Umarow, der Führer der tschetschenischen Aufständischen, erklärte im April 2006, es bestehe keinerlei Aussicht mehr, mit den Russen auch nur in Verhandlungen einzutreten. Mowladi Udugow bestätigte diese neue harte Haltung und kündigte den Russen an, sie könnten sich auf

Angriffe in ihrem ganzen Land gefasst machen. Er bekräftigte, dies sei jetzt ein »totaler Krieg«, und dieser Krieg solle überall dort geführt werden, wo man die Feinde der Tschetschenen treffen könne. Die Konsequenz dieser Erklärung lautet, dass der Terrorismus zunehmen könnte.

Betrachtet man das Beispiel Dagestan, wird die Drohung mit der Eskalation unmittelbar evident. Dort gab es von 2000 bis 2004 relativ wenige Zwischenfälle. Im Jahr 2004 kam es jedoch zu dreißig Terrorangriffen, und nach der Bilanz der Russischen Akademie der Wissenschaften stieg diese Zahl in der ersten Jahreshälfte 2005 auf siebzig an. Dabei ging es nicht einfach nur um die Zunahme der Zwischenfälle. In den letzten Jahren waren die selbst gebauten Sprengsätze immer raffinierter konstruiert. Nach Schätzungen liegt die Zahl der Aufständischen inzwischen bei bis zu 2000, und der Großteil gehört der radikalisierten Jamaat Scharia an, einer Gruppe, die sich selbst als die rechtmäßige Macht in Dagestan bezeichnet.[25] Jamaat Scharia erlebte jedoch einen bedeutenden Rückschlag, als russische Sicherheitskräfte am 12. Juli 2005 ihren Anführer Rasul Makascharipow töteten.

In Russland geht man davon aus, dass Georgien, das eigentlich nur wenig Veranlassung hat, die Tschetschenen zu unterstützen, den Aufständischen tatsächlich insgeheim hilft. Aus Moskau verlautet, die Georgier hätten es versäumt, den grenzüberschreitenden Strom von Kämpfern und Kriegsmaterial zu unterbinden, und ihr Land sei inzwischen ein »sicherer Zufluchtsort« für die Kämpfer. Als im Oktober 2001 in der Kodori-Schlucht in Georgien ein UN-Hubschrauber abgeschossen wurde, behaupteten die Georgier, sie hätten in diesem Gebiet keine Truppen stationiert. Aber dies führte nur zu Spekulationen, eine vom tschetschenischen Freischärler-Kommandeur Ruslan Gelajew abgefeuerte SAM-Rakete habe den Absturz verursacht. Dieser Mann, so hieß es, sei von den Georgiern für den Kampf gegen die abchasischen Separatisten im eigenen Land engagiert worden. Diese Absprache wurde nie bewiesen, aber Georgien erhielt ab Februar 2002 in seiner Eigenschaft als Partnerland im »weltweiten Krieg gegen den Terror« amerikanische Unterstützung. Die Beziehungen zu Russland blieben dagegen kühl, trotz des offensichtlich gemeinsamen Bestrebens, die »ausländischen Kämpfer« auszuschalten. Georgien beschuldigte Russland im August jenes Jahres, Luftangriffe gegen georgisches Territorium im Bereich der Pankisi-Schlucht geflogen zu haben. Russische Grenzwachen töteten Ruslan Gelajew im darauffolgenden Frühjahr, als er von einem Stützpunkt in Georgien zu Überfällen in Inguschetien und Tschetschenien aufgebrochen war.

Maschadow unternahm im Februar 2005 den letzten tschetschenischen Versuch, mit Russland ein Abkommen auszuhandeln, aber sein Appell für einen Waffenstillstand wurde ignoriert, und russische Spezialkräfte töteten ihn im darauffolgenden Monat. Sein Tod stand für das Ende jeglicher gemäßigten Politik auf tschetschenischer Seite. Abdul-Chalim Sadulajew, sein Nachfolger, sorgte für erhebliche personelle Veränderungen in der politischen Führung der Widerstandsbewegung, aber nach seinem Tod im Juni 2006 rückte Doku Umarow in die Führungsposition auf. Umarows Sprecher verkündete, das Ziel sei nicht mehr die Errichtung einer liberalen Demokratie oder eines unabhängigen Nationalstaats, sondern die Schaffung eines nordkaukasischen Emirats, das sich auf die Scharia gründe und von einer Oligarchie islamistischer Kriegsveteranen geführt werde. Die Bewegung reorganisierte sich unter rein militärischen Gesichtspunkten. Regionen wurden in *Jamaats* (Sektoren) oder Kommandos aufgeteilt, und es bestand die klare Absicht, die Kämpfe auf den gesamten Gebirgsgürtel auszuweiten, ungeachtet irgendwelcher nationaler Grenzen.

Das Ergebnis dieser Reorganisation war eine Ausweitung der Angriffe auf benachbarte Gebiete wie Inguschetien. Bassajew unternahm 2004 eine Reihe nächtlicher Angriffe auf Nasran, die ehemalige Hauptstadt, sowie mehrere andere Ortschaften und tötete dabei 80 Sicherheitsleute und mehrere Zivilisten. In Naltschik, der Hauptstadt der Republik Kabardino-Balkarien, wurde ein Angriff im Oktober 2005 sogar am helllichten Tag vorgetragen; rund 90 Menschen kamen ums Leben.

Präsident Putin ließ sich vom fortdauernden Aufstand oder den Versuchen, ihn auf die ganze Region auszuweiten, nicht beeindrucken. Er wollte in Grosny unbedingt eine Regierung im Amt sehen, die eine moskaufreundliche Haltung einnahm. Es gab eine Volksabstimmung über eine neue Verfassung, doch zahlreiche Tschetschenen boykottierten dieses Votum, und außerdem wurden gewisse Befürchtungen laut, auch die 40 000 Mann zählende russische Garnison habe mit abgestimmt (bei insgesamt 540 000 Wahlberechtigten). Achmad Kadyrow, das von Moskau auserkorene Staatsoberhaupt, hatte in der Bevölkerung zudem nur wenig Rückhalt. Bei den Präsidentenwahlen im Oktober 2003 schikanierte Kadyrow mit Hilfe der eigenen Miliz seine politischen Rivalen, und Separatisten durften nicht mit abstimmen.[26] Konsequenterweise erhielt Kadyrow dann auch 80 Prozent der Stimmen. Aber nach seiner Ermordung im Mai 2004 musste eine neue Präsidentenwahl abgehalten werden. Diese Wahl fand auch statt, trotz eines Überfalls tschetschenischer Aufständischer auf die Hauptstadt, der sich gegen Wahllokale und Regierungsgebäude richtete. General Alu Alchanow, ein moskaufreundlicher Kandidat, ging als Sieger aus ihr hervor.

Ramsan Kadyrow, der Sohn des ermordeten Präsidenten, erhielt das Amt des Ministerpräsidenten und etablierte sich 2005 nach und nach als faktischer Herrscher des Landes. Seine Herrschaftsmethoden sind eher unorthodox. Er führt eine Miliz an, die der Entführung und der Folter beschuldigt wird.[27] Seine Macht übt er durch Klanmitglieder und über ein Netzwerk enger politischer Verbündeter aus. Kurz nach seiner Ernennung zum Ministerpräsidenten übernahm er außerdem die Kontrolle über die Ölindustrie des Landes und sicherte sich erhebliche finanzielle Unterstützung aus Moskau. Ein großer Teil des Geldes floss in die

Hände von Einzelpersonen. Die Russen ließen ihn weitgehend gewähren. Die tschetschenische Volksversammlung forderte den Abzug aller russischen Truppen mit Ausnahme der Grenzwachen, während Kadyrow selbst die Föderale Polizei und hier besonders das Ermittlungsbüro des Innenministeriums (ORB-2) kritisierte und die Schließung von Flüchtlingslagern forderte, die er als internationale Spionagenester bezeichnete.

Die Lage in Tschetschenien blieb nach wie vor instabil. Milizionäre, die Kadyrow ergeben waren, stießen am 29. April 2006 mit bewaffneten Banden zusammen, die sich Präsident Alchanow verpflichtet fühlten. Die *Kadyrowtsy*-Miliz war schon wiederholt der Entführung, der Folter und des Mordes beschuldigt worden, Vergehen, die sich vor allem gegen politische Gegner richteten. Nach diesem blutigen Zusammenstoß war Kadyrow endgültig zur Auflösung seiner illegalen Privatarmee gezwungen, aber der Ministerpräsident kann nach wie vor auf eine loyale Kohorte zählen, die aus ehemaligen Soldaten und Klanmitgliedern aus dem Zentoroi-Gebiet besteht. Loyalität gründet sich in Tschetschenien – wie auch in anderen Gebieten Zentralasiens – auf Zugehörigkeit zu Ideologien, Regionen und Staaten, aber die Klan-Identität und die Herkunft spielen nach wie vor eine besondere Rolle.

Kadyrow hat seine Politik geändert, um sich größere Zustimmung unter der Bevölkerung zu sichern und seine Herrschaft auf diese Weise zu festigen. Die überraschendste Entwicklung war dabei im Jahr 2006 seine Bereitschaft, die Islamisierung des Landes zu forcieren. Im Januar verbot er Alkohol und Glücksspiele und führte den Kopftuchzwang ein. Er sprach sich für die Polygamie aus und erklärte, die Unterweisung im Koran sowie in der Scharia sollte an Tschetscheniens Schulen zum Pflichtpensum gehören. Im darauffolgenden Monat führte er nach öffentlicher Kritik an der »Unmoral« in den tschetschenischen Medien die Zensur ein. Der internationale »Karikaturenstreit« führte zu einem Einreiseverbot für dänische Mitarbeiter von Hilfsorganisationen in das Land. Alchanow stimmte in diesen Chor ein und teilte mit, er sei ebenfalls für die Einführung der Scharia. Die Regierung versprach sich eine größere Popularität und hoffte, den Argumenten der Dschihad-Kämpfer den Wind aus den Segeln zu nehmen, wenn sie an die religiösen Gefühle der Menschen appellierte. Dieses Vorgehen ähnelte der Politik der prosowjetischen afghanischen Regierung in den 80er Jahren. Die afghanische Regierung scheiterte allerdings immer wieder bei dem Versuch, die Menschen davon zu überzeugen, dass sie es in dieser Hinsicht ernst meinte. Ihre Brutalität sprach oft eine deutlichere Sprache als die frommen Beteuerungen. In Tschetschenien kann man noch nicht sagen, ob es Kadyrow, der, wie allgemein angenommen wird, nach dem Präsidententitel strebt, gelingen wird, die Herzen und Köpfe der Menschen für sich zu gewinnen, während er gleichzeitig die Macht in seinen Händen konzentriert. Sollte er scheitern, wird Russland die weitere Entwicklung vermutlich nicht lange als passiver Zuschauer verfolgen.

Der Europarat und der Europäische Gerichtshof für Menschenrechte kritisierten das Moskauer Vorgehen ungeachtet der russischen Versuche, den Krieg in Tschetschenien als Teil eines legitimen Kampfes gegen den Terrorismus bewertet zu sehen. Der Europäische Gerichtshof entschied im Februar 2005, die russische Regierung habe das Recht auf Leben und Eigentum verletzt und das Verbot von Folter und unmenschlicher und erniedrigender Behandlung missachtet. Der Gerichtshof verurteilte die russische Regierung anschließend zu Entschädigungszahlungen an sechs Kläger. Das Gerichtsverfahren beruhte auf drei Vorfällen. Der erste hatte sich im Oktober 1999 ereignet, als die russische Luftwaffe einen Konvoi von Zivilisten beschoss, die aus Grosny zu entkommen versuchten. Der zweite war die angebliche Tötung von fünf Männern im Januar 2000 in der Hauptstadt, der keinerlei Gerichtsverfahren vorausgegangen war,. Der dritte Vorfall war die wahllose Bombardierung des Dorfes Katyr-Jurt im Februar 2000. Es wurde keinerlei Entschädigung gezahlt. Dem Gerichtshof wurden 2005 und 2006 weitere Fälle vorgelegt, in denen es darum ging, dass Männer und Frauen »verschwunden« oder von den russischen Streitkräften kurzerhand exekutiert worden waren. Bereits im April 2000 hatte die Menschenrechtskommission der Vereinten Nationen (UNCHR) eine Untersuchungskommission gefordert, die die angeblichen Misshandlungen tschetschenischer Zivilisten untersuchen sollte. Die Forderung wurde 2001 erneuert.

Nur wenige unabhängige Beobachter verteidigten das Verhalten der russischen Armee, und die bloße Zahl der Beschuldigungen ist ein starkes Indiz dafür, dass viele russische Soldaten bei der Behandlung von Zivilisten jede Disziplin vermissen ließen. Schlimmer noch, es sieht ganz danach aus, dass viele russische Offiziere sich nicht weiter um Zivilisten kümmerten, die der Erreichung operativer Ziele im Wege standen, und ihre Untergebenen möglicherweise zu einem harten Vorgehen aufforderten. Dennoch verhält es sich so, dass Soldaten in einem Krieg dieser Art, in dem sie durch Hinterhalte von Aufständischen bedroht werden, die keine Uniform tragen, Freund und Feind oder Zivilist und Kombattant nicht so einfach unterscheiden können. Es trifft zu, dass die russische Armee im Ruf steht, rücksichtslos zu sein, und nur die russische Regierung scheint immer noch zu bestreiten, dass ihre Soldaten mit unangemessener Härte vorgingen, aber keine der beiden Seiten ist für ihre Zurückhaltung bekannt. Russische Soldaten verachten einen Gegner, der – wie in Afghanistan – gefallene oder verwundete Feinde verstümmelt oder heimtückisch angreift oder sich als Zivilist tarnt. Die tschetschenischen Kämpfer tragen durchaus eine Teilverantwortung für die Art und Weise, in der sich der Krieg entwickelt hat.

Einige Fälle wurden vor Gericht verhandelt. Oberst Juri Badanow wurde 2003 wegen der Entführung und Ermordung einer tschetschenischen Frau verurteilt. Die Beweisaufnahme dauerte über zwei Jahre, und Badanow behauptete, die betroffene Frau habe Kämpfern, die gegen seine Einheit von gepanzerten Fahrzeugen vorrückten, den Weg gezeigt. Ein von den Medien sehr viel stärker beachteter Fall wurde 2004 verhandelt. Vier Soldaten einer Spezialkräfte-Einheit wurden angeklagt, sechs Tschetschenen, unter ihnen eine behinderte Frau, erschossen zu haben. Die Leichen der Opfer waren angeblich verbrannt worden, um die Spuren der Tat zu verwischen. Die Männer wurden zweimal freigesprochen, obwohl sie im zweiten Verfahren zugaben, die Opfer getötet zu haben. Der Gerichtshof entschied, dass sie nicht verurteilt werden könnten, weil sie nur Befehle befolgt hätten, und dieser Urteilsspruch rief in Tschetschenien große Empörung hervor. Vier weitere Soldaten wurden angeklagt und erhielten lange Haftstrafen, aber in jedem dieser Fälle war »Disziplinlosigkeit« im militärischen Sinn das Hauptkriterium. Die Art der Kriegführung und das Schicksal der tschetschenischen Zivilisten spielten nur eine untergeordnete Rolle.

Es gibt zahlreiche Behauptungen, Zeugen anderer Vorfälle würden durch Angst zum Schweigen veranlasst. Beslan Gantamirow, der Bürgermeister von Grosny, gab im April 2001 bekannt, in einem unmittelbar neben der Polizeiwache Oktjabrskoje gelegenen Keller seien siebzehn Leichen geborgen worden, und beschuldigte die Polizei, Morde im Stil von Exekutionen begangen zu haben. Bürger des Stadtteils überschwemmten die Behörde mit Anfragen zu vermissten Verwandten. Daraufhin wurde der Keller abgeriegelt und das dazugehörige Gebäude wenig später abgerissen. Gantamirow änderte plötzlich den Inhalt seiner Erklärung und stellte fest, die Polizei sei für diese Taten nicht verantwortlich. Die russische Bürgerrechtsgruppe Memorial ging davon aus, dass ein weiterer Keller in der Nähe derselben Polizeiwache seit 2006 regelmäßig für Folterungen und Hinrichtungen benutzt worden war. Nach ihren Schätzungen könnten »Hunderte« dort getötet worden sein, aber auch in diesem Fall wurde das dazugehörige Gebäude zerstört. Es wurden auch mehrere Massengräber entdeckt. Die Leichen trugen häufig die Spuren von Folterungen, Verstümmelungen oder aus nächster Nähe zugefügten Schussverletzungen. Die prorussischen tschetschenischen Behörden erklärten hierzu, es handele sich um Mordopfer von Aufständischen, und in manchen Fällen traf das zweifellos zu. In mehreren anderen Fällen bestehen jedoch Zweifel. Im Januar 2003 wurden zum Beispiel zehn Leichen entdeckt, deren Zustand auf einen Tod durch Sprengstoff schließen ließ. In drei Fällen wurde festgestellt, dass diese Personen im Gewahrsam staatlich-tschetschenischer Sicherheitskräfte gewesen waren, doch auch hier behaupteten die Behörden, es handle sich um Opfer von Exekutionen, die Aufständische vorgenommen hätten. Bei anderen Massengräbern lautete die Erklärung schlicht, man habe es hier mit eilends beerdigten Zivilisten zu tun, die während der Belagerung im Jahr 1999 getötet worden seien.

Rückblick

Die Zahlenangaben zu den in den Tschetschenien-Kriegen getöteten und verwundeten Personen sind heftig umstritten. So erklärte das russische Verteidigungsministerium, bei den Kämpfen seien von 1992 bis 2002 4700 Mann getötet worden, die offizielle russische Nachrichtenagentur Itar-Tass glaubt allerdings, hierbei handle es sich eher um die allein im Jahr 2002 getöteten Opfer. Unerklärlich ist die offizielle Behauptung, nach der bis zum Jahr 2005 3450 Personen getötet worden seien, aber diese Zahl berücksichtigt vom Innenministerium entsandte Personen, Paramilitärs und Geheimdienstmitarbeiter nicht. Unabhängige Quellen wie etwa Janes in Großbritannien schätzen, dass in den beiden Kriegen 11 000 russische Soldaten und Soldaten des tschetschenischen Staates getötet wurden.[28] Die tschetschenische Regierung schätzt die Zahl der während des zweiten Krieges in der Region getöteten Zivilisten auf 200 000. Informanten aus den Kreisen der Aufständischen erklären, diese Zahl liege eher im Bereich von 250 000 bis 300 000. Sie räumen eigene Verluste von 5000 Mann ein, aber die Behauptung, sie hätten 50 000 Mann der Sicherheitskräfte getötet, wirkt grob übertrieben. Unabhängige Quellen geben die Zahl der in der Region getöteten Zivilisten mit 80 000 an.

Während des ersten Tschetschenienkrieges glaubten die meisten Russen, Tschetschenien sei ein unerlässlicher Bestandteil ihrer nationalen Souveränität. Die russische Regierung vermittelte meist den Eindruck, die Aufständischen seien eine nicht repräsentative Organisation aus den Randbereichen der Gesellschaft. Innerhalb der Regierung gab es jedoch durchaus Befürchtungen, der tschetschenische Separatismus könnte sich als Inspirationsquelle für andere Unruhegebiete vor allem im Kaukasus erweisen. Es gab bereits Beispiele von Staaten, die ihre Unabhängigkeit wiedererlangten, darunter auch Georgien, Armenien und Aserbaidschan, aber eine gewaltsame Loslösung war etwas anderes. Es lässt sich unmöglich sagen, ob Jelzin nun geglaubt hatte, er könne die Unruhen durch einen Blitzkrieg ersticken, oder ob er sich durch die zunehmende Instabilität in Tschetschenien und mächtige finanzielle Interessen zum Handeln gedrängt sah. Die Zahl der im ersten Krieg eingesetzten Soldaten reichte jedenfalls nicht aus, um Grosny rasch einzunehmen oder das Land effektiv zu besetzen. Die mangelhafte Ausbildung für die Bekämpfung von Aufständen, die schlechte Kampfmoral, die logistischen Probleme, die Schwierigkeiten, die mit der geografischen Beschaffenheit des Kampfgebiets verbunden waren, und das harte Vorgehen, das die Menschen in Tschetschenien aufbrachte, waren für die russischen Kriegsanstrengungen nicht hilfreich. Die Aufständischen brachten den russischen Vormarsch zum Stehen, und Jelzin war an einem zügig ausgehandelten Abkommen stärker interessiert als an einer Eskalation des Konflikts.

Im zweiten Tschetschenienkrieg setzte Präsident Putin mehr auf den Einsatz einer schlagkräftigeren Streitmacht und kümmerte sich weniger um die Kritik des

Westens. Nach der Einnahme Grosnys durch einen systematischer geplanten Feldzug erfreute er sich innenpolitisch einer gewissen Unterstützung, aber die stete Zermürbung, der sich die Soldaten ausgesetzt sahen, bot Anlass zur Besorgnis. Nach dem 11. September 2001 lenkte Putin einige Aufmerksamkeit auf die Verbindungen zwischen tschetschenischen Dschihad-Kämpfern und der Ideologie von al-Qaida, und dies brachte einen Teil der Kritiker aus den USA zum Schweigen. Dennoch kritisierten die Europäer nach wie vor Russlands Menschenrechtsverletzungen. Den russischen Streitkräften und ihren tschetschenischen Verbündeten – denen sich zahlreiche Kämpfer des ersten Krieges angeschlossen hatten, die jetzt auf Regierungsseite waren – gelang es nicht, den Konflikt zu beenden, und brutales Verhalten gegenüber der Zivilbevölkerung war ihrer Sache nicht dienlich. Dasselbe galt auch für Korruption und diktatorisches Verhalten innerhalb der tschetschenischen Regierung und die Ausweitung terroristischer und Terror bekämpfender Operationen auf die ganze Region. Die Islamisierung und die Instabilität der tschetschenischen Politik, zwei der ursprünglichen Ursachen für den Krieg, wurden nicht im Sinne Moskaus aufgehoben. Die Terrorangriffe gehen weiter, und trotz der katastrophalen Ergebnisse der Geiselnahme im Moskauer Musical-Theater, der Selbstmordattacken auf Transportsysteme und der Morde in Beslan sind die Aufständischen weiter handlungsfähig und genießen einen gewissen Rückhalt in der Bevölkerung.

Es gibt noch andere, weniger »politische« Auswirkungen dieser Kriege, die aber dennoch sehr tiefgreifend sind. Juri Alexandrowski, der stellvertretende Direktor des Nationalen Serbsky-Zentrums für soziale und forensische Psychiatrie in Moskau, glaubt, dass 70 Prozent der Veteranen dieser Konflikte unter dem »TS«-(»Tschetschenischen«) Syndrom leiden, einer mit diesem Euphemismus umschriebenen Variante des posttraumatischen Belastungssyndroms.

Ihr Verhalten hat sich durch die Erfahrungen in einem Umfeld, das von der Aufstandsbekämpfung geprägt wurde, verändert. Einige von ihnen wurden gewalttätig, andere zogen sich in sich selbst zurück. Einige dieser jungen Männer griffen zu Drogen und Alkohol, um mit ihren Erlebnissen fertig zu werden – eine deprimierende Wiederkehr der Erfahrungen mit Veteranen des Afghanistan-Krieges. Auch die Selbstmordrate dieses Personenkreises ist sehr hoch.

Ein weiteres Nebenprodukt des Krieges ist die gesteigerte Brutalität und vermehrtes kriminelles Verhalten der russischen Polizei. Ihre Einsätze in Tschetschenien führten zu mehr Gewalt und Korruption in den eigenen Reihen. Im Kaukasus ließ man ihnen freie Hand bei der Misshandlung, ja sogar bei der Folterung von Verdächtigen, und selbst wenn solche Praktiken von offizieller Seite nicht gebilligt werden, neigen die Betroffenen zu der Annahme, sie dürften solche Vorgehensweisen auch anderenorts praktizieren. Aussagen und Geständnisse sind sehr viel rascher und effizienter zu erhalten, wenn sie mit »harten« Verhörmethoden begleitet werden. Der russische Innenminister gab im Jahr 2005 zu, dass von

Polizisten begangene Verbrechen um 46,8 Prozent zugenommen hätten, auch wenn seine Behörde keine absoluten Zahlen veröffentlichte. Die meisten Russen vertrauen der Polizei heutzutage nicht mehr uneingeschränkt, und manche Bürger fürchten sich vor ihr.

Für die Tschetschenen gibt es noch andere Hinterlassenschaften der Kriege. Die Weltgesundheitsorganisation (WHO) stellte fest, dass fast 90 Prozent der Bevölkerung Tschetscheniens entweder unter körperlicher oder gefühlsmäßiger »Bedrückung« litten. Ein Drittel der untersuchten Personen zeigte die Symptome posttraumatischer Belastung. Viele Kinder fürchten sich ständig vor Gewalt und Unglücksfällen. In Russland gibt es für diese Menschen allerdings nur wenig Sympathie. Rassistische Übergriffe auf Mitbürger, die aus dem Kaukasus stammen, haben dort zugenommen. Die Regierung räumte ein, dass sich die Zwischenfälle mit rassistischer Gewalt in den Jahren 2003 und 2004 im Vergleich zu den Vorjahren verdoppelt haben, und das heißt nach ihren Angaben: von 20 dokumentierten Fällen auf 45.[29] In der russischen Bevölkerung war allerdings auch eine auffällige Zunahme nationalistischer Gefühlsäußerungen feststellbar. Die extreme Rechte erfreut sich der Sympathien von 12 bis 24 Prozent der Bevölkerung. Putin stößt bei den Menschen nach wie vor auf Zustimmung, wenn er auf die nationalistische Karte setzt. Die tschetschenische Regierung hält das ironischerweise genauso.

Berg-Karabach, Abchasien und Südossetien

Der Krieg um Berg-Karabach, der zwischen christlichen Armeniern und muslimischen Aseris ausgetragen wurde, war gleichermaßen ein ethnischer Konflikt, ein Versuch, eine ungelöste territoriale Frage aus der Sowjetära zu erledigen, und ein Griff nach der Macht in der Region nach dem Zusammenbruch der Sowjetunion. In der Zeit der Oktoberrevolution von 1917 gab es eine kurze Phase der Zusammenarbeit zwischen den Ethnien, die durch die Gründung der Transkaukasischen Föderation beispielhaft verkörpert wurde.[30] Aber das Bündnis Aserbaidschans, Armeniens und Georgiens war nur von kurzer Dauer. Die Aseris bemühten sich schon bald um türkische Unterstützung, weil sie die Armenier aus Nachitschewan vertreiben wollten, während die Armenier bestrebt waren, die Aseris aus Sansegur hinauszuwerfen. In Berg-Karabach waren sich die Armenier allerdings uneins. Die einen wollten Daschnak unterstützen, die proarmenische Lobby, die anderen hielten es mit den Bolschewiken. Beide Fraktionen erfuhren während der sowjetischen Invasion im November 1920 eine brutale Behandlung. Als sich die Sowjets etabliert hatten, verlangten die Aseris die Regierungsgewalt über Berg-Karabach, was 1921 in Eriwan zu gewalttätigen armenischen Protesten führte. Stalin sprach in seiner Eigenschaft als Volkskommissar für Nationalitätenfragen

Berg-Karabach im Jahr 1923 den Aseris zu und tat dies vielleicht vor dem Hintergrund einer wohlüberlegten Politik des »Teilens und Herrschens«. So wurde die Saat für erneute territoriale Forderungen gegen Ende der Sowjetherrschaft ausgebracht.

Als Präsident Gorbatschow den Sowjetrepubliken 1988 mehr Autonomierechte zubilligte, kam es in Eriwan und Baku zu gewalttätigen Auseinandersetzungen zwischen den verschiedenen ethnischen Gruppen, und die Lage wurde durch einen Zusammenstoß in Askeran in Berg-Karabach noch verschlimmert. In Sumgait, nördlich von Baku, überfielen aserbaidschanische Banden Armenier aus Berg-Karabach. Bei diesen Auseinandersetzungen wurden rund 100 Menschen getötet. Gorbatschow musste Soldaten entsenden, um der Gewalt Herr zu werden, aber das Erdbeben in Armenien sorgte im Dezember 1988 für ein vorübergehendes Ende der Unruhen. Die ethnischen Spannungen lösten mehrere Monate lang einen Flüchtlingsstrom in beide Richtungen aus, und die politische Führungsspitze beider Republiken verweigerte sich jedem Kompromiss. In Aserbaidschan bildete sich eine Volksfront, die in Baku und anderen Orten mit Truppen des Innenministeriums zusammenstieß. Die Behörden Aserbaidschans heizten die Stimmung noch weiter an, indem sie die Verkehrsverbindungen und den Handel mit Armenien unterbrachen – im Wissen, dass es von Drehscheiben wie Nachitschewan wirtschaftlich abhängig war. Armenien erklärte am 23. September 1991 seine staatliche Unabhängigkeit, während Aserbaidschan damals noch den Vorschlag, einen Unionsvertrag zu schließen, unterstützte. Beide Seiten begannen mit dem Horten von Waffen. Aserbaidschanische Milizen drangen schließlich in Berg-Karabach ein, um im April 1991 bei der sogenannten »Operation Ring«, einem Vorstoß, der von Gorbatschow unterstützt wurde, die »militanten Kräfte zu entwaffnen«.[31] Über Lautsprecher wurde ausgerufen, Armenier, die ihre Waffen nicht abgäben, würden als Bedrohung betrachtet, doch die Bewohner des Gebietes gingen davon aus, dass die aserbaidschanischen Sicherheitskräfte in Wirklichkeit eine ethnische Säuberung anstrebten. Der Widerstand war anfangs schlecht organisiert und ineffektiv, aber Nachrichten über die Misshandlung von Zivilisten und Zwangsdeportationen führten zu einem wachsenden Strom armenischer Freiwilliger, die gegen die Aseris kämpfen wollten. Unter ihnen war auch Monte Melkonian, der sich zu einem herausragenden Anführer des Widerstandes entwickeln sollte.

Die Aseris waren anfangs im Vorteil. Den meisten ihrer Kommandeure war das Gebiet vertraut, denn es war ein potenzielles Schlachtfeld des Kalten Krieges gewesen, und sie hatten auch mehr Soldaten vor Ort: Fünf aserbaidschanischen Divisionen, die auch über fünf Flugplätze verfügten, standen drei armenische Divisionen gegenüber, die keine Flugplätze hatten. Die Truppen des Innenministeriums (MVD), die 1991 ihre Ausrüstung verkauft oder einfach zurückgelassen hatten, überließen den Aseris 286 Kampfpanzer, 842 Transportpanzer und 386

Geschütze. Viele Soldaten der lange Jahre in Aserbaidschan stationierten 4. Armee aus sowjetischer Zeit und ausländische Geldgeber aus den arabischen Staaten, der Türkei und dem Iran unterstützten die Aseris. Die Armenier waren auf finanzielle Unterstützung durch Landsleute im Ausland und ihre eigenen Ressourcen angewiesen, baten jedoch die USA um Hilfe. Über den Liatschin-Korridor wurden Waffen und Kämpfer nach Berg-Karabach geschleust, und es begann ein Aufstand. Die Aseris belagerten Stepanakert, die Hauptstadt der Region, und nahmen sie unter heftigen Artilleriebeschuss. Mit ihren schweren Geschützen und Katjuscha-Raketen töteten sie zahlreiche Zivilisten und legten die Stadt in Trümmer, doch die Armenier starteten einen Gegenangriff. Am 26. Februar 1992 erreichten sie die Stadt Chodschali, und es wird behauptet, dass armenische Milizen dort als Rache für das Pogrom von Sumgait ein Massaker anrichteten, aber die Einzelheiten sind bis heute ungeklärt.[32] Bei den Kämpfen wurden rund 17 000 Aseris getötet, die Armenier hatten nach Schätzungen etwa halb so viele Tote zu beklagen. Die Russen schritten ein, um einen Waffenstillstand zu vermitteln, als die Aseris auf ihr eigenes Territorium zurückgedrängt worden waren, doch es kam keine Friedensvereinbarung zustande. Die Armenier hielten im Jahr 2006 nach wie vor rund 14 Prozent des aserbaidschanischen Territoriums besetzt, und an der Grenze kommt es immer wieder zu Schießereien.

Ethnische, politische und territoriale Spannungen lagen auch dem Konflikt um Abchasien zugrunde. Als sich Ende der 80er Jahre eine mögliche Unabhängigkeit Georgiens abzeichnete, fürchteten viele Abchasen den Verlust ihrer Autonomie und bemühten sich um den Status einer eigenen, unabhängigen Sowjetrepublik. Die Demonstrationen schlugen am 16. Juli 1989 in Gewalttätigkeiten um, und bei den Unruhen gab es 16 georgische Todesopfer. Moskau schickte Truppen, die die Ordnung wiederherstellen sollten, und machte nationalistische Hardliner für die Kämpfe verantwortlich. Georgien erklärte am 9. April 1991 seine Unabhängigkeit, und Swiad Gamsachurdia, ein ehemaliger sowjetischer Dissident, wurde der erste Staatspräsident. Er war allerdings so unpopulär, dass er im Januar 1992 nach einer längeren Belagerung seiner Amtsräume gestürzt wurde. Sein Nachfolger Eduard Schewardnadse, der ehemalige Außenminister der Sowjetunion, wurde genötigt, eine Regierung zu akzeptieren, die von georgischen Nationalisten dominiert wurde. Diese Regierung setzte die Verfassung von 1921 wieder in Kraft, was die Volksversammlung in Abchasien als Ende der Autonomie ihres Gebietes wertete. Sie erklärte sich deshalb für unabhängig, wurde aber von keinem anderen Land anerkannt. Als georgische Sicherheitskräfte offensichtlich bei der Verfolgung einer Bande von Kidnappern auf abchasisches Gebiet vordrangen, deuteten die Abchasen dies als aggressiven Akt, und es kam zu Kämpfen. Es folgte eine Woche der Gewalt mit zahlreichen Opfern auf beiden Seiten. Die Georgier übernahmen die Kontrolle über das Gebiet und schlossen die Volksversammlung in der Hauptstadt Suchumi. Die abchasische Niederlage löste eine wütende Reaktion der »Konföderation der Bergvölker des Kaukasus« aus, einer Gruppierung, der auch Tschetschenien und Ossetien angehörten, hinter der letztlich jedoch Russland stand. Freiwilligen-Milizen, unter denen sich auch Dschihad-Kämpfer befanden, beteiligten sich an den Kämpfen gegen die Georgier. Die große Zahl von Russen unter diesen Kämpfern führte zu Anschuldigungen aus Tiflis, die russische Regierung stehe hinter den Auseinandersetzungen. Die abchasische Offensive, die die georgischen Truppen aus dem Norden der Region vertrieb, zeigte alle Merkmale einer Operation regulärer russischer Armee-Einheiten.

Im Juli 1993 kam es jedoch zu einer Pattsituation, als die Abchasen versuchten, die Hauptstadt der Region zu erobern. Trotz schweren Artilleriefeuers gelang es den Rebellen nicht, die Stadt unter ihre Kontrolle zu bringen. Im September begann dann eine weitere Offensive, und nach heftigen, zehn Tage anhaltenden Kämpfen kapitulierte Suchumi schließlich. Auf den Fall der Stadt folgte umgehend eine der schlimmsten Greueltaten jener Zeit. Abchasische Rebellen und ihre Verbündeten massakrierten Tausende von Georgiern. Zur gleichen Zeit führten die Anhänger Gamsachurdias in der Provinz Mingrelia (Samegrelo) einen Aufstand an, aber die georgische Bevölkerung, die ein erneutes Massaker befürchtete, ergriff die Flucht. Durch die Kämpfe in Abchasien und in der unmittelbaren Umgebung der Region wurden 250 000 Menschen vertrieben, und die Schätzungen zu den Todesopfern sprechen von 10 000 bis 30 000 Georgiern und 3000 Abchasen. Internationale Beobachter wie die Organisation für Sicherheit und Zusammenarbeit in Europa (OSZE) verurteilten die Abchasen wegen ethnischer Säuberungen und grober Menschenrechtsverletzungen. Die Vereinten Nationen erkennen die Regierung Abchasiens nicht an und erklären, Georgien sei vollständig im Recht gewesen, als es 1992 den Versuch unternahm, innerhalb der eigenen, souveränen Staatsgrenzen Recht und Ordnung wiederherzustellen. Die Vereinten Nationen betonen auch, dass eine künftige Volksabstimmung über die Unabhängigkeit Abchasiens erst stattfinden dürfe, nachdem die multiethnische Zivilbevölkerung (und vor allem deren georgischer Teil) zurückgekehrt sei. Zur Zeit überwacht eine UN-Militärbeobachtergruppe (UNOMIG) den Waffenstillstand zwischen den beiden Konfliktparteien. Die Georgier betrachten russische Friedenshüter allerdings als unwillkommene Eindringlinge. Die Entsendung georgischer Spezialkräfte ins Kodorital (es gehört zum Grenzgebiet zwischen Georgien und Abchasien und wird je zur Hälfte von abchasischen separatistischen Rebellen und georgischen Regierungstruppen kontrolliert) war besonders umstritten. Russland verlangte umgehend deren Rückzug und wollte außerdem gesichert wissen, dass die Georgier an diesem Ort keine Soldaten mehr stationierten. Die Europäische Gemeinschaft und die USA werden Abchasien wohl kaum unterstützen, weil sie Georgien als wichtigeren (und stärker westlich orientierten) Partner betrachten, sie werden aber vermutlich auch nicht die Russen als wichtigstes Kontingent von Friedenshütern ersetzen. Washington bot 1998 jedoch 15 Millionen Dollar für Wiederaufbau und Sanierung an, und beim Friedensprozess gab es Fortschritte. Russland möchte – trotz aller Feindseligkeiten im politischen Umgang – mit seinem staatlichen Energiekonzern Gazprom den georgischen Markt erobern und wünscht sich für Nordossetien einen Zugang zum Schwarzen Meer. Für den Westen ist Georgien als künftige Transitstrecke für den Transport von Öl und Gas in die Türkei wichtig.[33]

Georgien hatte auch im Norden des Landes mit Unruhen zu kämpfen, und auch hier war Russland beteiligt. Der Oberste Sowjet Südossetiens verlangte 1989 unter dem starken Einfluss der Volksfront Südossetiens (Ademon Nychas) den Zusammenschluss mit Nordossetien, das (mit dem Status einer autonomen Republik) zur Russischen Föderation gehört. Das georgische Parlament überstimmte die Südosseten und unterdrückte öffentliche Demonstrationen und Zeitungsveröffentlichungen zu diesem Thema. Nach der Unabhängigkeitserklärung folgten weitere Maßnahmen zur Bekämpfung des Separatismus. Die georgische Sprache wurde zur alleinigen Amtssprache erhoben, obwohl Russisch, das in Südossetien gesprochen wird, durch die Verfassung von 1936 ebenfalls Amtssprache war. Die Proteste wurden 1991 immer gewalttätiger. Wütende georgische Nationalisten brannten ossetische Dörfer nieder, die Osseten reagierten mit Repressalien gegen Georgier. Die Kämpfe eskalierten, und Schätzungen gehen von etwa 1000 Toten und 60 000 bis 100 000 Vertriebenen aus. Südosseten, die in den Norden flüchteten, mussten feststellen, dass sie dort nicht willkommen waren, am wenigsten in Inguschetien, weil man dort um Landbesitz und Arbeitsplätze fürchtete. Der Konflikt wurde 1992 durch eine russische Interventionsdrohung gedämpft. Im November desselben Jahres wurde eine Friedenstruppe aus russischen, georgischen und ossetischen Soldaten gebildet. Dieses Arrangement hielt bis 2004, dann führte das Vorgehen Georgiens gegen Drogenschmuggler zu Entführungen, Schießereien und terroristischen Bombenanschlägen. Der Waffenstillstand wird immer wieder bedroht.

Harri Kämäräinen vom Zentrum für Konfliktvermeidung der OSZE sieht als Ursachen für den Konflikt im Kaukasus – von Ölpipelines einmal abgesehen – starke nationalistische Tendenzen, die durch schwache institutionelle Rahmenbedingungen begünstigt werden. Das unterscheidet diesen Konflikt von der Situation in den zentralasiatischen Republiken, wo es starke kommunistische Parteien und Regierungsstrukturen gibt und nationalistische Gefühle weniger ausgeprägt sind als regionale, ethnische und Klan-Bindungen.[34] Das häufige Auftreten bürgerkriegsähnlicher Gewalt, die eine bedeutendere Rolle spielt als Konflikte zwischen Staaten, scheint diese Feststellung zu bestätigen. Russland strebt in dieser Region die Führungsrolle an und sieht den Kaukasus als wichtigen Bestandteil seiner strategischen und wirtschaftlichen Sicherheit. Der Westen und Russland sind sich in dem Bemühen um eine friedliche Beilegung der Konflikte im Kaukasus einig, denn beide Seiten wollen die damit verbundenen Energieressourcen sichern, und diese gemeinsame Basis könnte die Zusammenarbeit auch für die Zukunft gewährleisten. Das Bestreben, Terrororganisationen jedweder Art niederzuhalten, könnte außerdem für eine bessere Koordination sorgen. Die komplexe Natur der Konflikte und die heimliche Unterstützung Russlands für Abchasien und Südossetien sind nach wie vor große Hindernisse auf dem Weg zu einer endgültigen Lösung.

KAPITEL 8

China und die Provinz Sinkiang

In der westlichsten Provinz China haben Unruhen eine lange Tradition. Im Lauf der Geschichte kam es immer wieder zu Konflikten zwischen der einheimischen Bevölkerung, die mehrheitlich aus Uiguren besteht, und den Han-Chinesen, die die Uiguren in der Geschichte Sinkiangs über längere Zeit beherrschten. Die Unterschiede liegen auch in der Religion begründet, da die Mehrheit der Bevölkerung in der Provinz Sinkiang (offiziell: Uigurisches Autonomes Gebiet Sinkiang) muslimisch ist. Doch unabhängig von Herkunft und Religion betrachten die Uiguren die Han-Chinesen als Besatzer. Zwar profitieren viele vom Ende der Unruhen, die vor allem in der ersten Hälfte des 20. Jahrhunderts wüteten, sehen aber die »Entwicklung« der Provinz, die die Chinesen triumphierend für sich in Anspruch nehmen, mit tiefem Misstrauen, weil nur sehr wenige Uiguren daraus Vorteile ziehen.

Die chinesische Politik wird von verschiedenen Faktoren bestimmt: den steigenden Bedürfnissen der Wirtschaft, dem Wachstum der Bevölkerung, vom Separatismus und dem Streben nach Sicherheit. Die blühende chinesische Wirtschaft stützt sich auf die Rohstoffe aus der Westprovinz, wird aber in Zukunft auf zusätzliche Ressourcen aus den benachbarten zentralasiatischen Republiken angewiesen sein. Dass die Chinesen die Entwicklung der Provinz unter ihrer Herrschaft so betonen, liegt an ihrer Angst vor Separatismusbestrebungen. Schon in den 1920er Jahren wurden Forderungen nach Autonomie und Unabhängigkeit laut, begleitet von Gewaltausbrüchen, und seit den 80er Jahren erheben die Einwohner Sinkiangs erneut Forderungen. In den 30er und 40er Jahren wurden die Separatismusbestrebungen von der UdSSR unterstützt, und bis zum Sieg der chinesischen Kommunisten 1949 stand die Region unter sowjetischem Einfluss. Die Ursachen für die Unruhen der vergangenen 50 Jahre sind jedoch in erster Linie in den Versäumnissen der chinesischen Politik zu suchen. Der »Große Sprung nach vorn« und die Kulturrevolution stürzten die chinesische Wirtschaft ins Chaos und vertieften die Ressentiments der modernisierungswilligen Außenseiter. Die Regierung griff bei lokalen Protesten hart durch und förderte massiv die Ansiedlung von Han-Chinesen, was den Unmut der einheimischen Bevölkerung und ihre Angst vor Überfremdung verstärkte.[1]

Zusätzlich sorgt die Haltung der neuen chinesischen Einwanderer, eine Mischung aus Neugierde, Herablassung, Feindseligkeit und Überheblichkeit, für Konflikte. Die einheimische Bevölkerung bekommt oft keine Arbeit. Reformen, die als Einmischung verstanden wurden, führten 1990 zum Baren-Aufstand und 1997 zum Gulja-Aufstand, an den sich eine Terrorkampagne anschloss, die größtenteils von einheimischen Uiguren mit ausländischer Unterstützung organisiert wurde. Die Chinesen geben ausländischen Organisationen wie al-Qaida und den Taliban die Schuld an der Terrorwelle; eine Haltung, die sich auch auf die Beziehungen zu den zentralasiatischen Republiken, zur Türkei und zu Pakistan sowie den USA auswirkt. Kritiker argumentieren jedoch, die Ursachen für die Gewalt seien in der Behandlung der einheimischen Bevölkerung, der Ansiedlung der Han-Chinesen und der hohen Arbeitslosigkeit zu suchen. China ist bestrebt, die Ölvorkommen Sinkiangs auszubeuten und den Baumwollanbau voranzutreiben, und siedelt in der Provinz Chinesen aus dem Osten an, was von den Einheimischen als gezielte Sinisierung verstanden wird. Der Widerstand basiert auf der unrealistischen Vorstellung, dass China zur Herausgabe Sinkiangs gezwungen werden könne, einer ungeschickten Politik der Chinesen (und der Weigerung, die Realität ihrer Politik einzugestehen) sowie auf einem Erbe der Gewalt und des Dschihad. Die Chinesen versuchen, den Unruhen mit wirtschaftlicher Entwicklung, der Ansiedlung von Han-Chinesen und politischer Kontrolle beizukommen. Es kann sehr lange dauern, bis diese Maßnahmen Wirkung zeigen, und es gibt keine Garantie für ihren Erfolg.

Das Erbe der Gewalt

Der Sturz der Mandschu beim Aufstand von Wuhan 1911 läutete den Beginn einer Ära der Kriegsherren in China ein. Der Bürgerkrieg traf auch Westchina, obwohl Sinkiang im Vergleich zu den Auseinandersetzungen im Osten nur ein Nebenschauplatz war. Da zur gleichen Zeit die Bolschewisten in Russland an die Macht kamen und langsam nach Zentralasien vordrangen, befand sich fast der gesamte Kontinent in Aufruhr. In der Mongolei errichtete der deutschbaltische Baron von Ungern-Sternberg, ein ehemaliger Offizier in der zaristischen Armee, ein brutales Terrorregime. Hunderte Chinesen wurden massakriert. Im Oktober 1920 eroberte und plünderte er die Hauptstadt Urga (Ulan Bator) und ließ seine Leute furchtbare Greueltaten verüben.[2] Beim Versuch, sowjetisches Territorium anzugreifen, wurde Ungern-Sternberg im Mai 1921 zweimal geschlagen und floh ins chinesische Zentralasien. Bei der Verfolgung durch die Rote Armee wurden seine Truppen nach und nach aufgerieben. Am Ende waren seine Soldaten so demoralisiert, dass sie Pläne für einen Anschlag auf ihn schmiedeten. Schließlich wurde er verwundet, gefangen genommen und von einem Militärtribunal zu Tode verurteilt und erschossen.

Zur gleichen Zeit baute Sun Yat-sen, der Gründer der Kuomintang (KMT), die Stadt Kanton als Stützpunkt gegen die Warlords in Nordchina aus. Als er vom Westen keine Hilfe erhielt, wandte er sich an die UdSSR. Bereits 1920 hatten die Bolschewisten Verbindung zu den chinesischen Kommunisten aufgenommen. Männer und Frauen sollten für ein Studium in Russland gewonnen werden, wo sie für Straßenkämpfe und Aufstände ausgebildet werden sollten. Die Zahl der Rekrutierten war so groß, dass sie in der Sowjetunion eine eigene »Schule« bildeten. Stalin, der sich um die Beziehungen zu China kümmerte, betrachtete Sun Yat-sen als Werkzeug, das man wieder loswerden konnte, sobald der bolschewistische Einfluss gefestigt war. Er entsandte Michail Borodin mit der Aufgabe, die Kuomintang als Partei und Sun Yat-sens Streitkräfte mit Hilfe sowjetischer Offiziere neu zu organisieren. Die dadurch gewonnene Disziplin führte der Bewegung neue Anhänger zu. Stalin betrachtete Westchina als Ausgangspunkt für eine Kampagne gegen Britisch-Indien im Süden. Als sowjetische Konsulate in der Region eröffnet wurden, hatte es den Anschein, als ob Moskau aus dem Gebiet eine »rote Republik« machen wolle. Außerdem war geplant, den Warlord Feng Yu-hsiang mit sowjetischen Mitteln als Marionette Moskaus zu installieren, doch das Vorhaben scheiterte, weil es bald darauf aufgrund eines Vorfalls in Kaschgar zu Spannungen zwischen Chinesen und Russen kam.[3] Chinesische Beamten fingen einen geheimen Warenkonvoi der Sowjets ab. Bei der Untersuchung der Ladung stellte sich heraus, dass es sich um Gold und Silber handelte, deren Verwendungszweck die Russen nicht preisgeben wollten. Später versuchten die Russen, eine Versammlung in der Provinzhauptstadt zu organisieren, doch die chinesischen Behörden verboten aus Angst vor einem Staatsstreich die Teilnahme. Die Sowjets reagierten mit einer Verleumdungskampagne, weiteten ihre Spionagetätigkeit aus und versuchten, chinesische Beamte zu bestechen. Offensichtlich wollten die Russen ihren Einfluss ausdehnen, verzichteten jedoch darauf, mit Hilfe von Gewalt an die Macht zu kommen. Vielleicht warteten sie auch nur auf die richtige Gelegenheit. Und die ergab sich schließlich mit dem Tod von Sun Yat-sen im März 1925.

Allerdings bedeutete der Nachfolger von Sun Yat-sen, Chiang Kai-shek, für die Chinapolitik Moskaus zuerst einmal einen Rückschlag, zumindest in Zentral- und Ostchina. Chiang Kai-shek beschnitt den Einfluss der Kommunisten in der KMT und vertrieb 1927 nach mehreren Siegen über die Warlords im Norden 25 000 bolschewistische Sympathisanten. Borodin floh, als die Kriegsherren aus dem Norden nun ihrerseits gegen die Kommunisten vorgingen. Bei der Plünderung der sowjetischen Botschaft in der Hauptstadt kamen Unterlagen über die ursprünglichen Pläne der Russen zum Vorschein (darunter auch eine Operation, in allen europäischen Hauptstädten Aufstände anzuzetteln). Angesichts ihrer drohenden Vernichtung versuchten die chinesischen Kommunisten, am 11. Dezember 1927 einen Staatsstreich gegen Chiang Kai-shek zu organisieren, fanden dafür jedoch nur wenige Anhänger. Nach zwei Tagen des Widerstands in Beijing wurden sie von KMT-Truppen geschlagen. Im Anschluss daran kam es zu Massakern an Kommunisten und der Schließung der sowjetischen Konsulate. Da die KMT Kaschgar noch nicht kontrollierte, war die dortige sowjetische Niederlassung nicht betroffen, allerdings war Sinkiang nach Chiangs Sieg isoliert und verwundbar. 17 Jahre lang hatte Gouverneur Yang die Provinz verwaltet, ein Diktator, der seine eigene Währung herausgab, die Informationen aus China zensierte und politische Parteien und jegliche Opposition unterdrückte, aber auch hart gegen Kriminelle vorging. 1925 wurde er jedoch von seinem Stellvertreter Fan Yao-nan ermordet, der selbst an die Macht kommen wollte und glaubte, der Moment sei günstig, weil es dem alten Gouverneur an Unterstützung von außen mangelte. Der Innenminister Chin Shu-jen fing die Verschwörer jedoch ab und nutzte den Staatsstreich, um selbst an die Macht zu kommen. Fan wurde hingerichtet, und an seiner Stelle herrschte Chin fünf Jahre lang. Er erhöhte die Steuern, unternahm aber nichts gegen die wachsende Inflation und Korruption. Die Uiguren hassten ihn. 1930 annektierte er auf der Suche nach neuen Finanzquellen die Oasenstadt Hami. Dort ordnete er sofort eine Steuererhöhung an, beschlagnahmte Land von einheimischen Uigurenfamilien (entschädigte sie mit minderwertigen Alternativen) und verteilte es an Chinesen. Gegen einen Steuereintreiber, der ein Uigurenmädchen »verführt« hatte, wollte Chin nichts unternehmen. Der Vorfall war der Tropfen, der das Fass zum Überlaufen brachte. Das Paar wurde gelyncht, doch das war erst der Auftakt zu einer Welle der Gewalt. Chin wollte hart durchgreifen und schickte ein Militärkommando nach Hami, woraufhin die Uiguren fatalerweise den benachbarten Warlord Ma Chung-yin um Beistand baten.

Ma war ein junger Banditenkommandant, ein ausgezeichneter Reiter und Schütze und ein rücksichtsloser Herrscher. Er war ein Dungane, also ein »Chinese« und näher mit den Hui-Chinesen als mit den Uiguren verwandt, aber als Muslim hatte er den gleichen Glauben wie die Einwohner Kaschgars und Hamis.[4] Ma hatte nach seinem Austritt aus der KMT sein eigenes Hauptquartier in Kansu eingerichtet, terrorisierte die dortige Bevölkerung und lebte von Raub und Diebstahl. In den Siedlungen, die seine Forderungen ablehnten, ließ er alle Männer über 14 Jahren töten. Die Jungen wurden rekrutiert, die Frauen den Exzessen der Soldaten überlassen. Die Bitte der Uiguren schmeichelte ihm und ließ ihn glauben, sein Auftrag verleihe ihm den Status eines zentralasiatischen *Mahdi* (Erlösers). Vier Jahre lang, von 1931 bis 1935, führte er Krieg in Sinkiang und vertiefte so die Feindschaft zwischen den Han-Chinesen und den Uiguren, die erst durch sein Terrorregime zu einer Gruppe zusammengeschweißt wurden. Anfangs schlossen sich ihm die Turkvölker auf seinem Zug durch die Gobi und Marsch auf Barkul begeistert an. Die chinesische Garnison von Hami konnte seinen Angriff jedoch mit Hilfe moderner Waffen und mittelalterlicher Feuerpfeile abwehren. Während das Kriegsgeschick hin und herwechselte, zerstörten beide Seiten Dörfer und Städte, allerdings waren Mas Männer besonders grausam, weil sie, wenn sie auf Widerstand stießen, jedes Lebewesen töteten, auch Frauen, Kinder und Vieh. Eine Typhusepidemie suchte die fliehende Bevölkerung heim und forderte noch mehr Opfer. 1933 hatte die Rebellion ganz Sinkiang ergriffen, und es kam vor, dass Chinesen zum Islam übertraten, um ihr Leben zu retten, ihr Besitz wurde jedoch trotzdem geplündert. Mädchen wurden vergewaltigt, selbst wenn sie konvertiert waren, überall kam es zu Folterungen. In Jarkand hielt die chinesische Garnison monatelang stand und kapitulierte erst, nachdem ihr freier Abzug zugesichert worden war. Doch die Rebellen hielten nicht Wort: Die Soldaten der Garnison wurden zusammen mit ihren Familien massakriert, die Kinder bei lebendigem Leib verbrannt.

Diese Greueltaten und die chinesischen Vergeltungsmaßnahmen sollten die Region für Generationen prägen, sie ebneten aber auch den Weg dafür, dass die Einwohner zwei Jahrzehnte später die Herrschaft der chinesischen Kommunisten akzeptierten. Gewalt, Kriegsherren und Unruhen verursachten so viel Leid und Elend, dass jede Form der Stabilität willkommen war. Mas Schreckensherrschaft wurde 1934/35 beendet, allerdings nicht von den Chinesen, sondern von den Russen. 1934 versuchten Mas Truppen zum dritten Mal, Urumchi einzunehmen. Es gelang ihnen immerhin, die Häuser an der Stadtmauer zu besetzen, doch die Chinesen zündeten sie an und töteten dabei Bewohner wie Besatzer. Die Chinesen waren in solcher Bedrängnis, dass sie Mitglieder der russischen Weißen Garde als Hilfstruppen anwarben, allerdings gaben sie ihnen aus Angst vor einem Staatsstreich nur minderwertige Waffen. Der chinesische Gouverneur Sheng hatte jedoch einen weit mächtigeren Verbündeten als eine Handvoll Exilrussen. 2000 Mann der Roten Armee überschritten in Zivil die Grenze und bezogen heimlich in der Stadt Stellung. Als Mas Männer zu einem erneuten Angriff ansetzten, wurden sie von massivem Maschinengewehrfeuer und Schützenpanzern empfangen. Ma verlor 2000 Mann und wurde erneut zurückgeworfen. Seine Leute flohen in den Süden und Westen, plünderten unterwegs die Einheimischen aus und sorgten dafür, dass sie jeglichen Rückhalt in der Bevölkerung verloren. Ma wollte den Kampf fortsetzen, gab aber nach einem Besuch im sowjetischen Konsulat von Kaschgar auf und setzte sich in die Sowjetunion ab. Dort verschwand er, vielleicht wurde er Opfer von Stalins Säuberung. Die verbleibenden Truppen der Dunganen wurden aus Kaschgar, Jarkand und Hotan vertrieben. Sobald die Rote Armee die Städte erreichte, stationierte sie überall ihre »Berater«. Damit hatte die Sowjetunion die Provinz praktisch in der Hand.

Stalin hatte weitreichendere Pläne als die Vertreibung eines unbedeutenden Kriegsherrn aus einem Nachbarstaat der Sowjetunion. Er fürchtete, dass Ma Muslime aus den sowjetischen zentralasiatischen Republiken anwerben und die Basmatschi-Revolte aufs Neue entfachen könnte. Außerdem gehörten zu Mas Stab zwei japanische Attachés. Die Besetzung der Mandschurei durch Japan 1931 und der Angriff auf Jehol 1935 wurde von den Sowjets als Bedrohung ihrer Interessen in der Mongolei, in Sibirien und möglicherweise auch in Zentralasien aufgefasst. Als Japan im Jahr darauf den Antikomintern-Pakt mit dem Dritten Reich schloss, hatte Stalin das Gefühl, dass die Sowjetunion in Vorbereitung auf einen Angriff eingekreist würde. Die bolschewistische Angst vor Spionage nahm daraufhin krankhafte Züge an, und die Säuberungen in den Jahren 1934 bis 1938 richteten sich vor allem gegen »Spione«. Gouverneur Sheng hatte in der Zwischenzeit diplomatisch einige Uiguren befördert und im Mai 1937 wegen der verbliebenen dunganischen Rebellen um eine zweite sowjetische Intervention gebeten. Ein sowjetisches Regiment wurde verstärkt und erneut nach Hami geschickt, wo es einen japanischen Vorstoß verhindern und die Provinz vom übrigen China abriegeln sollte. Das Gebiet wurde mit günstigen russischen Waren beliefert, um die chinesischen und britischen Produkte auszustechen und Moskaus Einfluss auf den neuen Pufferstaat zu erhöhen. Die Sowjetunion erwarb die Schürfrechte für Mineralien, für die Ölförderung und Energiegewinnung. Schließlich kam es 1939 an der mongolischen Grenze zum Zusammenstoß von sowjetischen und japanischen Truppen. Die Russen wurden bei Khalkin Gol geschlagen und vereinbarten daraufhin im April 1941 einen Nichtangriffspakt mit Tokio.

Mit der Stationierung der Roten Armee in Sinkiang befand sich die Provinz unter sowjetischer Kontrolle. Russische Ingenieure begannen schon bald mit der Ausbeutung der Ölvorkommen, explorierten Lagerstätten und führten Bohrungen durch. Die Jahre 1941 und 1942 brachten schwere militärische Rückschläge für die UdSSR und erhöhten ihren Bedarf an Erdöl. Da Sheng mit einer endgültigen Niederlage der Sowjetunion rechnete und sich noch gut an den militärischen Erfolg der Japaner von 1939 erinnerte, verlangte er den Abzug der Russen aus Sinkiang. Die Berater gingen, nahmen aber sämtliche Geräte zur Ölförderung mit und legten 25 Ölquellen still. Zur Wiederherstellung seiner Autorität nutzte Sheng den Terror: 80 000 vermeintliche Feinde wurden verhaftet, Hunderte getötet. Dann wandte sich Sheng auf der Suche nach Unterstützung an die KMT. Als jedoch die Sowjets 1943/44 mehrere Siege errangen, entledigte sich Sheng der KMT-Funktionäre und lud Stalins Berater wieder ein, allerdings mit geringem Erfolg. Chiang Kai-shek wusste nun, dass sich Sheng stets auf die Seite des Stärkeren schlagen würde. Doch anstatt ihn auszuschalten, berief er ihn auf einen unbedeutenden Posten in die KMT-Regierung.

Sheng war damit zwar aus dem Weg geräumt, doch seine Polizisten und Soldaten gingen weiterhin brutal gegen die Bevölkerung vor und erstickten 1944 die letzte Rebellion in Sinkiang.[5] Beim Ili-Aufstand erhoben sich Exil-Kasachen und einheimische Truppen unter dem Banditenchef Osman Batur und versuchten, die Republik Ostturkestan zu gründen. Anlass für die Rebellion war die Hinrichtung von 400 Muslimen, der wahre Grund war jedoch die Wut über die Ankunft neuer chinesischer Siedler. Viele Uiguren schlossen sich dem Aufstand an und stürmten die KMT-Büros in Nilka und Gulja. In Panik schossen die Chinesen willkürlich in die Menge, woraufhin sich weitere Uiguren auf die Seite der Aufständischen schlugen. Ihr Anführer war Ahmedjan Kasimow, der sich bemühte, Kommunisten, Angehörige der verschiedenen Turkvölker und Islamisten gegen die KMT zu einen. Die Han-Chinesen wurden überwältigt, ihre Beamten kurzerhand erschossen. Am 15. November 1944 wurde offiziell die Republik Ostturkestan unter der Führung von Ali Khan Ture ausgerufen, die wahre Macht lag jedoch bei Kasimow. Im Winter schlossen sich Kirgisen, Mongolen und Russen der Rebellion an und erhielten trotz offizieller Dementi Unterstützung von den Sowjets. Die einheimischen Rebellen machten sich keine Illusionen: Sie kämpften nicht für die Ausbreitung des Kommunismus oder die Interessen der Sowjetunion, sondern für ein Ende der chinesischen Besatzung, die sie als Demütigung empfanden. Die KMT wurde bei einer Winteroffensive, an der die sowjetische Luftwaffe einen entscheidenden Anteil hatte, zurückgetrieben, und im Januar 1945 befand sich ganz Sinkiang in der Hand der Rebellen. Und wieder wurden die Kämpfe von furchtbaren Greueltaten begleitet.

Chiang Kai-shek bot Verhandlungen unter der Bedingung an, dass die Sowjets die Unterstützung der Rebellen einstellten. Im Oktober 1945 kamen die Kontrahenten zusammen und vereinbarten einen Waffenstillstand im Norden, im Süden kämpften die Islamisten jedoch weiter gegen die KMT. Dennoch erhielten die Rebellen im Januar 1946 die ersehnte Unabhängigkeit. Der neue Staat sollte eine Demokratie mit regulären Wahlen und Bürgerrechten sein. Neben dem Chinesischen sollten auch die einheimischen Sprachen offiziell verwendet werden, es sollte keine Zensur mehr geben und die Steuern sollten gesenkt werden. Zu Verteidigungszwecken wurde den Uiguren eine Armee mit 12 000 Mann erlaubt, die übrigen Soldaten mussten sich jedoch der KMT anschließen. Die Sowjetunion fungierte praktisch als Garant für die Autonomie und hatte damit ihren Einfluss auf Sinkiang gestärkt. Die Nationalisten hatten dennoch das Gefühl, mit dem Abkommen die Kommunisten in der Region in die Schranken zu weisen. Die Kommunisten wiederum argumentierten, bei der Republik Ostturkestan handle es sich um eine protokommunistische Revolution, die man achten müsse.

In Wirklichkeit war das autonome Sinkiang ein fragiles Gebilde, das schon bald von den chinesischen Kommunisten zerstört wurde. Die Behörden von Gulja stritten ständig mit den Regierungsvertretern in Urumchi. Dahinter stand eine fatale, aber typische Kluft: Die verschiedenen Orte und Städte verband nichts außer ihrer Feindschaft gegen die Chinesen. Die Spaltung setzte sich auch noch fort, als die Volksbefreiungsarmee (PLA) der chinesischen Kommunisten Sinkiang vom Osten her eroberte. Im Sommer 1949 kamen Kasimow und andere Führer der Republik bei einem Flugzeugabsturz ums Leben, dessen nähere Umstände nach wie vor ungeklärt sind.[6] Es gibt Spekulationen, dass der KGB oder die chinesischen Kommunisten hinter dem Absturz stecken, beweisen lässt sich das jedoch nicht. Jedenfalls nahmen die Kommunisten dies zum Anlass, 1000 »Verdächtige« zu verfolgen, was wiederum dazu führte, dass die Uiguren die chinesische Bevölkerung angriffen. Insgesamt wurden etwa 7000 Personen massakriert. Die Sowjetunion hatte den Separatismus der Uiguren stets gefördert, doch nun konnte sie schlecht intervenieren, zumal große Kontingente der PLA in der Provinz stationiert waren. Ein Einschreiten hätte angesichts der angespannten Lage in Europa womöglich einen unnötigen Krieg ausgelöst. Und so konnten Maos Soldaten ungestört Sinkiang besetzen und die Provinz unter kommunistische Herrschaft bringen.

Politik in kommunistischer Zeit

Die offizielle chinesische Erklärung zur Republik Ostturkestan lautete, dass es sich zwar um die Vorform einer kommunistischen Rebellion handle, diese jedoch gescheitert sei, weil sie sich nicht nach maoistischen Vorgaben entwickelt hätte. Der Einmarsch der chinesischen Armee wurde als »Befreiung« dargestellt, und tatsächlich begrüßten viele Uiguren die chinesischen Soldaten, weil sie sich ein Ende der Kriegsherren und des Banditenwesens erhofften, unter dem sie in den vergangenen Jahrzehnten gelitten hatten. Offiziell betonen die Chinesen die Bedeutung der Einheit. In der Literatur wird der Begriff wie ein Mantra wiederholt und die Idee vermittelt, dass Sinkiang stets chinesisch gewesen sei, auch wenn die Bevölkerung eindeutig nicht chinesisch war. In Wirklichkeit ähnelt die Provinz einer Kolonie. Einige Han-Chinesen behandeln die Uiguren trotz Maos Aufforderung, die Völker nicht zu trennen, immer noch wie Menschen zweiter Klasse. Im Grunde unterliegen die Uiguren denselben polizeistaatlichen Einschränkungen wie die übrige Bevölkerung Chinas, daher sollte man die Situation, in der sich eine bestimmte Gruppe unter der Verwaltung Beijings befindet, nicht überbewerten. Allerdings gibt es in manchen Bereichen erheblichen Widerstand gegen die chinesische Herrschaft, was Maos ursprünglichem Ziel widerspricht, die Uiguren in das politische System zu integrieren. Eine rassistisch motivierte Verachtung der einheimischen Bevölkerung und die Kritik am muslimischen Glauben trugen zusätzlich zur Entfremdung bei. Zwangsmaßnahmen gegen Demonstranten, die Einrichtung von Straflagern, Zwangsumsiedlungen und die Ansiedlung armer Chinesen sowie willkürliche Verhaftungen taten ein übriges, um die Wut der Uiguren weiter anzuheizen.

Als die Chinesen 1949/50 die kommunistische Herrschaft in der Provinz durchsetzten, gingen sie mit der ihnen typischen Gründlichkeit vor. Muslimische Adlige wurden erschossen, Landbesitzer deportiert, um sie zu »reformieren« und zu enteignen. Wenn eine Erschießung der Gegner aus politischen Gründen zu heikel war, stahl man ihnen schlicht ihr Hab und Gut. Die Kommissare verunglimpften turkische Stammesführer als Reaktionäre. Imame konnten nicht mehr gewählt werden, sondern wurden vom Staat bezahlt und vom offiziellen chinesischen Islam-Verband beaufsichtigt. Maos Porträt hing in jeder Moschee; die Predigten in den Moscheen wurden in prokommunistische Lektionen umgewandelt, ihr Landbesitz wurde enteignet und die islamischen Gerichte wurden abgeschafft. Bei staatlich organisierten »Pacht-Kampagnen« wurden Bauern aufgefordert, Landbesitzer wegen überhöhter Pachtforderungen vor Gericht zu bringen oder sie zumindest zu denunzieren. 1952 wurde das Land im Rahmen einer Bodenreform an die Bauern verteilt, die dann jedoch in Kooperativen gezwungen wurden. Sobald man keinen Widerstand mehr fürchten musste, wandelte die Regierung die Kooperativen in kollektivierte landwirtschaftliche Betriebe um. Ehemalige Soldaten der KMT mussten Zwangsarbeit auf den Feldern leisten, um die Volksbefreiungsarmee mit Lebensmitteln zu versorgen, oder sie wurden in Einheiten zusammengefasst, die für die innere Sicherheit oder den Grenzschutz zuständig waren. Auch politische Gefangene wurden in den ersten Kollektiven untergebracht, und Techniker aus dem Osten wurden nach Sinkiang umgesiedelt, um die »Entwicklung« der Provinz voranzutreiben.[7]

Mao hatte zwar dazu aufgefordert, die Uiguren an der lokalen Verwaltung zu beteiligen und ihnen so die Grundlage für ihre reaktionäre Ideologie zu entziehen, doch die chinesischen Verwalter der Provinz waren der Ansicht, dass die Uiguren »noch keine Arbeiter« seien und daher auch keine politische Macht ausüben sollten. Die Selbstverwaltung war zwar in der Verfassung festgelegt, nach offizieller Lesart hatten aber die Einheit Chinas und die Verbreitung des marxistisch-leninistischen Denkens Vorrang. Daher fanden sich auf nationaler Ebene keine Uiguren in der Verwaltung, und auch die Provinzverwaltung wurde von den Han-Chinesen dominiert. In den Fabriken wurden uigurische Vorarbeiter von zuverlässigen Chinesen überwacht. Die chinesischen Techniker und Arbeiter ignorierten ohnehin die Anweisungen der Uiguren unabhängig von deren Rang oder Status. Die Grenzen der autonomen Provinzen wurden so gezogen, dass sich keine uigurische Mehrheit bilden konnte. Die Anweisungen der Partei, die stets anonym waren, standen über allem, das ganze Land hatte sich zu fügen und zu gehorchen. In Sinkiang sollte der sowjetische Einfluss unterbunden, die Bodenschätze ausgebeutet und das fruchtbare Ackerland genutzt werden. Einwohner aus den übervölkerten Städten im Osten oder aus verarmten ländlichen Gebieten in der Provinz wurden angesiedelt.

1956 gab es Forderungen nach »Selbstkritik« am Regime, die Aufschluss über die Stimmung in der Bevölkerung geben sollten, nachdem alle Möglichkeiten der freien Meinungsäußerung abgeschafft worden waren. Doch die Kampagne musste schon nach wenigen Wochen abgebrochen werden, weil die Kritik so vehement ausfiel. Das Regime reagierte wieder einmal mit groß angelegten Säuberungen. Bei der sogenannten »Kampagne gegen das Rechtsabweichlertum« wurden in Sinkiang 100 000 Personen verhört, 830 festgenommen und 53 hingerichtet.[8] Die chinesischen Behörden interpretierten die Kritik dahingehend, dass die uigurische Bevölkerung stärker und schneller assimiliert werden müsse. Die alte, tiefsitzende Angst vor den Sowjets schimmerte immer wieder auf, etwa als Chou Enlai 1958 die Abschaffung des kyrillischen Alphabets für die Uiguren anordnete und stattdessen ein lateinisches mit einigen chinesischen Wörtern einführte. Wenn diese Politik darauf abzielen sollte, die Uiguren chinesischer zu machen, dann verwendete sie dazu seltsame Mittel; in den 80er Jahren wurde die Entscheidung wieder aufgehoben. Unterm Strich erreichte das Regime jedoch, was es wollte: Das Identitätsgefühl der Uiguren wurde ebenso geschwächt wie der Zusammenhalt, weil Generationen mit unterschiedlichen Alphabeten aufwuchsen.

Weitere tiefgreifende Veränderungen brachte 1958 der »Große Sprung nach vorn«, der im Jahr darauf in einer verheerenden Hungersnot mündete und die Zahl der Einwanderer aus dem östlichen China drastisch erhöhte.[9] Die Kampagne hatte so schwerwiegende Folgen, dass sie 1961 vorzeitig abgebrochen wurde. Ursprünglich hatte die chinesische Führung damit die Ziele des Fünfjahresplans in nur zwei Jahren erreichen wollen. Vorgesehen waren die Kollektivierung der gesamten Landwirtschaft in Sinkiang und die Einrichtung von 450 gigantischen Volkskommunen (mit jeweils bis zu 20 000 Personen), außerdem eine forcierte Industrialisierung und Proletarisierung durch den Bau von Hochöfen, Stahlwerken und Ziegelöfen. Man jubelte über Rekordproduktionsquoten, doch in Wirklichkeit ging die Produktion in einigen Bereichen sogar zurück. Es kam zu Hungersnöten, obwohl Sinkiang dank seiner geringen Bevölkerung das Schlimmste erspart blieb. Die hungernden Chinesen wanderten nach Westen, allein 1959 waren es 500 000 Personen. Weiden, die traditionell von Kasachen genutzt wurden, nahm man ihnen einfach weg. Wer sich gegen die Kollektivierung wehrte, wurde umgebracht. Die Aufstände in Sinkiang und Ili alarmierten die Behörden. In Hotan kamen bei Unruhen 50 Han-Chinesen ums Leben.

Angesichts der Hungersnot erlaubten die Chinesen 1959 vielen Uiguren, Kasachen und Kirgisen die Ausreise – die zweite Massenauswanderung in die UdSSR innerhalb eines Jahrzehnts (die erste erfolgte 1949 nach dem Einmarsch der Volksbefreiungsarmee). Man schätzt, dass 1962 bis zu 500 000 Personen China verließen. Die Schuld daran gaben die Chinesen der sowjetischen Propaganda, die natürlich auch aktiv Kritik übte. Allerdings erklärt das nicht die große Zahl der Flüchtlinge, die nach Afghanistan und Pakistan strömten. 1963 wurde der Exodus gestoppt, und die chinesischen Planer, die ihrem Ziel immer noch nicht näher waren als 1949, mussten ihre Politik neu überdenken.

Sinkiang erreichte schon bald die nächste große Kampagne aus Beijing. Die Kulturrevolution sollte ursprünglich diejenigen auslöschen, die radikale Reformen behinderten, entwickelte sich aber schnell zu einem Machtkampf der politischen Fraktionen. Wer nicht genügend Eifer an den Tag legte, wurde zur Zielscheibe für Denunziationen und Strafaktionen der Roten Garden. Die kommunistische Führung war besonders verwundbar, doch Wang Enmao, der Parteisekretär von Urumchi, sah den Angriff kommen. Er rekrutierte seine eigenen »Roten Garden« und denunzierte die Neuankömmlinge sofort als »Rechtsabweichler«.[10] Anklagen gegen Uiguren waren häufig, vor allem der Vorwurf der Spionage tauchte immer wieder auf und zog eine neue Welle der Repressionen nach sich. Es genügte, Verwandte in der Sowjetunion zu haben, schon wurde man verprügelt oder landete im Gefängnis. Moscheen wurden in Brand gesteckt und Imame mit Farbe übergossen und dem öffentlichen Gespött preisgegeben. Die Angst vor Denunziationen war groß, und doch entschieden sich einige Uiguren für den Widerstand. So war die uigurische Bevölkerung ähnlich gespalten wie die chinesische. Wie das Beispiel anderer totalitärer Staaten zeigt, kann eine repressive Politik eine Eigendynamik entwickeln und den Zusammenhalt einer Gesellschaft zerstören – mit tragischen Folgen. Die Unruhen in der Region waren so gewalttätig, dass die Armee die Ordnung wiederherstellen musste. In Shilezi nördlich von Urumchi kämpften alte Kommunisten gegen neue Radikale; es gab mehrere Tote. Wang Enmao drängte die nationale Regierung, die Kampagne zu beenden, und warnte, der Westen stehe kurz vor einer Revolte. Tatsächlich wurde die Kampagne am 25. Februar 1967 eingestellt, dennoch verlor Enmao sein Amt und musste »seine Fehler öffentlich eingestehen«.

Das Scheitern der radikalen Politik wurde durch die Reformen und Zugeständnisse der Jahre 1971 bis 1978 noch unterstrichen. Bauern durften einen Teil der Felder für sich privat bestellen, außerdem gab es kleine freie Märkte, wo sie ihre Erzeugnisse verkaufen konnten. Koranschulen wurden wieder geöffnet, wenn sie sich einer strengen Kontrolle unterwarfen. Bei der Landreform 1978 wurde das Land wurde zwar nicht Eigentum der Bauern, sie konnten es jedoch eigenverantwortlich bestellen. Auch die Nomaden durften wieder Vieh und auch Land besitzen. Die Armut war unter Uiguren immer noch weit verbreitet, doch gegen Ende der 70er Jahre hatte sich die Haltung der Chinesen ihnen gegenüber verbessert. In den 80er Jahren wurde offiziell anerkannt, dass die Uiguren ein Turkvolk und damit nicht-chinesischer Herkunft waren; Moscheen wurden wieder geöffnet, für die Muslime galt »Glaubensfreiheit«, und einige islamische Schriften wurden wieder zugelassen. Außerdem fielen die Uiguren nicht unter die offizielle Geburtenkontrolle, also die Ein-Kind-Politik, mit der China die demografische Zeitbombe in Form der rapide wachsenden chinesischen Bevölkerung in den Griff zu bekommen sucht.

Die 80er Jahre brachten jedoch auch neue Forderungen. Die Uiguren wollten vor allem Arbeit und eine größere politische Autonomie. Die chinesischen Behörden reagierten darauf mit neuen Auflagen und Kontrollen.[11] Gelegentlich brach der unter der Oberfläche schwelende Unmut durch, etwa 1985 bei Protesten gegen Atomtests in Lop Nor. Nach Angabe von Dissidenten stieg danach die Zahl der Verhaftungen und Folterungen. Die Zeit der Zugeständnisse endete ohnehin im Juni 1989 mit dem Massaker auf dem Platz des Himmlischen Friedens. Wie in Beijing demonstrierten auch in Urumchi die Studenten. Doch anders als auf dem Tiananmen-Platz verlief die Demonstration nicht geordnet und friedlich, und die uigurischen Studenten traten auch nicht für die Demokratie ein. Sie protestierten gegen die Veröffentlichung eines populären Buchs, das angeblich von den sexuellen Gebräuchen der Muslime handelte, und griffen von Anfang an KPC-Vertreter und Polizisten an und zerstörten Eigentum.[12] Der Protest in Urumchi war religiös motiviert und richtete sich gegen die bisherige Politik gegenüber Muslimen in China. Die Chinesen hatten den *Zakat* (Zehnten), die islamischen Gerichte und die Medressen abgeschafft. Während der Kulturrevolution hatten die Imame niedrige Arbeiten verrichten und einen Eid auf die Volksrepublik leisten müssen, außerdem waren sie verspottet und verhöhnt worden. Wenn es in den 80er Jahren eine Zeit der Zugeständnisse gegeben hatte, war diese nun zu Ende. Moscheen, die ohne Genehmigung gebaut worden waren, wurden abgerissen; mit Drohungen, Anreizen und Strafen sollten die Uiguren davon abgehalten werden, ihre Religion auszuüben. Mitte der 90er Jahre wurde uigurischen Verwaltungsangestellten mit Entlassung gedroht, wenn sie eine Moschee besuchten. Das Gebet in der Öffentlichkeit wurde ebenso wie das Fasten verboten. Arbeiter erhielten im Ramadan kostenlose Mahlzeiten, viele auch kostenlos Alkohol. Wer heimlich Religionsunterricht nahm, musste mit einer hohen Geldbuße rechnen. In den Schulferien mussten uigurische Kinder freitags auf das Schulgelände kommen, um zu verhindern, dass sie in die Moschee gingen. Chinesische Gelehrte überarbeiteten die uigurische Literatur und Geschichte, damit sie der neuen politischen Agenda entsprachen.[13]

Ein besonders umstrittenes Thema ist die Geburtenkontrolle. In den 70er Jahren war die Zahl der Kinder pro Familie in ganz China eingeschränkt, nur die muslimischen Uiguren waren davon ausgenommen. In den 80er Jahren wurde die Ein-Kind-Politik weniger streng gehandhabt, 1988 aber wieder eingeführt – einschließlich der Muslime. Die Uiguren verstanden die Maßnahme als Angriff auf den Islam, obwohl alle Chinesen betroffen waren, denn eine große Familie hat in ganz China eine lange Tradition und gilt als erstrebenswert. Schockierender ist jedoch die Anschuldigung, dass die chinesischen Behörden Zwangssterilisierungen und -abtreibungen vornahmen. Einige Abtreibungen erfolgten zu einem sehr späten Zeitpunkt und mussten per Kaiserschnitt durchgeführt werden. Den Dorfältesten und -bewohnern drohten Strafen, wenn versteckte Kinder gefunden wurden, bei einer Zusammenarbeit wurden sie dagegen belohnt. Es besteht der Verdacht, dass mit dieser Politik bewusst die Zahl der Muslime reduziert werden soll, um die Dominanz der Han-Chinesen zu sichern.[14] Allerdings lässt sich das nicht mit Bestimmtheit sagen. Aufgrund der großen Zahl von einwandernden Han-Chinesen scheint es unwahrscheinlich, dass derart drakonische

Maßnahmen nötig sind. Der Verdacht gibt jedoch Aufschluss über die Gefühle der uigurischen Bevölkerung, über die Auswirkungen eines autoritären Regimes auf die Gesellschaft und über die Brisanz des Themas. Es weckt starke Emotionen, ähnlich wie Vergewaltigungen oder Unfälle, bei denen Uiguren durch Han-Chinesen verletzt oder getötet werden.

Die Aufstände von Baren und Gulja

Ein Jahr nach der Niederschlagung der Studentenproteste von Urumchi waren die Behörden entschlossen, keine weiteren Demonstrationen zu dulden. Als sich daher 1990 eine Menschenmenge in Baren südwestlich von Kaschgar versammelte, war die Polizei sofort zur Stelle. Vor Ort glaubt man, dass gegen die Schließung einer Moschee demonstriert wurde; der Protest bildete den Höhepunkt einer Woche kleinerer Zwischenfälle. Die Polizei behauptet, die große Menschenmenge habe zum Dschihad und zur Vertreibung der Han-Chinesen aufgerufen. Ausländische Fanatiker sollen die Demonstranten aufgehetzt haben. Nach Angabe von Augenzeugen setzte die Polizei von Anfang an scharfe Munition ein, man schätzt, dass mindestens 20, eventuell bis zu 50 Personen erschossen wurden.[15] »Mörser und Kampfhubschrauber« seien gegen die Flüchtenden eingesetzt, mehrere Tausend seien verhaftet worden. Die chinesischen Medien meldeten, die Unruhestifter und Separatisten seien von den Afghanen bewaffnet worden. Die Reporter wussten auch zu berichten, dass die Demonstranten angeblich gezwungen wurden, ein Kampfgelübde abzulegen, bevor sie Polizisten verprügelten, Waffen stahlen, Handgranaten auf ein Gebäude der Lokalverwaltung schleuderten und sieben Polizisten töteten, bis die Behörden schließlich einschritten und hart durchgriffen. Die widersprüchlichen Aussagen lassen nur wenige Schlüsse auf den tatsächlichen Gang der Ereignisse oder die Motive beider Seiten zu. Offenbar belagerte eine aufgebrachte Menge, die von einzelnen Radikalen angeführt wurde, lokale Regierungsgebäude. Die Berichte stimmen darin überein, dass die Polizei mit der Situation überfordert war und es einige Opfer unter den Polizisten gab. Die Reaktion basierte jedoch nicht auf dem Prinzip des »minimalen Gewalteinsatzes«, was darauf hindeutet, dass die chinesischen Behörden in Baren ein Exempel statuieren wollten, vielleicht, um die Idee eines Aufstandes in der Provinz im Keim zu ersticken. Doch dieses Vorgehen hatte weitreichende Folgen.

Nach dem Vorfall erhöhten die Chinesen ihre Sicherheitsvorkehrungen. In den Moscheen wurden Kameras installiert, und die Geheimpolizei rekrutierte uigurische Spione. Teilnehmer religiöser Zeremonien wurden fotografiert und registriert. Die lokalen Zeitungen wurden angewiesen, den Separatismus zu verurteilen. Polizei und Miliz wurden um 28 000 Mann, unter anderem von speziellen Bereitschaftseinheiten, verstärkt. Damit konnte 1992 jedoch nicht der erste Bombenanschlag verhindert werden: In einem Bus explodierte ein Sprengsatz und verletzte 26 Chinesen. Zwei weitere Explosionen und Anschläge auf Gebäude in der Provinz folgten, anscheinend gab es jedoch keine Toten oder Verletzten. Die neuen Sicherheitsmaßnahmen konnten auch nicht einen Protest bei Lop Nor im März 1993 verhindern. Atomgegner verschafften sich Zugang zum Militärgelände und steckten mehrere Fahrzeuge und Flugzeuge in Brand. Das Militär eröffnete das Feuer, tötete einige Eindringlinge und verhaftete Hunderte.

Vor dem Hintergrund einer anhaltenden Kampagne zur Verbrechensbekämpfung von 1994 bis 1996 verschlechterten sich die Beziehungen zwischen Uiguren und Han-Chinesen weiter, bis es 1997 in Gulja zu den bislang schwersten Unruhen kam. Auf den Aufstand und seine Niederschlagung folgte eine neue Serie von Bombenanschlägen und Vergeltungsmaßnahmen, die von 1998 bis 2000 dauerte und in gewisser Weise immer noch anhält. Wieder gab man Ausländern, die angeblich zum Separatismus aufwiegelten, die Schuld an den Vorfällen. Am 4. Februar 1997 ging die Polizei gegen zwei *Talib* (Religionsschüler) vor, die verdächtigt wurden, Jugendliche bei einer *Meshrep* (einer Jugendveranstaltung) mit radikalen Ideen zu indoktrinieren. Die beiden jungen Männer wurden in einer Moschee festgenommen, und die anderen Anwesenden versuchten, die Polizei daran zu hindern. Es kam zum Kampf, der sich schnell zu Unruhen ausweitete.[16] Auf beiden Seiten gab es Tote. Einige Uiguren behaupteten später, die Polizei habe 30 Frauen verhaften wollen, drei davon seien gefoltert und ermordet und ihre Leichen einfach auf die Straße geworfen worden, doch dafür gibt es keine Beweise. Vielleicht wurde die Geschichte erfunden, um die Wut auf die chinesischen Behörden anzuheizen, es ist aber auch möglich, dass Frauen bei den anfänglichen Kämpfen in der Moschee dabei waren. Bei einem Protestmarsch am nächsten Tag riefen die Demonstranten religiöse Parolen, wurden jedoch nach zwei Stunden von bewaffneten Polizisten und Hundestaffeln gestoppt. Die Anführer wurden verhaftet, der Demonstrationszug löste sich auf. Damit war die Sache jedoch noch nicht beendet.

Am 6. Februar 1997 hatten sich Bereitschaftspolizei und Militär in der ganzen Stadt positioniert. Schon beim geringsten Anzeichen von Widerstand wurde geprügelt und verhaftet. Angesichts der Machtdemonstration der Sicherheitskräfte entschlossen sich einige Uiguren zum Widerstand und griffen die Polizei an. Nach offiziellen Angaben wurden fünf Zivilisten und vier Polizisten getötet. Andere Angaben liegen bei 30 bis 400 Toten. Unbestätigten Anschuldigungen zufolge hetzte die Polizei Hunde auf die Menge und setzte Gewehre, Maschinenpistolen und sogar einen Flammenwerfer ein. Die Stadt wurde zwei Wochen lang abgeriegelt und eine Sperrstunde verhängt. In dieser Zeit gab es Hausdurchsuchungen und vermutlich bis zu 5000 Verhaftungen. Einige Gefangene wurden so lange ohne Decken in eiskalten Zellen festgehalten, dass sie sich Erfrierungen holten. Bei einem Vorfall wurde ein Vater erschossen, weil er eine Axt geschwungen hatte. Der Sohn konnte fliehen und schloss sich einem Mann an, der sich mit einer Maschinenpistole auf einem Dach verschanzt hatte. Beide wurden erschossen, ebenso ihre Ehefrauen und Kinder, die nichts mit dem Widerstand zu tun hatten. Es gibt viele ähnliche Erzählungen, doch nur wenige lassen sich überprüfen. Klar ist, dass die Stadt erst im Sommer wieder zur Ruhe kam. Im April feuerte die Polizei aus Angst vor einem Angriff von einem Lastwagen in die Menge. Im Juli veranstalteten die Behörden zwei Schauprozesse und ließen zwölf Unruhestifter öffentlich in einem Stadion vor über 5000 Zuschauern hinrichten.

Auf die Unruhen von Gulja und ihre Niederschlagung folgte eine Serie von Bombenanschlägen in der ganzen Provinz sowie ein Bombenanschlag in Beijing, für den acht Uiguren verantwortlich gemacht und hingerichtet wurden. Das Regime reagierte mit weiteren Verhaftungen und schickte zusätzlich Regierungsmitarbeiter nach Sinkiang, die die »Umerziehung« der Bevölkerung überwachen sollten. Man schätzt, dass von Februar bis Juni 1997 162 Personen erschossen und Hunderte zum Tode verurteilt wurden. 1600 Personen wurden als vermisst gemeldet, allerdings kamen nicht alle bei den Unruhen ums Leben, einige flohen auch über die Grenze. Es gibt Berichte über Angriffe auf Polizeistationen, Gefängnisse und andere Regierungsgebäude. In Karla wurde ein Raketenstützpunkt angegriffen, 21 Soldaten wurden getötet. 1999 fuhr eine Wagenkolonne der Polizei über einen Sprengsatz; der Anschlag wurde offiziell als Verkehrsunfall dargestellt. Ähnlich erklärte man einen Vorfall im Jahr darauf: Am 9. September 2000 wurden 60 Personen bei einer Explosion in Urumchi getötet und weitere 300 verletzt. Die Medien berichteten, Ursache sei ein Lastwagen gewesen, der alte Sprengstoffe transportiert habe (traditionell regeln die Bauern in der Region ihre Landstreitigkeiten mit Sprengstoff), es ist aber durchaus möglich, dass es sich dabei um einen gezielten Anschlag handelte.[17]

Die chinesische Sicherheitspolizei in Sinkiang stützt sich allem Anschein nach auf die Demonstration ihrer Macht; die Grundlage ihrer Autorität ist die Gewaltanwendung in Form von Vergeltungsmaßnahmen. Zwar setzte man bei der Bewältigung des Konflikts auch auf Erziehung, Kontrolle und Arbeit, griff aber ganz schnell hart durch, ohne sich um die langfristigen Auswirkungen dieser Politik zu kümmern. Die Familien von Verdächtigen wurden verhaftet und oft ohne Verfahren festgehalten. In einigen Fällen bekamen die Angeklagten keine Anwälte, die Urteile wurden von »Beurteilungskomitees« gefällt, über deren Zusammensetzung die Behörden entschieden. Für »Dissidententum« gab es lange Haftstrafen, eine weitere häufige Anklage lautete auf »Verrat«. Die Überwachung wurde verstärkt, und in jeder Fabrik und Schule wurden Informanten angeworben oder »Sicherheitskomitees« gebildet. Auch Arbeitslager werden zur Disziplinierung genutzt. Man schätzt, dass seit 1949 über zehn Millionen Menschen in chinesischen Arbeitslagern interniert waren, angeblich waren es 2006 zwei Millionen Häftlinge. Die sogenannten *Laoga* sind oft als landwirtschaftliche Betriebe oder

»Werke« aufgemacht und unterstehen dem Produktions- und Konstruktionskorps von Sinkiang, einer Organisation, der ein Großteil der Industrie- und Landwirtschaftsbetriebe in der Provinz gehört. Sie »beschäftigt« Tausende und zahlt nur einen Mindestlohn, doch die Arbeiter können nicht kündigen, viele müssen beim Straßenbau und anderen Infrastrukturprojekten arbeiten. Es herrscht strenge Disziplin, und man vermutet, dass es dort regelmäßig Folterungen und Hinrichtungen gibt.[18]

Seit den Anschlägen vom 11. September häufen sich in Sinkiang die Verweise auf den Terrorismus. Viele Offizielle betrachten den Islam als Tarnung für Verrat und Fassade für Separatismus. Im Zusammenhang mit Religionsgemeinschaften fürchtet man besonders Fanatismus und Greueltaten. Für das ultra-atheistische chinesische Regime sind Fügsamkeit, Uniformität und Gehorsam die wichtigsten bürgerlichen Tugenden. Wie viele Menschen im Westen sind auch die Chinesen schockiert, dass schon der geringste »Affront« gegen den Islam oder eine vermeintliche Ungerechtigkeit derart gewalttätige Ausbrüche auslösen kann. Man vermutet, dass dabei Dschihad-Terroristen am Werk sind und Netzwerke in der muslimischen Bevölkerung bilden. Es gibt Belege, dass sich Uiguren aus Sinkiang in Afghanistan und Pakistan zu Terroristen ausbilden ließen und mit den entsprechenden Kenntnissen zurückkehrten. Das Problem besteht darin, einen echten Terroristen von der desillusionierten Bevölkerung zu unterscheiden. Anders als im Westen beschäftigen sich die chinesischen Medien und Behörden nicht mit der Ursache der Unruhen, sondern sehen nur Extremismus und Separatismus am Werke. Die Uiguren wehren sich gegen die Behandlung durch die Han-Chinesen und die starke Zuwanderung, sie machen sich Sorgen um ihre Arbeitsplätze und die Korruption und wünschen sich mehr Demokratie. Das Regime fordert eine bessere Ausbildung, Erziehung und mehr Effizienz. In Wirklichkeit verlangt es von den Uiguren »das richtige Denken«, erkennt aber nicht, dass die Bevölkerung aufgrund der bisherigen Maßnahmen weiter ausgegrenzt wird.

Entwicklungspolitik als Lösung für Unruhen?

Die chinesische Regierung erhoffte sich von der Umsetzung des »Großen Entwicklungsplans für den Westen« einen Sinneswandel bei der Bevölkerung. Das Vorhaben, zur »Erschließung« des Westens Eisenbahnen zu bauen und die Siedler damit nach Westen zu befördern, bestand schon lange. Der Plan von Jiang Zemin sah nun Investitionen in Höhe von 13 Milliarden Dollar und 78 Großprojekte vor. In Sinkiang lebt nur ein Sechzigstel der chinesischen Bevölkerung, dabei umfasst seine Fläche ein Sechstel des Staatsgebiets, außerdem finden sich in der Provinz drei Viertel der nationalen Bodenschätze. Hinsichtlich der wahren Absichten der Regierung bestehen folglich Zweifel. Geht es wirklich um die Entwicklung oder

Assimilierung der Uiguren? Oder um die Ausbeutung der Bodenschätze und die Befriedung der Bevölkerung vor dem Hintergrund der Globalisierung? China macht sich Sorgen um die starke Wirtschaftskraft der USA und der übrigen westlichen Länder und will den Niedergang der 100 Millionen chinesischen Kleinbauern durch groß angelegte Industrieansiedlungen verhindern. In Sinkiang wurde daher in die Infrastruktur, in Öl und Baumwolle investiert. Die Investitionen sollten als Initialzündung für die damit verbundenen Industrien dienen. Doch bislang verläuft die Ölförderung in der Taklamakan-Wüste enttäuschend. Die Baumwollproduktion stieg in den 90er Jahren, allerdings importierte China weiterhin Baumwolle und lagerte die eigene Produktion ein. Sinkiang blieb während der gesamten 90er Jahre auf Subventionen und Finanzhilfen angewiesen. Die neuen Schnellstraßen, Eisenbahnlinien, Flughäfen, Bürogebäude und Hotels sind hauptsächlich für Touristen und Siedler aus dem Osten gedacht. Trotz der beeindruckenden Vorhaben sind die Ergebnisse enttäuschend. In China gibt es immer noch 300 Millionen Arbeitslose, und nicht alle können nach Sinkiang umgesiedelt und dort mit Jobs versorgt werden. Ein Haushaltsdefizit erforderte drastische Sparmaßnahmen, einige staatliche Betriebe gingen bankrott. Die Steuern sind hoch, und die Korruption blüht auf allen Ebenen. Eine Rezession in den 90er Jahren hatte zur Folge, dass viele Hochhäuser und Bürogebäude leer blieben.

Ausländische Investoren schreckt die abgelegene Lage Sinkiangs ebenso wie die weiten Entfernungen (und die damit verbundenen hohen Transportkosten), die komplizierte chinesische Bürokratie und die Angst vor Sabotage und Unruhen. Als 2001 über den Bau einer 4160 Kilometer langen Gaspipeline quer durch China vom Tarimbecken nach Shanghai für 18 Milliarden Dollar gesprochen wurde, zeigten BP und Shell anfangs Interesse, zogen sich aber wieder zurück, als sich herausstellte, dass sie dabei zu wenig verdienen würden. Die Gewinne bei den derzeit geförderten Öl- und Gasmengen sind gering, und gerade einmal zwei Prozent davon werden vor Ort in Bildung und Infrastruktur investiert. Ackerland wird günstig an Zuwanderer verkauft, aber selbst davon profitiert nicht die uigurische Bevölkerung, sondern in erster Linie das Produktions- und Konstruktionskorps von Sinkiang. Es heißt, dass in Zukunft das Wasser knapp werden könnte, und an den Rändern der Taklamakan-Wüste herrscht bereits ein intensiver Konkurrenzkampf zwischen uigurischen Dörfern und Zuwanderern oder der Industrie. Der Klimawandel verschärft das Problem zusätzlich. Der Rückgang der Gletscher und die schrumpfenden Wasservorkommen verursachen eine zunehmende Desertifikation des Agrarlands. 39 000 Quadratkilometer Land wurden nutzbar gemacht, doch gleichzeitig gingen 49 000 Quadratkilometer durch Wüstenbildung verloren. Durch die Austrocknung der Seen steigt der Bedarf an Reservoirs, außerdem werden die vorhandenen Vorkommen stärker beansprucht. Die Baumwollproduktion hat mit der Versalzung des Bodens, der Belastung des Grundwassers und dem hemmungslosen Einsatz von Pestiziden und anderen Chemikalien die gleichen katastrophalen Folgen wie in Zentralasien zur Sowjetzeit. Durch die Korruption wird die Situation noch verschlimmert, weil für den persönlichen Vorteil bestimmte Projekte bevorzugt und Entwicklungen vorangetrieben werden. Die traditionellen Siedlungen der Uiguren werden niedergewalzt, um Platz für neue Projekte zu schaffen. Schmale Straßen mit enger Bebauung gelten als »feuergefährlich« und werden deswegen abgerissen, allerdings eignen sich breite Straßen auch besser, um gegen Aufständische vorzugehen, die sich dort nicht so gut verschanzen können, daher ist der Wunsch nach Sicherheit vermutlich der eigentliche Grund für die Sanierung. Immerhin erhalten die Uiguren dafür moderne und gut ausgestattete Wohnungen mit Toiletten, Strom und fließendem Wasser.

Dennoch steigt mit dem »Großen Entwicklungsplan für den Westen« das Risiko, die einheimische Bevölkerung nicht zu assimilieren, sondern auszugrenzen. Alle neuen Aufträge gehen an Han-Chinesen. Und während manche Städte boomen, sind die Uiguren auf eine »Kiosk-Wirtschaft« mit Kleinhandel und Kleingewerbe angewiesen. Die Arbeitslosigkeit bei den Uiguren ist proportional höher. Oft sind die Han-Chinesen schlechter qualifiziert, werden aber befördert und arbeiten in besseren Positionen als Uiguren. Wenn sich die Uiguren beschweren, werden sie entlassen. Auch bei der Genehmigung privater Unternehmen werden meist die Han-Chinesen bevorzugt. Die Förderung der zugewanderten Han-Chinesen beunruhigt die Uiguren und andere Minderheiten. 1949 lebten 300 000 Han-Chinesen und fünf Millionen Uiguren und Angehörige anderer Volksstämme in Sinkiang; im Jahr 2000 waren es 7,5 Millionen Han-Chinesen bei der Zivilbevölkerung, 2,5 Millionen im Produktions- und Konstruktionskorps von Sinkiang und 2 Millionen bei den Sicherheitskräften – also insgesamt 12 Millionen im Vergleich zu 19 Millionen Uiguren und einigen Minderheiten. Die Geburtsrate bei den Han-Chinesen ist zwar niedriger, doch mit dem Zustrom von 7500 Zuwanderern pro Tag droht, wie ein Uigure es formulierte, »ein demografischer Völkermord«.[21] Chinesische Befürchtungen, dass die Zuwanderungsrate oder die Geburtenrate der Han-Chinesen zurückgehen und damit eine Trendwende bewirken könnten, würden laut Christian Tyler die aggressive Umsetzung der Maßnahmen zur Geburtenkontrolle bei den zehn Prozent der Bevölkerung erklären, die in China zu den »Minderheiten« zählen.[22]

Chinas Beziehungen zu Zentralasien

Nicht alle Uiguren wählen den Widerstand. Einige haben das Land verlassen und sich in Europa, der Türkei, in Indien und Taiwan angesiedelt. Man schätzt, dass in den letzten Jahren bis zu einer Million Uiguren emigriert ist. Vom Ausland aus setzen sich viele für ihre ehemalige Heimat ein. Die stärkste Unterstützung kommt aus der Türkei, was die Regierung in Beijing schon zu Protesten veranlasst hat.[23] Die Diaspora der Uiguren belastet die Beziehung mehrerer Länder zu China, darunter auch der zentralasiatischen Republiken und Pakistans, obwohl China und Pakistan eigentlich Verbündete sind.

Die zentralasiatischen Republiken kooperieren mit China, weil sie auf lukrative Exportverträge hoffen, außerdem haben sie selbst Probleme mit Dissidenten und sind deshalb auf eine Zusammenarbeit angewiesen. Zusätzlich müssen sie Nachteile befürchten, wenn sie sich der militärisch und wirtschaftlich sehr viel stärkeren Volksrepublik entgegenstellen. Kasachstan hat eingewilligt, uigurische Dissidenten zu überwachen, im Austausch dafür sollen die kasachischen Bewohner Sinkiangs gut behandelt werden. Obwohl es Hinweise gibt, dass Kasachen Widerstand gegen die chinesischen Behörden leisteten, wird das Abkommen im Großen und Ganzen von beiden Seiten respektiert.[24] Die Kasachen haben einige uigurische Organisationen infiltriert und Personen ausgeliefert, die dann hingerichtet wurden. Auch Kirgistan wird von China unter Druck gesetzt, uigurische Verdächtige auszuliefern. In den zentralasiatischen Republiken wurden einige Anführer uigurischer Organisationen ermordet, möglicherweise von staatlichen Sicherheitsdiensten.

Die Chinesen wiederum versuchen zu verhindern, dass ihre westlichen Nachbarn Sympathien für die uigurischen Separatisten entwickeln. Sie wissen um die Existenz des Panturkismus und erinnern sich gut daran, dass die Türken noch 1918 ein neues Reich errichten wollten, das sich von Konstantinopel (Istanbul) bis Kaschgar erstrecken sollte. Jiang Zemin wurde bei seinem Besuch in der Türkei im Jahr 2000 von der Bevölkerung unfreundlich empfangen, doch der chinesische Ministerpräsident Zhu Rongji forderte die Türken auf, die Uiguren als ein ähnliches Problem zu betrachten wie die kurdische Separatistenbewegung in ihrem eigenen Land. Die Türken bleiben jedoch bei ihrer Sichtweise, dass Chinesen und Uiguren, wenn man sie gut behandeln würde, in Sinkiang voneinander profitieren könnten. In diesem Bereich haben die Türkei und China auch schon zusammengearbeitet. 1999 verhaftete die türkische Polizei zehn Mitglieder der Befreiungsorganisation Ostturkestan nach dem Mord an zwei Inhabern von Chinarestaurants und einem Brandanschlag auf das chinesische Konsulat. Die Verdächtigen argumentierten, sie nähmen Vergeltung für Atombombentests in Sinkiang. Beunruhigender war die Erklärung der Organisation »Heimat der Jugend«, der sogenannten Hamas von Sinkiang, sie verfüge in der Türkei über 2000 aktive Mitglieder, darunter auch Angehörige der Streitkräfte. Es mag sein, dass die »Heimat der Jugend« nur einige radikale Elemente in Sinkiang zu finanzieren vermag, doch die Chinesen sorgen sich zurecht um diese Form der Unterstützung,[25] da Saudi-Arabien und der Iran zu den Spendern zählen. Die Organisationen in diesen Ländern bemühen sich zwar, ihr Geld ausschließlich Schulen und Moscheen zukommen zu lassen, aber es gibt keine Garantie dafür, dass das Geld nicht abgezweigt wird, um damit radikale Imame zu bezahlen.

Die größte Bedrohung kommt, wie die Chinesen seit langem immer wieder betonen, von »ausländischen Elementen« – das heißt von Uiguren, die außerhalb Chinas dazu ausgebildet wurden, Anschläge zu verüben und den Interessen Chinas zu schaden. So töteten etwa im Mai 2004 Uiguren, die von der IMT und den Taliban ausgebildet worden waren, drei chinesische Ingenieure im neuen Ölhafen von Gwadar in Pakistan. Zwei weitere chinesische Ingenieure wurden im Oktober des Jahres bei ihrer Arbeit an einem Bewässerungsprojekt in Wasiristan entführt, einer wurde bei der Befreiungsaktion der pakistanischen Spezialkräfte getötet. Im Jahr 2000 hatte Pakistan mit China bei der Vertreibung Hunderter Uiguren zusammengearbeitet, die radikale Medressen besuchten, und die Gästehäuser Kaschgar Rabat und Hotan Rabat in Islamabad geschlossen. Zwölf Männer wurden deportiert und gleich hinter der chinesischen Grenze hingerichtet. Kritiker warfen den Chinesen vor, in Hinblick auf die Taliban ein doppeltes Spiel zu spielen. Sie würden zwar verlangen, die Uiguren aus Afghanistan zu vertreiben, die Taliban aber nur allzu gern dazu benutzen, den Nahen Osten zu destabilisieren und dadurch ihre wirtschaftliche Konkurrenz zu beschädigen. Diese These wirkt jedoch sehr weit hergeholt. Das einzige Abkommen mit Kabul betraf vermutlich amerikanische Cruise Missiles, die China untersuchen wollte, wenn sie ungezündet abstürzten. Hauptanliegen der chinesischen Regierung war jedoch die Präsenz von »Chinesen« – Uiguren – in den Reihen der Taliban und IMT.

Nach den Antiterroreinsätzen in Afghanistan 2001 unter Führung der USA waren die uigurischen Dschihad-Kämpfer in alle Winde zerstreut. China wollte den Krieg gegen den Terror dazu nutzen, die Beziehungen zu den USA zu verbessern und die eigenen Probleme mit der inneren Sicherheit zu lösen. Nach jahrelanger Kritik des Westens wegen Menschenrechtsverletzungen konnte China nun vorbringen, dass diese im Kampf gegen den Terrorismus nötig seien. Die chinesischen Medien fassten sofort sämtliche Formen der Opposition unter dem Stichwort Terrorismus zusammen. Es gab eine neue Welle der Verhaftungen und Hinrichtungen und nach Angabe der Uiguren auch Folterungen. Religiöse Zeremonien der Uiguren wurden mit Auflagen belegt. Kritikern gegenüber hieß es regelmäßig, man mache lediglich kriminelle Elemente unschädlich, unabhängig von deren Ethnie oder Religion. Die Amerikaner kooperierten und froren die Konten der Islamischen Bewegung Ostturkestans (ETIM) ein.[26] Die uigurischen Radikalen hielten sich dagegen überhaupt nicht für Terroristen, sondern erklärten, sie würden nur auf das harte Durchgreifen und die Ungerechtigkeit der Chinesen reagieren. Christian Tyler ist der Ansicht, dass die Amerikaner die ETIM als terroristische Organisation einstuften, weil sie die Unterstützung Chinas für den Krieg im Irak gewinnen wollten, doch die Kriterien für diese Einordnung decken sich mit denen anderer Gruppen und den Aktivitäten der ETIM, daher kann die zeitliche Nähe auch Zufall sein.[27] Tatsache ist, dass sich die Uiguren den Taliban anschlossen, unter anderem deswegen, weil sie die besten Ausbildungs- und

Finanzierungsmöglichkeiten boten, aber auch, weil die Uiguren wie andere Gruppen in Zentralasien eine gewisse Verbundenheit zu deren Zielen empfanden.

Der globale Krieg gegen den Terror erscheint vielleicht wie ein bequemer Vorwand für die Chinesen, hart gegen die uigurischen Dissidenten vorzugehen, doch Bombenattentate auf Han-Zivilisten und Verwaltungsmitarbeiter sind nun einmal eine Form des Terrorismus. Im Exil fühlt man sich oftmals frustriert angesichts der Machtlosigkeit, einen Wandel herbeizuführen. Die Frustration wächst und bringt übertriebene und manchmal extreme Ideen hervor. Mögliche Lösungen sind aufgrund des Schwarz-Weiß-Denkens stark reduziert. Nicht alle Exilanten reagieren so. Manche nutzen die Gelegenheit, ein neues Leben anzufangen, zu arbeiten und ihre Aussichten zu verbessern. Für diejenigen, die in Sinkiang bleiben, sind die Aussichten durchwachsen: Fügsamkeit und Kollaboration, Verzweiflung und Resignation, Ablehnung und Widerstand. Die Chinesen treiben ihr Entwicklungsprogramm voran und drücken ihrer westlichsten Provinz weiter ihren Stempel auf. Doch die Bewohner bleiben so gespalten wie stets.

Die Haltung der beiden Bevölkerungsgruppen unterscheidet sich deutlich. Die Uiguren werden von den Han als Kuriosität betrachtet, und die Bewahrung alter Rituale in ländlichen Gebieten wird mit Herablassung quittiert, löst aber auch Faszination aus. Die älteren Uiguren tragen weiterhin ihre traditionelle Kleidung als Zeichen des Widerstands und halten sich an die lokale Zeit, obwohl von offizieller Seite die Beijing-Zeit vorgeschrieben ist. Die Uiguren missbilligen es, wenn einer von ihnen in einem chinesischen Restaurant isst, denn das gilt als »unrein«. Mischehen sind trotz offizieller Förderung und finanzieller Anreize selten. Sprache und Religion bleiben Hindernisse. Neuzuwanderer behandeln die Uiguren oft mit Verachtung und verhalten sich auch gegenüber Chinesen arrogant, die schon länger in der Provinz leben. Die jungen Uiguren tragen jedoch wie ihre chinesischen Altersgenossen westliche Kleidung und gehen abends aus, wenn auch in ihre eigenen Lokale. Einige uigurische Muslime trinken in Gesellschaft Alkohol. In den Städten verschwinden die alten Rituale, die Ablehnung der Chinesen bleibt jedoch erhalten, und damit auch der Wunsch, am Althergebrachten festzuhalten, weil es an Arbeit und Entwicklungsmöglichkeiten fehlt. Die große Zahl der chinesischen Zuwanderer macht vielen Angst. Die Chinesen wiederum machen sich Sorgen um separatistische Bestrebungen und Proteste, denn das Beispiel UdSSR hat gezeigt, was beim Übergang von der kommunistischen Planwirtschaft zur kapitalistischen Marktwirtschaft passieren kann.

Radikale Gruppen wollen die Situation in Sinkiang gern für ihre Zwecke nutzen. Die Hizb ut-Tahrir hat versucht, Uiguren zu rekrutieren und Zellen in der Provinz zu gründen. Uiguren, die vom Dschihad-Denken beeinflusst und bei den Taliban oder der IMT ausgebildet worden sind, operieren immer noch in der pakistanischen Nordwestlichen Grenzprovinz und vermutlich auch in Kaschmir.[28] Im März 2004 erschossen die pakistanischen Sicherheitskräfte Hassan Mahsun von der ETIM. Sie arbeiten eng mit dem chinesischen Geheimdienst zusammen, einige chinesische Agenten wurden nach Balochistan und Wasiristan geschickt, um uigurische Aktivisten zu identifizieren. Viele tarnen sich als Ingenieure. Auf der anderen Seite kooperieren Uiguren und Usbeken bei Entführungen und terroristischen Operationen, manchmal unter Führung ehemaliger Taliban wie Abdullah Mehsud. Die Tatsache, dass auch chinesische Arbeiter beim Wiederaufbau Afghanistans getötet wurden (im Juni 2004 wurden elf erschossen), lässt vermuten, dass Uiguren dort an Anschlägen beteiligt sind. Die aktuelle Entwicklung des Terrorismus und der Terrorismusbekämpfung in China gleicht demnach der Situation in der gesamten Region. Daher ist eine gemeinsame Strategie erforderlich, was nirgends deutlicher wird als im Bereich Energie und Sicherheit.

KAPITEL 9

Das Öl, das Gas und
die Großmächte

Das Kaspische Becken ist eine der frühesten Stätten der Erdölförderung, in größeren Mengen wird dort seit dem 19. Jahrhundert gefördert. Heute zählen die zentralasiatischen Ölfelder trotz fehlender Investitionen in sowjetischer Zeit, technischer Schwierigkeiten und Problemen, das Öl und Gas zu den Märkten außerhalb der Region zu transportieren, zu den wichtigsten Vorkommen der Welt. Ihre Bedeutung liegt nicht nur in der Menge, die auf 50 bis 110 Milliarden Barrel Öl und 7 bis 9 Billionen Kubikmeter Gas geschätzt wird, sondern in der Tatsache, dass das Öl und Gas aus Zentralasien die steigende weltweite Nachfrage decken und einen Überschuss schaffen könnten, dank dem sich die Preise auf dem Weltmarkt in Zeiten vorübergehender Knappheit regulieren lassen würden.[1] Jahrzehntelang war es den saudiarabischen Ölgesellschaften möglich, ausreichende Reserven zur Regelung der Preise bereitzuhalten, indem sie bei steigenden Preisen mehr Öl auf den Markt brachten oder ihre eigene Produktion drosselten, wenn Öl aus anderen Gebieten wie Nigeria, Russland oder Südamerika verkauft wurde. Doch aufgrund des Ende des 20. und Anfang des 21. Jahrhunderts rapide gestiegenen Verbrauchs im asiatisch-pazifischen Raum und der Konflikte im Nahen Osten sind die Reserven auf der arabischen Halbinsel aufgebraucht. Daher konzentriert man sich nun auf die Förderung größerer Ölmengen und die Erschließung neuer Felder, und im Mittelpunkt dieser Bestrebungen liegt Zentralasien. Kasachstan und Aserbaidschan konnten beträchtliche Investitionen aus dem Westen anlocken, doch auch der Iran und China streben bilaterale Abkommen mit den Republiken an. Alle wollen »Energiesicherheit« – den Zugang zu »ausreichenden Vorkommen zu vernünftigen Preisen, ohne das Risiko größerer Unruhen« und wenn möglich »strategische Vorräte« oder Reserven.[2]

Die strategische Bedeutung von Öl und Gas ist seit langem bekannt. In beiden Weltkriegen waren die Ölfelder in Zentralasien und dem Nahen Osten von entscheidender Bedeutung für die Kriegsführung der Alliierten. Die Mittelmächte im Ersten und Deutschland im Zweiten Weltkrieg versuchten ohne Erfolg, die Kontrolle über diese Gebiete zu erlangen. Hitlers Wehrmacht versuchte verzweifelt, in den Kaukasus und nach Südrussland vorzustoßen, und die Alliierten besetzten zur Sicherung ihres Rohstoffbedarfs den Nahen Osten und Persien. In jüngster Zeit wurde immer wieder spekuliert, dass die Bemühungen der USA um Demokratie in Vorderasien mit Feldzügen in Afghanistan und im Irak nicht nur die Grundlagen des Extremismus beseitigen, sondern die Region umstrukturieren sollen. Die Amerikaner würden damit zwei Absichten verfolgen: die Dominanz der amerikanischen Investitionen in der Ölindustrie zu sichern und »Energiesicherheit« für die USA zu schaffen, indem sie die Produktion und den Verkauf von Erdöl und Erdgas auf dem Weltmarkt aktiv fördern.[3] Diese Sicht der Dinge ist jedoch stark vereinfachend. Die Energiesicherheit hängt von verschiedenen Faktoren ab, und die Globalisierung der Ölindustrie mindert den Wert der Ölreserven, die man tatsächlich besitzt. Im Grunde basiert die Energiesicherheit auf den internationalen Preisen, auf Investitionen, einer gesicherten Nachfrage, Reservekapazitäten und der geografischen Verteilung der Förderstätten.

Durch die Globalisierung haben sich die Ölpreise weltweit angeglichen, die Unterschiede aufgrund der Qualität des Rohöls, lokaler Steuern, der Raffineriekapazität und der Entfernung zum Verbraucher spielen kaum noch eine Rolle. Für Millionen Verbraucher weltweit sind die Preise der augenfälligste Aspekt der Energiesicherheit, und ein starker Anstieg sorgt stets für politische Diskussionen. Die Organisation Erdöl exportierender Länder (OPEC) konnte bisher die Preisschwankungen durch eine erhöhte Förderung in Zeiten relativer Knappheit und durch eine gedrosselte Förderung in Zeiten des Überangebots ausgleichen. Ihre Gewinne waren davon nicht betroffen: In Zeiten gedrosselter Produktion verkauften die Mitgliedsländer zwar weniger Öl, dieses aber zu höheren Preisen.

Seit der Ölkrise 1973 ist die Energiesicherheit eines der wichtigsten politischen Anliegen der Industrieländer. Aufgrund der wachsenden Nachfrage zählt die Ölversorgung zu den wichtigsten Sicherheitsfragen. Die Fördermenge liegt derzeit bei etwa 85 Millionen Barrel am Tag (bpd). Die Internationale Energieagentur (IEA) hat zwar prognostiziert, dass die Welt im Jahr 2020 120 Millionen bpd produzieren wird, doch Thierry Desmarest, bis 2007 CEO von Total, glaubt, dass die Welt nur mit Schwierigkeiten 100 Millionen bpd schaffen wird. Die weltweiten »nachgewiesenen« Ölreserven liegen bei 2,2 Billionen Barrel, doch im Zeitraum von 2006 bis 2030 werden wir 1,5 Billionen verbrauchen. Der tägliche Verbrauch im Jahr 2030 wird auf 115 Millionen Barrel geschätzt. Um diese Nachfrage zu befriedigen, benötigt die Industrie laut eigenen Schätzungen 3,1 Billionen Dollar an Investitionen. Bei BP und Exxon Mobile glaubt man, dass die Welt mit Hilfe neuer Technologien und der noch vorhandenen großen Vorkommen die steigende Nachfrage decken kann. Allerdings gibt es auch Bedenken. Kriege und zivile Konflikte können die Produktion schwer beeinträchtigen, wie die Beispiele Nigeria und Irak zu Beginn des Jahrhunderts zeigen. Auch eine nationalistische Politik kann Investoren abschrecken. So haben etwa Russland, der Iran und Venezuela den Zugang für ausländische Ölarbeiter eingeschränkt, obwohl generell ein Mangel an Ingenieuren und Facharbeitern herrscht. Dadurch wurden wichtige Öl- und Gasprojekte verzögert. Bestimmte technische Probleme müssen noch gelöst werden. Derzeit gibt es nicht genügend Tiefseebohrinseln, und die Kosten für die vorhandenen Plattformen steigen. Die Infrastruktur vorhandener Ölfelder ist oft veraltet und muss repariert oder ersetzt werden, was ebenfalls für Verzögerungen und steigende Kosten sorgt. Christophe de Margerie, der CEO von Total, ist der Ansicht, dass zukünftige Bewältigung der Nachfrage weniger von den Reserven als vielmehr von der Zahl der Ingenieure und den Problemen bei der Infrastruktur abhängt.[4]

Die IEA schätzt, dass die Ölländer, die nicht der OPEC angehören, ihre Förderung in den Jahren 2006 bis 2015 steigern werden, rechnet aber aufgrund der ungenauen Angaben über das Ausmaß der Reserven damit, dass sich die Fördermenge von 55 Millionen Barrel am Tag für den Zeitraum von 2015 bis 2030 halbieren wird. Gleichzeitig ist die IEA der Ansicht, dass die Kosten für den Bau der Pipelines und Tanker und für die Entwicklung der Öl- und Gasindustrie in Asien mehr als 350 Milliarden Euro betragen. Das Verhältnis von Ölpreisen und Produktionskosten kann sich erheblich auf die Investitionen und die Produktion und damit auf das Wachstum der Branche auswirken. So investierten die großen Ölgesellschaften in den 90er Jahren aufgrund der stabilen und niedrigen Ölpreise viel zu wenig. Dadurch war die Welt schlecht vorbereitet, als die Nachfrage im asiatisch-pazifischen Raum in die Höhe schnellte, zumal es durch den Krieg im Irak Unterbrechungen bei der Lieferung aus dem arabischen Raum gab. Höhere Ölpreise haben nationale und internationale Unternehmen schon immer zu Investitionen ermuntert, doch die jüngste Diversifizierung der Quellen, die dem Markt neue Vorkommen beschert hat, könnte zu einer erneuten Preissenkung führen. Eine derartige Situation würde bedeuten, dass viele Länder auf die OPEC zur Regelung der Produktion angewiesen sind, damit die Preise und damit auch die Investitionen stabil bleiben. Die Entwicklung der zentralasiatischen Industrie könnte sich erheblich auf diese Abhängigkeit auswirken.

Das Kaspische Meer und Zentralasien haben beträchtliches Potenzial, allerdings gibt es dort einige Hindernisse für Investitionen und Ausbeutung, weil das politische Klima gewisse Risiken birgt. In den 50er Jahren vernachlässigte die Sowjetunion die Ölförderung im Kaspischen Becken und gab der Erschließung der Ölfelder im Wolga-Ural-Gebiet und in Westsibirien den Vorzug, die strategisch betrachtet natürlich sicherer waren. Gleich nach der Unabhängigkeit waren Aserbaidschan, Kasachstan und Turkmenistan bestrebt, Investoren anzulocken und Märkte für ihre Vorkommen zu finden. Die erste Herausforderung bestand dabei in der Modernisierung der Infrastruktur. Lutz Kleveman, der die alten sowjetischen Ölplattformen im Kaspischen Becken besuchte, schrieb:

Die Offshore-Produktionsstätte ist heute restlos verrottet. Die Straßen, die aufs Meer hinausführen, sehen aus wie nach intensivem Artilleriebeschuss. Immer wieder muss unser Fahrer den Wolga an Löchern vorbeisteuern, unter denen die Wellen gegen angebrochene Holzstelzen schwappen. Pipelines und Ölreservoirs rotten vor sich hin, die windschiefen Bohrtürme aus Holz und Stahl erinnern an Bilder der ersten Ölquellen in Pennsylvania in den 1870ern.[5]

Es gibt noch weitere Probleme. Die territoriale Zugehörigkeit der Ölquellen ist nicht geklärt, was Förderung und Erschließung bedroht. Auch über den Verlauf der Öl- und Gaspipelines wird erbittert gestritten, da dieser von strategischer und finanzieller Bedeutung ist. Die politische Instabilität gibt Anlass zu Befürchtungen; die Pipelines und Förderanlagen könnten als Ziele für Terroranschläge dienen, und Russland, die USA, China und die zentralasiatischen Republiken zeigen immer wieder mangelnde Kooperationsbereitschaft, da alle Beteiligten versuchen, ihre eigenen energiepolitischen und strategischen Interessen zu wahren – ein Phänomen, das manchmal als neues »Great Game« bezeichnet wird.

In einem Freundschaftsvertrag von 1921, dessen Inhalt in einem Vertrag über Handel und Navigation von 1940 bekräftigt wurde, vereinbarten Persien und die UdSSR, das Kaspische Meer für alle Schiffe der Welt zu sperren und eine 19-Kilometer-Zone vor ihren jeweiligen Küsten für die eigenen Fischereirechte zu reservieren. Allerdings wurden keine nationalen »Grenzen« ausgehandelt, und seit der Auflösung der Sowjetunion stellen die zentralasiatischen Republiken die Gültigkeit der alten Vereinbarungen in Frage. Laut der Seerechtskonvention der Vereinten Nationen (UNCLOS) kann jeder Staat von der Küste aus bis zu 19 Kilometer als sein Hoheitsgewässer und bis zu 320 Kilometer als »ausschließliche Wirtschaftszone« (AWZ) für sich beanspruchen. Im Fall des Kaspischen Meeres würde das bedeuten, dass man eine Grenze in gleicher Entfernung von den nationalen Ufern ziehen könnte und diese auch für die Ressourcen am Meeresgrund gelten würde. Wenn man das Kaspische Meer dagegen als See definiert, gilt die UN-Konvention nicht; dann müsste das »Meer« samt Ressourcen gemeinsam als Kondominium verwaltet werden. Und leider gibt die Definition von »Meer« und »See« Anlass zu Streitereien.

Bis 2003 vertrat der Iran die Haltung, dass alle Anrainerstaaten einen gemeinschaftlichen Ansatz bei der Erschließung der Ressourcen im Kaspischen Meer vertreten sollten. Für diese scheinbar wohlmeinende Haltung gibt es eine einfache Erklärung: Das Hoheitsgewässer des Iran würde, wenn es nach dem Seerechtsübereinkommen definiert werden würde, die wenigsten Öl- und Gasvorkommen umfassen. Teheran vertrit die Ansicht, dass die Abkommen von 1921 und 1940 gelten sollten, bis neue Vereinbarungen von allen Staaten getroffen werden, das hieße aber auch, dem Iran einen größeren Anteil an den Bodenschätzen zu gewähren. Der Iran hat bilaterale Abkommen verurteilt, die von Russland ausgehandelt wurden, und pocht auf seinen Anteil am zukünftigen Reichtum. Allerdings hat der Iran offenbar die Unterteilung des Kaspischen Meeres in nationale Bereiche akzeptiert, auch wenn die Regierung immer noch auf einem gleichberechtigten Anteil (20 Prozent der Oberfläche und des Meeresbodens) anstelle einer Aufteilung nach dem Seerecht beharrt. Die iranische Regierung hat wohl erkannt, dass ihre Haltung schwer durchzusetzen ist. Sie hat Verträge mit internationalen Unternehmen für die Ausbeutung der Verkommen im iranischen Sektor abgeschlossen und lässt seit Juni 2003 die Ressourcen erschließen. Angesichts einer rapide wachsenden Bevölkerung, des wirtschaftlichen Niedergangs und steigenden Rohstoffbedarfs konnte der Iran nicht mehr länger auf seinen Prinzipien beharren.

Der Iran hat außerdem die Entmilitarisierung des Kaspischen Meeres gefordert. Diese scheinbar pazifistische Geste ist in erster Linie auf die Angst vor Russland zurückzuführen, das, wenn es sich bedroht fühlen würde, seine enormen militärischen Ressourcen gegen den Iran einsetzen könnte. Die Regierung in Teheran, die vom Westen wegen ihres Atomprogramms immer wieder unter Druck gesetzt wird und die die westlichen Truppen im benachbarten Afghanistan und Irak argwöhnisch beobachtet, kann es sich nicht leisten, Russland gegen sich aufzubringen oder sich auf ein Wettrüsten einzulassen. Russland demonstrierte seine Stärke 2002 mit einer aggressiven Marineübung auf dem Kaspischen Meer. Seit 2001 hat Turkmenistan 20 Patrouillenboote von der Ukraine gekauft, während sich Aserbaidschan und Kasachstan an amerikanische Schiffe hielten. Die amerikanische Marine stellte Aserbaidschan auch Personal zur Verfügung, das die Aserbaidschaner beim Schutz ihrer Ölförderanlagen beraten soll. Der Iran protestiert immer wieder über den amerikanischen Einfluss in der Region, kann aber wenig tun, um sich politisch oder militärisch gegen die USA oder Russland zu behaupten.

Bis 1996 vertrat Russland die Haltung, die UN-Seerechtskonvention gelte nicht für das Kaspische Meer, und wollte die Vereinbarungen von 1921 und 1940 bewahren. Doch dann schloss die Regierung in Moskau mehrere bilaterale Verträge mit anderen Staaten ab und sprach sich dafür aus, das Gewässer in nationale Zonen mit einem Abstand von 70 Kilometern von der Küste zu unterteilen. Der verbleibende zentrale Teil, so der Vorschlag, könne gemeinsam erschlossen werden, verwaltet von einer Aktiengesellschaft, in der die fünf Anrainerstaaten vertreten wären. Doch Turkmenistan, Aserbaidschan und Kasachstan lehnten den Vorschlag ab, daher änderte Moskau seine Position erneut. 1998 trat Russland für eine Lösung mit Hilfe der Medianlinie ein (basierend auf der UN-Konvention) und wurde sich mit Kasachstan für das nördliche Kaspische Meer einig, obwohl die Linie mehrere potenzielle Öl- und Gasfelder durchschneidet. Kurioserweise vereinbarten Russland und Kasachstan, die Oberflächengewässer weiterhin als gemeinsames Eigentum zu betrachten, um Komplikationen bei der Schifffahrt, der Fischerei und beim Umweltschutz zu vermeiden. Im Januar 2001 schloss Russland mit Aserbaidschan ein ähnliches Abkommen für den südwestlichen Teil. 2002 festigten Putin und der kasachische Präsident Nasarbajew das Abkommen von 1998 mit der Vereinbarung, drei Gasfelder zu gleichen Verhältnissen zu teilen. Schon ein Jahr später gaben zwei der größten russischen Unternehmen, LUKOIL und Gazprom, bekannt, 2007 mit der Erschließung des Gasfeldes von Zentralnoje zu beginnen.[6] Der Iran und Turkmenistan protestierten gegen diese Vereinbarungen. Damit bleibt das Kaspische Meer trotz Waffenverkäufen und Kooperation bei der Nukleartechnologie ein Zankapfel zwischen Teheran und Moskau.

Das iranische Nuklearprogramm in Verbindung mit der hitzigen Rhetorik Teherans gegen den Westen und Israel sowie der offensichtliche Wunsch nach Massenvernichtungswaffen beunruhigen die USA. Dagegen argumentiert Paul MacDonald in einem Artikel, der Iran stehe vor einer Energiekrise, daher sei Atomkraft für das Land notwendig.[7] Der Iran kann sein schweres Rohöl nicht verkaufen und hat auf den neuen Feldern große technische Probleme, die die Förderung verzögern, außerdem sind seine Reserven geringer als erwartet, weshalb er auch die Forderungen der OPEC nicht erfüllen konnte. So war der Iran in der merkwürdigen Situation, dass er 2005/2006 zur Deckung des Eigenbedarfs 150 000 bpd importieren musste. Der jährliche Inlandsverbrauch stieg um fünf Prozent, die Produktion steigerte sich jedoch von 2000 bis 2006 nur um 100 000 bpd.

Die Förderspitze der Ölproduktion erreichte der Iran bereits 1974, als sechs Millionen bpd gefördert wurden. Nun bemüht man sich, diese Fördermenge zu übertreffen, erreichte die für 2006 gesetzten ehrgeizigen Ziele jedoch nicht. Ende der 70er Jahre konnten die Mengen noch gesteigert werden, doch die Revolution 1979 und der anschließende Krieg gegen den Irak ließen die Produktion einbrechen. Die erwartete Erholung ließ auf sich warten, und die Fördermenge stieg bis 1990 von 1,5 Millionen auf nur 3 Millionen bpd. 2006 lag die Produktion bei 3,9 Millionen bpd, immer noch weit hinter den Glanzzeiten von 1974 und auch deutlich weniger als die angestrebten 5 Millionen bpd. Ein großes Problem besteht darin, dass das Einpressen von Gas in die Ölfelder unterbrochen wurde, wodurch Wasser eindringen kann, was in der Branche als »Kegelbildung« bezeichnet wird und zum Verlust von Millionen Barrel Öl führte. Um Investoren anzulocken, schätzte der Iran dennoch seine Reserven sehr großzügig ein. In den 70er Jahren hatte die National Iranian Oil Company 62 Milliarden Barrel nachgewiesener Reserven ermittelt, doch das Revolutionskomitee erhöhte die Schätzung 1988 auf 93 Milliarden Barrel und korrigierte die Zahl 2003 noch einmal nach oben, sodass mittlerweile von 132,5 Milliarden Barrel die Rede ist.

Dabei nimmt man an, dass die vier Ölfelder vor der Küste und auch einige ältere Ölfelder im Land ihre Förderspitze bereits überschritten haben. Trotz der

Entdeckung neuer Felder sind die tatsächlichen Reserven wohl nur halb so groß, wie Teheran behauptet. Außerdem ist schweres, »saures« (schwefelreiches) Rohöl für den Markt nicht attraktiv. »Rückkaufprogramme«, bei denen Unternehmen die Dienstleistungen im Austausch für Öl anbieten, wurden hinausgeschoben. Manche Investoren lassen sich von der iranischen Politik oder den niedrigen Erträgen abschrecken, in der Branche bekannt als »Upstream-Probleme«. Amerikanische Unternehmen können aufgrund des Iran Libya Sanctions Act (ILSA) von 1996 keine Geschäfte mit dem Iran machen. Der Iran will den Ausfall bei der Rohölförderung mit Erdgas ausgleichen, die Lücke lässt sich jedoch nicht vollkommen schließen. Das South Pars Gasfeld soll 125 000 bpd Gas produzieren, für 2007 war ein Anstieg auf 200 000 bpd geplant, 2008 sollen es 400 000 bpd sein. Der Iran könnte seine Produktion auch per Gas-to-Liquids-Verfahren (Verflüssigung von Erdgas zu flüssigem Kraftstoff) erhöhen, doch die Investitionen sind hoch und eventuell nicht kosteneffektiv. Vielleicht will der Iran daher mit Atomenergie die Versorgungslücke schließen. Die Regierung in Teheran rechnet mit zunehmendem Widerstand im Land, wenn sich die wirtschaftliche Lage weiter verschlechtert, und ist daher entschlossen, an der Nukleartechnologie festzuhalten, denn nur dann wird sie politisch überleben. Zusätzlich verstärkt wird dies wohl noch durch den Wunsch, in einer Zeit, in der Amerika als einzige Hegemonialmacht auftritt, wieder eine gewisse militärische Stärke in der Region zu erlangen.

Die zentralasiatischen Republiken Aserbaidschan, Kasachstan und Turkmenistan haben sich auf eine gemeinsame politische Linie verständigt, gestützt auf ihre Einschätzung, dass der Meeresgrund vor ihren Küsten mehr Öl und Gas enthält als vor Russland oder dem Iran. Dazu kommt, dass die Erschließung von Erdöl und -gas ein wichtiges Instrument zur Steigerung des nationalen Wohlstands und damit zur Wahrung der politischen Unabhängigkeit ist. Die Angebote der internationalen Investoren sind auch zu verlockend, um sie auszuschlagen (Kasachstan zog 2003 ausländische Investitionen in Höhe von 40 Milliarden Dollar an), außerdem verleihen sie den Republiken mehr Selbstbewusstsein gegenüber Russland.[8] Aserbaidschan hat das Kaspische Meer stets als Meer betrachtet und verlangt eine Aufteilung in nationale Zonen entlang einer Medianlinie. 1997 einigten sich Aserbaidschan und Kasachstan, ihre Zonen entsprechend abzugrenzen. Kasachstan verabredete eine ähnliche Abgrenzung mit Turkmenistan. Im folgenden Jahr schlossen die Kasachen ein Abkommen mit Russland zur Aufteilung des nördlichen Meeresgrunds, 2001 folgte Aserbaidschan mit dem südlichen Teil. Der einzige Stolperstein war ein Streit zwischen Turkmenistan und Aserbaidschan über den genauen Verlauf der Medianlinie. So hat sich zwar kein Anrainerstaat offiziell zum Status des Kaspischen Meeres festgelegt, doch im Grunde steht der Iran vor vollendeten Tatsachen. Auch die Ölgesellschaften ignorieren die fehlende Einigung und erschließen die Ressourcen, die Ausbeutung lässt allerdings noch auf sich warten. Ein Teil des Problems ist der Transport der geförderten und raffinierten Öl- und Gasmengen: Ohne einen direkten Zugang zum Meer kann man keine Tanker nutzen, stattdessen müssen Pipelines über Tausende Kilometer bis zu den Absatzmärkten gebaut werden. Da Milliarden Dollar an Kosten, aber auch an potenziellen Gewinnen auf dem Spiel stehen, wurde über die Frage der Pipelines in letzter Zeit besonders heftig gestritten.

Pipeline-Politik

Der Bau von Pipelines bietet für die zentralasiatischen Republiken und ihre Nachbarn viele Chancen. Ausländisches Kapital wird investiert, lukrative Transportgebühren können abgeschöpft werden, es entstehen Arbeitsplätze und sogar strategische Vorteile: Staaten, die auf die fossilen Energieträger angewiesen sind, lassen sich von den Ländern, durch die die Pipeline verläuft, unter Druck setzen. Doch da die zentralasiatischen Pipelines zahlreiche Grenzen überqueren und viel auf dem Spiel steht, sind die Verhandlungen besonders kompliziert.

Früher wurde das zentralasiatische Öl durch die Sowjetunion geleitet. Eine Pipeline führte durch den Kaukasus und endete am Schwarzen Meer in Noworossisk. Nach dem Zusammenbruch der Sowjetunion 1991 machten sich die zentralasiatischen Staaten Gedanken, dass sie durch den ausschließlichen Transport ihrer Öl- und Gasexporte über Russland in zu starke Abhängigkeit gerieten, außerdem hatten sie dadurch nur Zugang zu den Märkten im Westen. Um die steigende Nachfrage aus China und Japan zu nutzen, wurde der Bau einer zweiten Pipeline von Kasachstan nach China vorgeschlagen, während eine dritte Pipeline durch Afghanistan nach Pakistan geführt werden sollte, von wo aus das Öl und Gas weiter zu den Märkten im Osten transportiert werden sollte. Eine weitere Pipeline sollte vom Kaspischen Meer nach Süden durch den Iran führen, ein anderes Projekt plante eine Pipeline von Baku (Aserbaidschan) durch den Kaukasus und von dort entweder weiter nach Ceyhan an der türkischen Mittelmeerküste oder zum Hafen von Supsa in Georgien. Ölgesellschaften und Regierungen mussten jedes Projekt bewerten und die Kosten dafür veranschlagen. Natürlich vertraten alle Beteiligten die Position, die für sie am günstigsten war.

Die USA bevorzugten seit den 90er Jahren die Baku-Tiflis-Ceyhan-Pipeline (BTC).[9] Dahinter stand natürlich der Wunsch, die amerikanischen Rivalen in der Region, den Iran und Russland, zu umgehen; Kosten und technische Schwierigkeiten wurden weniger berücksichtigt. 2002 wurde mit dem Bau begonnen, 2006 verließ der erste Tanker mit Öl aus der BTC-Pipeline den Hafen von Ceyhan. Die Amerikaner rechnen damit, dass die BTC-Pipeline die wichtigste Exportpipeline für die Märkte im Westen wird; eine Million Barrel sollen am Tag durch die Leitung fließen. Eine Gaspipeline soll einmal parallel dazu verlaufen und im türkischen Erzurum enden, allerdings haben die Türkei und Griechenland ein Abkommen geschlossen, das Gas über die türkische Küste auf den europäischen Markt zu transportieren. Die Türkei verspricht sich viel von ihrer Stellung als Transitstaat für das europäische Öl und sieht darin auch eine Art »Eintrittskarte« für die Europäische Union. Die europäischen Staaten wiederum streben eine Diversifizierung der europäischen Energieversorgung an. Als Präsident Putin die europäischen Regierungen 2005 daran erinnerte, dass Russland der wichtigste Lieferant für Erdgas sei und das wahrscheinlich auch bleibe, war die Reaktion frostig.

Verständlicherweise war Russland anfangs gegen die BTC-Pipeline. Doch 2001 änderte die Regierung in Moskau ihre Haltung, weil sie anstelle der Konfrontation eine Kooperation mit den amerikanischen Ölgesellschaften anstrebte. Anlass war die Fertigstellung der Pipeline des Caspian Pipeline Consortium (CPC) im November 2001. Das Öl wird über 1500 Kilometer von Tengis in Kasachstan nach Noworossisk am Schwarzen Meer transportiert und dort auf Tanker gepumpt. Bei der Erschließung des Tengis-Ölfeldes waren amerikanisches Knowhow und Geld von entscheidender Bedeutung, vor allem Chevron-Texaco engagierte sich dort stark (zusammen mit Exxon Mobil und Kasachstan selbst). Der logische nächste Schritt bestand nun darin, das Öl aus Kasachstan möglichst einfach und günstig auf den Markt zu bringen. Kasachstan selbst fehlt es an Raffinerien, außerdem ist das Land beim Großteil seiner Exporte auf Russland angewiesen. Die CPC-Pipeline wird jedoch den steigenden Exportbedarf nicht bewältigen können, daher hat sich die kasachische Regierung an China gewandt, das Japan 2003 als den zweitgrößten Ölverbraucher der Welt überholt hat. Ein Vertrag über eine Pipeline von Atasu in Kasachstan nach China ist schon ausgehandelt. Mit dem Bau wurde 2003 begonnen, die Fertigstellung soll 2008 erfolgen.

Kasachstan hat wie Russland, Turkmenistan und Aserbaidschan »Tauschvereinbarungen« mit dem Iran getroffen. Trotz der offensichtlichen Vorteile einer südlichen Pipeline einschließlich der kurzen Entfernung zu den Raffinerien am Persischen Golf sind die USA strikt gegen eine Route durch den Iran. Die Lösung besteht nun darin, das zentralasiatische Öl per Schiff in die iranischen Häfen zu transportieren, vor allem nach Neka, und das Öl in den Raffinerien von Teheran und Täbris zu verarbeiten, im Austausch für die entsprechende Menge Öl, die von den Tankern des Unternehmens im Persischen Golf bei der Insel Charg aufgenommen wird (Qualitätsunterschiede werden berücksichtigt). Dadurch müssen die Iraner ihr Öl nicht von den Feldern im Süden zu den Bevölkerungszentren im Norden pumpen, und die Ölgesellschaften können sich die Kosten für eine Pipeline sparen. 1997 kam es aufgrund der Qualität des iranischen Rohöls zu Problemen, doch 2002 wurde das System wieder fortgeführt.

Die Öl- und Gasindustrie Kasachstans gilt als größte Erfolgsgeschichte der Region. 2003 belief sich die Produktion von Rohöl und Gaskondensat auf 51,2 Millionen Tonnen, eine Steigerung gegenüber dem Vorjahr um fast neun Prozent.

44,3 Millionen Tonnen Öl und Gaskondensat im Wert von über sieben Milliarden Dollar wurden exportiert. Die nachgewiesenen Reserven betragen vier Milliarden Tonnen Öl und 2000 Kubikkilometer Gas. Dieses Potenzial könnte im Jahr 2015 eine Förderleistung von drei Millionen bpd ergeben, womit Kasachstan in den Kreis der zehn größten Ölproduzenten der Welt aufsteigen würde. Derzeit machen Öl und Gas 65 Prozent der kasachischen Exporte aus und erwirtschaften 24 Prozent des Bruttoinlandsprodukts. Mit der richtigen Finanzpolitik könnte sich das Bruttoinlandsprodukt bis 2015 im Vergleich zum Jahr 2000 verdreifachen. Die jährliche Wachstumsrate liegt bei über neun Prozent, das heißt, dass Kasachstan inflationsbereinigt zur Volkswirtschaft mit dem zweitschnellsten Wachstum aufgestiegen ist. Allerdings gab es bei der Erschließung der Felder im Kaspischen Meer im Vergleich zu den Feldern auf dem Festland erhebliche Verzögerungen. Die Prognose Kasachstans, gemeinsam mit Aserbaidschan jährlich 100 bis 120 Millionen Tonnen Öl aus dem Kaspischen Meer zu liefern, wird allgemein angezweifelt, dabei umfasste die Schätzung nicht einmal die zusätzlichen 50 Millionen Tonnen, die an die Küste des Schwarzen Meeres gepumpt werden sollen.

Die Verzögerungen lösten sofort Spekulationen über die Machbarkeit der BTC-Pipeline und ihre Alternativen aus. Amerikanische und türkische Schätzungen gingen davon aus, dass über den Bosporus nicht mehr als 70 bis 80 Millionen Tonnen im Jahr verschifft werden können und die BTC-Pipeline daher notwendig ist. Die Investitionen hingen jedoch von genauen Berechnungen der Vorkommen im Kaspischen Meer ab. Verzögerungen bei der Auftragsvergabe durch die Staatliche Ölgesellschaft Aserbaidschans und Prognosen, dass der Bau mindestens 32 Monate dauern würde, wurden 2005 zum selben Zeitpunkt bekannt wie Schätzungen, dass Aserbaidschan eventuell nur 15 bis 17 Millionen Tonnen im Jahr produzieren könne: »zu wenig, um die Pipeline zu füllen«.[10] Die Situation wurde noch prekärer, als Spekulationen laut wurden, dass die Ukraine bald Öl von Odessa nach Brody und Danzig pumpen würde und dass außerdem eine Pipeline von Burgas in Bulgarien nach Vlorë an der albanischen Adriaküste und eine von Burgas nach Alexandroupolis in Griechenland geplant seien, was Pipelines vom Kaspischen zum Schwarzen Meer (über die Nordküste) notwendig macht. Die Burgas-Vlorë-Route weckte das Interesse amerikanischer Ölgesellschaften wie Exxon Mobil und Chevron-Texaco, die beide an der Erschließung kasachischen Öls beteiligt sind und die Engstelle am Bosporus gern umgehen würden. Doch die amerikanische und türkische Regierung setzten sich weiter für die BTC-Pipeline ein und sicherten 130 Millionen Dollar für die Planung und Vorbereitung zu. Die Häfen von Vlorë und Alexandroupolis verfügen nach Einschätzung von Branchenkennern über das gleiche Potenzial wie Ceyhan. Die Rivalitäten beim Verlauf der Pipelines unterstreichen Russlands Entschlossenheit, seinen Einfluss in der Region zu wahren und sich einen erheblichen Anteil an den potenziellen Gewinnen zu sichern.

In Turkmenistan ist Erdgas die wichtigste fossile Brennstoffreserve. Bis Ende der 90er Jahre wurde das gesamte turkmenische Gas über russische Pipelines geleitet, doch Gazprom, das führende russische Gasunternehmen und Eigentümer der Pipelines, ist ein Konkurrent der staatlichen turkmenischen Gasindustrie. Nach einem Streit über Gebühren blockierten die Russen 1997 den Zugang zu den Pipelines. 2003 unterzeichneten die beiden Länder schließlich einen langfristigen Vertrag, der es Turkmenistan ermöglicht, Gas an Gazprom zu verkaufen. Seitdem ist das Volumen der turkmenischen Gasexporte nach Russland gestiegen. Allerdings konnte die Regierung in Aschchabad keine Alternativen zur russischen Umklammerung finden. Die Hoffnungen auf eine Route über Afghanistan nach Pakistan wurden durch den anhaltenden Konflikt zwischen den Taliban und ihren Gegnern zunichte gemacht. Trotz der Niederlage der Taliban 2001 schreckt die instabile Lage weiterhin Investoren ab, daher stehen die Chancen schlecht, dass das Rahmenabkommen zwischen Turkmenistan, Afghanistan und Pakistan vom Dezember 2002 umgesetzt wird. Die andere Möglichkeit für Turkmenistan wäre eine Verbindung zum Iran. 1997 wurde eine 199 Kilometer lange Gaspipeline von Korpedsche nach Kurt Kui eröffnet, doch sie verfügt nicht über die Kapazität, um Turkmenistans Überschüsse abzutransportieren.

In der Diskussion um die Pipelines spielt natürlich auch die Frage nach der Energiesicherheit eine große Rolle. Es liegt im Interesse der Verbraucher und Anbieter, möglichst vielfältige Routen zu wählen, um Störungen durch technische Probleme oder politische Streitigkeiten zu vermeiden. Außerdem sind Staaten wie Turkmenistan dann weniger abhängig von Russland. Auch der Terrorismus erfordert alternative Energierouten. Zudem sind Pipelines eine teure Zusatzlast für die Ölgesellschaften und wirken sich negativ auf die Gewinne aus. Wirtschaftliche Prioritäten rücken jedoch oftmals in den Hintergrund, wenn es um die strategischen Interessen geht. Manchmal siegt jedoch der Pragmatismus, wie das Beispiel der CPC-Pipeline zeigt. Die amerikanischen und russischen Unternehmen werden ihre Zusammenarbeit bei der Ausbeutung der kaspischen Ressourcen allem Anschein nach fortsetzen, und Russland hat die Bereitschaft bekundet, bilaterale Abkommen mit den zentralasiatischen Republiken abzuschließen, anstatt auf Prinzipien zu beharren, die der Wirtschaft schaden. Mit der steigenden Öl- und Gasproduktion und der wachsenden Nachfrage werden sich in den meisten Fällen wirtschaftliche gegen strategischen Überlegungen durchsetzen. Eine Ausnahme bildet, zumindest vorerst, der Konflikt zwischen den USA und dem Iran, der sich aufgrund der Kernwaffenfrage noch verschärft hat.

Umweltverschmutzung

Eine Fahrt zum Aralsee hat etwas Gespenstisches. In Mujnak liegen die rostigen Wracks von Schiffen, die einst auf dem Wasser dümpelten, hundert Kilometer weit entfernt vom sterbenden See auf Sanddünen. Auf der Wosroschdenije-Insel hatten die Sowjets eine Fabrik für biologische Kampfstoffe eingerichtet; als Gary Powers mit seinem U2-Spionageflugzeug über den See flog und das Labor entdeckte, riegelten sie sofort die Region ab. Durch diese Abschottung blieb eine Umweltkatastrophe von gigantischen Ausmaßen lange vor der Welt verborgen: Mit dem enormen Ausbau der Bewässerungsanlagen Ende der 50er Jahre war der Wasserspiegel des Sees stetig zurückgegangen. Die einst blühende Fischerei schwand ebenso dahin wie die Fischkonservenfabriken, bis schließlich 60 000 Fischer arbeitslos waren und die Schiffe verlassen dalagen. Aufgrund der hohen Schadstoffbelastung im Wasser ist die Säuglingssterblichkeit hoch, und auch die Zahl der Krebserkrankungen steigt. Durch die Trockenheit kommt es zu Staubstürmen, die die Zahl der Atemwegserkrankungen steigen lassen. Man schätzt, dass der See bis zum Jahr 2020 ganz verschwunden sein wird.

Das Sterben des Aralsees ist eine der größten vom Menschen verursachte Katastrophen. Gründe für das Austrocknen des Sees gibt es viele: der Bau des Karakumkanals zur Bewässerung der Baumwollfelder in Turkmenistan, die unmöglichen Ziele der sowjetischen Planwirtschaft, die Wasserverschwendung durch offene, unbetonierte Bewässerungskanäle und der Bau von Staubecken flussaufwärts in Usbekistan. Doch die sowjetischen Planer kümmerte das alles nicht, solange mit Baumwolle hohe Gewinne erzielt werden konnten. Durch die Versalzung sind heute viele Felder unfruchtbar, und der Schadstoffgehalt des Wassers tötete Flora und Fauna im See und am Ufer – und schädigt akut die Gesundheit der Menschen. Sowjetische Ingenieure glaubten, sie könnten das Wasser der Flüsse Ob und Irtysch abzweigen und den Aralsee damit auffüllen – ein Projekt, das den Bau eines 1600 Kilometer langen Kanals erfordert hätte. Der Plan wurde von der Bürokratie auf Eis gelegt. Usbekistan erklärt, dass es ohne die Frischwasserzufuhr für die Städte nicht existieren könne, und Turkmenistan ist der Ansicht, dass der Karakumkanal die wirtschaftliche Lebensader des Landes ist. Beide Republiken argumentieren, sie bräuchten das Wasser für ihre wachsende Bevölkerung, also schwindet der See weiter dahin.

Nach jahrzehntelangen Raubbau an der Natur zugunsten von Landwirtschaft und Industrie ist die Umweltbelastung in Zentralasien überaus hoch. Giftmüll wird offen und ohne Grundwasserschutz gelagert, sodass gefährliche Chemikalien ungehindert in die Atmosphäre, in den Boden und ins Grundwasser gelangen. In Kasachstan haben Umweltschützer mehrere »Krisengebiete« identifiziert, wo von 1949 bis 1961 Atombombentests durchgeführt wurden oder die Petrochemie ihre Spuren hinterlassen hat.[11] Mindestens zwölf Städte mit jeweils über

100 000 Einwohnern sind einer hohen, gesundheitsgefährdenden radioaktiven Belastung ausgesetzt. Radioaktive Schlackenhalden, insgesamt über 50 Millionen Tonnen, verunstalten die Landschaft, an 267 Stellen liegt die radioaktive Belastung zwischen 100 und 17 000 Mikrorad die Stunde. Die Kasachen betrachten die Schrotthalden als Materiallager für den Haus- oder Straßenbau und bedienen sich ungehemmt. Auch Deponien mit Industrieabfällen, etwa aus der Metallindustrie, bedrohen Grundwasser, Boden und die Gesundheit der Menschen. Selbst die natürliche Strahlung scheint gefährlich. In der Hälfte des Landes muss der Radongehalt im Boden gemessen werden, der gefährliche Konzentrationen erreichen kann. In der Sowjetunion war der Einsatz starker Pestizide erlaubt, und man nimmt an, dass heute noch über 500 Tonnen »ungeeigneter« Pestizide irgendwo gelagert werden.

In Kirgistan sind die Deponien mit radioaktivem Abfall kleiner, allerdings ist die Stadt Mailuu-Suu im Westen des Landes stark kontaminiert. Aufgrund der gebirgigen Natur des Landes werden sämtliche Schadstoffe ausgerechnet in die dicht besiedelten Gebiete in den Tälern geschwemmt. In allen landwirtschaftlich geprägten Staaten gibt es Probleme mit der Lagerung gefährlicher Pestizide; Umweltschützer befürchten außerdem, dass die Lagerung gefährlicher Schadstoffe an der Oberfläche aufgrund der seismischen Aktivität sehr riskant ist. Ähnlich ist die Situation in Tadschikistan, wo mit Hilfe der Pestizide die Ernten im Melonen- und Baumwollanbau gesteigert werden sollten, allerdings ging der Einsatz in den letzten Jahren deutlich zurück. Es gibt einen eindeutigen Zusammenhang zwischen dem Pestizideinsatz und bösartigen Tumoren und anderen Erkrankungen. Angesichts der intensiven landwirtschaftlichen Nutzung des Ferganatals überrascht es nicht, dass auch in Usbekistan Boden und Tiere mit Pestiziden belastet sind.

Kasachstan hat auf die Umweltprobleme im Land mit der Messung und Erfassung der Belastung reagiert. Mit China (das in Lop Nor ein Kernwaffentestgelände unterhielt) wurden gemeinsame Untersuchungen zu den Auswirkungen nuklearer Testgelände auf die Umwelt vereinbart. Auch die Überwachung der Regionen, die reich an Uranerzvorkommen sind, wurde eingeleitet. Kirgistan und Usbekistan haben begonnen, einen Teil ihres Giftmülls aufzubereiten oder zu vergraben. Es wird jedoch noch sehr lange dauern, bis die Hinterlassenschaften aus den Jahren ungehemmter Ausbeutung beseitigt sind. Zentralasien kann von Glück sagen, dass weite Gebiete, darunter Gebirge und Wüsten, verschont blieben. Die Auswirkungen auf die Bevölkerungszentren sind allerdings gravierend. Ursache für die Schäden war die Hybris der sowjetischen Planer, die überzeugt waren, dass das Land »modernisiert« und industrialisiert werden musste, zum einen, weil man unbedingt den Westen überholen wollte, zum anderen, weil man eine konterrevolutionäre Landbevölkerung durch ein loyales Proletariat ersetzen wollte. Am Ende hatte die Sowjetunion weder eine loyale Bevölkerung noch eine Wirtschaft, die es mit dem Westen aufnehmen konnte, sondern ein krankes Land.

Der Klimawandel

Der 2001 erschienene dritte Sachstandsbericht des Weltklimarats legte dar, dass sich das Weltklima mit einem globalen Temperaturanstieg von 0,6 Grad seit dem Jahr 1900 eindeutig erwärmt hat. Ein veränderte Landnutzung und ein Anstieg der Emissionen sorgten dafür, dass die Erde heute wärmer ist als sie es in den letzten 5000 Jahren war, und diese Erwärmung verläuft schneller als je zuvor in den vergangenen 10 000 Jahren. Der Rückgang der Gletscher in den zentralasiatischen Gebirgen hat in Kombination mit einer erhöhten Verdunstung bereits den Wasserhaushalt der Region verändert. Der Salzgehalt der Süßwasserseen steigt. Mit 18 000 Quadratkilometern ist der Balchaschsee in Kasachstan einer der größten Binnenseen Zentralasiens, doch da sein Hauptzufluss, der Ili, immer weniger Wasser führt, steigt sein Salzgehalt und liegt mittlerweile bei 4 Gramm pro Liter, weshalb das Wasser nicht mehr als Trinkwasser oder zur Bewässerung verwendet werden kann.[12] Wissenschaftler prognostizieren, dass es in der Region häufiger zu ähnlichen Dürren kommen wird, wie sie in den letzten Jahren Tadschikistan und Afghanistan heimsuchten. Die Landwirtschaft ist ernsthaft bedroht. Es gibt auch die Befürchtung, dass der stetige lineare Wandel abrupten Änderungen Platz machen und damit Klimakatastrophen bringen könnte, und damit sind nicht nur kurzfristige Katastrophen wie Überschwemmungen, Wirbelstürme oder Extremtemperaturen gemeint. Die Veränderung könnte eine rapide Desertifikation bedeuten, massive Bevölkerungsverschiebungen und Konflikte um Wasser. Derzeit gibt die chinesische Wirtschaft jährlich 30 Milliarden Dollar für den Kampf gegen den Wassermangel aus. Zur Sicherung der Wasserversorgung plant China, noch mehr Wasser aus dem Ili abzuleiten und für die Trinkwasserversorgung der Bevölkerung und die Industrie in Sinkiang zu verwenden. Klimaforscher glauben, dass die Niederschlagsmenge in Nordwestchina bis zum Jahr 2020 um 20 Prozent sinken wird, was den Druck auf die vorhandenen Vorkommen noch erhöhen wird.[13] Damit ist der direkte Konflikt zwischen China und Kasachstan vorprogrammiert, das zur eigenen Wasserversorgung auf den Ili angewiesen ist. Ergänzt man dieses Szenario noch um großräumige Bewegungen von Klimaflüchtlingen, könnten die Spannungen zwischen Volksstämmen und Klans zum Ausbruch kommen. Begehrte Rohstoffe wie die Erdöl- und Erdgasvorkommen in der Region machen das Problem auch nicht einfacher.

Nach der Unabhängigkeit der zentralasiatischen Republiken wurde Anfang der 90er Jahre vermehrt über ihre Öl- und Gasreserven spekuliert. Es wurden enorme Investitionen getätigt, und das Potenzial der Region wurde stark übertrieben. Doch die Erschließung der Bodenschätze verzögerte sich immer wieder – die Gründe wurden bereits genannt: Streit über den Status des Kaspischen Meers und die Grenzen der Anrainerstaaten, Konflikte im benachbarten Afghanistan und Irak, technische, finanzielle und diplomatische Probleme bei den Pipelines, Terrorismus, Gewalt zwischen Volksstämmen und Bürgerkriege, Korruption und die Unsicherheit aufgrund der iranisch-amerikanischen Auseinandersetzung über Atomwaffen. Und abgesehen von all diesen Problemen wird sich womöglich herausstellen, dass die Reserven und Kapazitäten viel geringer sind, als ursprünglich prognostiziert. Die amerikanische Energiebehörde (EIA) schätzt, dass im Jahr 2025 im kaspischen Becken etwa sechs Millionen bpd gefördert werden. Das hört sich gut an, allerdings sollte man bedenken, dass man für den Persischen Golf im gleichen Jahr mit 45,2 Millionen bpd rechnet. Das kaspische Öl wird sich daher weitaus geringer auf die Weltmarktpreise auswirken, als man in den 90er Jahren dachte. Dennoch sind die Brennstoffe aus Zentralasien angesichts der steigenden Nachfrage ein wichtiger Faktor. In Hinblick auf die Energiesicherheit können sie zu einer Streuung der Energielieferanten beitragen, außerdem werden sie sicher eine Rolle bei der wirtschaftlichen Entwicklung der zentralasiatischen Republiken spielen. Sie werden aber auch Anlass zu internationalen Rivalitäten geben, zur Ausbreitung der Korruption in der Region beitragen, die Ungleichheit zwischen Arm und Reich erhöhen und die Chancengleichheit einschränken. Ein Ausbau der Öl- und Gasindustrie hat möglicherweise ähnlich katastrophale Folgen für die Umwelt wie die Industrialisierung zu Sowjetzeiten. Leider werden die Milliarden Dollar der Ölgesellschaften nach Jahren der sowjetischen Stagnation zu verlockend sein. Langfristig betrachtet sind die Öl- und Gasvorkommen in der Region daher Fluch und Segen zugleich.

KAPITEL 10

Entwicklungslinien

Im Kalten Krieg rückte Zentralasien in strategischer Hinsicht gegenüber Europa und dem Nahen Osten in den Hintergrund. Die Grenzen waren durch die Sowjetunion festgelegt, interne Konflikte wurden vom Kommunistischen Parteiapparat unterdrückt. Doch wie schon Olaf Caroe, der ehemalige außenpolitische Berater der indischen Regierung und letzte britische Gouverneur der Nordwestlichen Grenzprovinz, in seinem Buch *Wells of Power* von 1951 schrieb, ist Zentralasien mit seiner Lage inmitten des asiatischen Kontinents vielleicht die wichtigste geostrategische Zone der Welt.[1] Die Sowjets sahen Zentralasien als verwundbare Südflanke und wollten zum Schutz der Region ihre Macht auf Afghanistan und den Nahen Osten ausdehnen. Die westlichen Mächte erachteten die Ölvorkommen in Zentralasien als überlebenswichtig für ihre Wirtschaft, zumal diese in deutlicher Entfernung von den sowjetischen Machtzentren lagen. China fürchtete, dass sich seine westlichste Provinz mit sowjetischer Unterstützung von der Regierung in Peking lossagen könnte. Kurzum, das Gebiet war für alle Großmächte von strategischem Interesse. In den 60er Jahren kam es wegen des Ili-Tals zu Grenzstreitigkeiten zwischen China und der Sowjetunion, es folgten Nuklearwaffentests in Kasachstan und Sinkiang und schließlich 1979 der Krieg zwischen Afghanistan und der Sowjetunion, an dem sich auch die USA und arabische Staaten mit Hilfe von Stellvertretern beteiligten. Der Beschluss der Sowjetunion, sich 1989 aus Afghanistan zurückzuziehen, ließ viele Islamisten glauben, sie allein hätten eine Weltmacht vertrieben. Die anschließende Auflösung der Sowjetunion war ein Wendepunkt für Zentralasien mit weitreichenden Konsequenzen.

Im Grunde stehen seit 1991 drei zentrale Themen im Mittelpunkt: Stabilität, der Zugang zu Bodenschätzen und der Dschihad-Terrorismus. Was die Stabilität betrifft, bemühten sich die zentralasiatischen Regierungen, den Übergang vom Kommunismus zur freien Marktwirtschaft zu bewältigen, mit der politischen Opposition zurechtzukommen und die Hoffnungen ihrer Bevölkerung zu erfüllen. Kirgistan hat versucht, einen demokratischen Weg einzuschlagen, ist jedoch in den letzten Jahren davon abgekommen. Tadschikistan erlebte einen blutigen Bürgerkrieg, bevor dort eine fragile Koalitionsregierung zustande kam. In jüngster Zeit wurde auch diese durch Forderungen nach regionaler Autonomie geschwächt, dazu kamen die Ansprüche mehrerer unterschiedlich einflussreicher Klans, eine Energiekrise und der Druck äußerer Kräfte, darunter Usbekistans und terroristischer Gruppen. Die alten kommunistischen Eliten Kasachstans, Usbekistans und Turkmenistans konnten ihre Macht hinter einer pseudodemokratischen Fassade bewahren. Im Kaukasus ist Stabilität kaum zu erreichen. Separatisten, Dschihad-Kämpfer und Klans liefern sich Kämpfe um Abchasien, Südossetien, Dagestan, Berg-Karabach und Tschetschenien. Kein Konflikt wurde bislang endgültig beigelegt.[2]

Die Rohstoffvorkommen und ihr Zugang sind zwei eng miteinander verknüpfte Bereiche. Es gibt erhebliche Mengen an Öl und Gas in der Region, doch die Förderung und der Transport der Ressourcen zum Weltmarkt sind teuer. Noch komplexer ist das zähe politische und diplomatische Ringen um den Verlauf der geplanten Pipelines. Kein Staat will sich lukrative Transitgebühren, die Aussicht auf Arbeitsplätze und die strategische Kontrolle über den Durchfluss entgehen lassen. Allerdings wächst der Unmut in der Bevölkerung, weil die Mehrheit der Zentralasiaten vom Öl- und Gasboom nicht profitiert.[3] Während die wirtschaftliche und politische Elite im Reichtum schwelgt, haben Tausende ihrer Landsleute keine Arbeit, können sich kaum ausreichend ernähren und sind auf den gelegentlichen und störungsanfälligen Kleinhandel angewiesen.

Die Anhänger des Dschihad betrachten Zentralasien als Möglichkeit, Einfluss zu nehmen, Freiwillige zu rekrutieren und ihre panislamistische Glaubwürdigkeit zu »beweisen«. Nach den Anschlägen vom 11. September galt Zentralasien als Wiege des Terrorismus, weil es in Afghanistan zahlreiche Ausbildungslager gab und die Krieger, die sich dort ausbilden ließen, aus der ganzen muslimischen Welt stammten. Doch nach der Operation Enduring Freedom war Afghanistan nicht mehr der Hauptsitz internationaler Terrororganisationen wie der IMT, und das ist trotz des Wiedererstarkens der Taliban so geblieben. Der Schwerpunkt der Aufstände und des Terrors hat sich seit 2003 in den Irak verlagert, allerdings haben afghanische und irakische »Veteranen« ihre terroristischen Praktiken auf Zentralasien und andere Gebiete ausgedehnt. Selbstmordattentate und Terroranschläge mit vielen Todesopfern waren früher in der Region unbekannt, sind dort jedoch seit 2004 zu beobachten. Eine regionale Studie macht die Verbindungen zwischen Dschihad-Terroristen deutlich: Tschetschenen kämpften in Kirgistan und Usbekistan, Uiguren töteten unter paschtunischen Kommandanten chinesische Ingenieure in Pakistan, Saudis ermordeten Russen in Tschetschenien. Die Verbindung ergibt sich aus einer gemeinsamen Ideologie, die sich entgegen weitverbreiteter Ansichten nicht ausschließlich gegen den Westen richtet. Die Gruppierungen führen Krieg gegen alles, was sie als Bedrohung des Islam und der muslimischen *Umma* betrachten, sie setzen sich zur Wehr, wenn ihre »Brüder und Schwestern« gedemütigt oder ungerecht behandelt werden, und wenden sich gegen willkürliche Regierungen, eine atheistische Politik und »Beleidigungen« ihres Glaubens. Sie glauben, dass sie für ein panislamisches Kalifat kämpfen, das das Ansehen des Islam und damit ihr eigenes Ansehen wiederherstellen wird.

Nicht alle wollen dieses endgültige Ziel, das Weltkalifat, ausschließlich mit Terror und Gewalt erreichen. Die Hizb ut-Tahrir vertritt eine Hoffnung auf eine geeinte Gemeinschaft, die den Islam respektiert und frei von Häresie ist. Ihre friedliche Strategie hat sich bei Tausenden desillusionierten Zentralasiaten als sehr populär erwiesen. Die Sehnsucht nach einer neuen Ordnung lässt sich nicht einfach dadurch beseitigen, dass man mehr demokratische Einrichtungen schafft, wie manchmal vorgeschlagen wird. Die Erfahrungen mit der Palästinensischen Autonomiebehörde nach dem Wahlsieg der radikalen Hamas 2005 haben gezeigt, dass Demokratie nicht das Allheilmittel gegen Extremismus ist. Die zentralasiatischen Republiken und China versuchen, eine nationale oder sozialistische Identität als Gegengewicht zu einer islamistischen zu schaffen. In China gibt es wie früher in der Sowjetunion den Ansatz, die Gemeinsamkeiten zwischen Islam und Sozialismus hervorzuheben, ähnlich wie es im Westen mit der Demokratie versucht wird. Die Chinesen versuchten außerdem, die uigurisch-islamische Identität zu untergraben, indem sie Anreize zur umfassenden Assimilierung in einer sinisierten Gesellschaft boten.[4]

Zentralasien und die Weltmächte

Obwohl die amerikanischen Ölgesellschaften nach der Unabhängigkeit 1991 Interesse an den zentralasiatischen Republiken zeigten und beispielsweise Chevron einen mehreren Milliarden Dollar schweren Vertrag mit Kasachstan schloss, hatte die Region für die US-Regierung in der Zeit nach dem Kalten Krieg nicht oberste Priorität. In jenem Jahr war es wichtiger, ein funktionierendes Verhältnis zu Russland und den osteuropäischen Staaten zu finden und sich um deren Atomwaffenarsenale zu kümmern. Erst Mitte der 90er Jahre wuchs der Wunsch, das Öl und Gas aus Zentralasien auf den Weltmarkt zu bringen. Dabei galt es als unbedingt nötig, die Pipelines möglichst so verlaufen zu lassen, dass sie außerhalb des russischen und iranischen Staatsgebiets verliefen. Mit der Entstehung der IMU und der aktuellen Bedrohung durch die bekanntere Terrorgruppe al-Qaida und ihrer Schwesterorganisationen war US-Präsident Clinton 1999 gezwungen, die terroristische Bedrohung in der Region ernst zu nehmen, was bedeutete, dass sich die USA in Zentralasien Verbündete suchen mussten. Die wirtschaftliche Entwicklung der Region wurde jedoch nicht als Angelegenheit der amerikanischen Regierung betrachtet, die Verhandlungen über Erschließungsverträge blieben den Ölgesellschaften und den zentralasiatischen Republiken überlassen. Russland oder einen anderen Staat dabei vor den Kopf zu stoßen, galt als Nullsummenspiel.

Die Amerikaner glaubten, dass die Lösung der Konflikte die Voraussetzung für den Wohlstand der Region insgesamt wäre.[5] Also brachte die Regierung in Washington ihre Hoffnung zum Ausdruck, dass sich die Gesellschaft in den jeweiligen Republiken frei entwickeln sollte, machte aber auch klar, dass sie nicht vorhatte einzugreifen. Amerika intervenierte auch nicht direkt im afghanischen Bürgerkrieg, sondern betrachtete die Beendigung des Konflikts als Aufgabe der Vereinten Nationen. Ähnlich spielten die USA keine Rolle bei der Beendigung des tadschikischen Bürgerkriegs oder des Konflikts zwischen Aserbaidschanern und Armeniern, weil diese in den russischen Einflussbereich fielen. Abkommen mit dem Iran waren unwahrscheinlich, es gab jedoch auch keine Versuche, militärische Bündnisse mit den neuen Republiken zu schließen, allerdings leisteten die USA in geringem Umfang militärische Unterstützung.

Aufgrund der Verbindungen zu al-Qaida, dem Drogenhandel und der Zunahme des regionalen Terrorismus zeigten die Amerikaner zunehmend Interesse an der IMU. Im Jahr 2000 fand in Washington eine Konferenz zur Terrorbekämpfung statt, an der fast alle zentralasiatischen Staaten teilnahmen. Danach erhielten Usbekistan, Kirgistan und Kasachstan drei Milliarden Dollar zur Bekämpfung von Aufständischen. Es gab gemeinsame Manöver mit dem Militär der Republiken, außerdem wurden teure High-Tech-Überwachungsgeräte zur Verfügung gestellt. Usbekische Offiziere und Sondereinsatzkommandos aus allen zentralasiatischen Republiken wurden in den USA ausgebildet. In einigen Fällen gab es auch gemeinsame Kurse mit den Russen, im Jahr 2000 wurde sogar eine russisch-amerikanische Arbeitsgruppe zur Terrorabwehr ins Leben gerufen. Dennoch entwickelte sich erst nach den Anschlägen vom 11. September die Bereitschaft zu direkten Interventionen in der Region.

Wer im Zusammenhang mit den Rivalitäten zwischen Washington, Moskau und den zentralasiatischen Republiken von einem neuen »Great Game« spricht, wählt den falschen Vergleich. Heute geht es um ganz andere Probleme als im 19. Jahrhundert, und für die Idee einer amerikanisch-russischen Zusammenarbeit bei der Terrorabwehr, für die spektakulären Verträge zur Erdölförderung und für die Ausdehnung des Dschihad von abgelegenen Stützpunkten in Afghanistan über die ganze Welt gibt es bei der früheren Auseinandersetzung keine Entsprechung.

Nach der Auflösung der Sowjetunion blickte Russland 1991 in eine unsichere Zukunft. Angesichts des wirtschaftlichen Umbruchs betrachtete Boris Jelzin Zentralasien als Belastung und sah im Reichtum Europas die Lösung. Russische Nationalisten und kommunistische Hardliner wollten zwar das sowjetische Imperium erhalten, doch Moskau ließ die Republiken ziehen. Die zentralasiatischen Regierungen sahen das mit gemischten Gefühlen. Einerseits brauchten sie die Unterstützung aus Moskau und den Handel mit Russland und fürchteten sich vor den demokratischen Kräften, die durch den Zusammenbruch der Sowjetunion freigesetzt worden waren. Andererseits war die antirussische Stimmung nach 70 Jahren Fremdherrschaft auf einem Höhepunkt. Doch auch die russische Haltung zu Zentralasien änderte sich mit der Zeit, vor allem angesichts der Entwicklung in Tschetschenien. Nachdem Russland von 1994 bis 1996 beim Versuch, den Separatismus in einer strategisch wichtigen Provinz zu unterdrücken, 4000 Mann verloren hatte, war die Regierung bestrebt, Einflüsse von außen fernzuhalten und die zentralasiatischen Republiken in einem von Moskau dominierten Staatenbund zu halten. Die russische Abneigung gegen den Islam hatte sich beim Tschetschenien-konflikt noch verstärkt, daher wollten sich die Russen bereitwillig der Herausforderung durch die Dschihad-Terroristen in der Region stellen. Die hohen Verluste unter den Zivilisten beim Tschetschenienkonflikt und im tadschikischen Bürgerkrieg sorgten in Russland und Zentralasien für Angst und Wut. Die Konflikte in Tschetschenien und Tadschikistan liefen nach dem gleichen Muster ab; nach internen Auseinandersetzungen griff Russland ein, es kam zum Bürgerkrieg, bis Russland die Kontrolle erlangte. Die anderen zentralasiatischen Regierungen fürchten, dass sich diese Entwicklung bei ihnen wiederholen könnte.

In Moskau war man empört, dass der Westen das Auftreten der russischen Truppen in Tschetschenien kritisierte. Dazu gesellte sich ein tiefes Misstrauen, vielleicht ein Überbleibsel aus dem Kalten Krieg, dass der Westen zu großes Interesse an den Pipelines und Ölvorkommen der ehemaligen Sowjetunion zeigte. Die Russen übten anfangs starken Einfluss auf Kasachstan und Aserbaidschan aus und lehnten diplomatische Annäherungen an den Westen oder Investitionen westlicher Unternehmen ab. Doch Putin erkannte die Bedeutung einer Zusammenarbeit mit den USA. Er brauchte 1999 Unterstützung für den zweiten Tschetschenienkrieg, konnte jedoch keine großen Sympathien gewinnen, weil er so harsche Kritik am muslimischen Extremismus äußerte. Auch die zentralasiatischen Regierungen zeigten wenig Kooperationsbereitschaft.

Karimow wollte Russland als Verbündeten Usbekistans erhalten, gleichzeitig aber auch die Unabhängigkeit seines Landes sichern. Dadurch wies seine Politik einige Widersprüche auf: Im Februar 1999 verzichtete er zugunsten der GUUAM, einer prowestlichen Sicherheitsallianz ehemaliger Sowjetrepubliken, auf den GUS-Sicherheitspakt.[6] Trotzdem schloss er im Dezember ein neues bilaterales Abkommen mit Russland. Im Juni überließ er Russland die Kontrolle über den usbekischen Luftraum, doch nur drei Monate später verkündete er, Usbekistan brauche keinen Schutz mehr – eine Bemerkung die eindeutig gegen Russland gerichtet war. Im Mai 2001 lehnte Karimow die Mitgliedschaft im GUS-Sicherheitspakt und der Zollunion ab und kritisierte das Vorgehen russischer Truppen in Tadschikistan. Als Russland die Zusage Kirgistans, Kasachstans und Tadschikistans zur Bildung einer schnellen Eingreiftruppe gegen die IMT erhielt, weigerten sich die Usbeken, sich ihr anzuschließen. Das deutete darauf hin, dass Karimow darin nur einen Vorwand sah, russische Truppen in der gesamten Region zu stationieren, was zu einer permanenten Präsenz in seinem Land führen konnte. In seiner Politik gegenüber den Taliban war Karimow genauso unbeständig. Er warf den Russen vor, die Bedrohung durch Afghanistan zu übertreiben, und führte auf eigene Faust Gespräche mit Kabul. Als seine Verhandlungen scheiterten, verurteilte er das Taliban-Regime vehement. Usbekistan arbeitete mit Kirgistan und Tadschikistan gegen die IMT zusammen, doch usbekische Truppen verfolgten IMT-Gruppen ohne Genehmigung über andere Staatsgrenzen und erschossen Verdächtige auf fremdem Staatsgebiet. Dennoch kritisierte Karimow die Antiterror-Kampagnen seiner beiden Nachbarländer und ließ kein gutes Haar an ihnen. Auch Russland ließ Kirgistan bemerkenswert wenig Unterstützung zukommen, obwohl es die Hauptlast der IMT-Anschläge tragen musste.

Turkmenistan weigerte sich, der Linie Moskaus zu folgen, und beharrte, das Land sei ein neutraler Staat. Doch dem russischen Druck konnte sich das Land nicht entziehen und stimmte schließlich der Stationierung russischer Truppen entlang der iranischen Grenze zu. Russland hat die Möglichkeit, die turkmenischen Öl- und Gaslieferungen nach Europa zu blockieren, weil die Pipelines über russisches Gebiet verlaufen, und turkmenische Exportgüter für den russischen Markt, den wichtigsten Absatzmarkt, zu sperren. Turkmenistan verkaufte dem Taliban-Regime Brennstoffe, unterstützte jedoch im afghanischen Bürgerkrieg die Nordallianz und hoffte auf den Bau einer transafghanischen Gaspipeline zum pakistanischen Hafen Gwadar, um die Abhängigkeit von Russland zu verringern. Der Tod Nijasows wurde von der russischen Regierung zum Anlass genommen, ihren Einfluss zu verstärken, doch auch die IMT, Hizb ut-Tahrir und Dschihad-Kämpfer sehen darin die Chance, sich im Land stärker zu positionieren oder es als Stützpunkt für andere Aktionen zu nutzen. Auch der Iran will sicherstellen, dass im Norden ein stabiles und freundlich gesinntes Regime herrscht, vor allem, weil er sich bereits von (pro-)westlichen Mächten wie Irak, Afghanistan und Pakistan eingekreist fühlt.[7]

Die kasachische Regierung glaubt, dass ihre reichen Öl- und Gasvorkommen ein ausreichendes Druckmittel gegen Russland, die USA und China darstellen. Die Regierung akzeptiert amerikanische Investitionen, weigert sich aber hartnäckig, der Bevölkerung mehr Demokratie zu bieten, auf Menschenrechtsverletzungen zu verzichten oder die Korruption zu bekämpfen, die gerade auf höchster Regierungsebene besonders grassiert. In Kasachstan leben viele Russen, zudem ist das Land bislang auf russische Pipelines angewiesen. Nasarbajew ist sich der russischen Militärmacht auf der anderen Seite der Grenze bewusst, sieht aber auch den Vorteil, russische Truppen gegen die IMT einzusetzen. Um nicht völlig von Russland abhängig zu sein, hat sich das Land mit der Bitte um militärische Unterstützung an den Westen gewandt. Allerdings können es sich die Kasachen nicht leisten, die Russen völlig vor den Kopf zu stoßen, und entsprechend zurückhaltend sind sie mit ihren Beziehungen zum Westen und zu China.

China: Ein Blick in die Zukunft

Die zukünftige strategische Ausrichtung Chinas ist umstritten, es gibt fast so viele verschiedene Prognosen wie Politologen, die sich mit dem Thema beschäftigen. Erschwert wird die Einschätzung durch die heimlichtuerische Politik der Chinesen und die ausweichenden, doppeldeutigen Formulierungen bei offiziellen Verlautbarungen. Eindeutig ist jedoch, dass Chinas Politik gegenüber Zentralasien von dem Bedürfnis gesteuert wird, die innere Sicherheit in Sinkiang trotz uigurischer Aktivisten zu bewahren und gleichzeitig seinen wachsenden Energiebedarf zu stillen. Die ausländische Unterstützung der Uiguren und ihre Belieferung mit Waffen gibt Anlass zur Sorge. Die chinesischen Behörden gaben an, im Jahr 2000 hätten sie 4100 Kilogramm Dynamit, 2723 Kilogramm andere Sprengstoffe, 604 illegale Handfeuerwaffen und 31 000 Schuss Munition beschlagnahmt, wovon ein Großteil aus Quellen außerhalb Chinas stamme.[8] Angesichts der zunehmenden Aktivität terroristischer und separatistischer Gruppen stationierte die Regierung in Beijing mindestens 200 000 zusätzliche Soldaten in Sinkiang. Es wurde befürchtet, dass Uiguren in Afghanistan und Tadschikistan ausgebildet und dann nach China geschleust werden. Außerdem wurde vermutet, dass sie von Sympathisanten in anderen zentralasiatischen Staaten unterstützt werden. China warnte die zentralasiatischen Regierungen, dass Handel und Investitionen in Gefahr geraten könnten, wenn sie nichts gegen die uigurischen Separatisten unternähmen. Kasachstan, Tadschikistan und Kirgistan sind bei mehreren Gelegenheiten auf diese Forderungen eingegangen. Allerdings weiß China auch, dass es nicht zu viel Druck auf die zentralasiatischen Republiken ausüben darf, weil sich diese sonst den USA und Russland zuwenden. Falls in einem Nachbarstaat Islamisten an die Macht kommen sollten, wie es schon einmal in Afghanistan der Fall war, besteht nach Ansicht Chinas das Risiko, dass auch Sinkiang in die Hände von Extremisten fallen könnte. Die chinesische Politik gegenüber Zentralasien wird größtenteils von der Angst um die innere Sicherheit bestimmt. Die Uiguren interpretieren Chinas Politik als schlecht verhüllten Versuch, den Islam in Sinkiang komplett zu vernichten; ein Vorwurf, der sich aufgrund des stark säkularisierenden Ansatzes Beijings nicht ganz von der Hand weisen lässt.

Zusätzlich bestimmt der hohe Energiebedarf Chinas die Haltung der Regierung gegenüber Zentralasien und wird sie in Zukunft wohl noch stärker prägen. Öl und Gas müssen auch in den kommenden Jahrzehnten die Energie für die chinesische Industrie liefern, weil kaum in alternative Energien investiert wird. Aber da die Reserven in Sinkiang schrumpfen, geht man davon aus, dass China selbst bei einem konservativ veranschlagten Wachstum von sieben Prozent im Jahr schon 2010 45 Prozent seines Ölbedarfs importieren muss. Es gibt auch Prognosen, dass China diese Schätzungen weit übertreffen und damit eine Energiekrise auslösen wird.

China strebt nach einer stärkeren Kontrolle über die zentralasiatischen Öl-
und Gasvorkommen und wird das in Zukunft noch aggressiver tun. Staatliche
Unternehmen wie die China National Petroleum Company (CNPC) haben mehrere Ölfelder gekauft, etwa ein Feld für fünf Milliarden Dollar in Kasachstan. Über
neun Milliarden Dollar wurden in den Bau von Pipelines gesteckt, außerdem wurden Anteile an anderen Unternehmen erworben. Die Sinopec Corporation (China
Petroleum Corporation) zahlte 615 Millionen Dollar an British Gas für einen
Anteil an kasachischen Gasfeldern, und Chinas drittgrößte Ölgesellschaft CNOOC
kaufte für 600 Millionen Dollar einen achtprozentigen Anteil an einem britischen
Projekt im Nordkaspischen Meer. Doch trotz dieser und zukünftiger Erwerbungen
kann Zentralasien nicht den Gesamtbedarf der chinesischen Wirtschaft decken.
Die Region wird daher zu einer wichtigen Transitstrecke für die Pipelines aus dem
Nahen Osten. Man schätzt, dass 2010 bis zu 45 Prozent der globalen Ölproduk-
tion aus dem Nahen Osten kommen. Aller Wahrscheinlichkeit nach wird der Iran
eine wichtige Rolle bei der Entwicklung des chinesischen Anteils spielen. Die
Regierung in Beijing achtet darauf, die iranische Politik nicht in dem Maß wie der
Westen zu kritisieren, und hielt sich beim iranischen Atomprogramm ganz heraus. Es gibt Diskussionen über chinesisch-iranische Pipelineprojekte, mit denen
Teheran die Abhängigkeit von russischen Pipelines und den westlichen Märkten
verringern könnte. Die von Chinesen gebauten Pipelines würden an die turkmenischen und kasachischen Systeme anschließen und dann nach Sinkiang führen.
Die astronomischen Kosten eines solchen Leitungsnetzes und die Gefahr terroristischer Anschläge gaben jedoch auch Anlass zu Spekulationen, dass China versuchen wird, die iranischen Hafenanlagen bei Bandas Abbas und die Seewege nach
Ostasien auszubauen. Der Iran hat für China mittlerweile einen solchen Stellenwert, dass die chinesische Regierung wahrscheinlich irgendwann gegen die amerikanische Iranpolitik protestieren wird. Wenn der Seeweg gewählt wird, erhält
die chinesische Marine eine wesentlich größere Bedeutung, weil sie die Trans-
port- und Verbindungswege schützen muss. Der enorme Bedarf an Öl und Gas
zwingt China möglicherweise sogar, sowohl die Pipelines durch Zentralasien als
auch die Seewegoption voranzutreiben.

China dehnt seinen Einfluss auf Zentralasien derzeit ohne militärische Mittel
aus, indem es sich allein auf seine Handelsmacht stützt. Die russischen, qualitativ
minderwertigen Produkte werden immer mehr durch billige chinesische ersetzt.
Um sich auf dem Markt durchzusetzen, hat China Kirgistan zum Kauf chinesischer Produkte einen Kredit von 5,7 Millionen Dollar gewährt und Tadschikistan
einen Kredit von 5 Millionen Dollar. Außerdem hat China große Investitionen in
Zentralasien getätigt. Nach Angaben der staatlichen chinesischen Nachrichtenagentur Xinhua hat China in der Region 500 Millionen Dollar investiert, was die
eigenen Investitionen der zentralasiatischen Republiken bei weitem in den Schatten stellt.[9] Chinesische Investoren geben an, ihren Handel in Zentralasien in den

kommenden zehn Jahren um das 30- bis 50-Fache zu steigern. Ein Großteil des Geldes investierten die Chinesen in Infrastruktur, vor allem in Straßen und Zugverbindungen, um zu gewährleisten, dass ihre Produkte in den Handel kommen. Auch in Waffen und spezielle Antiterrorausrüstung wurde investiert, weil China die Beziehung und Zusammenarbeit mit den zentralasiatischen Staaten ausbauen will, um Terroristen zu bekämpfen und die Ressourcen der Region auszubeuten. Diese zweigleisige Politik birgt jedoch auch Risiken. Die Dominanz der chinesischen Güter kann Ablehnung hervorrufen, vor allem wenn die einheimische Industrie dadurch leidet. Ebenso kann die Lieferung von Waffen zur Instabilität in den Republiken führen, weil man militärischen Lösungen den Vorzug gegenüber langwierigen politischen Ansätzen gibt. Und trotz Handelsbeziehungen und militärischer Unterstützung sympathisiert die Bevölkerung weiterhin mit den Muslimen von Sinkiang. Dennoch versucht China offenbar, die traditionelle Bezeichnung »Einflusssphäre« oder auch *dingwei* (Lebensraum) in Zentralasien zu vermeiden. Die Volksrepublik will nicht die Verantwortung für die Führung der Republiken übernehmen, sondern bevorzugt stattdessen eine Zusammenarbeit bei der Sicherheit und beim Erwerb von Ressourcen. Beides ist eng verbunden mit der innenpolitischen Zukunft der chinesischen Regierung: Unruhen in der Bevölkerung und eine Energiekrise könnten zum Sturz der Regierung führen und das Land in ein ähnliches Chaos stürzen wie in den Jahren 1911 bis 1949.

Es besteht kein Zweifel daran, dass Chinas Bedeutung in der Region wächst. Seit 1991 hat China bilaterale Handelsabkommen mit den zentralasiatischen Republiken abgeschlossen, aber sorgsam Sicherheitsbündnisse vermieden, weil diese unwillkommene Verpflichtungen bergen könnten. Die Anschläge der IMT und die Unterstützung militanter Uiguren durch die Organisation haben China jedoch gezwungen, diese Haltung noch einmal zu überdenken. China hat durchgesetzt, dass die zentralasiatischen Staaten gegen uigurische Kritiker und Organisationen vorgehen, deren Büros und Verlage schließen und auch Verhaftungen vornehmen. Die chinesische Regierung hat Pakistan überredet, Verdächtige auszuliefern, außerdem dürfen chinesische Geheimdienstmitarbeiter innerhalb Pakistans tätig werden. Die Grenzen Chinas werden heute streng überwacht, es gab jedoch durchaus Bemühungen, alte Grenzstreitigkeiten mit Russland zu bereinigen und die Zahl der Garnisonen zu verringern. Gemeinsame Grenzkommissionen mit Russland, Kasachstan und Kirgistan arbeiteten erfolgreich, nur die tadschikische Grenze muss noch endgültig festgelegt werden – die Verspätung ist auf Goldvorkommen zurückzuführen, die beide Seiten für sich beanspruchen. Bei einem der erfolgreichsten Treffen der Shanghai-Gruppe 1996 einigte man sich auf entmilitarisierte Grenzzonen und schuf so eine 120 Kilometer breite sogenannte Transparenzzone mit gemeinsamen Patrouillen. Seitdem wird bei jährlichen Treffen ein gemeinsames Vorgehen im Kampf gegen Drogen, islamischen Extremismus und den Waffen- und Sprengstoffschmuggel aus Afghanistan besprochen.

Ironischerweise sorgten die Gewalttaten der Dschihadisten für einen stärkeren Zusammenhalt der zentralasiatischen Staaten einschließlich Chinas. Die Volksrepublik leistet ähnlich wie die USA militärische Hilfe. 2000 und 2001 spendete China militärische und technische Ausrüstung für Usbekistan und Kirgistan in Höhe von 1,3 Millionen Dollar, darunter auch Scharfschützengewehre für den Grenzschutz. Seit dem Jahr 2000 besteht ein auf Initiative der Chinesen gegründetes Zentrum zur gemeinsamen Terrorabwehr in Bischkek. 2001 trat Usbekistan der Shanghai-Gruppe bei, die heute besser unter dem Namen Shanghai Cooperation Organisation (SCO) bekannt ist. Handel und Investitionen sind seitdem gestiegen, und die Zusammenarbeit bei Militär- und Sicherheitsfragen ist besser abgestimmt. Die chinesische Regierung weiß, dass sie Dschihad-Gruppen außerhalb und innerhalb ihrer Grenzen bekämpfen muss. Ob sie dazu über die richtige Kombination an Maßnahmen verfügt, wird sich erst noch zeigen.

Die dschihadistische Bedrohung hat Russland, Amerika und China paradoxerweise im Kampf gegen einen gemeinsamen Feind geeint, auch wenn das frühere Misstrauen zum Teil weiterbesteht und das Verhältnis durch das Streben nach Energiesicherheit und den Krieg im Irak belastet ist. Als amerikanische Truppen 2001 in Usbekistan und Afghanistan eintrafen, hielten die Chinesen eilends ein großes Manöver in Sinkiang ab und verstärkten zusätzlich ihre Grenztruppen. Kurzzeitig wurde Besuchern aus Pakistan und Afghanistan die Einreise verboten, weil dies die einfachste Möglichkeit zur Einschleusung westlicher Agenten ist. Auch Russland steht einer permanenten amerikanischen Präsenz in der Region argwöhnisch gegenüber, sorgt sich aber ebenso wegen des wachsenden chinesischen Einflusses. Die zentralasiatischen Republiken bemühen sich, die Großmächte auf Distanz zu halten, wissen aber auch, dass sie auf finanzielle, technische und militärische Unterstützung aus Amerika, China und Russland angewiesen sind. Immerhin tauschen die USA und China Informationen über die IMT und uigurische Militante aus. Die Bilanz der amerikanischen und russischen Zusammenarbeit bei den Öl- und Gasvorkommen verweist ebenfalls mehr auf eine Kooperation als auf eine Konfrontation, und davon können die Menschen in Zentralasien nur profitieren.

Die langfristigen Ziele Chinas richten sich auf andere Bereiche, die seine innere Sicherheit betreffen oder schon seit Jahrzehnten ungelöst sind. Große Bedeutung haben für China die Zukunft Taiwans und die Möglichkeit einer bewaffneten Auseinandersetzung, die Beziehungen zu Nordkorea und dem alten Rivalen Japan, Chinas Einfluss in Südostasien und der schwindende Einfluss Russlands an der Pazifikküste und in Zentralasien. Einige amerikanische Experten neigen dazu, China als kriegerischen Rivalen in einer Art neuem Kalten Krieg zu sehen, doch die Anliegen Chinas erlauben ganz andere Schlüsse. Die chinesische politische Elite ist in erster Linie darauf bedacht, ihre absolute Macht zu bewahren, daher steht die innere Sicherheit ganz oben auf der politischen Agenda. Zweitens muss China weiterhin wirtschaftlich wachsen, um die grundlegenden Bedürfnisse der Bevölkerung zu stillen und Unruhen zu vermeiden, daher ist der Erwerb von Rohstoffen von entscheidender Bedeutung. Drittens wird China versuchen, den militärischen Status quo seiner Nachbarn zu bewahren und wenn möglich den Einfluss der USA zu mindern. China glaubt, dass es von den USA eingekreist ist, vor allem, wenn die zentralasiatischen Republiken eine amerikafreundliche Politik betreiben (vor kurzem wurden in Usbekistan und Afghanistan militärische Stützpunkte eingerichtet). Einige amerikanische Experten argumentieren, China tue alles, um die USA aus Zentralasien komplett zu verdrängen, und die SCO sei im Grunde eine antiamerikanische Organisation. Die Erklärung der SCO, sie sei gegen »Einmischung in die inneren Angelegenheiten anderer Länder« und vertrete die Ansicht, dass »Modelle der gesellschaftlichen Entwicklung [ein Hinweis auf das amerikanische Streben nach einer weltweiten Demokratisierung] nicht exportiert werden sollten«, wurden als Warnung an Washington gedeutet, man könnte darin jedoch auch Angst und Besorgnis sehen, vor allem angesichts der jüngsten amerikanischen Interventionen in Afghanistan und im Irak.[10]

Obwohl die ursprüngliche Charta der SCO wie ein klassisches Beispiel für ein Sicherheitsbündnis wirkt, sollte man nicht vergessen, dass die Mitglieder nur verpflichtet sind, einander gegen Terroristen, Separatisten oder Extremisten beizustehen – andere Mächte werden nicht genannt. Gemeinsame Militäroperationen sind klein im Vergleich zu den Manövern, die China allein abhält, und lassen kaum den Schluss zu, dass es sich bei der SCO um ein Nato-ähnliches Bündnis handelt. Die Manöver sind als vertrauensbildende Maßnahmen gedacht und sollen den gemeinsamen Wunsch bekräftigen, Aufständische zu bekämpfen; außerdem spiegeln sie Chinas Befürchtung, dass die USA die Unruhen in Sinkiang oder Zentralasien als Vorwand für eine Intervention nutzen könnten. Letztendlich wird die Regierung in Beijing erkennen, dass sie eine amerikanische Unterstützung der Separatisten am besten verhindert und ihre wirtschaftliche Zukunft sichert, indem sie den Uiguren Zugeständnisse macht. Doch in näherer Zukunft wird sie zunächst versuchen, das islamistische Problem und damit jeden Vorwand für eine amerikanische Präsenz in der Region aus der Welt zu schaffen.

Was das militärische und wirtschaftliche Potenzial angeht, wird China oft als schwächer eingestuft als die USA, chinesische Autoren schmähen die »Theorie von der chinesischen Bedrohung« gar als »ausgeklügelte und hinterhältige Täuschung«, mit der die Amerikaner ein Vorgehen gegen ihr Land rechtfertigen wollen.[11] Einige amerikanische Experten sind der Ansicht, China sei immer noch zu arm, zu rückständig und zu sehr auf seine wirtschaftliche Entwicklung konzentriert, um eine Bedrohung darzustellen. Die Tatsache, dass die chinesische Volksbefreiungsarmee von sieben Millionen Mann in den 80er Jahren auf drei Millionen Mann 2001 reduziert wurde, scheint diese Theorie zu bestätigen. Dennoch setzen sich die Traditionalisten bei den chinesischen Streitkräften weiterhin für die Strategie des »Volkskriegs« ein – das heißt für einen totalen Krieg bei jedem Konflikt mit einer anderen Großmacht. Diese Traditionalisten betonen die Bedeutung eines großen stehenden Heeres, eines effizienten Mobilisierungssystems und von Technologien, die nicht von ausländischen Exporten abhängig sind. Die technische Ausrüstung der chinesischen Streitkräfte und ihre Leistungsfähigkeit sind jedenfalls umstritten.[12] Es hat sogar den Anschein, dass sich auch das chinesische Militär und die politischen Elite über die zukünftige Strategie nicht einig sind. Den Traditionalisten stehen die Vertreter militärischer Reformen gegenüber, die technologiegestützte neue Strategien und Denkweisen fordern und die westlichen Kapazitäten nicht nur nachahmen, sondern weit hinter sich lassen wollen. Wenn man nach dem Ton ihrer Schriften urteilt, hatte diese Gruppe bis Ende der 90er Jahre keinen Erfolg. Es gibt jedoch noch eine andere Denkschule, bekannt als die Vertreter des »lokalen Krieges«. Ihrer Ansicht nach sollte die chinesische Strategie auf der Annahme basieren, dass die Kriege der Volksrepublik in Zukunft an ihren Grenzen oder in ihrer Nähe geführt werden. Eine der Schwachstellen ist demnach die Küstenregion, wo schon mehrmals in der Geschichte Chinas Feinde einfielen.

Die Auseinandersetzung um Chinas zukünftige strategische Ausrichtung wird sich anhand von drei Faktoren entscheiden: dem schwindenden russischen Einfluss in Zentral- und Ostasien; der *Shi*-Doktrin, die besagt, dass scheinbar schwächere Kräfte überlegene schlagen können, und der geheimen Entwicklung einer Serie postnuklearer Superwaffen. Das Zusammenwirken dieser drei Faktoren wird die chinesische Politik und außenpolitische Planung in den kommenden Jahrzehnten beeinflussen.

Der Niedergang Russlands als beherrschende Macht in Zentralasien ist für China ein negatives Vorbild, das zeigt, wie der Übergang von einem marxistisch-leninistischen System zur Marktwirtschaft nicht verlaufen sollte. China sieht in Russland einen Konkurrenten im Bereich Energie und Handel in der Region, ist jedoch zufrieden, wie es seine Interessen seit dem Jahr 2000 gegenüber Russland behaupten konnte. Die Schwierigkeiten, die Moskau hat, Slawen zu einer Übersiedlung in die pazifischen Territorien Russlands zu überreden, und die dort zu erwartende Rezession haben China in der Überzeugung bestätigt, dass seine nördlichen und westlichen Grenzen sicherer sind als im Kalten Krieg. Dennoch schützt nach wie vor die zweitgrößte Ansammlung an Luft- und Bodentruppen die nördlichen und nordöstlichen Zugänge. Allerdings stützt man sich heute, wenn es um die allgemeine Verteidigung geht, auf die Doktrin, dass »der Schwächere den Stärkeren besiegt«. Diese Doktrin setzt auf eine hervorragende Aufklärungsarbeit (um den Aktionen des Feindes zuvorzukommen), auf Täuschung, den Bruch von Koalitionen, die Bildung geheimer Gegenkoalitionen und einen Präventivschlag zum richtigen Zeitpunkt. Dieser Angriff wird in zunehmendem Maße von den postnuklearen Superwaffen bestimmt. Dabei handelt es sich um

Satellitenabwehrwaffen, taktische Laserwaffen und Tarnkappentechnik sowie Computerplattformen oder elektromagnetische Frequenzwaffen zur Störung von Funk-, Radar-, elektronischen und anderen Kommunikations- oder Überwachungssystemen. Das Konzept sieht den Einsatz von Nuklearwaffen, Sondereinsatzkommandos und Raketen vor, berücksichtigt aber auch die Entwicklung der nächsten Generation Biowaffen (sogenannte genetische oder DNA-Waffen).

Trotz der Angst vor einem neuen Kalten Krieg sollte man bedenken, dass auch dem chinesischen strategischen Denken die Angst vor einer amerikanischen Einkreisung, inneren Unruhen (die von Islamisten, Separatisten oder ausländischen Mächten ausgenutzt werden könnten) und der exponentiale Anstieg des Energiebedarfs zugrunde liegt. China muss seine wirtschaftliche Integration fortsetzen und will seine Beziehungen zu den zentralasiatischen Staaten in kommerzieller wie militärischer Hinsicht verbessern. Wenn es den Status quo aufs Spiel setzt, hat es viel zu verlieren. Das Regime wird kämpfen, um die absolute Macht im Land zu behalten. Alles deutet darauf hin, dass die chinesische Regierung auch weiter hart gegen die Uiguren durchgreifen wird, die als Separatisten oder Terroristen verdächtigt werden. Die wachsenden Bedürfnisse der Wirtschaft werden Beijing womöglich zu einer bestimmteren und kompromissloseren Haltung in der Innen- und Außenpolitik zwingen. Die zukünftige Militärstrategie muss alle Eventualitäten berücksichtigen.

Afghanistan

Es gibt zahlreiche Verbindungen zwischen den Volksstämmen in Afghanistan und den zentralasiatischen Republiken, in denen Turkmenen, Usbeken und Tadschiken die Bevölkerung im Norden stellen, allerdings wurden viele kulturelle und historische Bindungen durch die Gründung der Sowjetunion und den Kalten Krieg gekappt. Die IMU hatte ihr Basislager in Afghanistan und wurde von dort auch teilweise finanziert, wobei sie sich auf Traditionen wie Gastfreundschaft, Widerstand gegen Außenseiter und die Protektion reicher Förderer wie Osama bin Laden stützte. Al-Qaida betrachtete Afghanistan als idealen Stützpunkt, von wo aus die Organisation ihre Ideen und den »Heiligen Krieg« in die restliche Welt tragen konnte. Im Land wimmelte es von Waffen und Drogengeld. Der Krieg gegen die Sowjetunion und der anschließende Bürgerkrieg hinterließen Kämpfer mit Kontakten in die gesamte muslimische Welt, wodurch Afghanistan zum idealen Ausgangspunkt für einen globalen Dschihad wurde. Das Land hatte außerdem eine ungeheure Symbolkraft: Hier hatten die Mudschaheddin die Sowjetunion »besiegt«. Doch die Taliban und damit al-Qaida hätten ohne die Unterstützung Pakistans beziehungsweise des ISI nie Fuß gefasst. Im Krieg gegen die Sowjetunion waren die Taliban auf die Finanzierung durch die USA und die arabischen

Staaten angewiesen. Sie profitierten zudem von der massiven Indoktrinierung in den Deobandi-Medressen von Pakistan. Der Bürgerkrieg und sein Ergebnis überzeugten die Taliban jedoch, dass ihr Sieg Teil eines göttlichen Auftrags sei.

Die Taliban werden von den Paschtunen dominiert und durch »ausländische Kämpfer« ergänzt, haben jedoch nie alle Afghanen vertreten, wie es etwa bei der *Loya Jirga* der Fall ist. Die Taliban verfolgten die schiitischen Afghanen aus der Region Hasara, vertrieben Stammesälteste anderer Klans und führten Krieg gegen Volksstämme im Norden, die von Warlords wie Dostum und Massud geführt wurden. Die Taliban wurden nur unterstützt, weil sie einen Großteil des Landes erobert hatten und versprachen, die Korruption zu beenden, die sich im Land immer weiter ausbreitete. Warlords und Banditen beherrschten den Alltag. Doch schon bald errichteten die Taliban mit ihren drakonischen Bestrafungen und einer eigenen gnadenlosen Version der Scharia ein unerträgliches Regime des Terrors und der Unterdrückung. Frauen und Minderheiten hatten besonders darunter zu leiden. Die Taliban ignorierten die Weltpolitik und verstanden kaum die Hoffnungen und Ziele, die bin Laden und seine Verbündeten verfolgten. Beide Gruppen beseelte jedoch der Wunsch, die muslimische Welt von Häresien und fremden Einflüssen zu säubern. Allerdings hatten sie den fremden Einflüssen nichts Konstruktives entgegenzusetzen. Es gab kein Wiederaufbauprogramm, obwohl das Land in Trümmern lag. Die Taliban boten nur den Kampf gegen Ungläubige und Häretiker und feierten den Heldentod. Ihre Niederlage war für die Afghanen eine Befreiung, doch die Kosten für den Wiederaufbau des Landes sind enorm, und es gibt Anzeichen, dass die ISAF, die 2001 so dramatisch eingriff, das Vertrauen und die Unterstützung der Bevölkerung eingebüßt hat. Die Taliban versuchen sich neu zu gruppieren, Afghanen gegen die fremden Truppen zu rekrutieren und den Wiederaufbau zu stören. Der Westen kann die Taliban militärisch besiegen, ob er aber auch das Durchhaltevermögen besitzt, Rebellionen langfristig standzuhalten, vor allem in Hinblick auf die unpopuläre Operation im Irak, ist eine andere Frage.[13]

Pakistan

Pakistan hat in den letzten Jahren eine entscheidende Rolle in der Region gespielt. Die Islamisierungspolitik von General Zia ul-Haq in den 70er Jahren trug zur Radikalisierung der Streitkräfte, Sicherheitsdienste und religiösen Gruppen bei. Aus Angst vor Separatismus und aufgrund der Abneigung der Öffentlichkeit gegen ein Militärregime versuchte Zia, seine Regierung populär zu machen. Das pakistanische Militärregime unterstützte über den ISI den radikalen afghanischen Kriegsherrn Hekmatjar und auf Vermittlung von General Musharraf auch die Taliban. Musharrafs Politik war bei den zentralasiatischen Regierungen äußerst unbeliebt, daher nahmen es diese zweifellos mit Erleichterung auf, als Pakistan 2001 auf amerikanischen Druck gezwungen wurde, die finanzielle Unterstützung für Mullah Omar und seine Krieger einzustellen. Seitdem muss Musharraf vorsichtig lavieren und versuchen, die Bevölkerung nicht völlig vor den Kopf zu stoßen, aber gleichzeitig gegen die Medressen und religiösen Gruppen vorgehen, ohne den Anschein zu erwecken, sich allzu gehorsam dem Diktat Washingtons zu fügen. Trotz der Vorwürfe von westlicher Seite, er habe die al-Qaida nicht mit dem nötigen Eifer verfolgt, wurden in Pakistan mehr Mitglieder verhaftet als in jedem anderen Land. Außerdem hat Musharraf zwei Kampagnen gegen Taliban-Festungen in Wasiristan angeordnet. Allerdings konnte oder wollte er militante Anführer aus der Nordwestlichen Grenzprovinz und aus Belutschistan nicht vertreiben, weil er weiß, dass sie dort die Unterstützung der Bevölkerung genießen. 2006 wurden pakistanische Truppen aus Wasiristan abgezogen, als bekannt wurde, dass sie dort in einen anhaltenden Konflikt mit lokalen Gruppen und Stammesfraktionen geraten waren, anstatt die Führung von al-Qaida zu bekämpfen.[14] Dennoch ist offensichtlich, dass Tausende paschtunische Kämpfer, die den Taliban angehörten, sowie al-Qaida-Mitglieder und andere Dschihad-Kämpfer Zuflucht im Nordwesten Pakistans gefunden haben.

Die pakistanischen Medressen bringen weiterhin Fanatiker für die islamistische Sache hervor. Diese Koranschulen gab es schon immer, doch durch saudischen Einfluss und die entsprechende Finanzierung dominiert dort mittlerweile eine radikale Form der Glaubenslehre. Inspiriert von der iranischen Revolution und dem Mythos, dass Muslime weltweit unterdrückt werden, vermitteln die pakistanischen Medressen eine besonders leidenschaftliche Weltanschauung. Die pakistanische Regierung befürchtete, dass sich die Paschtunen lossagen und ein unabhängiges Paschtunistan bilden würden, und auch die instabile Lage in Afghanistan erforderte ein entschlossenes Handeln.

Auf der anderen Seite wollte sich die pakistanische Führung angesichts des langwierigen Konflikts mit Indien wegen Kaschmir und der größeren Truppenstärke Indiens strategische Vorteile verschaffen. Der Kargil-Krieg 1999 in Kaschmir und die Unterstützung der Taliban 1996 hatten viel gemeinsam. Neben irregulären Einheiten, die von der pakistanischen Armee ausgebildet, ausgerüstet und mit Nachschub versorgt wurden, kamen Geheimdienstmitarbeiter und Sondereinsatzkommandos zum Einsatz. Im Falle Kargils war Musharraf der Vordenker, davon sind indische Experten trotz offizieller Dementi überzeugt.[15] Beide Operationen hatten jedoch zur Folge, dass die Pakistanis die Kontrolle über ihre Schützlinge verloren.

Nicht immer waren die Beziehungen Pakistans zu Zentralasien so negativ. Premier Nawaz Sharif (1990–93; 1997–99) versuchte Handelsbeziehungen zu den zentralasiatischen Republiken aufzubauen, und es gab Verhandlungen über Pipelines, Investitionen und Entwicklungsprojekte. Premierministerin Benazir

Bhutto (1988–90; 1993–96) hoffte, die Taliban würden in Afghanistan Frieden und Ordnung schaffen. Wenn man das gute Verhältnis wahren würde, könnte man den Handel und die Pipelines nach Turkmenistan ausdehnen. Doch Bhuttos Politik wurde von ihren eigenen Geheimdiensten und radikalen Elementen in der Regierung und Verwaltung vor allem in den Provinzen untergraben. Der ISI gewährte in den 90er Jahren IMU-Anführer Juldaschew Zuflucht und erlaubte Namangani, Pakistan zu besuchen, wo er Kontakte zu anderen Dschihad-Kämpfern knüpfen konnte. Vielleicht ging der ISI davon aus, durch die Unterstützung der IMU die zentralasiatischen Republiken zu schwächen. Pakistan könnte dann die Rolle des »Vermittlers« übernehmen und seinen diplomatischen Stellenwert verbessern. Da die pakistanische Bevölkerung mit den Islamisten sympathisierte, war der ISI im Vorteil. Allerdings erlangte der pakistanische Geheimdienst nie die Kontrolle über die IMU. Namangani und Juldaschew konnten sich zusätzlich auf saudische Mittel, auf Geld aus dem Drogenhandel und ein Arsenal afghanischer Waffen stützen, sodass sie nicht auf Pakistan angewiesen waren. Außerdem verfolgten sie ihre eigenen Ziele.

Musharrafs Hinwendung zum Westen und seine Unterstützung im Krieg gegen den Terror machen weitere Beziehungen zu den Islamisten unwahrscheinlich. Und anders als die islamistische Propaganda glauben machen will, unterstützt die Mehrheit der Bevölkerung in Pakistan seine Entscheidung, den Terrorismus zu bekämpfen. Pakistan hat lange unter religiös motivierter Gewalt und Terror gelitten. Die Islamisten versuchten, die Bevölkerung mit Demonstrationen und Hetzliteratur zu mobilisieren, sind jedoch gescheitert. Die Pläne für eine Pipeline durch Afghanistan oder den Iran zum neuen Hafen Gwadar machen eine Zusammenarbeit mit den zentralasiatischen Republiken in Zukunft wahrscheinlich. Bei den Sicherheitsfragen hat es Fortschritte gegeben, Pakistan und Indien näherten sich 2004 bei der Kaschmirfrage an, bestimmte extremistische Gruppen wurden verboten und die Jagd auf al-Qaida-Anhänger im Land wird fortgesetzt, daher scheint eine Kooperation mit Zentralasien durchaus möglich.

Iran

Auch der Iran ist in Zentralasien politisch aktiv. Im November 1991 besuchte Außenminister Ali Akbar Velayati die fünf Republiken und nahm diplomatische Beziehungen auf. Turkmenistan, das direkt an den Iran grenzt, wurde ein alternativer Absatzmarkt für Erdgas angeboten, außerdem der Bau einer neuen Pipeline und einer Zugverbindung über die Grenze. Doch Karimow hegte eine so starke persönliche Abneigung gegen die Iraner, dass er mehrere mögliche Vereinbarungen ausschlug. Eine weitere Erklärung ist die Neigung der iranischen Regierung zu Interventionen. Im afghanischen Bürgerkrieg unterstützten die Iraner ihre eigene schiitisch-afghanische Fraktion. Nach den Massakern der Taliban verfolgte der Iran aufmerksam die Ereignisse im Nachbarstaat. Im tadschikischen Bürgerkrieg unterstützte der Iran kurzzeitig die PIW, zog sich dann aber zurück, um einen Zusammenstoß mit den Russen zu vermeiden, als diese in die Kämpfe eingriffen. Richtig gereizt reagierten die usbekischen Behörden, als der Iran der IMU erlaubte, iranische Medien zu nutzen. Iranische Geheimdienstmitarbeiter trafen sich mit Juldaschew und unterstützten ihn finanziell in der Hoffnung, er könne als Werkzeug gegen die Taliban und die paschtunischen sunnitischen Radikalen von Nutzen sein. Als der Versuch scheiterte, rückte die IMU noch näher zu den Taliban und schließlich auch zu al-Qiada.

Der Iran wollte seinen Einfluss ausdehnen, um den sunnitischen Radikalismus einzudämmen (der als Bedrohung wahrgenommen wurde), den Irak unter Saddam Hussein in die Schranken zu weisen und Israel und Amerika von einer Intervention am Persischen Golf abzuhalten. Von 1989 bis 1993 unterhielt Teheran enge Beziehungen zu Moskau und kaufte von den Russen Raketen- und Nukleartechnologie. 2006 wurden UN-Sanktionen gegen den Iran verhängt, weil er sich weigerte, sein Nuklearprogramm einzuschränken und vor allem die Anreicherung von waffenfähigem Uran zu unterlassen. Der Iran blieb stur. Er unterstützt weiterhin die Hisbollah gegen Israel und beliefert sie mit moderner Militärtechnologie einschließlich Raketen. Er hat Waffen im Persischen Golf getestet. Er verhaftet Soldaten der ISAF-Truppen im Grenzgebiet (angeblich wegen Spionage) und wird verdächtigt, radikale schiitische Gruppen im Irak, darunter die berüchtigte Miliz des radikalen Schiitenführers Muktada al-Sadr, mit Sprengstoffen und Waffen für den Kampf gegen britische Truppen um Basra zu unterstützen.[16] Trotz allem fühlt sich der Iran von prowestlichen Mächten eingekreist. Die iranische Regierung glaubt, Israel sei mit amerikanischen Nuklearwaffen ausgerüstet, und weiß, dass Pakistan, ebenfalls ein Verbündeter der USA, über Atomwaffen verfügt. Amerikanische und westliche Truppen sind an fast jeder Grenze stationiert, amerikanische Kriegsschiffe patrouillieren im Persischen Golf. Intern befürchtet die iranische Regierung einen von der CIA gestützten Staatsstreich und registriert argwöhnisch die wachsende Unzufriedenheit in der Bevölkerung mit der autoritären theokratischen Herrschaft. Viele Iraner sind zu jung, um sich an die Revolution von 1979 zu erinnern, und können den damaligen Idealismus nicht mehr nachempfinden, und so fühlt sich der Iran isoliert und bedroht. Und nun steht auch die iranische Wirtschaft unter Druck. Die angestrebten Ölförderziele wurden nicht erreicht, die Arbeitslosigkeit ist gestiegen und es drohen Sanktionen gegen weitere Güter.[17]

Türkei

Die Türkei dagegen nähert sich Europa immer weiter an und ist offenbar entschlossen, Mitglied der Europäischen Union zu werden. Als muslimischer Staat,
argumentiert man in der Türkei, könne das Land eine wichtige Brücke zwischen
Europa, Kleinasien und Zentralasien bilden. 1991 versuchte die Türkei, unter
Berufung auf sprachliche, ethnische und historische Gemeinsamkeiten, Einfluss
auf Zentralasien zu nehmen. Tatsächlich erinnert man sich voll Nostalgie und
Stolz an die Seldschuken, die Osmanen und panturkische Ideologien der Vergangenheit. Enver Pascha, der Anfang des 20. Jahrhunderts Vorstellungen von einem
neuen Osmanischen Reich, das vom Mittelmeer bis nach China reichen sollte,
propagiert hatte, wollte in einem ersten Schritt die Basmatschi Zentralasiens zur
Revolte führen, scheiterte jedoch mit tragischen Folgen im Pamir. Auch Emir
Amanullah aus Afghanistan ließ sich bei seinen Reformen in den 20er Jahren vom
türkischen Vorbild beeinflussen, und Atatürk galt vielen als moderner, säkularer
Staatsführer innerhalb eines muslimischen Rahmens, den man erfolgreich nachahmen konnte. Anfang der 90er Jahre hofften türkische Geschäftsleute auf Vorteile, als es darum ging, Verträge mit den neuen Republiken abzuschließen. Die
zentralasiatischen Staatchefs schienen dem modernen türkischen Regierungs-
modell nicht abgeneigt. Einige Medressen wurden nach türkischen (nicht radikalen) Richtlinien geführt. Türkische Fernsehsender wurden in zentralasiatischen
Cafés und Haushalten ausgestrahlt. Es gab Stipendien für türkische Hochschulen.
Die Türken vergaben Kredite in Höhe von 1,2 Milliarden Dollar für Aufbau und
Entwicklung. Außerdem lebten viele Verfolgte aus Sinkiang und den Republiken
im Exil in der Türkei.

Doch im letzten Jahrzehnt hat auch in der Türkei der islamische Radikalismus
zugenommen. Es gab vermehrt Terroranschläge gegen den türkischen Staat und
westliche Einrichtungen. Die Anschläge haben den zentralasiatischen Regierungen gezeigt, dass auch das türkische Modell mit Vorsicht zu genießen ist.[18] Der
türkische Geheimdienst wiederum zeigt großes Interesse an den oppositionellen
Gruppen Zentralasiens, und zwar nicht nur für den Fall eines Regimewechsels,
sondern auch, weil in der Türkei so viele Zentralasiaten im Exil leben. Die Türkei
hat den zentralasiatischen Regierungen militärische Unterstützung angeboten;
usbekische und kirgisische Offiziere werden bereits von den türkischen Streitkräften ausgebildet. Auf ziviler Seite sind die türkischen Investitionen in Zentralasien
geringer ausgefallen, als die Regierung erwartete, was zum einen an der Korruption, zum anderen an Befürchtungen liegt, dass nur wenige demokratische und
wirtschaftliche Reformen durchgeführt werden. Doch als Mitglied der Nato und
Verbündeter der USA hat die Türkei ähnlich wie Pakistan Zentralasien viel zu
bieten, nicht zuletzt auch einen Ausgleich zum russischen und chinesischen Einfluss.

Die arabischen Staaten

Saudi-Arabien steht in dem Ruf, besonders fundamentalistische islamische Bewegungen in Zentralasien zu unterstützen. 1991 zeigte die saudische Regierung kaum Interesse an der Region, doch sogenannte Wohltätigkeitsorganisationen und islamistische Gruppen waren umso aktiver. Sie stellten Geld für den Bau von Moscheen und Medressen zur Verfügung, für islamische Literatur und Pilgerreisen. Mit dieser Missionsarbeit sollten die Zentralasiaten für die konservative, wahhabitische Auslegung des Islam gewonnen werden. Allerdings sind einige ehemalige Schützlinge weit über das hinausgeschossen, was ihre ursprünglichen Förderer gutheißen würden, und haben sich Bewegungen wie der Hizb ut-Tahrir und IMT angeschlossen. Saudische Bürger wurden als »ausländische Kämpfer« Mitglied in Dschihad-Organisationen in Afghanistan, Tadschikistan und Tschetschenien. Die saudische Regierung neigt ebenfalls dazu, extreme islamische Gruppierungen zu unterstützen: Hekmatjar im afghanischen Bürgerkrieg, die Taliban (bis sie sich 1996 auf die Seite von al-Qaida stellten) und Teile der PIW, die sich später der IMT anschlossen.

Die saudischen Behörden unternehmen kaum etwas gegen die private Finanzierung von Extremisten, solange diese nur außerhalb des Königreichs aktiv sind. Es gibt Vorwürfe, dass die saudische Regierung potenzielle Gegner besticht, darunter palästinensische Radikale und die Dissidenten im eigenen Land. Diese Politik, die verhindern soll, es sich mit den Ulemas im Land zu verscherzen, könnte auf das Regime zurückfallen.[19] Die arabischen Mitglieder der IMT und von al-Qaida sind entschlossen, nach Saudi-Arabien zurückzukehren und die Monarchie zu stürzen. Wie in Algerien, Ägypten, im Irak und in Indonesien wenden sich die Militanten gegen die Regierung im eigenen Land. Der Westen, der auf saudisches Öl angewiesen ist und die religiösen und kulturellen Empfindsamkeiten des Landes kennt, zögert, sich in innenpolitische Angelegenheiten einzumischen. Es gab jedoch schwere Bedenken, als nach dem 11. September bekannt wurde, dass 15 der 19 Flugzeugentführer saudischer Nationalität waren. Die saudische Regierung, die wie stets die Reaktionen im eigenen Land fürchtete, verweigerte amerikanische Ermittlungen auf ihrem Staatsgebiet. Doch schließlich war sie nach Beschwerden von amerikanischer Seite und dem Bekanntwerden ihrer Finanzierungstätigkeit gezwungen, eigene Ermittlungen durchzuführen. Diese Ereignisse und die Terroranschläge im eigenen Land haben die saudische Regierung vorsichtiger gemacht, was die zukünftige Unterstützung islamistischer Gruppen angeht.

Auch die Golfstaaten müssen angesichts des Krieges gegen den Terror und der Operationen im Irak ihre Politik überdenken. In der Vergangenheit gewährten die Vereinigten Arabischen Emirate den Mitgliedern von al-Qaida, Taliban und IMT Unterschlupf, außerdem wird den Emiraten vorgeworfen, sie würden Geldwäsche und Waffen- und Drogenschmuggel auf ihrem Territorium erlauben. Dabei stehen die Golfstaaten dem Westen positiv gegenüber, weil er ihr größter Abnehmer ist. Die Golfstaaten hoffen, dass sie Gewalt und Unruhen wie in anderen Regionen vermeiden können, wenn sie im Krieg gegen den Terror eine neutrale Haltung einnehmen und sich auf ihren Status als Ölproduzenten konzentrieren. Die Organisation der Islamischen Konferenz (OIC), die alle islamischen Länder vertritt, reagierte auf den islamischen Terrorismus in Zentralasien leider enttäuschend. Das liegt daran, dass es der Organisation schlicht an Geschlossenheit fehlt. Wahrscheinlich wird es erst koordinierte Aktionen in den muslimischen Ländern geben, wenn sich der Dschihad-Terrorismus gravierend auf die Regierungen auswirkt. Ganz ähnlich verhält es sich in Zentralasien.

Sozioökonomische Probleme

Schätzungen zufolge wird die Ölproduktion im Kaspischen Becken im Jahr 2010 bei vier Millionen bpd liegen, was einen spektakulären Anstieg von gerade einmal einer Million bpd im Vergleich zu 1997 bedeuten würde. Zusätzlich besitzt die Region wahrscheinlich sieben bis zehn Trillionen Kubikmeter Erdgas. Nachdem die Republiken als neues »Öldorado« bejubelt wurden, zögerten die westlichen und russischen Gesellschaften nicht lange und schlossen Verträge mit Kasachstan, Turkmenistan, Aserbaidschan und Usbekistan ab. Da es sich bei den Staaten jedoch um Binnenländer handelt, muss man erhebliche Summen in Pipelines investieren (etwa 50 Milliarden Dollar bis 2010), um das Öl auf den Markt zu bringen. Die maroden sowjetischen Leitungen müssen renoviert oder erweitert werden, außerdem wollen die Amerikaner die neuen Pipelines außerhalb der russischen und iranischen Einflusssphäre verlaufen lassen. Die zentralasiatischen Staaten sind gern bereit, ihre Pipelinerouten zu diversifizieren, sowohl aus Gründen der Energiesicherheit (im Fall von Naturkatastrophen wie Erdbeben und von Menschen hervorgerufenen Problemen wie Kriegen und Terrorismus) als auch um ihre Abhängigkeit von Russland zu verringern. Die erste neue Pipeline, die von Baku nach Supsa an der georgischen Schwarzmeerküste verläuft, wurde 1999 eröffnet. Die Pipeline von Tengis zur russischen Hafenstadt Noworossisk wurde 2001 fertiggestellt.

Obwohl angesichts der knapp werdenden Ölressourcen immer wieder Konflikte prophezeit werden, gibt es bislang ermutigende Anzeichen für eine Zusammenarbeit.[20] Chevron vereinbarte 1993 mit der kasachischen Regierung ein Joint-Venture in Höhe von 20 Milliarden Dollar, später trat Exxon Mobil dem Konsortium bei. Im Caspian Pipeline Consortium ist die Tengis-Chevroil-Gruppe mit dem russischen Mineralölkonzern LUKOIL verbunden. Die staatliche aserbaidschanische Ölgesellschaft SOCAR arbeitet mit AMOCO, BP, LUKOIL, Unocal, Pennzoil, Statoil und verschiedenen anderen Gesellschaften zusammen und bildet mit ihnen die

Azerbaijan International Operating Company. Französische Mineralölkonzerne haben sich den amerikanischen und britischen Firmen bei der Ausbeutung anderer aserbaidschanischer Felder im Kaspischen Meer angeschlossen.

Die Kooperation ist ein Zeichen für die Verbesserung der amerikanisch-russischen Beziehungen in der Region. Die beiden Staaten bleiben Konkurrenten, und zwar ganz offen, sind aber vielleicht nicht mehr so stark auf Konfrontationskurs wie im Kalten Krieg. Amerikanische Regierungsmitglieder missbilligen – allem Anschein nach zu Recht – die Vergleiche mit dem Great Game.[21] Russland und Amerika wollen zwar beim Verlauf der Pipelines ihre strategischen Interessen einschließlich der Energiesicherheit wahren, doch hinter der endgültigen Entscheidung stehen in erster Linie wirtschaftliche Überlegungen. Am Ende werden die Pipelines gebaut, die am kostengünstigsten und finanziell realistisch sind, und von ihnen werden dann die übrig bleiben, die sich als lukrativ erweisen. Russland und Amerika wollen Stabilität in der Region, denn beide verlieren Milliarden, wenn Terroranschläge und Unruhen die Öl- und Gaslieferungen unterbrechen. Dieses gemeinsame Ziel wird sie und andere in Zukunft zur Zusammenarbeit zwingen.

Trotz des finanziellen Booms, den die Erträge aus dem Öl- und Gasgeschäft der wirtschaftlichen und politischen Elite im Kaspischen Becken und in den zentralasiatischen Staaten gebracht haben, lebt die Mehrheit der Bevölkerung in relativer Armut. Die neuen Reichen importieren europäische und amerikanische Autos, tragen Designerkleidung und besuchen schicke Bars und Hotels. Ihnen gehören Landsitze und Villen in der Stadt, sie haben Bankkonten im Ausland und schwelgen im Luxus. Und doch leben beispielsweise in Kirgistan laut Weltbankbericht von 2001 68 Prozent der Bevölkerung von weniger als 17 Dollar im Monat.[22] Der Mindestverdienst beträgt 295 Dollar im Jahr, doch das Durchschnittseinkommen liegt bei 165 Dollar jährlich. Von 1990 bis 1996 ging das Bruttoinlandsprodukt um 47 Prozent zurück. Die Industrieproduktion sank um 61 Prozent, die landwirtschaftliche Produktion um 35 Prozent. An der kirgisisch-chinesischen Grenze sah man Lastwagen mit dem Schrott aus demontierten Fabriken, die zum Einschmelzen in die chinesischen Hüttenwerke transportiert wurden; ein Bild, das Lutz Kleveman mit den Worten beschrieb: »Ein Reich fleddert die Leiche des früheren Reiches.«[23] Die Armut der Kirgisen ist typisch für die Region. Die Uiguren in Sinkiang, die Bettler in usbekischen Städten, die Kioskbesitzer in Kasachstan, die Arbeitslosen in Turkmenistan und die Flüchtlinge in Berg-Karabach haben alle die gleichen trüben Zukunftsaussichten. Im kriegszerstörten Tadschikistan und Afghanistan sind die Bedingungen in einigen Gebieten so entsetzlich, dass die Einwohner an Hunger und Kälte sterben.

Die regionale Armut bringt zahlreiche weitere Probleme mit sich, darunter den Drogenhandel, das organisierte Verbrechen und den Frauenhandel. Die Internationale Organisation für Migration (eine unabhängige transnationale Hilfsorganisation, der derzeit 122 Mitgliedsländer angehören) schätzt, dass allein 1999 etwa 400 kirgisische Frauen und Kinder weltweit als Prostituierte in die Vereinigten Arabischen Emirate, nach China, in die Türkei und vermutlich nach Europa verkauft wurden. Bei den Vereinten Nationen nimmt man an, dass der Menschenhandel mittlerweile den Tourismus als zweitgrößte Einnahmequelle nach dem Drogenhandel abgelöst hat.[24] Vom Frauenhandel sind auch andere zentralasiatische Länder betroffen, und die Unterdrückung der Frauen in den ländlichen Gebieten Afghanistans gibt immer noch Anlass zur Sorge. Viele werden wie das persönliche Eigentum des Mannes behandelt; es gibt Berichte über Prügel, Vergewaltigungen und Ehrenmorde. Der Handel mit afghanischem Heroin lockt kriminelle Elemente aus der ganzen Region an und ist eng mit Menschenhandel und Terrorismus verknüpft. Banden kaufen sich mit den Erträgen Waffen, Fahrzeuge und Loyalität. Außerdem wird das Geld zur Bestechung der Behörden benutzt. Nach Angaben des Drogenkontrollprogramms der Vereinten Nationen werden jedes Jahr mehrere Tausend Kilo durch die zentralasiatischen Staaten geschleust, um dann enorme Preise in Europa und Russland zu erzielen. Die Heroinabhängigkeit hat das Leben vieler junger Leute in der Region zerstört und macht, was das Ausmaß betrifft, dem Alkoholismus in sowjetischer Zeit Konkurrenz. In Kirgistan gibt es 4500 registrierte erwachsene Drogensüchtige, die tatsächliche Zahl liegt jedoch wahrscheinlich bei weit über 50 000. Mit den Drogen breitet sich Aids aus. Die Hizb ut-Tahrir widerspricht dem Rat zahlreicher Gesundheitsorganisationen, Kondome zu verwenden, ihrer Ansicht nach wird damit nur die Prostitution gefördert. Das Drogen/Aids-Problem ist in der gesamten Region verbreitet. In den 80er Jahren wurden die Drogen meist von Afghanistan nach Pakistan geschmuggelt, doch heute gibt es Routen über den Iran, China, die arabischen Länder und Zentralasien. Bekannt sind vor allem die Drogensyndikate der Pakistanis, Araber und Tschetschenen, mit denen der Terrorismus finanziert wird.

Die Welt steht diesen Problemen nicht gleichgültig gegenüber. Das Entwicklungsprogramm der Vereinten Nationen unterhält ein eigenes Projekt für das Ferganatal, das Zentrum des Drogenhandels, außerdem gibt es noch ein unabhängiges Programm der Soros Foundation und eine amerikanische Arbeitsgruppe für das Tal. Die Organisationen betonen alle die Notwendigkeit einer Kooperation der zentralasiatischen Staaten, die das Gebiet kontrollieren. Die usbekische Regierung verhinderte in der Vergangenheit eine gemeinsame Entwicklungsarbeit, ist aber mittlerweile Mitglied der Shanghai Cooperation Organisation, die derartige Maßnahmen koordiniert und fördert. In Afghanistan tut man viel für den Wiederaufbau. Allerdings sind einige Hilfsorganisationen frustriert über die Kosten der UN-Operationen im Vergleich zum Erfolg. Zu den erfolgreichen Programmen zählen in Afghanistan und im Ferganatal Mikrokreditprojekte. Mit Kleinkrediten für Saatgut, Obstplantagen, Bewässerungsanlagen und Vieh verhilft man Familien zur Unabhängigkeit. In Afghanistan wurden Hühner an Frauen verteilt, die zu entmutigt waren, um sich außerhalb des Hauses eine Arbeit zu suchen.[25] Die Hühner lieferten Fleisch und Eier für die Familie, zusätzlich konnten die Eier verkauft werden. Das Gute an dem Projekt ist, dass es nicht viel kostet und die Frauen Geld verdienen können, ohne das Haus zu verlassen. Auch die britischen Streitkräfte sind mit ihren Provincial Reconstruction Teams relativ erfolgreich. Dagegen wurden große Prestigeprojekte wie etwa der Bau eines Damms kritisiert, weil sie zu teuer sind und die Arbeiten schlecht ausgeführt werden.

Die Wasserversorgung der Region birgt ein großes Konfliktpotenzial. Früher führten die sowjetischen Systeme Schmelzwasser zu den großen Baumwollplantagen oder den erweiterten traditionellen Bewässerungssystemen. Durch die Unabhängigkeit der Republiken und die Bürgerkriege in Afghanistan und Tadschikistan wurden viele alte Systeme zerstört oder unterbrochen, was einen Rückgang der Wasserzufuhr um 50 Prozent zur Folge hatte. Dadurch konnten 20 bis 30 Prozent des Ackerlandes nicht mehr bewirtschaftet werden, in Tadschikistan lag der Anteil bei fast 50 Prozent. In Sinkiang streiten sich uigurische Bauern, chinesische Siedler, Neuzuwanderer und die Industrie bereits ums Wasser. Als Usbekistan die Gasversorgung für Kirgistan und Tadschikistan aussetzte, um diplomatischen Druck auszuüben, kappten die beiden Länder einfach die Wasserzufuhr der Usbeken im Ferganatal. Eine schwere Dürre im Jahr 2000 traf Tadschikistan und Afghanistan besonders hart und sorgte beim Getreide für einen Ernteausfall von 50 Prozent, wodurch Millionen Menschen unzureichend versorgt waren. Nach einem weiteren Rückgang um 15 bis 20 Prozent im Jahr 2001 hungerten Tausende Menschen. In Tadschikistan verkauften die Betroffenen die Türen und Fenster ihrer Häuser, um sich Lebensmittel kaufen zu können.[26] Kinder trugen nur noch Lumpen und gingen barfuß, was im Winter 2001 besonders hart war. Aufgrund einer anhaltenden Energiekrise verfügt die Regierung nicht über genug Geld, um die Armut vor allem in den ländlichen Gebieten zu bekämpfen; viele sind immer noch auf ausländische Hilfe angewiesen. In Afghanistan ist die Lage ähnlich. Schulkinder kommen oft nicht mehr zum Unterricht, selbst wenn die Gebäude wieder aufgebaut werden, weil sie auf Baustellen arbeiten, um Geld für ihr Essen zu verdienen.

Das Verhalten der zentralasiatischen Regierungen gegenüber Protesten in der Bevölkerung stößt international immer wieder auf Kritik. Es gibt Vorwürfe, dass der globale Krieg gegen den Terror als Vorwand dazu benutzt wird, hart gegen politische Gegner durchzugreifen. Die Regime verstehen nicht, dass sie mit ihrer unnachgiebigen Linie die Unzufriedenheit fördern und junge Männer praktisch in die Arme der Extremisten treiben. Dieses Argument, das von so erfahrenen Beobachtern wie dem Journalisten Ahmed Rashid vertreten wird, ist durchaus überzeugend. Allerdings ist die Lage sehr komplex. Extreme und jenseitige Ideologien wie die der Hizb ut-Tahrir sind immer dann besonders attraktiv, wenn die wirtschaftliche Lage schlecht ist. Wenn Regierungen die Probleme der Bevölkerung ignorieren oder brutal gegen Demonstranten vorgehen, besteht anscheinend ein starkes Motiv, sich einer terroristischen Vereinigung anzuschließen – und gegen das Regime zurückzuschlagen, das einen unterdrückt.

Der Regierungsapparat einiger zentralasiatischer Staaten unterscheidet sich nicht sonderlich von dem in der Sowjetunion, im Falle Sinkiangs hat er sich seit den Anfangszeiten des chinesischen Kommunismus kaum verändert. Die Bewohner Zentralasiens waren für die Regime, unter denen sie lebten, stets die »armen Verwandten«. Geändert hat sich dagegen die politische und religiöse Landschaft des Islam. Durch den Kontakt mit extremen Ideologien (vor allem dem salafitischen Wahhabismus und dem Deobandismus) und durch die Ereignisse im Nahen Osten, im Iran und in Afghanistan seit den 70er Jahren (darunter der arabisch-israelische Konflikt, die iranische Revolution, der sowjetisch-afghanische Krieg und der anschließende Bürgerkrieg) ist eine Minderheit der Bevölkerung radikalisiert worden und greift zur Gewalt. Im Falle Tschetscheniens und Tadschikistans wurde der Konflikt durch den Zusammenbruch der inneren Ordnung und durch Interventionen von außen zusätzlich radikalisiert. Der Zusammenbruch der staatlichen Ordnung erwies sich vor allem in Afghanistan als Magnet für »ausländische Freiwillige«, die ihre islamistische Gesinnung in einer Welt, die auf sie zunehmend verwestlicht, globalisiert und ungläubig wirkte, nur allzu gern unter Beweis stellen wollten. Zentralasien wird von den Anhängern des Dschihad als Ausgangsbasis für die Errichtung einer neuen Weltordnung gesehen, bereinigt von Ungläubigen und Abtrünnigen, wo die muslimische *Umma* ihre Überlegenheit gegenüber dem Westen und China beweisen kann. Die Motive der Terroristen in Zentralasien sind nur zum Teil auf die restriktive Politik ihrer Regierungen oder die regionale Armut zurückzuführen. Sie selbst sehen sich als Kämpfer in einer ideologischen Auseinandersetzung. Auf persönlicher Ebene werden sie von dem Wunsch getrieben, gegen Ungerechtigkeit und Demütigung vorzugehen, und ihrem Leben im Glauben, für eine gerechte Mission zu streiten, einen Sinn zu geben. Einige IMT-Mitglieder sind jedoch einfach Kriminelle, die tief in den Drogen- und Menschenhandel oder andere illegale Aktivitäten verstrickt sind.

Die Konflikte in Zentralasien werden oft mit kriegerischen Auseinandersetzungen zwischen Klans und Gewalt zwischen Volksstämmen beschrieben. In Tschetschenien ging es nie nur um einen Krieg zwischen Russen und Tschetschenen. Politische Splittergruppen und Fraktionen der einzelnen Klans bekämpften einander, und manche Tschetschenen stellten sich auf die Seite der Russen, damit der Konflikt bald ein Ende hatte. Im benachbarten Dagestan war die Bevölkerung ähnlich gespalten. Im sowjetischen Krieg in Afghanistan kämpften Afghanen und viele Zentralasiaten auf russischer Seite, darunter auch Namangani, einer der Mitbegründer der IMT. Die Verwerfungslinien im Land traten durch den Bürgerkrieg noch stärker hervor. Im tadschikischen Bürgerkrieg gab es entsetzliche

Massaker und Greueltaten, bei denen die Trennung nach Klans und Volksstämmen von ideologischen Differenzen überlagert wurde. Ein ähnliches Muster ergab sich in der Konfliktregion Berg-Karabach.[27]

Der Terrorismus erzeugt in Zentralasien Instabilität und Angst. Geiselnahmen, um Lösegeld zu erpressen, Bombenanschläge (auch von Selbstmordattentätern), Angriffe auf die staatlichen Sicherheitskräfte, Plünderungen sowie der Handel mit Drogen, Waffen und Menschen sind die Geißel der Region. Externe Einflüsse haben das Problem noch verstärkt. Pakistan und Saudi-Arabien unterstützten extremistische Parteien im afghanischen Bürgerkrieg. Islamisten aus dem arabischen Raum, Nordafrika, Westchina, aus der Türkei und aus Pakistan haben sich der IMT und al-Qaida angeschlossen. Russland, China und die USA bieten den zentralasiatischen Regierungen militärische Unterstützung. Amerika möchte die Rohstoffe Zentralasiens dem Weltmarkt zugänglich machen und Terrorbewegungen bekämpfen, Russland will seine wirtschaftliche Zukunft sichern und seinen strategischen Einfluss auf dem Gebiet der ehemaligen Sowjetunion wahren, während China Rohstoffe für seine wachsende Wirtschaft braucht und die islamistische Bedrohung im eigenen Land ausschalten will.

Die Terrorbekämpfung erfordert stabile sozioökonomische Verhältnisse sowie gute Geheimdienste und effektive Sicherheitsmaßnahmen. Die Menschen in Zentralasien benötigen Arbeit, anständige Unterkünfte und ausreichend Lebensmittel, damit sie nicht, wie Mao es einst formulierte, zum »Wasser« für aufständische »Fische« werden. Wenn Gewalt unter Zivilisten vermieden werden soll, muss der neue Reichtum aus dem Öl- und Gasgeschäft besser verteilt werden. Die Ölgesellschaften fördern bereits den Bau von Schulen, Krankenhäusern und Straßen sowie Umweltprojekte, allerdings müssen sich die einzelnen Republiken und ausländischen Organisationen noch besser abstimmen. Die Region braucht unbedingt eine umfassende wirtschaftliche Entwicklung, außerdem muss sich die Bevölkerung politisch vertreten fühlen in Staaten, deren Regierung kontrollierbar ist und die für innere Sicherheit garantieren. Wenn das erreicht wird, dann werden wahrscheinlich auch die Anhänger des Dschihad und ihre extreme Ideologie isoliert sein und so lange zurückgedrängt, bis sie verkümmern.

Dank

Durch die Recherche und Arbeit an meinem Buch bin ich vielen Menschen zu Dank verpflichtet, vor allem möchte ich jedoch meinen Gastgebern in Kirgistan, Pakistan und Usbekistan für ihre Gastfreundschaft und ihren Schutz danken, sowie der Exeter University und den World Challenge Expeditions, die diese Besuche erst ermöglicht haben; Peter Hopkirk für seine Inspiration, Aufmunterung und Unterstützung, Professor Jeremy Black für seine Freundschaft und Ratschläge, Hugh Leach, Norman Cameron und vielen Freunden in der Royal Society for Asian Affairs für ihre Hilfe, Kollegen und Studenten an der Historischen Fakultät der University of Warwick für ihre anregenden Ideen und Korrekturvorschläge, meinen Kollegen und Freunden vom Seminar »Krieg und die muslimische Welt« in Warwick, meinen iranischen Freunden, vor allem Faraj Ahmadi und Bijan Omani, und den vielen Freunden, die ich bei Kursen im Dillington House in Somerset kennen gelernt habe, darunter Dr. Paul Macdonald und Susan Farrington. Ganz besonders möchte ich die Mitarbeiter von Radio Free Europe (Radio Liberty) erwähnen, die für ihre genauen Reportagen und Berichte aus Zentralasien große Risiken auf sich nehmen.

Rob Johnson
2008

Anmerkungen

Kapitel 1: Zentralasien am Scheideweg

1 Andrew Osborn, »Uzbek Leader Silences Critics of Massacre«, in: *Independent,* 13. Mai 2006. Anmerkungen
2 Allison Gill, »Its Time to Save Lives«, in: *International Herald Tribune.*
3 Council on Foreign Relations, Ferghana Valley Working Group Report, *Calming the Ferghana Valley: Development and Dialogue in the Heart of Central Asia,* New York 1999.
4 Rede Islam Karimows vor dem usbekischen Parlament, 2. Mai 1998, zitiert in Ahmed Rashid, *Heiliger Krieg am Hindukusch: Der Kampf um Macht und Glauben in Zentralasien,* München 2002, S. 186.
5 Karimow zitiert in Amnesty International, *Human Rights Report: Uzbekistan,* Juni 2001.
6 Interview mit Tahir Abdulilowitsch Juldaschew im Sender *Voice of America,* 6. Oktober 2000.
7 Noor Ahmed Khalidi, »Afghanistan: Demographic Consequences of War, 1978–1987«, in: *Central Asian Survey* X/3 (1991), S. 107.
8 Denis Sinor, *The Cambridge History of Early Inner Asia,.* Cambridge 1990.
9 Olivier Roy, *The New Central Asia: The Creation of Nations,* London und New York 2000, S. 1-10.
10 W.E.D. Allen und P. Muratoff, *Caucasian Battlefields: A History of the Wars on the Turco-Caucasian Border, 1828–1921,* Cambridge 1953.
11 Peter Morris, »Russian Expansion into Central Asia«, in: Peter Morris (Hg.), *Africa, America and Central Asia: Formal and Informal Empire in the Nineteenth Century,* Exeter 1984, S. 76.
12 Peter Hopkirk, *Setting the East Ablaze: Lenin's Dream of an Empire in Asia,* Oxford 1984, S. 152-161.
13 Peter Hopkirk, *The Great Game,* Oxford 1990, S. 278.
14 John Keay, *Where Men and Mountains Meet: The Explorers of the Western Himalayas, 1820–1875,* Oxford 1993; Robert Johnson, *Spying for Empire: The Great Game in Central and South Asia, 1757–1947,* London 2006, S. 109f.
15 Sir Percy Sykes, *A History of Afghanistan,* London 1940, S. 198ff.
16 Edward R. Giradet, *Afghanistan: The Soviet War.* London 1985, S. 126.
17 Yaacov Roi, *Islam in the Soviet Union from the Second World War to Gorbachev,* London 2000.
18 Svat Soucek, *A History of Inner Asia,* Cambridge 2000, Kap. 17.

19 R. H. Dekmajian, *Islam in Revolution: Fundamentalism in the Arab World,* New York 1985.
20 Ahmed Rashid, *Heiliger Krieg am Hindukusch: Der Kampf um Macht und Glauben in Zentralasien,* München 2002, S. 20.
21 Ebenda, S. 28.

Kapitel 2: Die zentralasiatischen Republiken und das Ende der Sowjetunion

1 Shirin Akiner, *The Formation of the Kazakh Identity,* London 1995.
2 Svat Soucek, *A History of Inner Asia,* Cambridge 2000, S. 236; Olivier Roy, *The New Central Asia: The Creation of Nations.* London und New York 2000, S. 87.
3 Roy, *The New Central Asia,* S. 115.
4 »Kazakhstan's Nazarbayev Wins Re-election With 91 % of Vote«, 5. Dezember 2005, http://www.bloomberg.com/apps/news?pid=10000087&sid=a2ml5vt5j2_M&refer=top_world_news. Abgerufen im Januar 2007.
5 Martha Brill Olcott, *Kazakhstan: Unfulfilled Promise,* New York 2002.
6 Lutz Kleveman, *Der Kampf um das heilige Feuer: Wettlauf der Weltmächte am Kaspischen Meer,* Berlin 2002, S. 122ff.
7 US-Außenministerium, gemeinsame Pressekonferenz mit dem kasachischen Präsidenten Nursultan Nasarbajew, 9. Dezember 2001, http://www.state.gov/secretary/former/powell/remarks/2001/dec/6778.htm. Abgerufen im Januar 2007.
8 Edward Allworth (Hg.), *Central Asia: 130 Years of Russian Dominance*, Durham, NC, 1994.
9 Profil Islam Karimows, Human Rights Watch, http://www.hrw.org/press/2002/03/karimovprof.htm. Abgerufen im Januar 2007.
10 http://www.kreml.org/interview/100931204, abgerufen im Januar 2007.
11 Craig Murray, *Murder in Samarkand: A British Ambassadors Controversial Defiance of Tyranny in the War on Terror,* London 2006.
12 »Principles of Our Reform«, Interview Islam Karimows mit der *Rossijskaja Gaseta*, 7 Juli 1995, http://2004.press-service.uz/rus/knigi/9tom/3tom/_12.htm. Abgerufen im Januar 2007.
13 »Uzbekistan in for the Long Haul«, International Crisis Group, 16. Februar 2006, www.crisisgroup.org/home/index.cfm?id=3952&1=1. Abgerufen im Dezember 2006.
14 »Presidential Elections in Tajikistan a Farce«, Human Rights Watch 1999, http://hrw.org/english/docs/1999/10/28/tajiki1668.htm; »OSCE: Tajik Elections Fall Short of Standards«, Radio Free Europe 2007, http://www.rferl.org/specials/tajikelections/. Abgerufen im Januar 2007.
15 »Kyrkys« bedeutet »40 Mädchen«, benannt nach den ursprünglichen 40 Mongolenstämmen, aus denen die Kirgisen einer Theorie zufolge entstanden.
16 Akajews Website findet sich im Internet unter http://www.askarakaev.kg/; ein kritischeres Porträt unter http://news.bbc.co.uk/2/hi/asia-pacific/4371819.stm. Abgerufen im Januar 2007.
17 Bakijews Profil im Internet unter http://news.bbc.co.uk/i/hi/world/asia-pacific/4660317. Abgerufen im Januar 2007.
18 Edward O'Donovan, *The Merv Oasis,* London 1882, S. 71ff.

19 L.V.S. Blacker, »Travels in Turkistan, 1918–20«, in: *Geographical Journal,* LVIII/3 (1921), S. 178–197.
20 Nachruf unter http://news.bbc.co.uk/1/hi/world/asia-pacific/6199021.stm. Abgerufen im Januar 2007.
21 Darstellung der Wirtschaftslage unter https://www.cia.gov/cia/publications/factbook/ geos/tx.html#Econ; Einzelheiten zur Erdgasindustrie, ihrem Potenzial und ihren Problemen in: »Turkmenistan: Potential ›Super-Giant‹ Emerges on Energy Scene«, Radio Free Europe, http://www.rferl.org/featuresarticle/2006/11/CB06DCDE-C0D7-40C7-B0E9-8AC1BD48F6F2.html. Abgerufen am 7. Januar 2007.
22 Ahmed Rashid, *Taliban: Afghanistans Gotteskrieger und der Dschihad,* München 2001.
23 S. Wheeler, *The Amir Abdur Rahman,* London 1895.
24 Amir Amanullah Khans Biographie im Internet unter http://afghanland.com/history/ amanullah.html. Abgerufen im Januar 2007.
25 William Maley, *The Afghanistan Wars,* London und New York 2002.
26 Afghanistans nationale Entwicklungsstrategie steht im Internet unter http://www.af/ ands.html; das Afghanistan Development Forum mit seinen internationalen Partnern unter http://www.adf.gov.af/; »Nato Struggles in Afghanistan«, Bericht der BBC, September 2006, http://news.bbc.co.uk/1/hi/world/south__asia/5345452.stm; »Herat: A City Reborn«, Bericht der BBC, Dezember 2006, http://news.bbc.co.uk/1/hi/world/ south__asia/6206258.stm. Abgerufen im Januar 2007.

Kapitel 3: Islam und Islamismus

1 Yaacov Ro'i, *Islam and the Soviet Union,* New York 2000.
2 Sergei Poliakov und Martha Brill Olcott, *Everyday Islam: Religion and Tradition in Rural Central Asia,*. New York 1992.
3 Shirin Akiner, *Islam in Post-Soviet Central Asia: Contested Territory,* Hamburg 2002; Mehrdad Haghayeghi, »Islamic Revival in the Central Asian Republics«, in: *Central Asian Survey,* XIII/2 (1994), S. 249–266.
4 Mehrdad Haghayeghi, *Islam and Politics in Central Asia,* London 1996.
5 R. H. Dekmejian, *Islam in Revolution: Fundamentalism in the Arab World*, New York 1995. Eine andere Sichtweise vertritt H. J. Oliver, *The Wahhabi Myth: Dispelling Prevalent Fallacies and the Fictitious Link with Bin Laden,* http://www.thewahhabimyth.com/files/ thewahhabimyth.pdf. Abgerufen im August 2004.
6 Ahmed Rashid, *Heiliger Krieg am Hindukusch: Der Kampf um Macht und Glauben in Zentralasien,*. München 2002, S. 68.
7 Abdul Qadeem Zaloom, *How the Khilafah was Destroyed,* Lahore 1998.
8 Chris Marsh, »Hizb ut-Tahrir and Islamic Militancy: How Much a Threat to Central Asian Regional Stability?«, unveröffentlichter Manuskript, 1. September 2004, Kings College London, S. 5.
9 An-Nabhani, »Economic System«, 1997, http://hizb-ut-tahrir.org_/english/_books/pdfs/ economicsystem.pdf; F. Fukuyama, »Has History Started Again?«, in: *Policy,* XVIII/2 (Winter 2002), S. 6; I. Rotar, »Central Asia: Hizb ut-Tahrir Wants Worldwide Sharia Law«, in: *Forum,* XVIII, http://www.forum18.org/Archive.php?article__id=170,2003.
10 Marsh, »Hizb ut-Tahrir and Islamic Militancy«, S. 31.

11 Rashid, *Heiliger Krieg*, S. 160.
12 http://hizb-ut-tahrir.org; www.khilafah.org; www.1924.org; http://wwwmindspring.eu.com sind Beispiel für Websites mit Sitz im Westen.
13 Siehe US-Außenministerium, *Uzbekistan: Human Rights Practices 2000*, Washington 2001; *Independent Human Rights Organisation of Uzbekistan, About Political Prisoners in Uzbekistan,* Juli 2001.
14 Olivier Roy, »Changing Patterns among Radical Islamic Movements«, in: *Brown Journal of World Affairs,* 6, 1 (Winter/ Frühjahr 1999), S. 109ff.
15 Marsh, »Hizb ut-Tahrir and Islamic Militancy«, S. 22.
16 Sure 3, Vers 104; Sure 3, Vers 110–114.
17 Rashid, *Heiliger Krieg*, S. 161.
18 *Independent Human Rights Organisation of Uzbekistan.*
19 International Crisis Group, *Central Asia: Islam and the State,* Osch und Brüssel 2003.
20 T. Makarenko, »Hizb ut-Tahrir on the Rise in Central Asia«, in: *Jane's Intelligence Review,* 12. November 2002, S. 30–33.
21 A. Cohen, »Hizb ut-Tahrir: An Emerging Threat to US Interests in Central Asia«, 2003, im Internet unter http://www.heritage.org/Research/RussiaandEurasia/BG1656.cfm. Abgerufen im Juli 2004.
22 Zitiert in Rashid, *Heiliger Krieg*, S. 172.
23 J. Burke, *Al Qaeda: Casting a Shadow of Terror,* London 2003, S. 234.
24 Rashid, *Heiliger Krieg*, S. 172.
25 Ebenda.
26 Ebenda.

Kapitel 4: Der tadschikische Bürgerkrieg und die Partei der Islamischen Wiedergeburt

1 Boris Rumer, *Soviet Central Asia: A Tragic Experiment*, Boston 1989.
2 Ian Bremmer/Ray Taras (Hg.), *New States, New Politics: Building Post Soviet Nations,* Cambridge 1996, S. 607f.
3 Ebenda, S. 606.
4 Ahmed Rashid, *Heiliger Krieg,* S. 136f.; Shirin Akiner, *Tajikistan: Disintegration or Reconciliation;* S. Olimova, »Islam and the Tajik Conflict«, in: Roald Sagdeev/Susan Eisenhower (Hg.), *Islam and Central Asia*, Washington, D.C., 2000.
5 »Tajikistan Civil War«, www.globalsecurity.org,1999. Abgerufen im November 2006.
6 Dilip Hiro, *Between Marx and Muhammad*, London 1995.
7 Human Rights Watch, »Tajikistan«, 2001. Abgerufen am 4. November 2006.
8 Rashid, *Heiliger Krieg,* S. 153.
9 Ebenda, S. 286f.; Sergei Gretsky, *Civil War in Tajikistan: Causes, Developments and Prospects for Peace*, Washington, D.C., 2006.
10 Gretsky, *Civil War in Tajikistan.*
11 Meryem Kirimli, »Usbekistan in the New World Order«, in: *Central Asian Survey* 13 (1994) 1, S. 19–32; Roy Allison (Hg.), *Central Asian Security: The New International Context,* London 2001.
12 Rashid, *Heiliger Krieg,* S. 222.

13 UN-Resolution 968 (1994), 16. Dezember 1994.

14 Gretsky, *Civil War in Tajikistan.*

15 Rashid, *Heiliger Krieg,* S. 142.

16 Andrew Meier, »Opium Highway«, in: *Time Magazine,* 24. Februar 1997, S. 50–55; Rashid, *Heiliger Krieg,* S. 143, S. 295.

17 Rashid, *Heiliger Krieg,* S. 131–137.

18 Gretsky, *Civil War in Tajikistan;* Rashid, *Heiliger Krieg,* S. 145.

19 Ahmed Rashid, »Western Powers Bolster Tajikistan«, in: *Central Asia Analyst,* 23. Mai 2001.

20 »Tajikistan Election«, VOA News, 21. November 2006, http://www.voanews.com/uspolicy/2006-11-21-voa2.cfm?renderforprint=1; Roxana Saberi, »Putting Tajikistan on the Map«, 21. November 2006, http://news.bbc.co.uk/2/hi/asia-pacific/6154368.stm. Abgerufen am 22. November 2006.

Kapitel 5: Der afghanische Bürgerkrieg und die Taliban

1 »Afghanistan: Government to Have Greater Control over Aid Pledged in London«, IRIN news.org, 2. Februar 2006, http://www.irinnews.org/report.asp?ReportID=51510&SelectRegion=Asia&SelectCountry=AFGHANISTAN. Abgerufen im Februar 2006.

2 William Maley, *The Afghanistan Wars*, London/New York 2002, S. 30f.

3 Ebenda, S. 23.

4 Ebenda, S. 30.

5 Rob Johnson, *A Region in Turmoil*, London 2005, S. 163.

6 Russischer Generalstab, *The Soviet-Afghan War,* übersetzt und herausgegeben von Lester W. Grau und Michael A. Gress, Lawrence/Kansas 2002, S. 18f.

7 Ebenda, S. 25f.

8 Ebenda, S. 252f.

9 Ebenda, S. 69.

10 Mohammed Yousef/Mark Adkin, *The Bear Trap: Afghanistan's Untold Story*, London 1992, S. 177.

11 Russischer Generalstab, *The Soviet-Afghan War,* S. 62f.; Ali Ahmad Jalali/Lester Grau, *The Other Side of the Mountain: Mujahideen Tactics in the Soviet Afghan War*, Quantico 1998.

12 Maley, *The Afghanistan Wars,* S. 133; Henry S. Bradsher, *Afghan Communism and Soviet Intervention,* Karachi/Oxford 1999, S. 277.

13 Johnson, *A Region in Turmoil,* S. 191.

14 Ahmed Rashid, *Taliban. Afghanistans Gotteskrieger und der Dschihad*, München 2001; Peter Marsden, *Taliban: War and Religion in Afghanistan*, London/New York 2002, S. 51, S.55.

15 B. Raman, »Pakistan's Sponsorship of Terrorism«, 25. Februar 2000, www.saag.org/papers2/paper106.html; B. Raman, »Pakistan and the Taliban«, 10. November 2001, http://www.saag.org/papers4/paper358.html; B. Raman, »Bin Laden, Taliban and India«, 29. September 1999, www.saag.org/papers/paper83.html.

16 William Maley (Hg.), *Fundamentalism Reborn? Afghanistan and the Taliban*, London 1999, S. 2; S. Kapila, »Pakistan's Proxy Wars, Islamic Jehad and the Taliban«, 12. März 2001, http://www.saag.org/papers3/paper209.html.

17 Marsden, *Taliban,* S. 55; Maley, *The Afghanistan Wars,* S. 233.

18 Walter Lacquer, *No End to War: Terrorism in the Twenty-First Century*. New York 2003, S. 56f., S. 159; sie auch: Stefan Aust/Cordt Schnibben [Hrsg.], *11. September. Geschichte eines Terrorangriffs*, München 2002.

19 »Biography: Office of the President, Islamic Republic of Afghanistan«, http://www.president.gov.af/english/president_biography.mspx; »Hamed Karzai«, in: *Afghan Observer,* http://afghanobserver.com/Articles/Karzai_Bio.htm. Abgerufen im Dezember 2006.

20 »Security«, Office of the President, Islamic Republic of Afghanistan, http://www.president.gov.af/english/np/security.mspx. Abgerufen im Januar 2007; »The Afghan Economy«, in: The Economist.com, 23. Februar 2006, http://www.economist.com/background/displayBackground.cfm?story_id=4494134; Ashraf Ghani, »Afghanistan Has the Assets to Regain Momentum«, in: FT.com, 19. Juni 2006, http://search.ft.com/searchArticle?page=13&queryText=afghanistan&javascriptEnabled=true&id=060619007392. Abgerufen im Januar 2007. Die offizielle Sichtweise der amerikanischen Regierung ist nachzulesen unter http://www.whitehouse.gov/infocus/nationalsecurity/rebuildingafghanistan.html.

21 *Financial Times,* 10. Juni 2006.

22 Rachel Majoree, »US Envoy Warns on Efforts to Rebuild Afghanistan«, 3. Februar 2006, http://search.ft.com/searchArticle?queryText=financial+aid+afghanistan&y=11&javascriptEnabled=true&id=060203000900&x=10. Abgerufen im Januar 2007.

23 Simon Chesterman, »Tiptoeing through Afghanistan: The Future of UN State Building«, International Peace Academy, September 2002, http://www.ipacademy.org/PDF_Reports/afghanistan0902.pdf; Carolyn Stephenson, »Nation Building«, in: Guy Burgess/Heidi Burgess (Hg.), *Beyond Intractability,* Conflict Research Consortium, University of Colorado, Boulder, ins Netz gestellt im Januar 2005, http://www.beyondintractibility.org/essay/nation_building/. Abgerufen im Januar 2007.

24 Rob Watson, »Mission Too Important to Fail«, 31. Juli 2006, http://bbc.co.uk/go/pr/fr/-/hi/world/south_asia/5232766.stm. Abgerufen im Januar 2007.

25 Amin Tarzi, »South Asia: Pakistan-Afghanistan Conflicts Continue«, 29. September 2006, http://www.rferl.org/featuresarticle/2006/09/260c90a0-1f41-4ab6-a580-21bc-c8a914f5.html.

Kapitel 6: Die Islamische Bewegung Usbekistans und ihr Aufstand ohne Grenzen

1 »Islamic Movement of Uzbekistan«, MIPT Terrorism Knowledge Base, 10. Dezember 2006, http://www.tkb.org/Group.jsp?groupID=4075; US-Außenministerium, »Patterns of Global Terrorism, 2000«, April 2001; Mark Burgess, »In the Spotlight: Islamic Movement of Uzbekistan«, Center for Defense Information, 25. März 2002, http://www.cdi.org/terrorism/imu.cfm; Walter Lacquer, *No End to War: Terrorism in the Twenty-First Century*, New York 2003, S. 191f.

2 Ahmed Rashid, *Heiliger Krieg,* S. 189.

3 B. Raman, »Terrorism in Afghanistan and Central Asia«, 24. November 2004, www.saag. org/papers12/paper1172.html. Abgerufen im Mai 2005.

4 Rashid, *Heiliger Krieg,* S. 177.

5 Burgess, »In the Spotlight: Islamic Movement of Uzbekistan«, http:///www.cdi.org/ terrorism/imu.cfm; Raman, »Terrorism in Afghanistan and Central Asia«, 24. November 2004, www.saag.org/papers12/paper1172.html. Abgerufen im Januar 2007.

6 B. Raman, »International Terrorism Monitor: Paper no. 22, Jihadi Terrorism in Central Asia: An Update«, 1. Februar 2006, http://www.saag.org/papers17/paper1691.htm.

7 Rashid, *Heiliger Krieg,* S. 183.

8 United States Mission to the OSCE, »Statement on Freedom of Thought, Conscience, Religion or Belief«, 28. September 2005, http://osce.usmission.gov/archive/2005/09/ HDIM_On_Freedom_of_Thought_09_28_05.pdf. Abgerufen im Januar 2007.

9 Raman, »International Terrorism Monitor«, www.saag.org/papers17/paper1691.html. Abgerufen im Januar 2007.

10 B. Raman, »Terrorism in Afghanistan and Central Asia«, 24. November 2004, www.saag. org/papers12/paper1172.html. Abgerufen im Mai 2005.

11 Kadir Alimov, »Uzbekistans Foreign Policy: In Search of a Strategy«, Eisenhower Institute, 2006, http://www.eisenhowerinstitute.org/programs/globalpartnerships/securityand- terrorism/coalition/regionalrelations/ConflictBook/Alimov.htm; Erich Marquart/Yev- geny Bendersky, »Uzbekistan's New Foreign Policy Strategy«, PINR, 23. November 2005, http://www.pinr.com/report.php?ac=view_report&report_id=404. Abgerufen im Januar 2006.

12 Rashid, *Heiliger Krieg,* S. 181f., S. 198f., S. 202f., S. 205f.

13 »Patterns of Global Terrorism 1999: Eurasia Overview«, [US] Department of State Pub- lication 10687, 2000, http://www.fas.org/irp/threat/terror_99/eurasia.html.

14 William D. Shingleton/John McConnell, »From Tamerlane to Terrorism: The Shifting Basis of Uzbek Foreign Policy«, in: *Harvard Asia Quarterly* 5 (2001) 1, http://www.asia- quarterly.com/content/category/8/32/.

15 Rashid, *Heiliger Krieg,* S. 206.

16 Rashid, *Heiliger Krieg,* S. 207.

17 Andrew Meier, »Opium Highway«, in: *Time Magazine,* 24. Februar 1997, S. 54.

18 Rashid, *Heiliger Krieg,* S. 208.

19 Ebenda, S. 211f.

20 Mark Burgess, »In the Spotlight: Islamic Movement of Uzbekistan«, www.cdi.org/terro- rism/imu-pr.cfm. Abgerufen am 3. November 2006.

21 Raman, »Terrorism in Afghanistan and Central Asia«, http://www.saag.org/papers12/ paper1172.html.
Abgerufen im Mai 2005.

Kapitel 7: Die Kriege in Tschetschenien und im Kaukasus

1 Carlotta Gall/Thomas de Waal, *Chechnya: Calamity in the Caucasus.* New York 1998; Anatol Lieven, *Chechnya: Tombstone of Russian Power*, New Haven 1998.

2   »Beslan: Tracing a Tragedy«, in: *The Guardian,* 30. September 2004; vgl. auch »Bomber's Justification: Russians Are Killing our Children«, in: *The Guardian,* 6. August 2004.

3   Andrew Osborn, »Dangers that Stalk the Enemies of Putin«, in: *Independent,* 20. November 2006. Vgl. auch Anna Politkowskaja, *Tschetschenien. Die Wahrheit über den Krieg,* Frankfurt/M. 2008. [Dt. Erstausgabe: Köln 2003.]

4   Tatarstans Präsident Mintimer Schaimijew schloss mit Jelzin ein Separatabkommen, das dieser Republik Autonomie im Rahmen der Russischen Föderation einräumte.

5   Carlotta Gall/Thomas de Waal, *Chechnya: A Small Victorious War,* London 1997, S. 60. (Diese Erstauflage wurde unter dem Titel *Calamity in the Causasus* [New York 1998; s. oben, Anm. 1] neu aufgelegt.)

6   Rosemarie Forsythe, *The Politics of Oil in the Caucasus and Central Asia,* Oxford 1996; *Moscow Times,* 21. Mai 2002.

7   Richard Sakwa (Hg.), *Chechnya: From Past to Future,* London 2005, S. 117–130.

8   61. Sitzung der UN-Menschenrechtskommission, http://www.reliefweb.int/rw/rwb. nsf/db900SID/RMOI-06AD8A9?OpenDocument&emid=ACOS-635PN7&rc=4. Abgerufen im November 2006.

9   Lutz Kleveman, *Der Kampf um das Heilige Feuer. Wettlauf der Weltmächte am Kaspischen Meer,* Berlin 2002, S. 78f.

10 Timothy Thomas, »Battle for Grozny«, in: *Slavic Military Studies,* Nr. 10/März 1997; Carlotta Gall/Thomas de Waal, *Chechnya,* S. 205.

11 Radio Freies Europa (Radio Liberty), »Lebed-Mashkador sign new ceasefire agreement«, 164, 1, 23. August 1996.

12 Radio Freies Europa (Radio Liberty), »Chechnya: Why did the 1997 Peace Agreement Fail?«, 11. Mai 2007, http://www.rferl.org/specials/chechnya. Abgerufen im Mai 2007.

13 Die salafitischen Wahhabiten waren nie sehr beliebt, auch nicht unter denen, die ihren Kampf für »heilig« hielten. Vgl. Walter Lacquer, *No End to War: Terrorism in the Twenty-First Century,* London/New York 2003, S. 187.

14 Walter Lacquer, *No End to War,* S. 188; »The Islamisation of the Conflict in Chechnya«, www.nupi.no/IPS/filestore/00445.pdf.

15 Michael Orr, »Chechnya«, Sandhurst 2000, http://globalsecurity.org/military/library/report/2000/JIRArticle.htm. Abgerufen im Dezember 2006.

16 Human Rights Watch, »Mistreatment and Abuse of Detainees«, http://www.hrw.org/campaigns/russia/chechnya/filtration95.htm. Abgerufen im Mai 2007.

17 Vgl. http://www.jamestown.org/publications_details.php?volume_id=416&issue_id=3848&article_id=2371431. Abgerufen im November 2006.

18 Zu Bassajews berüchtigtem Vorgehen in Abchasien vgl. Kleveman, *Der Kampf um das Heilige Feuer,* S. 72.

19 61. Sitzung der UN-Menschenrechtskommission, http://www.reliefweb.int/rw/rwb. nsf/db900SID/RMOI-06AD8A9?OpenDocument&emid=ACOS-635PN7&rc=4. Abgerufen im November 2006.

20 Zu Kadyrow und seiner Ermordung vgl. http://www.jamestown.org/publications_details.php?volume_id=416&issue_id=3848&article_id=236677. Abgerufen im Dezember 2006.

21 »Saudi Forces Storm Hijacked Jet«, CNN.com, 16. März 2001, http://archives.cnn.com/2001/WORLD/europe/03/16/turkey.hijack.02/index.html. Abgerufen im Januar 2007.

22 »Moscow Theatre Siege«, 25. Oktober 2002, http://news.bbc.co.uk/1/hi/world/europe/2362609.stm; »The October 2002 Moscow Hosage Taking Incident«, Radio Free

Europe«, 18. Dezember 2003, http://www.rferl.org/reports/corruptionwatch/2003/12/42-181203.asp. Abgerufen im Januar 2007.

23 »Beslan: Tracing a Tragedy«, Guardian; Amnesty International, »Joint NGO Statement on the Beslan Hostage Tragedy«, 8. September 2004, http://web.amnesty.org/library/index/engeur460502004. Abgerufen am 14. Dezember 2006.

24 Lacquer, *No End to War,* S. 188; vgl. auch www.jamestown.org/docs/Al-Shishani-14Sep06.pdf.

25 Lacquer, *No End to War,* S. 188f.

26 »Torture by Units under the Effective Command of Chechen Prime Minister Ramzan Kadyrov«, November 2006, Human Rights Watch, http://hrw.org/backgrounder/eca/chechnya1106/3.htm#_Toc150776966; vgl. auch http://www.jamestown.org/publications_details.php?volume_id=416&issue_id=3848&article_id=236677. Abgerufen im Dezember 2006.

27 Ebenda.

28 »Chechnya: Rebels Give Count of Losses«, Radio Freies Europa, 25. Mai 2000, http://www.rferl.org/features/2000/05/F.RU.000525083820.asp; 20. Februar 2003, *CDI Russia Weekly,* http://www.cdi.org/russia/245-14.cfm; Lawrence Uzzell, »Russian Authorities Said to be Under-reporting Combat Deaths«, in: *Chechnya Weekly,* 5 (2004) 8, 25. Februar 2004, http://www.jamestown.org/publications_details.php?volume_id=396&issue_id=2913&article_id=23561. Abgerufen im Januar 2007.

29 »Racial Violence Escalates in Russia«, 5. September 2006, Jane's, http://www.janes.com/security/international_security/news/jir/jiro60905_1_n.shtml. Abgerufen im Dezember 2006.

30 Thomas de Waal, *Black Garden: Armenia and Azerbaijan through Peace and War*, New York 2003, S. 126–131.

31 David E. Murphy, »›Operation Ring‹: The Black Berets in Azerbaijan«, in: *Journal of Soviet Military Studies,* 6 (1992), März 1992.

32 Brian Killen, »Massacre Leaves Dozens Dead in Azeri Region«, in: *Chicago Tribune,* 3. März 1992.

33 Dimitry Polikanov, »Transdnestria, Abkhazia, Chechnya: Pro et Contra EU Intervention«, Januar 2003, www.Eurojournal.org. Abgerufen im Dezember 2006.

34 Laurence Broers, »East: Frozen Conflicts Not So ›Frozen‹ after All«, 10. November 2006, www.rferl.org. Abgerufen im Dezember 2006.

Kapitel 8: China und die Provinz Sinkiang

1 Michael Dillon, »China Goes West: Laudable Development? Ethnic Provocation?«, in *Analyst,* 6. Dezember 2000.

2 Peter Hopkirk, *Setting the East Ablaze*, Oxford 1984, S. 147.

3 Andrew D. W. Forbes, *Warlords and Muslims in Central Asia: A Political History of Republican Sinkiang, 1911–1949,* Cambridge 1986.

4 Hopkirk, *Setting the East Ablaze*, S. 218.

5 Forbes, *Warlords and Muslims,* S. 142,182; Sadri Roostam, »The Islamic Repubic of Eastern Turkestan: A Commemorative Review«, in: *Voice of Eastem Turkestan,* III/9 (April 1986).

6 Christian Tyler, *Wild West China: The Untold Story of a Frontier Land,* London 2003, S. 124.

7 Donald H. McMillen, *Chinese Communist Power and Policy in Xinjiang, 1949–1977,* Boulder 1979, S. 91.

8 Ebenda, S. 91.

9 Tyler, *Wild West China,* S. 145.

10 McMillen, *Chinese Communist Power,* S. 190.

11 Amnesty International, »People's Repubic of China: Gross Violations of Human Rights in the Uighur Autonomous Region«, 21. April 1999.

12 Tyler, *Wild West China,* S. 153f, 156.

13 Ebenda, S. 159.

14 Ebenda, S. 161.

15 Amnesty, »Gross Violations«, S. 164f.

16 Ebenda, S. 19; Tyler, *Wild West China,* S. 169ff.

17 Tyler, *Wild West China,* S. 173.

18 Laogai Research Foundation, »The World Bank and Forced Labour in China«, 23. Oktober 1995, S. 5.

19 Nicolas Becquelin, »Xinjiang in the Nineties«, in: *China Journal,* XLIV (Juli 2000), S. 75f.

20 Ebenda, S. 83.

21 Tyler, *Wild West China,* S. 213.

22 Ebenda, S. 214; Becquelin, »Xinjiang«, S. 69.

23 Ebenda, S. 241.

24 *Financial Times,* 17. Juni 1998.

25 *Taipei Times,* 10. November 1999.

26 *New York Times,* 13. September 2002; Tyler, *Wild West China,* S. 244.

27 Ebenda.

28 *Daily Times* (Pakistan), »China asks Pakistan to investigate Xinjiang Terrorist list«, 17. Januar 2004.

Kapitel 9: Das Öl, das Gas und die Großmächte

1 Lutz Kleveman, *Der Kampf um das heilige Feuer: Wettlauf der Weltmächte am Kaspischen Meer.* Berlin 2002, S. 12.

2 Barry Barton, C. Redgwell, A. Ronne und D. N. Zillman, *Energy Security: Managing Risk in a Dynamic Legal and Regulatory Environment,* Oxford 2004, S. 5.

3 Rosemarie Forsythe, *The Politics of Oil in the Caucasus and Central Asia.* Oxford 1996, S. 17–21; Stephen S. Blank, *US Military Engagement with Transcaucasus and Central Asia,* Carlisle, PA., 2000; Michael T. Klare, *Resource Wars: The New Landscape of Global Conflict,* New York 2002, S. 8. Die Ziele, die Amerika bei den Pipelines verfolgt, wurden 1998 von US-Energieminister Bill Richardson dargelegt und von Stephen Kinzer zitiert: »On Piping out Caspian Oil, US Insists the Cheaper, Shorter Way Isn't Better«, in: *New York Times,* 8. November 1998.

4 Gawdat Bahgat, »Central Asia and Energy Security«, in: *Asian Affairs,* XXXVII/1 (März 2006), S. 3.

5 Kleveman, *Der Kampf um das heilige Feuer,* S. 25; Ahmed Rashid, *Taliban: Afghanistans Gotteskrieger und der Dschihad,* München 2001, S. 6; M. Ehsan Ahrari, *Jihadi Groups,*

Nuclear Pakistan and the New Great Game, Washington 2001, S. 2; M. E. Ahrari und James Beal, *The New Great Game in Muslim Central Asia,* McNair Paper 47, Washington 1996; Dianne L. Smith, *Central Asia: A New Great Game?* Carlisle, PA., 1996; Ariel Cohen, »The New ›Great Game‹: Oil Politics in the Caucasus and Central Asia«, Heritage Foundation, 25. Januar 1996.

6   Über das Gemeinschaftsprojekt ZentrKaspneftegas wurde im Artikel »LUKOIL Gazprom May Spend $12 Billion to Tap Caspian Field« berichtet, in: *Moscow Times,* 8. Juli 2003.

7   Paul MacDonald, »Oil Production Outlook Means Iran May Need Nuclear Power«, in: *Petroleum Review* (April 2006), S. 20.

8   »Kazakhstan's Vision Sets It up as an Investment Gateway to Central Asia«, http://www. dinarstandard.com/current/KazakVision032906.htm.

9   Michael T. Klare, *Resource Wars: The New Landscape of Global Conflict*, New York 2002, S. 102ff.

10 Ivan Gribanov, »No Bosphorous Please: Four Projects to By-pass the Turkish Straits Spring to Life Simultaneously«, RusEnergy.com, S. 3.

11 Ministerium für Ökologie und natürliche Rohstoffe, *Environmental Situation of the Republic of Kazakhstan.* Almaty 1997; V. A. Vronsky, *Pollution in Central Asia,* Rostow am Don 1996.

12 Stephan Harrison, »Climate Change, Future Conflict and the Role of Climate Science«, *RUSI Journal* (Dezember 2005).

13 Ebenda.

Kapitel 10: Entwicklungslinien

1   Olaf Caroe, *Wells of Power: The Oilfields of Southwestern Asia – A Regional and Global Study,* London 1951; Peter John Brobst, *The Future of the Great Game: Sir Olaf Caroe, India's Independence and the Defense of Asia,* Akron 2005.

2   Richard Sakwa (Hg.), *Chechnya: From Past to Future,* London 2005, S. 265–287; Gail W. Lapidus, »Conflict Resolution in the Caucasus«, in: Aspen Institute (Hg.), *US Relations with the Former Soviet States,* Washington 1998, S. 26.

3   Michael T. Klare, *Resource Wars: The New landscape of Global Conflict,* New York 2002, S. 105ff; Lutz Kleveman, *Der Kampf um das heilige Feuer: Wettlauf der Weltmächte am Kaspischen Meer,* Berlin 2002, S. 133.

4   Christian Tyler, *Wild West China: The Untold Story of a Frontier Land,* London 2003; Klevemann, *Der Kampf um das heilige Feuer,* S. 140.

5   Strobe Talbott, »Remarks on US Foreign Policy in Central Asia at the Paul Nitze School of Advanced International Studies«, US State Department, 21. Juli 1997.

6   Ahmed Rashid, *Heiliger Krieg am Hindukusch: Der Kampf um Macht und Glauben in Zentralasien,* München 2002.

7   Roger Howard, *Iran in Crisis? Nuclear Ambitions and the American Response,* London und New York 2004, S. 69.

8   Niklas Swanstrom, »China and Central Asia: A new Great Game or traditional vassal relations?«, in: *Journal of Contemporary China,* 14 45 (2005), S. 571f; Dewardic L. McNeal, »China's Relations with Central Asian States and Problems with Terrorism«, CRS Report for Congress, 17 Dezember 2001, S. 7f.

9   *Xinhua,* 21. Oktober 2006, http://news3xinhuanet.com/english/2006-10/21/content_5232492.htm.

10 *People's Daily,* 15. Juni 2006, zitiert in: »China and Shanghai Cooperation at Five«, China brief, *The Jamestown Foundation* 13, Bd. VI, 21. Juni 2006.

11 Michael Pillsbury, »China's Military Strategy Towards the US: A View from Open Sources«, 2. November 2001, S. 2, im Internet unter http://www.uscc.gov/researchpapers/2000-2003/pdfs/strat.pdf. Abgerufen am 12. März 2007.

12 Siehe die Sammlung zum Begriff »Chinese Military Power«, the Commonwealth Institute, http://www.comw.org/cmp. Abgerufen am 12. März 2007.

13 »The War on Terrorism: Afghanistan and Terrorism«, East Carolina University, Joyner Library, http://www.ecu.edu/lib/govdoc/afghanistan.cfm. Siehe auch Einnews.com updates, http://www.einnews.com/afghanistan/newsfeed-afghanistan-terrorism. Abgerufen im Januar 2007.

14 Pamela Constable, »Pakistan Reaches Peace Accord With Pro-Taliban Militias«, in: *Washington Post,* 6. September 2006, http://www.washingtonpost.com/wp-dyn/content/article/2006/09/05/AR2006090501249.html. Abgerufen im Januar 2007.

15 »Nawaz Blames Musharraf for Kargil«, 28. Mai 2006, *Times of India,* http://timesofindia.indiatimes.com/articleshow/1581473.cms. Abgerufen im Juni 2007.

16 Howard, *Iran in Crisis?*, S. 43, 51–54, 56–63, 80.

17 Ebenda, S. 119–162.

18 Dilip Hiro, *Between Marx and Muhammad: The Changing Face of Central Asia,* London 1994.

19 »Country Reports on Human Rights Practices: Saudi Arabia«, US Department of State, 25. Februar 2004, http://www.state.gov/g/drl/rls/hrrpt/2003/27937.htm. Abgerufen im Januar 2007.

20 Klare, *Resource Wars,* S. 89.

21 Ebenda, S. 88.

22 IRIN, »Interview with UN Chief in Kyrgyzstan«, Bischkek, 28. August 2001.

23 Klevemann, *Der Kampf um das heilige Feuer*, S. 106.

24 IRIN, »Interview«.

25 »Silence over Afghan Women's Rights«, BBC, 1. Juni 2006.

26 ICRC, *World Disaster Report, 2001.* Genf 2001; IRIN, »One Million People Face Starvation in Tajikistan«, Duschanbe, 29. August 2001.

27 Richard Sakwa (Hg.), *Chechnya: from Past to Future,* London 2005; C. W. Blandy, *Dagestan: Birth of a Presidential Republic,* Conflict Studies Research Centre, Caucasus Series, 6/25, Defence Academy of the United Kingdom, Informationsblatt, Juni 2006.

Bibliografie

Allgemeine Literatur

Brower, Daniel, und Edward Lazzerini (Hg.), Russia's Orient: Imperial Borderlands and Peoples, 1700–1917. Bloomington und Indianapolis, 1997.

Dudoignon, Stephane, und Komatsu Hisao (Hg.), Islam in Politics in Russia and Central Asia (Early Eighteenth to Late Twentieth Centuries). London und New York 2001.

Edgar, Adrienne, Tribal Nation: The Making of Soviet Turkmenistan. Princeton, NJ, 2004.

Glenn, John, The Soviet Legacy in Central Asia. London 1999.

Haugen, Arne, The Establishment of National Republics in Soviet Central Asia. New York 2003.

Keller, Shoshana, »Islam in Soviet Central Asia, 1917–1930: Soviet Policy and Struggle for Control«, in: Central Asian Survey, II/1 (1992), S. 25–50.

—, To Moscow, Not Mecca: The Soviet Campaign against Islam in Central Asia. Westport, CT, 2001.

Khalid, Adeeb, The Politics of Muslim Cultural Reform: Jadidism in Central Asia. Berkeley, CA, 1999.

Manz, Beatrice (Hg.), Central Asia in Historical Perspective. Boulder, CO, 1994.

Ro'i, Yaacov, Islam and the Soviet Union. New York 2000.

Soucek, Svat, A History of Inner Asia. Cambridge 2000.

Suny, Ronald Grigor, The Revenge of the Past: Nationalism, Revolution, and the Collapse of the Soviet Union. Stanford 1993.

Staatsgründungen in postsowjetischer Zeit

Anderson, John, »Constitutional Development in Central Asia«, in: Central Asian Survey, XVI/3 (1997), S. 301–320.

—, »Creating a Framework for Civil Society in Kyrgyzstan«, in: Europe-Asia Studies LII/1 (2000), S. 77–93.

—, »Social, Political, and Institutional Constraints on Religious Pluralism in Central Asia«, in: Journal of Contemporary Religion XVII/2 (2002), S. 181–196.

Haghayeghi, Mehrdad, Islam and Politics in Central Asia. New York 1996.

Heinen, Joel, Chinara Sadykova und Emil Shukurov, »Legislative Policy Initiatives in Biodiversity Conservation in Kyrgyzstan«, in: *Post-Soviet Geography and Economics* XLII/7 (2001), S. 519–543.

International Crisis Group, *Central Asia: Islam and the State.* Osch und Brüssel 2003.

Iwasaki, Ichiro, »Observations on Economic Reform in Tajikistan: Legislative and Institutional Framework«, in: *Post-Soviet Geography and Economics,* XLIII/6 (2002), S. 476–492.

Kuru, Ahmet T., »Between the State and Cultural Zones: Nation-building in Turkmenistan«, in: *Central Asian Survey,* XXI/1 (2002), S. 71–90.

Luong, Pauline Jones, *Institutional Change and Political Continuity in Post-Soviet Central Asia: Power, Perceptions, and Pacts.* Cambridge 2002.

— (Hg.), *The Transformation of Central Asia: States and Societies from Soviet Rule to Independence.* Ithaca, NY, 2003.

O'Kane, John, und Touraj Atabaki (Hg.), *Post-Soviet Central Asia.* London und New York 1998.

Politik in postsowjetischer Zeit

Akbarzadeh, Shahram, Uzbekistan and the United States: Authoritarianism, Islamism and Washington's New Security Agenda. London 2005.

Dawisha, Karen, und Bruce Parrott (Hg.), Conflict, Cleavage and Change in Central Asia and the Caucasus. Cambridge 1997.

Gleason, Gregory, Markets and Politics in Central Asia: Structural Reform and Political Change. New York 2003.

International Crisis Group, »Cracks in the Marble: Turkmenistan's Failing Dictatorship«, in: International Crisis Group Asia Report 44 (2003).

Kazemi, Leila, »Domestic Sources of Uzbekistan's Foreign Policy, 1991 to the Present«, in: Journal of International Affairs, LVI/3 (2003), S. 205–220.

March, Andrew, »From Leninism to Karimovism: Hegemony, Ideology, and Authoritarian Legitimation«, in: Post-Soviet Affairs, XIX/4 (2003), S. 307–336.

—, »The Use and Abuse of History: ›National Ideology‹ as Transcendental Object in Islam Karimov's ›Ideology of National Independence‹«, in: Central Asian Survey, XXI/4 (2002), S. 371–84.

Matveeva, Anna, »Democratization, Legitimacy, and Political Change in Central Asia«, in: International Affairs, LXXV/1 (1999), S. 23–44.

Olcott, Martha Brill, Central Asia's New States: Independence, Foreign Policy, and Regional Security. United States Institute of Peace 1996.

Schatz, Edward, Modern Clan Politics: The Power of »Blood« in Kazakhstan and Beyond. Seattle 2004.

Ethnien, Nationalismus und Nationenbildung nach 1991

Diener, Alexander, »National Territory and the Reconstruction of History in Kazakhstan«, in: *Post-Soviet Geography and Economics,* XLIII/8 (2002), S. 632–650.

Edmunds, Timothy, »Power and Powerlessness in Kazakstani Society: Ethnic Problems in Perspective«, in: *Central Asian Survey,* XVII/3 (1998), S. 463–470.

Glenn, John, *The Soviet Legacy in Central Asia.* London 1999.

Khalid, Adeeb, *The Politics of Muslim Cultural Reform: Jadidism in Central Asia.* Berkeley, CA,1999.

Khazanov, Anatoly, *After the USSR: Ethnicity, Nationalism, and Politics in the Commonwealth of Independent States.* Madison, WI, 1996.

Kubicek, Paul, »Regionalism, Nationalism, and Realpolitik in Central Asia«, in: *Europe-Asia Studies,* XLIX/4 (1997), S. 637–755.

Lubin, Nancy, *Calming the Ferghana Valley: Development and Dialogue in the Heart of Central Asia.* New York 2000.

Quelquejay, Chantal Lemercier, »From Tribe to Umma«, in: *Central Asian Survey,* III/3 (1984), S. 15–26.

Roy, Olivier, *Central Asia: The Creation of Nations.* New York 2000. Wasilewska, Ewa, »The Past and the Present: The Power of Heroic Epics and Oral Tradition-Manas 1000«, in: *Central Asian Survey,* XVI/1 (1997), S. 81-96.

Williams, Brian Glyn, »Jihad and Ethnicity in Post-Communist Eurasia: On the Trail of Transnational Islamic Holy Warriors in Kashmir, Afghanistan, Central Asia, Chechnya and Kosovo«, in: *Global Review of Ethno-Politics,* II/3-4 (2003).

Islam und Islamismus

Akbarzadeh, Shahram, »Political Islam in Kyrgyzstan and Turkmenistan«, in: *Central Asian Survey,* XX/4 (2001), S. 451–466.

Al-Azmeh, Aziz, *Islams and Modernities.* New York 1993.

Anderson, John, »Social, Political, and Institutional Constraints on Religious Pluralism in Central Asia«, in: *Journal of Contemporary Religion,* XVII/2 (2002), S. 181–196.

Arabov, Oumar, »Religion in Tajikistan: A Decade after the Break-Up of the USSR«, in: *Central Asian Survey,* XX/2-3 (2003), S. 339–342.

Deweese, D.A., *History of Islam in Central Asia.* Leiden und NewYork 2000.

Fletcher, Joseph, und Boris Sergeyev, »Islam and Intolerance in Central Asia: The Case of Kyrgyzstan«, in: *Europe-Asia Studies,* LIV/2 (2002), S. 251–276.

Hagheyeghi, Mehrdad, *Islam and Politics in Central Asia.* New York 1996.

Hetmanek, Allen, »Islamic Revolution and Jihad Come to the former Soviet Central Asia: The Case of Tajikistan«, in: *Central Asian Survey,* XII/3 (1993), S. 365-378.

International Crisis Group, *Central Asia: Islam and the State.* Osch und Brüssel 2003.

—, *Central Asia: Islamist Mobilisation and Regional Security.* Osch und Brüssel 2001.

—, *The IMU and the Hizb-ut-Tahrir: Implications of the Afghanistan Campaign.* Osch und Brüssel 2002.

—, *Is Radical Islam Inevitable in Central Asia? Priorities for Engagement.* Osch und Brüssel 2003.

Ilkhamov, Alisher, »Uzbek Islamism: Imported Ideology or Grassroots Movement?«, in: *Middle East Reports,* CCI (2001), S. 40–46.

Keller, Shoshana, »Islam in Soviet Central Asia, 1917–1930: Soviet Policy and Struggle for Control«, in: *Central Asian Survey,* XI/1 (1992), S. 25–50.

—, *To Moscow, Not Mecca: The Soviet Campaign against Islam in Central Asia*. New York 2001.

Malashenko, Aleksei, und Martha Brill Olcott (Hg.), *Islam in Post-Soviet Space: A View from Within (Islam na Postsovetskom Prostranstve: Vzglad Iznutri)*. Moskau 2001.

Naumkin, Vitaly, *Radical Islam in Central Asia: Between Pen and Rifle*. Lanham, MD, und Oxford 2005.

Rashid, Ahmed, *Heiliger Krieg am Hindukusch. Der Kampf um Macht und Glauben in Zentralasien*. München 2002.

Ro'i, Yaacov, *Islam and the Soviet Union*. New York 2000.

Sagdeev, Roald, und Susan Eisenhower, (Hg.), *Islam and Central Asia: An Enduring Legacy or An Evolving Threat?* Washington 2000.

Walker, Edward W, »Islam, Islamism, and Political Order in Central Asia«, in: *Journal of International Affairs*, LVI/2 (2003), S. 21–42.

Die wirtschaftliche Situation der Republiken

Abazov, Rafis, »Policy of Economic Transition in Kyrgyzstan«, in: *Central Asian Survey*, XVIII/1 (1999), S. 197–224.

Aslund, Anders, »Sizing Up the Central Asian Economies«, in: *Journal of International Affairs*, LVI/3 (2003), S. 75–88.

Bartlett, David, »Economic Recentralization in Uzbekistan«, in: *Post-Soviet Geography and Economics*, XI/2 (2001), S. 105–121.

Becker, Charles, Erbolat Musabek und Ai-Gul Seitenova, »Short-term Migration Responses of Women and Men during Economic Turmoil: Lessons from Kazakhstan«, in: *Post-Soviet Geography and Economics*, XLIV/3 (2003), S. 228–243.

Brown, Andrew, »Taking Shelter: The Art of Keeping a Roof Overhead in Post-Soviet Almaty«, in: *Central Asian Survey*, XVII/4 (1998), S. 613–628.

Butler, Brian, und John Matzko, »ICBMS and the Environment: Assessments at a Base in Kazakhstan«, in: *Post-Soviet Geography and Economics*, XL/8 (1999), S. 617–628.

Chen, Chien-Hsun, und Hsiu-Ling Wu, »The Prospects for Regional Economic Integration Between China and the Five Central Asian Countries«, in: *Europe-Asia Studies*, LVI/7 (2004), S. 1059–1080.

Cutler, Robert M., »The Caspian Energy Conundrum«, in: *Journal of International Affairs*, LVI/3 (2003), S. 89–102.

Dieter, Heribert, »Regional Integration in Central Asia: Current Economic Position and Prospects«, in: Central Asian Survey, XV/3-4 (1996), S. 369–386.

Ebel, Robert, und Rajan Menon (Hg.), *Energy and Conflict in Central Asia and the Caucasus*. New York 2000.

Gleason, Gregory, »Inter-State Cooperation in Central Asia from the CIS to the Shanghai Forum«, in: *Europe-Asia Studies*, LII/7 (2001), S. 1077–1095.

—, *Markets and Politics in Central Asia: Structural Reform and Political Change*. New York 2003.

Heinen, Joel, Chinara Sadykova und Emil Shukurov, »Legislative Policy Initiatives in Biodiversity Conservation in Kyrgyzstan«, in: *Post-Soviet Geography and Economics*, XLII/7 (2001), S. 519–543.

Iwasaki, Ichiro, »Observations on Economic Reform in Tajikistan: Legislative and Institutional Framework«, in: *Post-Soviet Geography and Economics,* XLIII/6 (2002), S. 476–492.

Micklin, Philip, »Water in the Aral Sea Basin of Central Asia: Cause of Conflict or Cooperation?«, in: *Post-Soviet Geography and Economics,* XLIII/7 (2002), S. 505–528.

Onaran, Yalman, »Economics and Nationalism: The Case of Muslim Central Asia«, in: *Central Asian Survey,* XIII/4 (1994), S. 491–506.

Peck, Anne, »Foreign Investment in Kazakhstan's Minerals Industries«, in: *Post-Soviet Geography and Economics,* XL/7 (1999), S. 471–518.

—, »Privatization and Foreign Investment in the Utilities Industries of Kazakhstan«, in: *Post-Soviet Geography and Economics,* XL/6 (2000), S. 418–447.

Sievers, Eric, *The Post-Soviet Decline of Central Asia: Sustainable Development and Comprehensive Capital.* London und New York 2003.

Tang, Shiping, »Economic Integration in Central Asia: The Russian and Chinese Relationship«, in: *Central Asian Survey,* XL/2 (2000), S. 360–376.

Energie und natürliche Ressourcen

Ebel, Robert, und Rajan Menon (Hg.), *Energy and Conflict in Central Asia and the Caucasus.* New York 2000.

Kleveman, Lutz, *Der Kampf um das Heilige Feuer. Wettlauf der Weltmächte am Kaspischen Meer.* Berlin 2002.

Olcott, Martha Brill, »The Caspian's False Promise«, in: *Foreign Policy,* III (1998), S. 94–113.

Simonian, Hovann, und R. Hrair Dekmejian, *Troubled Waters: The Geopolitics of the Caspian Region.* London 2003.

Internationale Beziehungen und Außenpolitik

Ahrari, Ehsan, »The Strategic Future of Central Asia: A View from Washington«, in: *Journal of International Affairs,* LVI/3 (2003), S. 157–170.

Allison, Roy (Hg.), *Central Asian Security: The New International Context.* London 2001.

Bunce, Noah, und Ian Small, »The Aral Sea Disaster and the Disaster of International Assistance«, in: *Journal of International Affairs,* LVI/3 (2003), S. 59–74.

Chen, Chien-Hsun, und Hsiu-Ling Wu, »The Prospects for Regional Economic Integration Between China and the Five Central Asian Countries«, in: *Europe-Asia Studies,* LVI/7 (2004), S. 1059-1080.

Ebel, Robert, und Rajan Menon (Hg.), *Energy and Conflict in Central Asia and the Caucasus.* New York 2000.

Gleason, Gregory, »Inter-State Cooperation in Central Asia from the CIS to the Shanghai Forum«, in: *Europe-Asia Studies,* LIII/7 (2001), S. 1077–1095.

Hansen, Flemming Splidsboel, »A Grand Strategy for Central Asia«, in: *Problems of Post-Communism,* LII/2 (2005), S. 45–54.

Horsman, Stuart, »Uzbekistan's Involvement in the Tajik Civil War 1992–1997: Domestic Considerations«, in: *Central Asian Survey,* XVIII/1 (1999), S. 37–48.

Hunter, Shireen, »Iran's Pragmatic Regional Policy«, in: *Journal of International Affairs,* LVI/3 (2003), S. 133–148.

International Crisis Group, *Central Asia*: Islamist Mobilisation and Regional Security. Osch und Brüssel 2001.

Kazemi, Leila, »Domestic Sources of Uzbekistan's Foreign Policy, 1991 to the Present«, in: *Journal of International Affairs,* LVI/3 (2003), S. 205–220.

Legvold, Robert (Hg.), *Thinking Strategically: The Major Powers, Kazakhstan, and the Central Asian Nexus.* Cambridge 2003.

Melet, Yasmin, »China's Political and Economic Relations with Kazakhstan and Kyrgyzstan«, in: *Central Asian Survey,* XVII/2 (1998), S. 229–252.

Mesbahi, Mohiaddin, »Russian Foreign Policy and Security in Central Asia and the Caucasus«, in: *Central Asian Survey,* XII/2 (1993), S. 181–216.

—, »Tajikistan, Iran, and the International Politics of the ›Islamic Factor‹«, in: *Central Asian Survey,* XVI/2 (1997), S. 141–158.

Misra, Amalendu, »Shanghai 5 and the Emerging Alliance in Central Asia: The Closed Society and Its Enemies«, in: *Central Asian Survey,* XX/3 (2001), S. 305–322.

Olcott, Martha Brill, *Central Asia's New States: Independence, Foreign Policy, International Security.* Washington 1996.

Pannell, Clifton, und Philip Loughlin, »Growing Economic Links and Regional Development in the Central Asian Republics and Sinkiang, China«, in: *Post-Soviet Geography and Economics,* XLII/7 (2001), S. 469–490.

Peck, Anne, »Foreign Investment in Kazakhstan's Minerals Industries«, in: *Post-Soviet Geography and Economics,* XI/7 (1999), S. 471–518.

—, »Privatization and Foreign Investment in the Utilities Industries of Kazakhstan«, in: *Post-Soviet Geography and Economics,* XL/6 (2000), S. 418–447.

Rumer, Boris (Hg.), *Central Asia: A Gathering Storm?* Armonk, NY, 2002. Sestanovich, Stephen, »Promoting Democracy«, in: *Journal of International Affairs,* LVI/3 (2003), S. 149–156.

Simonian, Hovann, und R. Hrair Dekmejian, *Troubled Waters: The Geopolitics of the Caspian Region.* London 2003.

Tang, Shiping, »Economic Integration in Central Asia: The Russian and Chinese Relationship«, in: *Asian Survey,* XL/2 (2000), S.360–376. Trenin, Dmitri, »Southern Watch: Russia's Policy in Central Asia«, in: *Journal of International Affairs,* LVI/3 (2003), S. 119–132.

Weinthal, Erika, *State Making and Environmental Cooperation: Linking Domestic and International Politics in Central Asia.* Cambridge, MA, 2002.

Zardykhan, Zharmukhamed, »Kazakhstan and Central Asia: Regional Perspectives«, in: *Central Asian Survey,* XXI/2 (2002), S. 167–184.

Drogen

Barsegian, Igor, Alex Klaits und Nancy Lubin, *Narcotics Interdiction in Afghanistan and Central Asia: Challenges for International Assistance.* New York 2002.

International Crisis Group, »Central Asia: Drugs and Conflict«, in: *International Crisis Group Asia Report* 25 (2001).

Makarenko, Tamara, »Drugs in Central Asia: Security Implications and Political Manipulations«, in: *Cahiers d'études sur la Méditerranée orientale et le monde turco-iranien,* 32 (2001), S. 87–115.

Mansfield, David, *Coping Strategies, Accumulated Wealth and Shifting Markets: The Story of Opium Poppy Cultivation in Badakhshan 2000–2003,* Agha Khan Development Network Report, Januar 2004.

Konflikte im Kaukasus

Ro'i, Yaacov, *Muslim Eurasia: Conflicting Legacies.* Portland, OR, 1995. Rosen, Roger, *Georgia: A Sovereign Country of the Caucasus.* Hongkong, 1999.

Altstadt, Audrey L., *The Azerbaijani Turks: Power and Identity under Russian Rule.* Stanford 1992.

Blank, Stephen, *Russia's Invasion of Chechnya: A Preliminary Assessment.* Carlisle, PA, 1995.

Ebel, Robert E., *Energy and Conflict in Central Asia and the Caucasus.* Lanham, MD, 2000.

Ekedahl, Carolyn McGiffert, und Melvin A.Goodman, *The Wars of Edouard Shevardnadze.* University Park 1997.

Hopkirk, Peter, *Setting the East Ablaze: Lenin's Dream of an Empire in Asia.* Oxford 1984.

Van der Leeuw, Charles, *Azerbaijan: A Quest for Identity.* New York 2000.

Souceck, Svat, *A History of Inner Asia.* Cambridge 2000.

Suny, Ronald Grigor, *The Making of the Georgian Nation.* Bloomington, IN, 1994.

Aktuelle Politik und Interventionen von außen

Anderson, John, *Kyrgyzstan: Central Asia's Island of Democracy?* Amsterdam 1999.

Bertsch, Gary K., Cassady B. Craft und Scott A. Jones (Hg.), *Crossroads and Conflict: Security and Foreign Policy in the Caucasus and Central Asia.* New York 1999.

Chorbajian, Levon, Patrick Donabedian und Claude Mutafian, *The Caucasian Knot: The History and Geo-Politics of Nagomo-Karabagh.* London 1994.

Crichtlow, James, *»Punished Peoples« of the Soviet Union: The Continuing Legacy of Stalin's Deportations.* New York 1991.

Dunlop, John B., *Russia Confronts Chechnya: Roots of a Separatist Conflict.* Cambridge 1998.

Edmunds, Timothy, *»Power and Powerlessness in Kazakstani Society: Ethnic Problems in Perspective«,* in: *Central Asian Survey,* XVII/3 (1998), S. 463–470.

Ehteshami, Anoushiravan, *From the Gulf to Central Asia: Players in the New Great Game.* Exeter 1995.

Punch, Lars, und Helen Krag, *The North Caucasus: Minorities at a Crossroads.* London 1994.

Goldenberg, Suzanne, *Pride of Small Nations: The Caucasus and Post-Soviet Disorder.* London 1994.

Herzig, Edmund, *The New Caucasus: Armenia, Azerbaijan and Georgia.* London 1999.

Jonson, Lena, *Russia in Central Asia: A New Web of Relations.* Washington 1998.

Karimov, Islam A., *Uzbekistan on the Threshold of the Twenty-First Century: Challenges to Stability and Progress.* New York 1998.

Libaridian, Gerard, *The Challenge of Statehood: Armenian Political Thinking since Independence.* Watertown, MA, 1999.

Lynch, Dov, *Russian Peacekeeping Strategies in the CIS: The Cases of Moldova, Georgia and Tajikistan.* New York 2000.

MacFarlane, S. Neil, Western *Engagement in the* Caucasus *and Central Asia.* Washington 1999.

Menon, Rajan, und Ghia Nodia (Hg.), *Russia, the Caucasus, and Central Asia: The 21st Century Security Environment.* New York 1999.

Nasmyth, Peter, *Georgia: A Rebel in the Caucasus.* New York 1992. Olcott, Martha Brill, *Central Asia and China.* Washington 2001.

Rashid, Ahmed, *Taliban. Afghanistans Gotteskrieger und der Dschihad.* München 2001.

Rumer, Boris Z., *Central Asia and the New* Global *Economy.* Armonk, NY, 2000.

Saltmarshe, Douglas, »Civil Society and Sustainable Development in Central Asia«, in: *Central Asian Survey,* XV/3-4 (1996), S. 387–398.

Smith, Sebastian, *Allah's Mountains: Politics and War in the Russian Caucasus.* London und New York 1998.

Swietochowski, Tadeusz, *Russia and Azerbaijan: A Borderland in Transition.* New York 1995.

Vassiliev, Alexei, *Central Asia: Political and Economic Challenges in the Post-Soviet Era.* London 2001.

Walker, Christopher J., *Armenia and Karabagh: The Struggle for Unity.* London 1991.

Winrow, Gareth, *Turkey and the Caucasus: Domestic Interests and Security Concerns.* Washington 2001.

Afghanistan

Borovik, Artem, *The Hidden War: A Russian Journalist's Account of the Soviet War in Afghanistan.* New York 1990.

Bradsher, Henry S., *Afghan Communism and Soviet Intervention.* Oxford 1999.

Cordovez, Diego, *Out of Afghanistan: The Inside Story of the Soviet Withdrawal.* New York 1995.

Ewans, Martin, *Afghanistan: A New History.* London 2001.

Goodsen, Larry P., *Afghanistan's Endless War: State Failure, Regional Politics, and the Rise of the Taliban.* Seattle 2001.

Gohari, M. J., *Taliban: Ascent to Power.* Oxford 2001.

Griffin, Michael, *Reaping the Whirlwind: The Taliban Movement in Afghanistan.* London 2001.

Kakan, Hassar, *Afghanistan: The Soviet Invasion and the Afghan Response, 1979–1982.* Berkeley 1995.

Marsden, Peter, *The Taliban: War, Religion and the New Order in Afghanistan.* London 1998.

Matinnudin, Kamal, *The Taliban Phenomenon: Afghanistan, 1994–1997.* Oxford 1999.

Mayley, Richard, *Fundamentalism Reborn? Afghanistan and the Taliban.* New York 1998.

Warikoo, K., *Afghanistan Factor in Central and South Asian Politics.* New Delhi 1994.

Register